Andrea Komlosy

ZEITENWENDE

Bibliografische Information der Deutschen Bibliothek:
Die Deutsche Bibliothek verzeichnet diese Publikation
in der Deutschen Nationalbibliografie.
Detaillierte bibliografische Daten sind im Internet über
http://dnb.ddb.de abrufbar.

Coverfoto: Shuttterstock
Umschlaggestaltung: Gisela Scheubmayr

Druck: Prime Rate Kft.
Printed in Hungary
ISBN: 978-3-85371-505-5

Fordern Sie die Kataloge unseres Verlags an:
Promedia Verlag
E-Mail: promedia@mediashop.at
Web: www.mediashop.at
www.verlag-promedia.de

Andrea Komlosy

Zeitenwende

Corona, Big Data und die kybernetische Zukunft

PROMEDIA

Über die Autorin

Andrea Komlosy, geboren 1957 in Wien, arbeitet als Professorin für Wirtschafts- und Sozialgeschichte an der Universität Wien. Zuletzt sind von ihr im Promedia Verlag erschienen: »Arbeit. Eine globalhistorische Perspektive« sowie »Grenzen. Räumliche und soziale Trennlinien im Zeitenlauf«.

Inhalt

EINLEITUNG

Die Turbulenzen, in die die Lockdowns 2020/22 unternehmerische Aktivität, Beschäftigung, Staatsbudgets, Börsen sowie die globalen Güterketten versetzt haben, wurden mehrheitlich als Störung wahrgenommen, als Zwischenfall, den keiner wollen konnte und der den normalen Ablauf des Wirtschaftsgeschehens durcheinanderbrachte. Von vielen wurde Sars-Cov-2 als Bedrohung der Gesundheit erlebt, die die Einschränkung der Kontakte und das Herunterfahren des öffentlichen Lebens rechtfertigte. Manche forderten sogar noch schärfere Maßnahmen dagegen. Andere waren von Anbeginn skeptisch gegenüber einer Panikmache, die Distanzgebote, Lockdowns und Kontaktverfolgung als alternativlos darstellte, obwohl das Infektionsgeschehen die flächendeckenden Einschränkungen für sämtliche Bevölkerungsgruppen nicht rechtfertigte. Manche Maßnahmen-KritikerInnen begriffen die Pandemie als Akt eines großen Planspiels, das die Weichen für einen autoritären Staatskapitalismus bzw. – als andere Seite derselben Medaille – für ein »klimaneutrales« Umbauszenario des Kapitalismus stellte.

In diesem Buch wird gegenüber der auf das Ereignis und die handelnden Akteure orientierten Darstellung ein strukturgeschichtlicher Ansatz vorgeschlagen. Weder geriet alles durcheinander noch wird ein großer Plan in die Tat umgesetzt. So außergewöhnlich, bedrohlich oder perspektivisch sich uns das Ereignis darstellt, umso mehr ist es erforderlich, es in langfristige Trends und Zyklen einzuordnen.

Die strukturelle Herangehensweise bedeutet keine Geringschätzung von Ereignis und individuellem bzw. kollektivem Handeln. Sie stellt lediglich die Rahmenbedingungen und Gesetzmäßigkeiten in den Vordergrund, die dieses determinieren. Oder wie Karl Marx es in »Der 18. Brumaire des Louis Napoleon« (1852) formulierte: »Die Menschen machen ihre eigene Geschichte, aber sie machen sie nicht aus freien Stücken, nicht unter selbstgewählten, sondern unter unmittelbar vorgefundenen, gegebenen und überlieferten Umständen«. Diesen Umständen will ich auf den Grund gehen und sie mit dem Corona-Moment in Verbindung setzen.

Corona wurde von vielerlei Seiten als »Zeitenwende« gesehen: Eine Gelegenheit, ein Opportunitätsfenster, eine einmalige Chance, alte Strukturen aufzubrechen und Reformmüdigkeit zu überwinden. PolitikerInnen, TechnikerInnen, VertreterInnen aufstrebender Branchen und ZukunftsforscherInnen überschlugen sich geradezu vor Begeisterung über die Nachfrage- und Wachstumspotenziale, die Corona eröffnete. Aber auch wachstumskritische Kreise applaudierten den Lockdowns, weil sie Perspektiven für einen ökosozialen Umbau eröffneten. Als Begründung für die Zeitenwende wurde im Grunde nicht der Virus, sondern die Folgen des Corona-Managements herangezogen – unabhängig davon, ob diese befürwortet oder abgelehnt wurden.

- Distanzgebote wirken als Schubkraft für digitale Kommunikation, *Online-*Handel und *Home Office.*
- Das Herunterfahren der wirtschaftlichen Aktivität durch verordnete Schließungen begünstigt den Umbau der Wirtschaft auf neue, aufstrebende Geschäftsfelder (»international«, »digital«, »smart«, »grün«).
- Der öffentliche Geldhahn federt – vorübergehend – soziale Härten ab und unterstützt langfristig die Restrukturierung der Unternehmenslandschaft nach der Corona-Krise. Dies läutete das Ende des Neoliberalismus zugunsten einer symbiotischen Beziehung von Staat und Kapital ein.
- Das Tracking des Gesundheitszustandes und die Nachverfolgung der persönlichen Bewegungsmuster dienen als Schubkraft für digitale Überwachung in ebendieser Verbindung staatlicher Interessen (*Big Brother*) und ökonomischer Verwertung (*Big Data* und *Big Profit*).

Damit lässt sich das Corona-Regime in einen größeren, längerfristigen Transformationsprozess einordnen, in dem der Virus vor allem als Triebkraft und Katalysator wirkt. Die gesundheitliche Dimension des Virus tritt in den Hintergrund. Corona beschleunigt einen bereits in Gang befindlichen Transformationsprozess, der in diesem Buch als Kybernetische Revolution beschrieben wird. Kurz gefasst bedeutet Kybernetische Revolution den Übergang von standardisierter industrieller Massenproduktion und Massenkonsum hin zu Waren, die *just-in-time* erzeugt und spezifisch auf einzelne Zielgruppen bzw. Zielpersonen zugeschneidert werden. Diese Zielpersonen bzw. wir alle geben Bedürfnisse und Wünsche über ihr digitales Verhalten bei Internet-Suche, Kommunikation und Spiel preis (*Big Data*). Im Gegenzug verheißt man ihnen bzw. uns Selbstoptimierung bis hin zur Vervollkommnung des Menschen als unsterbliches Wesen menschlich-künstlicher Intelligenz. Dabei kommt Informations- und Kommunikationstechnologie, Pharma, Medizin- sowie Biotechnik eine Pionierrolle beim Übergang in die kybernetische Zukunft zu.

Dieser Übergang wird als »Zeitenwende« menschheitsgeschichtlicher Dimension begriffen. Er regt den Vergleich mit früheren Wendezeiten in der menschlichen Evolution an.

Der vorliegende Band »Zeitenwende. Corona, Big Data und die kybernetische Zukunft« besteht aus zwei Abschnitten.

Abschnitt 1 behandelt langfristige Entwicklungen der Konjunktur, der Hegemonie und der Evolution von Produktionsprinzipien – gefasst als »lange Wellen« – aus drei verschiedenen, wenn auch miteinander verbundenen Perspektiven:

a. Lange Wellen der Konjunktur oder: Konjunkturzyklen
b. Lange Wellen der Geopolitik oder: Hegemonialzyklen
c. Lange Wellen der menschheitsgeschichtlichen Evolution oder: Evolutionszyklen

Konjunkturzyklen sind das dynamische Element im Kapitalismus, sie bestimmen mit ihren charakteristischen Leitsektoren und Leitechnologien seit der Wende vom 18. zum 19. Jahrhundert die Abfolge von Aufschwung und Abschwung. Sie betten sich in Hegemonialzyklen ein, die durch die Hegemonie einer politischen Macht gekennzeichnet sind: Auf- und Abschwung der Mächte führen zu geopolitischer Rivalität und hegemonialem Wandel. Evolutionszyklen folgen demgegenüber einem viel längerfristigen Rhythmus: bisher durchlief die Menschheit das JägerInnen- und SammlerInnentum, erlebte den Übergang zur staatsbildenden Agrar- und Handwerksgesellschaft sowie von der Agrar- zur Industriegesellschaft in ihren verschiedenen sozioökonomischen und soziopolitischen Ausprägungen. Heute erleben wir den Übergang vom industriellen zum kybernetischen Prinzip, eine Transformation, die sämtliche Grundlagen des menschlichen Zusammenlebens erneut durchrüttelt.

Abschnitt 2 geht der Frage nach, inwiefern das Auftauchen von Sars-Cov-2 und die damit einhergehenden Maßnahmen der Distanzierung, Isolierung und Nachverfolgung die zyklische Erneuerung der Konjunktur, den hegemonialen Wandel und die Herausbildung einer kybernetischen Kultur beschleunigt haben. Es ordnet den aktuellen Corona-Moment in den langfristigen historischen Prozess ein. Zentrale Bereiche der Beschleunigung im kybernetischen Kapitalismus sind der sektorale Umbau auf die digitalen Zukunftsbranchen Medizin, Bio- und Nanotechnologie in Verbindung mit Kommunikations- und Informationstechnologie, Robotik und kognitiver Optimierung. Die Folgen betreffen die Art zu arbeiten, zu konsumieren, zu kommunizieren, sich zu bewegen und am gesellschaftlichen Leben teilzuhaben. Durch die Distanzregeln haben digitale »Lösungen« einen ungeahnten Durchbruch erlebt, der selbst ZweiflerInnen in seinen Bann zog. Wir geben mit jedem *Click* Verhalten, Erfahrung und Körper als Geschäftsfeld der (Selbst-)Optimierung und als Datenlieferant preis und bieten der kybernetischen Zukunft die benötigten digitalen Einfallstore.

Einzelne Kapitel widmen sich dem Cyberoptimismus und der Hoffnung auf die technologische Machbarkeit sowohl in ihren autoritären als auch in ihren emanzipatorischen Ausprägungen. Die Frage der Unvermeidlichkeit bzw. der Gestaltbarkeit der zyklischen Erneuerung und der Abfolge der evolutionären Entwicklung wird zwischen den Zeilen immer wieder gestellt, aber letztlich der Einschätzung der Lesenden überlassen. Vielmehr sollen die Akteure und Interessen benannt werden, für die Wachstum, Beschleunigung und Neustart in eine »schöne neue Welt« entscheidende Voraussetzungen darstellen.

Die beiden Abschnitte unterscheiden sich in ihrer Machart. Abschnitt 1 »Lange Wellen« stellt ein wissenschaftliches Einordnungskonzept für den historischen Wandel vor und diskutiert es im Lichte von Forschungskontroversen. Es basiert vor allem auf Sekundärliteratur.

Wer die Geschichte lieber überspringen will, kann direkt in Abschnitt 2 »Der Corona-Moment im historischen Prozess« einsteigen. Hier werden die verschiedenen Bereiche zusammengeführt, die von der Seuche, der Seuchenbekämpfung sowie der Gelegenheit bestimmt wurden, im Angesicht der Pandemie neue Verhaltens-, Kommunikations- und Konsumweisen einzuführen.

Die Auseinandersetzung mit den »langen Wellen« greift zentrale Debatten über die Zukunft des Kapitalismus zwischen Kollaps und Erneuerungsfähigkeit, über geopolitische Kräfteverhältnisse und Perspektiven der Menschheitsentwicklung auf. Wenn das kapitalistische Weltsystem noch bis vor Kurzem an seinen Krisen und Widersprüchen zu zerbrechen schien, verpasst ihm der Corona-Moment eine Möglichkeit zum Wiederaufbau.

Der Neoliberalismus hat einem Corona-Keynesianismus Platz gemacht, ohne dabei soziale und regionale Ungleichheit sowie den Druck auf Löhne und Sozialleistungen aufzugeben. Dabei verschieben sich die geopolitischen Kräfteverhältnisse weg von den westlichen Industriestaaten und ihrer Noch-Führungsmacht USA, hin zu neuen Führungsmächten, insbesondere China, das im Zuge seiner erfolgreichen nachholenden Entwicklung auch die Hegemoniefrage aufrollt. Was den Übergangsprozess vom industriellen auf das kybernetische Prinzip anlangt, hat Corona als Beschleuniger gewirkt.

Die ersten beiden Corona-Jahre waren von einer extremen Tabuisierung gekennzeichnet. Ursachen-, Verlaufs- und Folgeabschätzung beruhten auf schablonenhaften Verlautbarungen samt Angst einflößender Zahlenakrobatik. In deren Schatten entstand jedoch eine kritische Gegenöffentlichkeit, die den Horizont des Wissens und der Debatten geöffnet hat. Diesem Ansatz einer möglichst breiten und offenen Herangehensweise an verschiedene, mit Corona im Zusammenhang stehende Fragen, fühle ich mich verpflichtet. Nicht für alle aktuellen Problemfelder konnte auf wissenschaftliche Literatur zurückgegriffen werden. Stattdessen wurden Zeitungsartikel und Internetquellen herangezogen, insbesondere aus deutschen und österreichischen Quellen. Das Buch spiegelt damit eine Perspektive auf den Corona-Moment wider, der vom Standort der Betrachterin in Wien und ihrer Sprachkompetenz im Deutschen und Englischen geprägt ist. Darüber hinaus wurden so weit wie möglich die internationalen Bedingungen und Verwicklungen des Pandemiegeschehens einbezogen.

Die Ortsfrage ist durch die Lockdowns, Ausgeh-, Betretungs- und Reiseverbote noch virulenter für die Problemwahrnehmung als in Zeiten, in denen Forschung auf internationaler Begegnung und Austausch basiert. Sie räumt dem Platz und der Wohnung, in der der Computer und die Bücherregale stehen, oberste Priorität ein. Kein Nachteil ohne Vorteil: Die Auseinandersetzung mit meinem Lebensgefährten, dem Wirtschaftshistoriker, Verleger und Publizisten Hannes Hofbauer, war in den Zeiten des Eingesperrtseins noch intensiver als sonst. Viele der hier präsentierten Thesen konnten in der gemeinsamen Diskussion entwickelt werden. Die Corona-Zeit hat auch Bewegung in den Kreis der KollegInnen, Bekannten und FreundInnen gebracht. Einige konnten und wollten meinen Überlegungen und Einschätzungen nicht folgen, andere wollten sie nicht hören. Umgekehrt gingen aus der Maßnahmenkritik neue

Diskussionskreise, -partnerInnen und Freundschaften hervor. Ihnen verdanke ich zahlreiche Ideen sowie Hinweise auf Internet-Seiten und Literatur.

Andrea Komlosy
Wien, im August 2022

ABSCHNITT 1: LANGE WELLEN: ZYKLEN DER KONJUNKTUR, DER HEGEMONIE UND DER EVOLUTION

Den historischen Ablauf zu periodisieren, ist eine elementare Aufgabe der Geschichtsschreibung. Vom persönlichen wie kollektiven Erinnern wissen wir, dass sowohl evolutionäre Tendenzen zu beobachten sind, wie etwa bei der kindlichen Entwicklung oder dem Aufbau eines Lebenswerks, als auch zyklische Erscheinungen, im Jahresverlauf, im Generationenwechsel, im Werden und Vergehen von Leben und Tod bis hin zum Bestand ganzer Zivilisationen. Weder können Trends auf einen linearen Charakter reduziert werden, noch bedeuten zyklische Auf- und Ab-Bewegungen die Wiederkehr des ewig Gleichen. Auch dabei bringen Erneuerungen Fortentwicklungen und Zäsuren, sodass die zyklische Wiederkehr selbst einen evolutionären Charakter aufweisen kann, auch mit Rückentwicklungen, ohne dass diese mit den alten Zeiten ident sind.

Erst das Zusammenspiel der verschiedenen Zeiten ergibt ein globales Gesamtbild, wenn man die Spezifika und Unterschiede zwischen verschiedenen Regionen miteinbezieht, die entweder aus separaten Mustern erstehen oder aus zwischenregionalen Beziehungen. So ergibt sich kein gleicher universeller Takt, sondern je nach Region entstehen bis in die kleinsten räumlichen Einheiten unterschiedliche Formen und Geschwindigkeiten der Entwicklung, die man – mit Ernst Bloch[1] – auch als »Ungleichzeitigkeit« fassen kann. Diese geht einher mit einer Abfolge von Dominanz und Abhängigkeit zwischen Regionen, dem Bemühen um Vorherrschaft auf der einen Seite sowie Widerständen und Versuchen nachholender oder eigenständiger Entwicklung auf der anderen Seite. Zu den – räumlich ungleich getakteten – Trends und Zyklen mit ihrem mehr oder weniger langfristigen Charakter gesellen sich plötzliche Umschwünge, die sich nicht aus der evolutionären oder zyklischen Transition erklären lassen, sondern die aus kleinen unvorhersehbaren Ereignissen resultieren, die einen Trend oder einen Zyklus gleichwohl zum Kippen bringen können. Diese Ereignisse treten immer wieder auf und können weitreichende

1 Bloch Ernst (1985): Erbschaft dieser Zeit. Frankfurt/Main.

positive und/oder negative Folgen haben, vor allem wenn sie sich im Zeitverlauf gegenseitig verstärken. Damit eine kleine Welle einen ganzen Damm ins Wanken bringen kann, muss dessen System und Krisenfestigkeit jedoch aufgrund langfristiger Trends bereits geschwächt sein. Besonders in Fällen zyklischer Krisen oder Niedergangstendenzen können sich kleine, auf den ersten Blick unscheinbare Bewegungen zu systemrelevanten Momenten summieren. Versuche der Ordnung des historischen Ablaufs müssen daher immer den Zufall und das Unvorhersehbare einkalkulieren, die anstelle von Kontinuität oder geordneten Übergängen chaotische Zustände bzw. Zeiten hervorbringen; so spontan und zufällig diese auftreten mögen, sind sie jedoch gleichzeitig in die langfristigen Bewegungen eingebettet, mit denen sie sich zu historischen Momenten verdichten.

Fernand Braudel hat die Vielstimmigkeit der Zeithorizonte in folgendes System gefasst.[2] Die »episodische Zeit« entsteht durch Ereignisse kurzer Dauer. »Zyklische Zeit« resultiert aus länger wirksamen sozialen und ökonomischen Prozessen mit periodischen Schwankungen, die als Zyklen oder Konjunkturen bezeichnet werden. Als »strukturelle Zeit« versteht Braudel Abläufe sehr langer, mehrere Jahrhunderte (nach *Saeculum* = Jahrhundert auch säkular genannte) dauernde Perioden, die Epochen bzw. Systeme hervorbringen. Schließlich führt er noch einen in die Zukunft gerichteten Zeithorizont ein, der die Vorstellung vom »Werden der zukünftigen Welt« beinhaltet, die auf Basis der historischen Erfahrung auf die Zukunft anspielt.

Im ersten Teil des vorliegenden Buches gehören die im Kapitel 1.1. behandelten Konjunkturzyklen von zirka 50-jähriger Dauer der Kategorie der zyklischen Zeit an. Kapitel 1.2. wendet sich mit den Hegemonialzyklen einer Variante von struktureller Zeit zu, in welche sich die Konjunkturzyklen einfügen. Kapitel 1.3. greift mit den Evolutionszyklen eine noch längerfristige Welle von struktureller Zeit auf, die die zyklischen Muster in den evolutionären Wandel der Menschheitsentwicklung einbettet.

2 Braudel Fernand (1963): Grammaire des Civilisations. Paris; Braudel Fernand (1986): Sozialgeschichte des 15.-18. Jahrhunderts, Bd. 3: Aufbruch zur Weltwirtschaft. München; Wallerstein Immanuel (1995): Die Sozialwissenschaften »kaputtdenken«: Die Grenzen der Paradigmen des 19. Jahrhunderts. Weinheim; Komlosy Andrea (2011): Globalgeschichte. Methoden und Theorien. Wien-Köln-Weimar, S. 36f.

1.1. Konjunkturzyklen

»Lange Wellen der Konjunktur« stellen eine Methode dar, um die zyklischen Auf- und Abschwünge im Kapitalismus, die sich aus der Beobachtung der Wirtschaftsindikatoren ablesen lassen, in langfristige Entwicklungen einzuordnen. Dabei weisen die aus verschiedenen weltanschaulichen Zusammenhängen kommenden Begründungen – Zyklen der Innovation (Nicolai D. Kondratieff, Joseph A. Schumpeter, Gerhard Mensch), der Kapitalakkumulation (Karl Marx, Ernest Mandel, Immanuel Wallerstein) oder der politökonomischen Regime (Volker Bornschier) – große Kompatibilität auf. Als Indikatoren werden Preisreihen, Produktionsindizes, Wachstums-, Profit-, Lohn- und Arbeitslosigkeitsdaten herangezogen. Zentrale Merkmale zur Bestimmung eines Zyklus sind Leitsektoren, Leittechnologien und Energiesysteme, eingebettet in politische Regulierungsformen mit ihren Auswirkungen auf Organisation und Kontrolle von Arbeitsverhältnissen.

Grundsätzlich bestehen lange Wellen der Konjunktur – im Gegensatz zu den kurz- und mittelfristigen Konjunkturschwankungen im Rahmen eines Zyklus – aus einem zirka 25 Jahre währenden Aufschwung (auch als A-Phase bezeichnet), der durch Ausweitung von Produktion und Nachfrage bei steigenden Preisen und Profitraten gekennzeichnet ist; diesem steht ein ebenso lange währender Abschwung (die B-Phase) gegenüber, der Preis- und Profiteinbrüche kennzeichnet. Die Krise setzt Bemühungen um Kostensenkung, Rationalisierung und Refinanzierung und damit Grundlagen für einen neuen Aufschwung in Gang. Gemeinsam bilden Auf- und Abschwung eine lange Welle. Die B-Phase bedeutet verschärften Konkurrenzkampf für die Unternehmen, dem zahlreiche von ihnen nicht gewachsen sind, sowie zwischen den Standorten; der Fall der Preise und Profitraten bewirkt eine Flucht in Finanzgeschäfte und eröffnet, verbunden mit Kapitalexport, eine neue Rolle für periphere Standorte. Bei genauerem Hinsehen lässt sich eine lange Welle, sprich ein Zyklus, in vier Phasen untergliedern: Prosperität, Rezession, Depression und Erholung.

Übersicht 1: Kondratieff-Zyklen-Schema

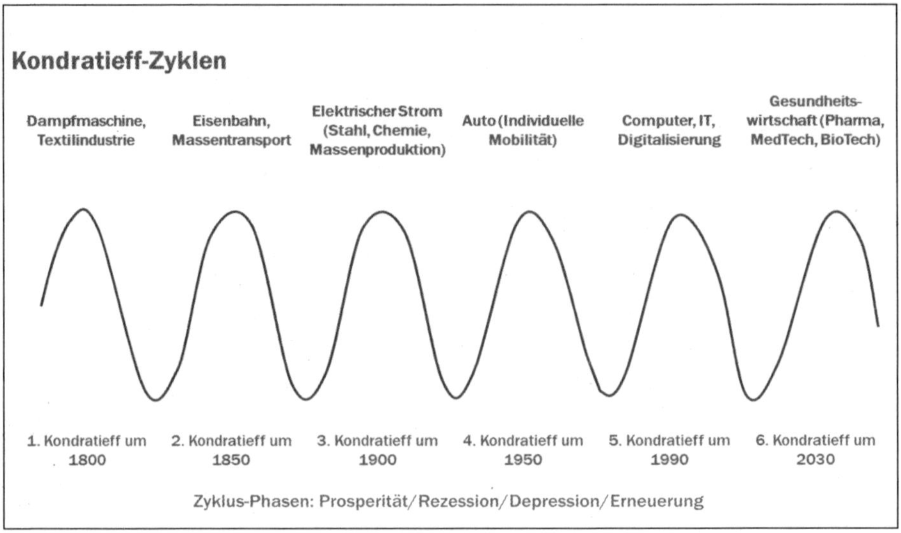

Lange Wellen sind Ergebnisse wirtschaftshistorischen Rückblicks auf die zyklische Wiederkehr von Aufschwung und Krise und können nicht einfach auf die Zukunft umgelegt werden. Sie eignen sich modellhaft als Hilfsmittel, um komplexe Abläufe zu strukturieren und zu vergleichen. Joseph Kitchin (1861–1932) befasste sich mit kurzfristigen, im Abstand von drei bis vier Jahren auftretenden Schwankungen aufgrund der Bewegung von Produktion, Lagerhaltung und Absatz auf Unternehmensebene, Clément Juglar (1819–1905) beobachtete sieben bis elf Jahre währende Zyklen bei Preisen und Zinssätzen und Simon Smith Kuznets (1901–1985) mittelfristige Zyklen von 17 bis 30 Jahren bei Einkommen und Konsum. Nicolai D. Kondratieff erkannte, dass diese Zyklen sich in die von ihm entdeckten langen Wellen der Konjunktur einfügten.[3] 1939

3 Nikolai Kondratieff (1922): Die Weltwirtschaft und ihre Konjunkturen in der Kriegs- und Nachkriegszeit. Vologda (in russischer Sprache); (1925): Die langen Wellen der Konjunktur und die Theorie der Vorhersage, in: Voprosy konjunktury, Bd. 1. Moskau 1925 (russisch), Reprint 2002 in russischer und englischer Sprache: The Long Cycles of Conjuncture and Theory of Forecast. Moskau; (1926): Die langen Wellen der Konjunktur, in: Archiv für Sozialwissenschaft und Sozialpolitik 56, 3, Tübingen, S. 573–609.

gab Joseph A. Schumpeter den von Kondratieff identifizierten Wellen den Namen »Kondratieff-Zyklen« und baute seine Geschichte des Kapitalismus auf diesen K-Wellen auf.[4]

Es mag auf den ersten Blick verwundern, dass so unterschiedliche Charaktere wie Kondratieff und Schumpeter auf dieselbe Methodik setzen. Der Österreicher Joseph A. Schumpeter (1883–1950), der nach einem kurzen Intermezzo als Finanzminister des Kabinetts Renner I (1919–1920) schließlich an der Harvard-Universität landete, ist für seine Begeisterung über die »kreative Zerstörung« der Depressionsphase als Triebkraft für Erneuerung und Innovation bekannt. Der Russe Nikolai D. Kondratieff (1892–1938) stellte seine Analysen in den Dienst der Neuen Ökonomischen Politik Lenins (1921–1928), die im nachrevolutionären Russland den Drahtseilakt einer Verbindung von Plan und Marktwirtschaft bewerkstelligen wollte. Kondratieff stand dabei für die sogenannte »indikative« Planung, die den Markt als Orientierungshilfe für die Planerstellung ansah; schließlich unterlag er dem Konzept der »direktiven Planung«, die nicht nur die Neue Ökonomische Politik zu Fall brachte, sondern ihn auch im Gefängnis landen ließ. 1938 wurde er hingerichtet und fiel in seiner Heimat lange Jahre in Ungnade.[5] Leo Trotzki, der selbst feststellte, dass »der Kapitalismus durch Krisen und Prosperitätsperioden, wie der Mensch durch Ein- und Ausatmen lebt«,[6] zollte Kondratieffs Analysen und Konzepten hohe Achtung. Umgekehrt war der Freigeist Schumpeter dem Sozialismus nicht völlig abhold. In seinem Buch »Kapitalismus – Sozialismus – Demokratie«, an dem er von 1942 bis 1950 arbeitete, gestand er bedauernd ein, der Kapitalismus werde scheitern, und zwar nicht an seinen Krisen, sondern an seinem Erfolg, und zwangsläufig einem Sozialismus Platz machen.[7] Schumpeters Vorstellung von Sozialismus gleicht allerdings eher einem System, in dem bürgerliche Familie und der Unternehmer als Sozialcharaktere der kapitalistischen Ordnung ihre Rolle an Bürokratie und Managerklasse abgeben.

4 Schumpeter Joseph A. (1961): Konjunkturzyklen. Eine theoretische, historische und statistische Analyse des kapitalistischen Prozesses. Göttingen.

5 Bondarenko Valentina (2014): The Feat of Life and Creativity, in: Grinin/Devezas/Korotayev Hg.: Kondratieff Waves. Juglar – Kuznets – Kondratieff, Kondratieff-Yearbook. Volgograd, S. 386; Ruben Peter (2008): Vom Kondratieff-Zyklus und seinem Erklärungspotenzial, in: Berliner Debatte Initial 19, 4, S. 58.

6 Zit. in: Kondratieff 1926, S. 127.

7 Schumpeter Joseph A. (1993): Kapitalismus, Sozialismus und Demokratie. Basel.

Im Zuge des Wiederaufbaubooms nach dem Zweiten Weltkrieg geriet die Beschäftigung mit Zyklen in Vergessenheit; alles schien bergauf zu gehen, machbar und planbar. Erst mit der krisenhaften Entwicklung seit der Weltwirtschaftskrise 1973, und mehr noch nach 2008, wurden Konjunkturzyklen als nützliche Analyseinstrumente wiederentdeckt.

Die Diskussion um lange Wellen der Konjunktur ist im Kern eine Erzählung, die die Weltwirtschaft aus einer eurozentrisch-westlichen Perspektive begreift, die seit ihrem Aufstieg zu einem führenden Industrieland in der zweiten Hälfte des 19. Jahrhunderts auch die USA umfasst. Ausschlaggebend für die Bewertung von A- und B-Phasen, Rezession, Depression, Erneuerung und Prosperität sind allein die westlichen Industrieländer. Gleichwohl beansprucht die Zyklentheorie eine Staaten übergreifende, die Weltwirtschaft prägende Geltung. Im kolonialen Zeitalter bedeutet das, dass Kolonien als Teile der Mutterländer betrachtet werden; dies gilt auch für souveräne Staaten und Reiche, sofern diese in Abhängigkeit von den europäischen Großmächten bzw. den USA gerieten. Ob die jeweiligen Konjunkturen in den Kolonien und Peripherien der Weltwirtschaft eine die Entwicklung fördernde oder hemmende Wirkung haben, steht solange nicht zur Debatte, als es solchen Regionen nicht gelingt, sich als Akteure mit eigenständigen Interessen und Perspektiven zu artikulieren. Der Anspruch auf eine eigene Entwicklungsperspektive wurde erst mit der Entkolonisierung formuliert.

Konjunkturzyklen aus Weltsystem-Perspektive

Die Weltsystemanalyse hingegen begreift Weltwirtschaft als ein interdependentes Geflecht von Beziehungen, die Regionen in guter Ausgangsposition Vorteile auf Kosten von Regionen erlaubt, die aufgrund relativer wirtschaftlicher und politischer Schwäche Erschließung, Inwertsetzung und Aneignung von Werten durch Stärkere zulassen müssen. Auf diese Art und Weise kommt es zu Zentrenbildung und Peripherisierung als Ausdruck der ungleichen Einbindung von Regionen in die überregionale Arbeitsteilung.[8] Der Systembegriff setzt also an der Funktion der Regionen in einer staatenübergreifenden überregionalen Arbeitsteilung an. Die wirtschaftliche Ungleichheit überschreitet

8 Wallerstein Immanuel (1984): Der historische Kapitalismus. Berlin.

damit die Territorialität staatlicher Souveränität. Mit Eingriffen und Regulierungen, deren Erfolg von Ressourcen, Entwicklungsstand, politischer Stärke und Verfassung abhängt, können Staaten allerdings auf ihre Rolle und Stellung im globalen System Einfluss nehmen.

Als historischer Moment für die Herausbildung der ungleichen überregionalen Arbeitsteilung des kapitalistischen Weltsystems wurde von den WeltsystemforscherInnen um Immanuel Wallerstein (1930–2019) das westeuropäische Ausgreifen auf Nordosteuropa und die Amerikas ab dem 16. Jahrhundert angenommen, wodurch diese Regionen als Zulieferer von billigen Nahrungsmitteln und Rohstoffen zu weltwirtschaftlichen Peripherien wurden und damit die Kapitalakkumulation in den Zentren unterstützten. Schrittweise wurde der Rest der Welt inkorporiert, bis im 19. Jahrhundert sämtliche Weltregionen den Funktionsmechanismen von Expansion, Erschließung und funktionaler Eingliederung in eine ungleiche Arbeitsteilung unterworfen waren.[9] Im Laufe der Zeit differenzierten sich die Ansichten zu Beginn, Periodisierung, Reichweite und Art der Beziehungen im Weltsystem aus.[10] Andre Gunder Frank löste sich von der Vorstellung eines ursprünglich europäischen Weltsystems und entwickelte einen globalen Analyserahmen eines einzigen weltumspannenden Systems, dessen entwickeltste Zentren er bis ins 19. Jahrhundert in Ostasien verortete.[11] Auch Giovanni Arrighi stellte in seinen Spätwerken eine sino-zentrische Welt in den Mittelpunkt seines Weltsystem-Modells, bis im 19. Jahrhundert das kapitalistische Weltsystem unter europäischer Führung Platz griff.[12]

Was die Weltsystem-ForscherInnen über alle Kontroversen hinweg eint, ist die Erzählung über die Aneignung von Ressourcen aus den Peripherien, die systematisch in die Zentren der Weltwirtschaft transferiert werden. Zentren, Peripherien sowie die im Aufstieg oder im Abstieg befindlichen

9 Wallerstein Immanuel (2004): Das moderne Weltsystem, Bd. 1 – Die Anfänge der kapitalistischen Landwirtschaft und die europäische Weltökonomie im 16. Jahrhundert. Wien; (1998): Bd. 2 – Der Merkantilismus. Europa zwischen 1600 und 1750. Wien 1998; (2004): Bd. 3 – Die große Expansion. Die Konsolidierung der Weltwirtschaft im langen 18. Jahrhundert 1789–1914, Wien 2004; (2012): Bd. 4 – Der Siegeszug des Liberalismus 1789–1914. Wien sowie Amin Samir/Arrighi Giovanni/Frank Andre Gunder/Wallerstein Immanuel (1982): Dynamics of the Global Crisis. New York – London. Komlosy Andrea (2012): Nachholende wirtschaftliche Entwicklung. Konzepte, Beispiele und Kriterien für Erfolg oder Scheitern, in: Zeitschrift für Weltgeschichte 13, 2, S. 11–42.

10 Zu den Strömungen und Forschungskontroversen vgl. Komlosy 2011, S. 195–209.

11 Frank, Andre Gunder (2016): Re-Orient. Globalgeschichte im Asiatischen Zeitalter. Wien.

12 Arrighi Giovanni (1994): The Long 20th Century. Money, Power, and the Origins of Our Time. London-New York.

Semiperipherien werden als Ausdruck historischer Kräfteverhältnisse begriffen. Ändern sich innere oder äußere Rahmenbedingungen, dann unterliegen Zentrenbildung und Peripherisierung Veränderungen: dies betrifft sowohl die Grundlagen, auf denen die räumliche Polarisierung vonstatten geht, als auch die geographische Verortung der Zentren, Peripherien und Semiperipherien.

Durch die Verbindung mit dem weltsystemischen Kontext wurde das Zyklen-Modell modifiziert. Die weltsystemische Herangehensweise verband die zyklische Bewegung der Kapitalakkumulation mit der das kapitalistische Weltsystem durch Ungleichheit und Abhängigkeit prägenden Arbeitsteilung, die im klein- und großräumigen Maßstab Zentren und Peripherien hervorbringt. Vor diesem Hintergrund wirken sich Auf- und Abschwung für Zentren und Peripherien nicht in der gleichen Weise aus. Der Übergang aus einer Depression in neue Prosperität lässt sich nicht nur an der sektoralen und technischen Erneuerung festmachen: da der Übergang mit der verstärkten Integration von Peripherien ins Weltsystem verbunden ist, wobei diese als Quelle der Regeneration für das Gesamtsystem fungieren, wirkt der Zyklus auf die räumliche Lage von Zentren und Peripherien und damit auf die Raumstruktur des Weltsystems. Dies kann zu einem Aufstieg von Peripherien oder Semiperipherien zu Zentren, zum Abstieg ehemaliger Zentren oder Semiperipherien führen; es kann allerdings auch im Falle von Peripherien zu einer neuen Ausprägung von Peripherisierung führen, etwa zur Verwandlung von einer Rohstoffperipherie in eine Peripherie, die als Ausgleichs-, als Tourismusregion oder als verlängerte Werkbank fungiert. Expansion im Aufschwung bedeutet vermehrte Nachfrage der Zentren nach Rohstoffen – für Rohstoff-Peripherien ist dies mit verstärkter Ausbeutung, Inwertsetzung und Durchdringung verbunden, die primär auf den Abtransport der Ressourcen ins Zentrum gerichtet ist; dies erfordert jedoch auch Investitionen in die Verkehrsinfrastruktur, Lager sowie Rohstoffaufbereitung und erste Verarbeitungsschritte. Als Produktionsstandorte werden Peripherien überhaupt erst dann attraktiv, wenn die Prozessinnovationen im Zentrum bereits abgeschlossen sind und ausgereifte Teile der Produktion auch von weniger qualifizierten Arbeitskräften durchgeführt werden können. Die damit verbundene Verlagerung der industriellen Produktion in Peripherien konzentriert sich auf Wirtschaftszweige, die in den alten Industrieländern ihre Leitfunktion bereits eingebüßt haben; die Verlagerung in die Peripherie wird zudem häufig von Unternehmen betrieben, die lediglich arbeitsintensive Teile der Produktion an periphere Standorte auslagern, während die leitenden und wertschöpfungsintensiven Unternehmensfunktionen in den alten Zentren verbleiben, sodass Wachstum durch nachholende Industrialisierung nicht notwendigerweise mit Entwicklung einhergeht, sondern die internationale Arbeitsteilung auch neue Formen der Abhängigkeit der Peripherien von den Zentren nach sich zieht. In den Zentren geht die Wachstumsdynamik im nächsten Zyklus hingegen auf einen neuen Leitsektor über; im Zuge dieser Umstrukturierungen können sich auch neue Standorte als Industriezentren konsolidieren und alte Industrieregionen ins Abseits drängen.

Solange die Verlagerung in die Peripherie von den Zentren gesteuert wird, bleibt die Abhängigkeit von diesen bestehen. Die Erschließung von Peripherien für Rohstoffextraktion oder als Standort für arbeitsintensive Industrialisierung kann jedoch auch Impulse auslösen, die nicht nur neue Zentrenbildung in der Peripherie, sondern einen Aufstieg einer Peripherie zu einem Zentrum der Weltwirtschaft einleiten. Ob dies gelingt, hängt vom Verlauf der Konjunktur, von Änderungen bei der Steuerung globaler Güterketten, der staatsrechtlichen Verfasstheit und den wirtschaftspolitischen Maßnahmen vor Ort, aber auch von der Fähigkeit eines Staates bzw. einer Region ab, sich gegenüber konkurrierenden Anwärtern auf ein *upgrading* durchzusetzen. Größe, Ressourcenausstattung, industrielle Tradition, vorhandene Qualifikation, Kapitalausstattung und politisch-institutionelles Gefüge sind ausschlaggebend dafür, ob ausländische Direktinvestitionen in abhängige Industrialisierung oder regionale industrielle Zentrenbildung transformiert werden können.[13] Eine weltsystemische Perspektive verwandelt die von Kondratieff und Schumpeter entwickelten Zyklen damit zu einem Instrument für die Analyse globaler Ungleichheit.

Dabei lässt sich das weltsystemische Zyklenmodell nicht nur für die peripherisierenden und Ungleichheit hervorbringenden Kräfte der Kapitalakkumulation anwenden, sondern auch für die dadurch ausgelösten Formen von Gegenbewegungen, Protest und Widerstand. Einerseits betrifft dies den Widerstand von Modernisierungsverlierern, die technologische bzw. organisatorische Neuerungen als Angriff auf ihre Wettbewerbsfähigkeit als Unternehmer, Arbeitskräfte oder als Region bekämpfen – also gegen Konzentrationsprozesse,

13 Komlosy 2012.

die ihre unternehmerische Existenz bedrohen, gegen Dequalifizierung, neue Systeme der Arbeitskontrolle und Lohndrückerei, oder gegen die Verwandlung einer Region in eine Zulieferrolle für externe Auftraggeber. Andererseits ist auch das Bemühen um nachholende Entwicklung und Überwindung von Abhängigkeit eine Art von Gegenbewegung, die periphere Regionen gegenüber den zentralen Akteuren sowohl in Form von Integrationsforderungen als auch in Form von Abkoppelungs- oder Sezessionsbemühungen einschlagen. In dem Maße, wie sich die Positionen von Zentrum und Peripherie im historischen Prozess verschieben und ehemalige Peripherien bzw. Semiperipherien zu neuen Zentren aufsteigen, verkehrt sich der Widerstand in einen Konkurrenzkampf zwischen den ehemals führenden, nun absteigenden Zentren und den aufsteigenden Zentren, wie wir dies im Protektionismus und den Selbstbehauptungsbemühungen der alten Industrieländer und immer noch führenden globalen Hegemonialmächte, den USA und der EU, gegenüber den zu neuen Zentren aufsteigenden Semiperipherien des globalen Südens beobachten können.

Das Zyklus-Modell

Gehen wir nun die Dynamik von Prosperität, Rezession, Depression und Erneuerung im Verlauf eines Kondratieff-Zyklus im Einzelnen durch.

Jede Prosperitätsphase ist durch ein Leitprodukt bzw. einen Leitsektor, eine Leittechnologie, eine Antriebstechnik (Wasserkraft → Dampfkraft → Elektromotor) sowie eine Organisationsform des Produktionsflusses (zentrale Transmissionsanlage → Maschinen mit Einzelantrieb → Automation → Fließband → Robotik) gekennzeichnet, die Wachstum und Expansion hervorbringen. Sie trägt jedoch bereits den Keim der Rezession in sich, die aufgrund der Übersättigung der Märkte, der Erschöpfung von Nachfrage und Gewinnmargen, verbunden mit dem Erstarken von Konkurrenten eine Krise auslöst. Die überhitzte Boom-Phase vor dem Kipppunkt wird auch als Juglar-Zyklus gefasst.[14] Der Krise (Rezession) folgt die Depression. Depressionsphasen sind von Niedergang und Zusammenbruch gekennzeichnet, gleichzeitig aber auch

14 Grinin Leonid/Devezas Tessaleno/Korotayev Andrey Hg.: Kondratieff Waves. Juglar – Kuznets – Kondratieff. Kondratieff-Yearbook. Volgograd 2014, S. 11.

von der Suche nach Erneuerung: Rationalisierungen in bestehenden Branchen, Produktinnovationen in neuen Sektoren, Erschließung neuer Technologien, Rohstoffe bzw. Substitute, Senkung der Arbeitskosten durch wissenschaftliche Betriebsführung (Fabriksystem, Taylorismus, Fordismus, *Just-in-time*) im Zentrum und Erschließung von Rohstoffquellen bzw. verlängerter Werkbänke in der Peripherie. Dies ist der Moment, in dem aus der »schöpferischen Zerstörung«, die in der Depression zu Firmenzusammenbrüchen und zur Entlassung von Beschäftigten führt, eine Quelle der Innovation wird. Im Übergang von der Depression (B-Phase) in die Erholung (A-Phase) verändern sich auch die politökonomischen Rahmenbedingungen in den einzelnen Staaten, d. h. die gesetzliche, institutionelle, innen- und außenpolitische Einbettung und Absicherung der jeweils eingeschlagenen neuen Akkumulationsstrategie. Wenn nötig, werden Produktion und Nachfrage dabei auch mit militärischen Mitteln stimuliert – weil Rüstung Wirtschaftswachstum generiert; und zwar in der Gewissheit, dass Kriegszerstörungen die Basis für einen nächsten Aufschwung legen würden. Zur Orchestrierung auf der staatlichen Ebene gesellen sich Bemühungen um international koordinierte Regulierung, von denen sich arrivierte Produzenten die institutionelle Absicherung ihrer Expansion erwarten, Entwicklungs- und Schwellenländer hingegen Hilfe bei der nachholenden Entwicklung.[15]

Prosperität und Rezession sind also ebenso eng aufeinander bezogen wie Depression und Erholung und markieren die entscheidenden Übergänge im Laufe einer langen Welle. Sie bringen die zyklische Dynamik von Wachstum, Erschöpfung, Zusammenbruch und Neuformierung zutreffender zum Ausdruck als die bloße Untergliederung in A-Aufschwung- und B-Abschwung-Phasen.

Schumpeter entwickelte auf dieser Basis ein historisches Ablaufschema der Kondratieff-Zyklen.[16] Er nahm eine präzise Datierung der Zyklen und Kipppunkte vor, die allerdings unter WirtschaftshistorikerInnen nicht unumstritten blieb, nicht zuletzt aufgrund großer regionaler Unterschiede in den Ablaufmustern.

Schumpeter setzte den 1. Kondratieff-Zyklus mit der ersten Hochphase der Industriellen Revolution in Großbritannien um das Jahr 1788 an, dessen

15 Komlosy Andrea (2018): Krisen, lange Wellen und die Weltsystemtheorie, in: Zeitschrift für Weltgeschichte 19, 2, S. 211.

16 Schumpeter 1961.

Prosperität bis 1801 währte und mit den französisch-britischen Auseinandersetzungen an seine Grenzen stieß. Der Wiener Kongress (1814/15) markiert den Übergang in eine Depressionsphase. Sie fiel mit dem Vulkanausbruch des Tambora in Indonesien (1815) zusammen, dessen Dunstschleier Europa erfasste und eine Agrar- und Hungerkrise auslöste.[17] Der 1. Kondratieff-Zyklus war von der Mechanisierung der Baumwollindustrie getragen, als Leittechnologie fungierte die Spinnmaschine, als Energieträger die Dampfkraft bzw. die Wasserkraft, die über Werkskanäle zur zentralen Transmissionsanlage der Fabrik geleitet wurde. Eric Hobsbawm (1917–2012) charakterisierte diesen Zyklus durch die »doppelte Revolution«, d. h. die politische Revolution in Frankreich und die industrielle Revolution in England.[18] Die politische Restauration des Vormärz war von einer Konsolidierung der Fabrikindustrie und deren Ausweitung auf weitere Sektoren und Produkte gekennzeichnet.

Der 2. Kondratieff-Zyklus währte von 1843 bis 1897. Schumpeter bezeichnete ihn als »bürgerlichen Kondratieff«. Seine Prosperität erhielt erste Risse mit der Weltwirtschaftskrise 1857, die eine spekulationsgeleitete Gründerzeit einleitete, und kippte mit der Weltwirtschaftskrise 1873 in die Rezession, die unmittelbar eine schwere Depression auslöste. Den Leitsektor der A-Phase bildete die Eisen(bahn)industrie mit Folgewirkungen auf Stahl- und Maschinenindustrie. Die Krise brachte eine einschneidende Umstrukturierung der Wirtschaft in Richtung einer neuen Unternehmensorganisation und -führung. Der vielseitig versierte Gründerpionier wich dem Spezialisten in der Unternehmensführung und der Konzentration in Kapitalgesellschaften. In der Erholungsphase griff die Industrialisierung auf Prozesse der Elektro-, Chemie- und Nahrungsmittelindustrie über, die schließlich den 3. Kondratieff-Zyklus in Gang brachten, der 1898 einsetzte.

Dieser war durch den Übergang von der zentralen Transmissionsanlage auf Einzelmotorenantrieb gekennzeichnet. Die Automatisierung der Fabrikproduktion stellte höhere Anforderungen an die technische Qualifikation der Facharbeiter und erforderte neue Methoden des Produktivitätsmanagements. Die Fabrik wurde nach tayloristischen Prinzipien durchorganisiert, Lebensführung und Lebensläufe durch Lohnarbeit, Urbanisierung, regulierenden

17 Ruben 2008, S. 56.

18 Hobsbawm Eric (2004[2]): Europäische Revolutionen. Köln.

Zugriff des Staates, Mobilität und Kommodifizierung maßgeblich verändert. Die auch als zweite Gründerzeit bezeichnete Prosperitätsphase kippte 1911 und leitete in eine lang andauernde Depression über, die durch die Auseinandersetzungen zwischen Deutschland und den USA um die Nachfolge der britischen Hegemonie in den beiden Weltkriegen geprägt war. Schumpeter bezeichnete den 3. Kondratieff-Zyklus aufgrund der zugespitzten Konkurrenz zwischen den Großmächten, die in der B-Phase durch Abschottung im Kampf um Märkte ausgetragen wurde, als »neo-merkantilistisch«. Alternativ kursiert die Bezeichnung als »imperialistischer Kondratieff«.[19] Der Krisenüberwindungsmechanismus des klassischen Imperialismus, d. h. räumliche Expansion der Märkte und Kapitalexport zur Erschließung von Kolonien und abhängigen Gebieten, war allerdings bereits zur Überwindung der Depression des 2. Kondratieff zum Einsatz gekommen.[20]

Die Weltwirtschaftskrise von 1929/31 stellt sich verglichen mit den großen Vorgänger- und Nachfolgekrisen 1873 und 1973/74 aufgrund ihrer Einbettung in das Zeitalter der beiden Weltkriege bzw. die Zwischenkriegszeit und der Eigendynamik der politischen Ereignisse komplizierter dar.[21] Denn während der Erste Weltkrieg als lang andauernde Depression angesehen werden kann, war er gleichzeitig auch ein letztes Aufgebot, um mit der Nachfrage nach Kriegsgütern die A-Phase der Zweiten Gründerzeit zu verlängern. Für die Achsenmächte scheiterte diese Erneuerung jedenfalls mit der Niederlage, die den Zerfall der Reiche, neue Staatsgründungen und im Fall Russlands eine gesellschaftliche Revolution und die Gründung der UdSSR nach sich zog. Für die USA leitete der Kriegseintritt, ohne selbst durch Kriegshandlungen in Mitleidenschaft gezogen zu werden, den Aufstieg zur weltwirtschaftlichen Führungsmacht ein.

Aus der Perspektive der Bevölkerungsmehrheit kann der Dienst im Militär, in den Produktionsschlachten und an der Heimatfront ohnehin nicht mit »Aufschwung« gleichgesetzt werden. Er war Krise schlechthin, auch wenn diese auf (fast) allen Seiten patriotisch überhöht wurde. Die Kriegswirtschaft

19 Ruben 2008, S. 53

20 Bollinger Stefan Hg. (2004): Imperialismustheorien. Historische Grundlagen für eine aktuelle Kritik. Wien.

21 Roth Karl Heinz (2009): Die globale Krise. Hamburg, S. 285f; Wolf Winfried (2009): Sieben Krisen – ein Crash, Wien, S. 182–185; Galbraith John Kenneth (2009): Der große Crash 1929. Ursachen, Verlauf, Folgen. München; vgl. auch Komlosy 2018, S. 212f.

eröffnete aufgrund der militärischen Sachzwänge die Gelegenheit, Management- und Kontrollregime einzuführen, die auch in Friedenszeiten anwendbar waren. Anhänger des Sozialismus deuteten die starke Durchgriffsgewalt des Staates auf die Wirtschaft gar als Vorbild für eine planwirtschaftliche Lenkung.[22]

Der Wiederaufbau nach dem Ersten Weltkrieg hatte aufgrund der Desintegration der Reiche, der Grenzkonflikte und Bevölkerungstransfers sowie der Auseinandersetzungen um die politische Verfassung der Nachfolgestaaten keinen belebenden Effekt. Es war eine Fortsetzung der wirtschaftlichen Depression. Wiederaufbaukredite wurden an restriktive Budgetpolitik gebunden, eine monetaristische Wirtschaftspolitik würgte Wachstumsimpulse ab. Den Siegermächten der Entente und den mit ihnen verbündeten Staaten bot die durch die Friedensverträge geregelte Nachkriegsordnung dabei allerdings günstigere Ausgangsbedingungen als den Verlierern. Während die Sowjetunion auf die sozialistische Transformation konzentriert war, konnten die USA die Unversehrtheit nach dem Krieg zum Ausbau ihrer wirtschaftlichen Vormacht in der Weltwirtschaft gegenüber den alten Kolonialimperien nutzen.

Der Zusammenbruch der New Yorker Börse am 24. Oktober 1929 führte mit seinen Rückkoppelungseffekten zum Ausbruch der Weltwirtschaftskrise. Internationale Dollar-Kredite wurden abgezogen, es kam zu Firmen- und Bankenzusammenbrüchen sowie Preiseinbrüchen bei Rohstoffen. Die Folge war ein massiver Rückgang in der Produktion und im Außenhandel. Deflationistische Wirtschaftspolitik verstärkte den Niedergang. Die internationale Koordination der Krisenbewältigung scheiterte. In der Folge zerfiel die Weltwirtschaft in Handels- und Währungsblöcke der Großmächte, die die jeweils eigenen Kolonien und Handelspartner eng an sich banden. Deutschland setzte mangels eigener Kolonien auf den Aufbau eines deutsch beherrschten europäischen Großraums in Osteuropa. Für Schwellenländer wie Brasilien, Mexiko oder die Türkei eröffneten die Turbulenzen in den weltwirtschaftlichen Zentren eine Atempause, die die Inangriffnahme nachholender Industrialisierung erleichterte. Auch die Sowjetunion war aufgrund ihrer Isolierung von der Weltwirtschaftskrise kaum betroffen und forcierte in dieser Zeit den

22 Z. B. Hilferding Rudolf (1974): Das Finanzkapital, 2 Bde. Frankfurt/Main-Köln (original: 1910).

industriellen Aufbau. Während Schwellenländer mit Ambitionen eigenständiger Wirtschaftspolitik die Krise also für eine Stärkung ihrer Nationalökonomien nutzen konnten, erlebten die Zentren eine Lähmung, die sie auf ihre Kolonien und Hinterhöfe übertrugen.[23]

Über den Zeitpunkt, an dem aus der Depression die Bedingungen für neues Wachstum erwuchsen, gibt es unterschiedliche Einschätzungen. Der *New Deal* in den USA (1933–1938) sowie die Arbeitsbeschaffungsmaßnahmen in NS-Deutschland kamen zu spät und brachten kein Ende der Depression. Eine Erholung der Wirtschaft zeichnete sich erst mit der Rüstungskonjunktur im Vorfeld des Zweiten Weltkriegs ab. Wie im Ersten Weltkrieg waren viele kriegswirtschaftliche Umstrukturierungen mit Modernisierungen verbunden, die bereits als Erholung und Neustart interpretiert werden können,[24] zumal sie im Wiederaufbau fortgeführt wurden. Elend und Zerstörung sowie die politische Neuordnung der internationalen Kräfteverhältnisse sind allerdings dafür ausschlaggebend, dass der Beginn der nächsten A-Phase gemeinhin erst mit dem Kriegsende datiert wird.[25]

Schumpeter starb 1950 und machte in seinen Schriften keine klaren Angaben zur Datierung. Nun traten die Nachfolger von Kondratieff und Schumpeter auf den Plan und begannen, die Schriften und die Daten nach möglichen sinnvollen Eckpunkten für die Periodisierung des Zyklus zu durchforsten. Eine formale Bestimmung der Dauer steht einer inhaltlichen Bestimmung gegenüber.

Zyklen als Generationenfolge?

Bei der Suche nach den Gesetzmäßigkeiten, die der Kondratieff'schen Welle von 50 bis 60 Jahren zugrunde lagen, wurde dem Generationenwechsel eine bestimmende Rolle beigemessen.[26] Fernand Braudel beschrieb den Kondratieff-Zyklus als eine lange Welle, »die reichlich ein halbes Jahrhundert oder

23 Komlosy 2018, S. 213.

24 Rainer Metz datiert den 3. Kondratieff-Zyklus von 1890 bis 1940 – vgl. Metz Rainer (2005): Säkulare Trends der deutschen Wirtschaft, in: North Michael Hg.: Deutsche Wirtschaftsgeschichte. München, S. 498.

25 Braudel 1986, S. 84.

26 Vgl. Die langen Wellen der Konjunktur. Beiträge zur marxistischen Konjunktur- und Krisentheorie von Alexander Parvus, Karl Kautsky, Leo Trotzki, N. D. Kondratieff und Ernest Mandel. Berlin 1972, S. 159; Hedtke Ulrich (1990): Stalin oder Kondratieff. Endspiel oder Innovation. Berlin, S. 112.

zwei Generationen umfasst« und bettete diese in langfristigere, Jahrhunderte überdauernde säkulare Trends ein. »Nimmt man beide Bewegungen, langfristigen Trend und Kondratieff-Zyklus zusammen, erhält man eine Konjunkturmelodie von längerer Dauer«.[27] Dementsprechend vereinigt ein Zyklus zwei Generationen. Unter der Annahme einer Dauer von 27,5 Jahren entspricht dies rund 55 Jahren, innerhalb derer die Produktivkräfte einer Generation an die nachfolgende übertragen werden. Damit wird der (Generationen)-Zyklus zur vorgegebenen Messlatte, aus der sich die im Generationenwechsel auftretenden Veränderungen quasi automatisch ableiten lassen.[28] Der Zyklus läuft auf diese Weise allerdings Gefahr, zu einem starren Korsett zu werden, das sowohl von den Schwankungen des Generationenwechsels als auch vom Tempo der Erneuerungsinnovationen absieht, die sich zwar regelmäßig nach einer Rezession einstellen, aber nicht immer und überall und auch nicht im selben Tempo.

Differenzen bestehen in der Frage, ob das Zyklen-Schema als anthropologische Konstante anzusehen ist und daher auch auf frühere Perioden, wenn nicht die Menschheitsgeschichte generell, angewandt werden kann, oder ob es sich dabei um ein Phänomen des Kapitalismus bzw. der kapitalistischen Industriegesellschaft handelt. Im ersteren Fall würde es keinen Sinn ergeben, den Zyklus 1788–1842 als »Ersten« zu betrachten; in der Tat bezogen sich Kondratieff und Schumpeter auf einen Vorgänger-Zyklus von 1733–1787, sahen jedoch aufgrund mangelnder Daten von einer Konkretisierung ab. Sie entwickelten ihre Zyklentheorie als ein Modell, dessen Aussagekraft erst seit der Industriellen Revolution Relevanz besitzt.

Um Kondratieff-Zyklen nicht zum Korsett zu machen, sondern sie als dynamischen Interpretationsrahmen zu nutzen, ist eine inhaltliche Auseinandersetzung notwendig. Welche Leitsektoren, Antriebs-, Energie- und Organisationssysteme, Produkt- und Prozessinnovationen charakterisieren einen Zyklus? Welche Veränderungen machen einen Zyklus aus, und an welchen Indikatoren lassen sich diese festmachen? Während sich die Lange-Wellen-Theoretiker der ersten Generation hauptsächlich an Preis-, Lohn-, Produktions- und Beschäftigungsindizes und ihrer Synchronisierung abgearbeitet

27 Braudel 1986, S. 84; vgl. auch Hedtke 1990, S. 112 sowie Alexander Michael (2002): The Kondratieff Cycle. A Generational Interpretation. San Jose, S. 14f.

28 Ruben 2008, S. 54f.

haben, um die Phasen und Wendepunkte zu bestimmen, wurden später weitere Faktoren als Zyklus-relevant erkannt: politökonomische Verfassung und Regulierung, Regime der Arbeitsorganisation und der Arbeitskontrolle. Diese stimmen zeitlich nicht immer überein, sodass größere Flexibilität in der Periodisierung notwendig ist als das standardisierte Generationen-Schema. Die Beschleunigung der technischen Innovation im Übergang vom industriellen zum kybernetischen Produktionsprinzip lässt zudem Verkürzungen in der Dauer der Zyklen plausibel erscheinen.[29]

Durch die Einbeziehung des Zusammenspiels von Wirtschaft und Politik in den zyklischen Wandel wurde der ökonomische Determinismus, der dem Modell der langen Wellen lange anhaftete, aufgebrochen: Insbesondere in Zeiten, in denen – im Übergang von der Depression in die Erholung – Innovationen hohe Investitionen erfordern, springt die öffentliche Hand durch Förderungen, Haftungen und Bereitstellung der erforderlichen Infrastrukturen regelmäßig ein, während ihre sozial-, regional- und finanzpolitische Intervention in Boom-Phasen von Kapitalseite als wettbewerbsverzerrend abgelehnt wird. In ähnlicher Weise verändert sich auch das Verhältnis von produktiver Investition und finanzieller Veranlagung im Zyklenverlauf. Verliert die Investition in die Realwirtschaft, die durchaus auch die den Dienstleistungssektor und die IT-Sphäre einschließt, an Rendite, wie dies mit der Abschwächung des Wachstums am Ende der Prosperitätsphase üblich ist, fördert dies die Flucht in die spekulative Sphäre des Finanzsektors. Gelingt es nicht, die Finanzialisierung wieder in produktive Investitionen zu kanalisieren, ist ein erneuter Aufschwung gefährdet. Diese Tendenz begleitete die Zeitspanne nach der Weltwirtschaftskrise 1973/4 und ist mit ein Grund, warum BeobachterInnen Zweifel an dem ab 1990 stattfindenden Aufschwung äußern, der ja durch das Nahverhältnis von Spekulationskapital und dem IT-Sektor geprägt war, das den Boom um 2000 platzen ließ. Umgekehrt waren die 1990er Jahre aber auch die Zeit, als die globale Industrieproduktion durch die Verlagerung der arbeitsintensiven Fertigung in ehemalige realsozialistische Staaten sowie in Schwellenländer des Globalen Südens neues Wachstum erfuhr.

29 Grinin Leonid E./Grinin Anton (2016): The Cybernetic Revolution and the Forthcoming Epoch of Self-Regulating Systems. Moskau, S. 164f.

Kontroversen um den 4. Kondratieff-Zyklus

Welche Form und welches Gesicht nahmen also der 4. Kondratieff und die auf diesen folgenden langen Wellen an? Wer vom vorgegebenen Generationen-Konzept ausgeht, datiert den 3. Kondratieff-Zyklus von 1898 bis 1953, gefolgt von der 55-Jahres-Welle des 4. Kondratieff-Zyklus, der demnach bis 2008 währen würde.[30] 1953 kann als das Jahr angesehen werden, in dem die Kriegsfolgen beseitigt waren und allseits ein kontinuierlicher Wirtschaftsaufschwung einsetzte.

Überzeugender ist es jedoch, den 4. Kondratieff von 1945 bis 1990 anzusetzen,[31] also rund 45 Jahre, mit der Weltwirtschaftskrise 1973/74 als Zäsur hin zu Rezession und Depression bis 1981, sowie einer Reorganisationsphase des globalen Kapitalismus, die um 1990 den Anbeginn eines 5. Kondratieff-Zyklus einleitete. Der 4. Kondratieff-Zyklus war in seiner A-Phase vom Wiederaufbau nach dem Zweiten Weltkrieg gespeist, der ungeahnte Nachfragepotenziale bei Konsumgütern mobilisierte und auf zahlreiche vor- und nachgelagerte Sektoren ausstrahlte. Als Leitsektoren gelten die Automobilindustrie und die Petrochemie, als Antriebsenergie Erdöl und Erdgas sowie Atomkraft, arbeitstechnisch dominierte die Fließbandarbeit, arbeitsorganisatorisch zogen flexiblere Anordnungen in die Produktionshallen ein, die höhere Anforderungen an die Arbeitskräfte stellten und diese durch betriebliche Anreizsysteme und Kompromisse mit den Gewerkschaften zu höheren Leistungen motivierten. Staatlicherseits wurde das – nach Henry Ford benannte – fordistische Modell durch Arbeits- und Sozialgesetze in den westlichen Industrieländern zu einem Wohlfahrtskapitalismus umgestaltet, der auf der anderen Seite des Eisernen Vorhangs in Europa die Form eines »arbeiterlichen« Sozialstaats annahm.[32] An der Wende von den 1960er- zu den 1970er Jahren sanken die Profitraten, was zusammen mit dem Anstieg der Erdölpreise in der Weltwirtschaftskrise 1973/74 kulminierte.

Die Antworten auf die Weltwirtschaftskrise von 1973/74 hatten zwei Gesichter. Während mehr soziale Mobilität Inklusion und Aufbruchsstimmung

30 Diese Sichtweise teilen u. a. Busch Ulrich/Land Rainer (2013): Teilhabekapitalismus. Norderstedt BoD.; Ruben 2008; Hedtke 2008.

31 Mit einer Variationsbreite zwischen 1940 und 1953.

32 Der Begriff »arbeiterlich« bezieht sich auf die Prägung der realsozialistischen Gesellschaften durch das Ideal einer proletarischen Lebensweise – Vgl. Schultz Helga (2007): Das sozialistische Projekt und die Arbeiter, in: Schultz Helga/Wagener Hans-Jürgen Hg.: Die DDR im Rückblick. Politik, Wirtschaft, Gesellschaft, Kultur. Berlin, S. 227.

vermittelten, standen die wirtschaftlichen Anpassungsmaßnahmen im Zeichen der Kostensenkung durch Rationalisierung, Externalisierung und Auslagerung. Dies ließ die soziale Ungleichheit regional und global ansteigen. 1973/74 steht für den Beginn einer B-Phase. Bildungs-, Arbeitsmarkt-, Ehe-, Familien- und Justizreformen sollten dafür sorgen, dass neue, für die Krisenüberwindung notwendige Qualifikationen erworben und gesellschaftliche Hierarchien und Konventionen überwunden wurden, die die räumliche, berufliche und soziale Mobilität sowie die mentale Bereitschaft für Veränderungen aufhielten. Die Reformmaßnahmen entsprachen in vieler Hinsicht dem antiautoritären Zeitgeist, der mit den sozialen Bewegungen von und nach 1968 heraufgezogen war.[33] Die dadurch ausgelöste soziale Dynamik führte dazu, dass die B-Phase in den Zentren der Weltwirtschaft von vielen als Aufschwung erlebt wurde. Dies zeigt, dass die individuelle ebenso wie die kollektive Wahrnehmung von Krise nicht unbedingt mit der Bewegung der ökonomischen Kennziffern übereinstimmen muss.[34]

Auch wenn die Weltwirtschaftskrise von 1973/74 keine harte Rezession auslöste, ließen sinkende Profite, steigende Löhne und Sozialkosten sowie verschärfte internationale Konkurrenz die Zugkraft der Leitsektoren, die den Fordismus, das Produktions- und Konsummodell des Wiederaufbaus in den Zentren der Weltwirtschaft getragen hatten, erlahmen. Die Reaktionen der großen multinationalen Konzerne lauteten: Rationalisierung und Neuordnung der Standorte im Weltmaßstab. Die Alternative, die viele KapitaleignerInnen in der Phase des Umbruchs bevorzugten, bestand in der finanziellen Veranlagung statt in der produktiven Investition – eine Tendenz, die für den Übergang von einer A-Phase in eine B-Phase charakteristisch ist. Damit – und selbstverständlich auch aus den Erlösen, die die Erdöl produzierenden Staaten in die globalen Finanzen einspeisten – wurde der Kreditrahmen geschaffen, der die Neue Internationale Arbeitsteilung[35] überhaupt erst ermöglichte. Ausgereifte Produktionen wurden in Länder des Südens, aber auch nach Osteuropa verlagert, wo sich die damals noch sozialistischen Regierungen davon eine Überwindung ihrer Innovationsblockaden erhofften. Durch die Globalisierung der Güterketten konnten die Kosten für die Erzeugung industrieller Massengüter

33 Roth 2009, S. 148ff.

34 Komlosy 2018, S. 225f.

35 Fröbel Volker/Heinrichs Jürgen/Kreye Otto (1977): Die neue internationale Arbeitsteilung. Reinbek bei Hamburg.

maßgeblich gesenkt werden; Forschung, Entwicklung und Logistik als wertschöpfungsintensivste Teile der Kette blieben in den alten Industrieländern, während die *Newly Industrializing Countries* im Billiglohnbereich zum Zug kamen. In den Metropolen erfolgte der Übergang auf neue Leitsektoren und Leitprozesse. Alles zusammen trug dazu bei, dass die Krise in den alten Zentren als Aufbruch wahrgenommen werden konnte. Dazu kam, dass die neoliberale Neuordnung, die zur Wiederherstellung profitabler Kapitalverwertung entstand, zunächst von antizyklischen Programmen überlagert wurde, die die Anpassung an die geänderten Kapitalverwertungserfordernisse hinauszögern wollten, sodass auch die wirtschaftspolitische Wende dem ökonomischen Zyklus hinterherhinkte. Die antizyklische Politik konnte die Anpassungsfolgen von den Kernschichten der ArbeiterInnenschaft in den Zentren allerdings nur unter der Voraussetzung fernhalten bzw. mildern, dass die Kosten externalisiert wurden: Der Preis für die relativ glimpfliche Ausprägung der Depression in den 1970er- und 1980er Jahren war die wachsende Ungleichheit, die mit der Verlagerungsindustrialisierung in die neuen und mit der beginnenden Flexibilisierung und Prekarisierung der Arbeitsverhältnisse auch in die alten Industrieländer Einzug hielt.

Aus der Perspektive des Verwertung suchenden Kapitals war der Wandel also gelungen. Die Neue Internationale Arbeitsteilung im Verein mit der Digitalisierung der Produktion und der Globalisierung der Güterketten bewirkte die massive Ausweitung grenzüberschreitender wirtschaftlicher Aktivität, abzulesen an der Zunahme des internationalen Handels, der Direktinvestitionen, der Verschuldung und der Finanztransaktionen. In dieser Phase war die Internationalisierung der Produktion von den multinationalen Konzernen getragen. Regierungen der Schwellenländer erhofften sich von den ausländischen Direktinvestitionen Schützenhilfe bei der nachholenden Industrialisierung.[36]

Mit dem Umbau der Weltwirtschaft ging der Abbau von arbeits-, steuer- und handelsrechtlichen Regulierungen, Auflagen und Beschränkungen für InvestorInnen einher. Die Konkurrenz zwischen den Staaten um möglichst hochrangige und wertschöpfungsintensive Investitionen bewirkte ein *race to the bottom*, mit der Möglichkeit für die multinationalen Konzerne, einzelne Zulieferer bzw. Staaten gegeneinander auszuspielen und bei Bedarf auszutauschen.

36 Vgl. Komlosy Andrea/Musić Goran (2021): Global Commodity Chains and Labor Relations. Leiden-Boston.

Die erfolgreiche Transformation stellte schließlich auch die »sozialen Errungenschaften« der Lohnabhängigen in den alten Industrieländern in Frage. Flexibilisierung, Prekarisierung und Kommodifizierung der sozialen Sicherheit begannen, das paternalistische Wohlfahrtsstaatmodell des Fordismus abzulösen. Arbeitsrecht und gewerkschaftliche Vertretungen versuchten zu retten, was sie glaubten, retten zu können. Dies gelang nur, wenn der Kreis der Berechtigten auf die klassische, proletarische KernarbeiterInnenschicht eingeschränkt blieb. Daneben wuchs jedoch bereits in den 1980er Jahren der Anteil jener, deren Arbeitsverhältnisse nicht in diese Kategorie passten. Während die ArbeitsmigrantInnen aus Billiglohnländern als Konkurrenz auf dem Arbeitsmarkt angesehen wurden, blieben die fernab in Konzerntöchtern, Weltmarktfabriken und freien Produktionszonen werkenden Kolleginnen und Kollegen weitgehend unsichtbar; sie traten in den Erfahrungshorizont der metropolitanen Arbeiterklasse lediglich über die Billigprodukte, die sehr bald als Teil ihrer konsumistischen »Errungenschaften« gefühlt wurden: das einte sie mit den AuftraggeberInnen der globalen Güterketten.

Setzen wir die Argumentation mit dem Zyklus in Verbindung, wurde durch die Reformen und Anpassungsmaßnahmen in der B-Phase nach 1973/74 der Boden für einen nächsten Aufschwung aufbereitet: Dieser manifestierte sich in einer fünften langen Welle.[37] Diese durchlebte ihre A-Phase in den Jahren 1990 bis 2008 und kippte mit der Weltwirtschaftskrise von 2008ff. in die Rezession, in der wir uns trotz kurzfristiger, regional und sektoral unterschiedlich verlaufender Schwankungen nach wie vor befinden. Die Prosperität des neuen Zyklus beruhte auf einer neuen Gründerzeit, die sich im Boom der Telekommunikation, dem IT-Sektor und der Biotechnologien manifestierte. Es handelte sich um wissensbasierte Sektoren, die die materielle Grundlage der Chips, Mikroprozessoren, Rechner, Telefonapparate und was dafür als Hardware alles nötig ist, aus den Weltmarktfabriken des globalen »Südens« (dem sich das ehemals sozialistische Osteuropa nunmehr weitgehend zugesellte) bezogen.

Eigentums-, Kommando- und Logistikstrukturen der globalen Güterketten erlebten gegenüber der vorhergehenden Phase allerdings eine Veränderung. Während die Globalisierung der Standorte in der B-Phase des

37 Komlosy 2018, S. 228f.

4. Kondratieff-Zyklus unter der Ägide von multinationalen Konzernen erfolgte, die über Filialen, Töchter, Verlagerungen und Kontrakte mit Zuliefern das Spektrum von Beschäftigungsformen, Kosten und gesetzlichen Auflagen vervielfachten, wurden produzierende Unternehmen im 5. Kondratieff-Zyklus in immer mehr Branchen von sogenannten »globalen Käufern« abgelöst, die als Großhändler, Einzelhandelsketten oder Markeninhaber die Standortkombinationen entlang der Güterkette nicht von der Produktionsseite, sondern von der Nachfrageseite her bestimmen.[38] Dies bedeutet, dass die metropolitanen Zentren, die sich in der ersten Phase der Globalisierung der Güterketten die strategischen Bereiche der Wertschöpfung vorbehalten hatten, nicht mehr unersetzlich waren. Das Kommando über globale Güterketten begann sich teilweise in regionale Zentren wie São Paolo, Mexiko City, Hongkong oder Schanghai zu verschieben, die als *Global Cities* die Wertschöpfungskette für lokale bzw. transnationalisierte Eliten öffnen konnten. In den *Newly Industrializing Countries*, die nun als die neuen Industrieländer angesehen werden können, verbreitete die Möglichkeit, die nachholende Industrialisierung in regionale Entwicklung und Kapitalbildung zu verwandeln, Aufbruchsstimmung. Dies betraf freilich nur die GewinnerInnen dieser Entwicklung, die, wo immer sie stattfand, die soziale und regionale Polarisierung vorantrieb. In Osteuropa, in der Sowjetunion, in China und in Vietnam, aber auch in Indien stand dies im Zusammenhang mit dem politökonomischen Systemwechsel.

Auch in den alten Zentren, die aufgrund der globalen Verschiebungen in vielen Bereichen wohl besser als ehemalige denn als alte Industrieländer bezeichnet werden können, war die Wahrnehmung des Aufschwungs geteilt. So strahlend die neuen Branchen, so attraktiv die neue Flexibilität, so abenteuerlich die neuen Karrieren, soweit die Digitalisierung und Kommodifizierung der Kommunikation die Lebenswelten der breiten Massen ergriff und nicht mehr weggedacht werden will, geht diese Art des Aufschwungs mit Polarisierung und einer Spaltung der Gesellschaft in Gewinnende und Verlierende einher. Wer zu den Verlierenden gehörte, musste große soziale Einschnitte in Kauf nehmen, die von den Betroffenen als »Krise« gedeutet

38 Gereffi Gary G. (1994): The organization of buyer driven commodity chains: How US retailers shape overseas production networks, in: Gereffi Gary G./Korzeniewicz Miguel M. (Hg.): Commodity chains and global capitalism. Westport CT, S. 95–122; vgl. auch Komlosy/ Musić 2021.

wurden. Aus hegemonialer Perspektive sind diese Härten Begleiterscheinungen, Zeichen, ja geradezu Bedingungen für den Aufschwung. Denn im Gegensatz zur Prosperitätsphase des Wiederaufbauzyklus nach dem Zweiten Weltkrieg beruhte die IT-Gründerzeit nach 1990 nicht auf der Ausweitung von Massenkonsum und Teilhabe, sondern auf der sozialen Differenzierung des Konsums. Auch wenn das Niveau der Kommodifizierung gegenüber den 1960er Jahren stark angestiegen ist, sind die unteren sozialen Schichten in den exklusiven 1990er- und 2000er Jahren in viel stärkerem Ausmaß von der gesellschaftlichen Teilhabe ausgeschlossen als in den inklusiven 1960er- und 1970er Jahren. Die Kriterien für In- und Exklusion haben sich aufgrund der geänderten Konsum- und Kommunikationsgewohnheiten maßgeblich verändert, sodass das blanke Elend verarmender und verarmter Schichten heute nicht auf den ersten Blick erkennbar ist. Wenn von einem erfolgreichen Aufschwung gesprochen wird, bezieht sich dies also nicht auf die Ausweitung der gesellschaftlichen Teilhabe, sondern auf die Erholung der Akkumulationsgrundlagen.

Damit wiederholt sich das Paradox der Wahrnehmungsebene unter umgekehrten Vorzeichen. Während die die 1970er Jahre prägende Rezession als Aufschwung gedeutet wurde, erschien der Aufschwung der 1990er Jahre vielen Beteiligten als Krise.[39] Die russischen Forscher Grinin, Grinin und Korotayev interpretieren die A-Phase des 5. Kondratieff als retardierte Entwicklung mit geringem Anschubpotenzial, was sich auch in der kurzen Dauer der Prosperität niederschlug.[40] Sie sehen die Neuerungen eher als Implementierung bekannter Technologien denn als durchschlagende Innovationen und führen dies auf die ungleiche globale Verteilung zurück, die es verunmöglichte, das Wachstum- und Innovationspotenzial der Schwellenländer voll auszuschöpfen.

Gegen die These von der Erholung aus der Weltwirtschaftskrise der 1970er Jahre, die Überwindung des Fordismus in den alten Industrieländern und den Anbruch einer 5. Kondratieff-Welle auf Basis von Informations- und Biotechnologien als neuen Leitsektoren haben vor allem marxistische

39 Komlosy 2018, S. 229.

40 Grinin Leonid E./Grinin Anton (2014). The Sixth Kondratieff Wave and the Cybernetic Revolution, in: Grinin Leonid/Devezas Tessaleno C./Korotayev Andrey V. (Hg): Kondratieff Waves: Dimensions and Perspectives at the Dawn of the 21st Century. Wolgograd, S. 364f; Grinin Leonid E./Grinin Anton/Korotayev Andrey (2017): The MANBRIC-Technologies in the Forthcoming Technological Revolution. In Devezas T./Leitão J./Sarygulov A. Hg.: Industry 4.0: Entrepreneurship and Structural Change in the New Digital Landscape. Berlin, S. 124.

WissenschaftlerInnen Einwände erhoben.[41] Der IT-Boom der 1990er Jahre sei eine kurzfristige Blase gewesen, die keineswegs als Ausdruck einer Produkt- und Prozessinnovation interpretiert werden darf. Er zeigte viel eher, dass die Digitalisierung, die als Ausweg aus der Profitklemme der fordistischen Massenproduktion eingeschlagen wurde, die in sie gesetzten Erwartungen als Motor eines neuen Aufschwungs nicht erfüllen konnte. Es entstand dadurch kein neuer, die Expansion tragender Leitsektor. Dazu kam, dass die Finanzialisierung der Weltwirtschaft in den 1990er- und 2000er Jahren erst so richtig in die Gänge kam, sodass die für Depressionsphasen charakteristische Flucht ins Finanzgeschäft anhielt. Dies legt die Schlussfolgerung nahe, dass der Aufschwung bloß fiktiv, eine optische Täuschung, eine große Blase war, die durch ihre krisenhafte Zuspitzung auf die produktive Sphäre zurückwirkt. Von Erholung also keine Spur. Dass es so lange nicht zum großen Krach kam, schreibt Thomas Kuczynski der Nachfragebelebung zu, mit der der Kalte Krieg in den 1980er Jahren die Rüstungsindustrie stimulierte, während die Öffnung der osteuropäischen Staaten nach dem Zusammenbruch des realen Sozialismus dem westlichen Kapital ein weites Feld von Märkten und Übernahmen sowie eine *tabula rasa* staatlicher Arbeits- und Sozialpolitik bescherte. Auch die Kriege gegen den Irak und gegen die Taliban in Afghanistan und Pakistan sowie die militärischen Interventionen in die Bürgerkriege in Libyen, im Tschad und in Syrien, in die die USA ihre Bündnispartner hineingezogen haben, können aufgrund der die Nachfrage belebenden Wirkung der Kriegswirtschaft als Faktoren des Hinauszögerns eines großen Krachs interpretiert werden.

Diese Lesart der konjunkturellen Bewegung impliziert, dass es nach der Weltwirtschaftskrise von 1973/74 keine Erholung, sondern eine lang andauernde Depression gab. 1973/74 erschiene dann nicht als vollwertige Krise, die einen Übergang vom A- in den B-Zyklus einleitete, sondern als kurzfristiger Konjunktureinbruch, der sich 1980–82, 1987, 1990/91 und 2001 fortsetzte, jedoch vorerst nicht den großen Krach herbeiführte. Dieser Interpretation folgend befände sich die Weltwirtschaft heute mitten im 4. Kondratieff-Zyklus,

41 Kuczynski Thomas (2012): Krisenverschiebungen. Wieso das Krisenbündel 2007ff. bloß die Krise von 1973ff. fortsetzt, in: Lunapark21. Zeitschrift zur Kritik der politischen Ökonomie 19, S. 68–69 sowie Kuczynski Thomas (2012): Ausweglose Lagen gibt es nicht. Steht das Kapital vor einem neuen Mehrwertschub?, in: Gremliza Hermann L. Hg.: No way out? Hamburg, S. 156–161. Ähnlich argumentieren Wolf 2009, S. 187 und Roth 2009, S. 146.

der mit der Krise von 2008 ff. (mit einiger Verzögerung) von seiner A-Phase in die B-Phase überging – eine andere Spielart von *business as usual*. Alles, was als Basis eines Aufschwungs in Form eines fünften Kondratieff-Zyklus erschien, wäre demnach lediglich ein Element des Managements und wiederholten Verlängerns einer langen Depression, die sich schließlich 2008 manifestierte.

Eine ganz andere Interpretation setzte dieser Analyse der deutsche Ökonom Leo A. Neofidow entgegen. Auch er sieht, wenn auch aus anderen Gründen, Probleme bei der Einordnung der 1990er Jahre. Für ihn war der 5. Kondratieff nur von kurzer Dauer, und er lässt seinen 6. Kondratieff bereits 1997 mit Medizin- und Biotechnologien als neuen Leitsektoren anbrechen, deren Zukunft als Heils- und Wachstumsbringer für die Menschheit er sehr optimistisch einschätzt.[42] Mit dieser Datierung ist Neofidow unter den WirtschaftswissenschaftlerInnen ziemlich allein auf weiter Flur, während es in der Beurteilung der Sektoren, die den nächsten Aufschwung tragen, weitgehende Übereinstimmung gibt.

Die Schwierigkeit, hier und heute die aktuelle Form des Zyklus zu bestimmen, resultiert aus dem mangelnden zeitlichen Abstand und der Versuchung, kurzfristige Phänomene langfristig zu deuten. Sie wirft aber auch einen Schatten auf das Zyklenmodell als solches, jedenfalls auf seine Prognosetauglichkeit. Wann schlug die Depression, die der Rezessionsphase im Gefolge der Weltwirtschaftskrise 1973/74 folgte und das neoliberale, auf einer neuen internationalen Arbeitsteilung, der Digitalisierung sowie der Ausweitung von Kreditvolumen und Finanzgeschäften beruhende Akkumulationsmodell einleitete, in neuerliche Erholung, also in einen neuen »Kondratieff A« um? Wenn manche Autoren meinen, die seither stattfindenden rezessiven Einbrüche von 1980–82, 1987, 1990/91 und 2001 seien Fortsetzungen eines lang andauernden Abschwungs, der seinen bisherigen Tiefpunkt in der Weltwirtschaftskrise 2008 ff. fand, verwechseln sie langfristige Konjunkturzyklen bzw. Akkumulationsregime mit kurz- und mittelfristigen Schwankungen.

42 Neofidow Leo A. (1991): Der fünfte Kondratieff. Strategien zum Strukturwandel in Wirtschaft und Gesellschaft. Frankfurt/Main – Wiesbaden; Neofidow Leo A. (1996): Der sechste Kondratieff. Wege zur Produktivität und Vollbeschäftigung im Zeitalter der Information. Sankt Augustin; Neofidow Leo A./Neofidow Simone (2014): The Sixth Kondratieff: The Growth Engine of the 21st Century, in: Grinin/Devezas/Korotayev Hg.: Kondratieff Waves. Juglar – Kuznets – Kondratieff. Kondratieff-Yearbook. Volgograd. S. 326–353.

Zukunft der zyklischen Erneuerung

Die Einschätzung der Zukunft der den Kapitalismus gliedernden langen Wellen der Konjunktur hängt maßgeblich davon ab, ob Kapitalismus als ein immerwährendes oder ein endliches System angesehen wird. Unter Linken verschiedenster Couleur gibt es keinen Zweifel über die Endlichkeit des Systems, das aufgrund des Auseinanderklaffens von Produktivkräften und den diese durch Privateigentum und Profitinteresse einengenden Produktionsverhältnissen zum Zusammenbruch neige; zu den systemischen Widersprüchen auf der Ebene der Produktivkräfte tritt der Interessensgegensatz zwischen Kapitaleignern und jenen, die nur ihre Arbeitskraft zu verkaufen haben, als dynamisierendes Element eines revolutionären Umbruchs. Die Sehnsucht nach der Revolution hat Generationen von sozialistischen Theoretikern und Praktikerinnen in das Fettnäpfchen treten lassen, das sie den Umbruch als demnächst bevorstehend annehmen ließ; die Revolution trat nur in wenigen Fällen ein, auch dies nur regional statt wie erhofft als Weltphänomen und in ihren Auswirkungen auch fast nie so, wie es die Revolutionäre anvisiert hatten. Wenn Sozialisten den Kapitalismus als zyklisches Auf und Ab von Hochkonjunktur, Krise und Anpassung begriffen, dann endete diese Perspektive spätestens mit dem Moment, an dem der Kapitalismus überwunden sein und die Produktivkräfte nicht mehr an den sie einengenden Produktionsverhältnissen anstoßen würden. Die Krise im System würde in eine Krise des Systems umschlagen und damit die wiederkehrende Abfolge von A-Phasen und B-Phasen außer Kraft setzen.

Bürgerliche Zyklentheoretiker müssen sich nicht mit diesem Transformationsproblem herumschlagen.[43] In der bürgerlich-liberalen Ausprägung bereitet die »schöpferische Zerstörung« das Terrain für eine neue Welle von Innovationen auf, ein politischer Systemwechsel ist dafür nicht erforderlich; Phasen der autoritären Ausschaltung parlamentarischer Mitbestimmung, die Menschen gegen ihren Widerstand dazu bringen, die sozialen Folgen der »schöpferischen Zerstörung« zu akzeptieren, gelten dabei als Anomalien, können jedoch auch als systemimmanent betrachtet werden. Krise ist somit eine Chance, die das System in periodischen Abständen bietet, um die

43 vgl. diesen Gedanken in: Komlosy 2018, S. 222–24.

Struktur und Gepflogenheiten des Wirtschaftslebens dem neuesten Stand von Technik und Management anzupassen. Krise wird im bürgerlich-liberalen Diskurs daher nicht dramatisiert, sondern – mehr oder weniger offen – als willkommener Anlass für die Zurückdrängung von in der A-Phase von der Arbeiterbewegung erkämpften bzw. vom Staat gewährten Leistungen und Verteilungsmechanismen – Steuern, Lohnforderungen, Arbeitsrechte und soziale Sicherung – angesehen; umgekehrt wird vom Staat verlangt, die ins Stocken geratene Kapitalakkumulation zu deblockieren.[44] Dabei geht es maßgeblich um die Frage, wer die Kosten einer Krise zu tragen habe: produzierende Unternehmen oder Banken, Groß- oder Kleinbetriebe, Unternehmende oder Lohnabhängige, StammarbeiterInnen oder prekär Beschäftigte mit ihren je spezifischen Interessen. Es liegt dabei im Interesse der stärksten Kapitalgruppen, budgetäre Umwidmungen von sozialen in Stützungsmaßnahmen für Banken und Unternehmen nicht zur Diskussion zu stellen, sondern sie als Sachzwänge zur Rettung des Systems zu postulieren.

In den »goldenen Jahren« der Prosperität nach dem Zweiten Weltkrieg rückte eine Überwindung des historischen Kapitalismus in unerreichbare Ferne. Die Unruhen und Aufstände von 1968, die Immanuel Wallerstein als »Weltrevolution« bezeichnet,[45] kündigten bereits die Erschütterung des Systems an. Die Einsicht, dass ein Systemwechsel auf die praktisch-politische Tagesordnung kommen könnte, kam erst im Gefolge der politischen Umbrüche seit den 1990er Jahren auf. Einerseits zeigte der Zusammenbruch des Staatssozialismus auf, dass Systemwandel möglich war. Andererseits trug die Eingliederung der staatssozialistischen Länder in die kapitalistische Weltwirtschaft zwar zunächst zur Krisenüberwindung im Westen bei, schuf damit aber ihrerseits neue Krisen.[46]

Immanuel Wallerstein eröffnete mit seinem Buch »Utopistik« eine neue Perspektive.[47] Er hielt es für möglich und führte Argumente dafür ins Treffen, warum die zyklische Erneuerung und Neuordnung, die nach der

44 vgl. z. B. Streissler Erich/Tichy Gunther Hg. (2012): How to Forecast Economic Developments During and After Crises. Wien.

45 Wallerstein Immanuel (2002): Utopistik: Historische Alternativen des 21. Jahrhunderts. Wien, S. 37.

46 Andrea Komlosy (2015): Systemtransformation als Krisenmanagement. Der RGW-Umbruch im globalen Kontext, 40 Jahre danach (1973–2013), in: Adamczyk Dariusz/Lehnstaedt Stephan Hg.: Wirtschaftskrisen als Wendepunkte. Ursachen, Folgen und historische Einordnungen vom Mittelalter bis zur Gegenwart. Osnabrück, S. 337–376.

47 Wallerstein 2002.

Weltwirtschaftskrise von 1973/74 einsetzte, nicht so recht in die Gänge kommen konnte. Die Erneuerung stieß seiner Einschätzung zufolge an systemimmanente Widerstände: Erstens gelang es nicht, die Profitklemme durch globale Produktionsverlagerung und Externalisierung der Kosten zu beheben. Die zur Verfügung stehenden Erneuerungspotenziale in Form von Rohstoffen und Arbeitsreserven, auf die ohne Rücksicht auf ihre Reproduktionskosten zugriffen werden konnte, zeigten Erschöpfungserscheinungen, die auch durch die Erschließung Osteuropas nicht beigelegt wurden; Öffnung und Reform in China erzeugten zusätzlichen Nachfragedruck. Dadurch stiegen zweitens die Kosten und bewirkten eine Krise der Kapitalakkumulation. Als dritten Faktor führt Wallerstein die Legitimitätskrise des Staates an: Staaten sind aufgrund sinkender Einnahmen und explodierender Ausgaben immer weniger in der Lage, die gesellschaftliche Unzufriedenheit zu kompensieren und nationale Identität zu stiften: konkurrierende Identitätsangebote regionaler, ethnischer und religiöser Art führen zur Erosion des sozialen Zusammenhalts und lassen neue gesellschaftliche Konfliktlinien aufbrechen.

Wallerstein war bis zu seinem Tod im Jahr 2019 davon überzeugt,[48] dass der historische Kapitalismus sich in einer Endkrise befindet, ohne allerdings Prognosen für deren Ausgang geschweige denn einen Übergang zu einem wie immer gearteten Sozialismus abzugeben. Andere SozialwissenschaftlerInnen interpretierten die gesellschaftlichen Krisenerscheinungen nicht als Ausdruck von Zusammenbruch und Übergang, sondern von systemimmanenter Anpassung.[49] Dies führte zu unterschiedlichen Ergebnissen bei der Einschätzung der B-Phase des 4. Kondratieff-Zyklus sowie den Bedingungen für einen 5. Kondratieff-Zyklus.

Vor allem MarxistInnen taten sich schwer, den Zusammenbruch des realen Sozialismus nach 1989/91 als Ausdruck von Krisenüberwindung zu begreifen. Der Zusammenbruch war vielmehr der Anfang vom Ende eines Systems, das an seinen Rändern zu erodieren begann[50] und diese

48 Wallerstein 2002; Wallerstein, Das moderne Weltsystem, Bd. 4, S. 14; Wallerstein Immanuel (2014): Die strukturelle Krise oder warum der Kapitalismus sich nicht mehr rentieren könnte, in: Wallerstein Immanuel/Collins Randall/Mann Michael/Laugstien Thomas, Stirbt der Kapitalismus? Fünf Szenarien für das 21. Jahrhundert. Frankfurt/Main, S. 17–48; vgl. auch Amin Samir (1992): Das Reich des Chaos. Hamburg.

49 Z. B. Frank 2016.

50 Kurz Robert (1991): Der Kollaps der Modernisierung. Vom Zusammenbruch des Kasernensozialismus zur Krise der Weltökonomie. Frankfurt/Main.

Erosion – trotz verschiedener Stabilisierungsversuche – setzte sich über eine Abfolge von Krisen in die führenden Zentren der Weltwirtschaft fort, um in der Finanzkrise 2007/08 zu platzen. Seitdem wird jede Entwicklung als Ausdruck des Systemzusammenbruchs und der Endkrise des Kapitalismus interpretiert.[51] Dabei geraten die Erneuerungspotenziale des globalen Kapitalismus aus dem Blick.

Meines Erachtens spricht vieles dafür, die von den Informations- und Biotechnologien getragene Globalisierung der 1990er Jahre als Ausdruck der Erholung anzusehen, die durch die neoliberale Wende, den Systemwechsel in der mit der Sowjetunion verbundenen Welt und die Politik der Öffnung und Reform in China solche Wachstums- und Erneuerungspotenziale vorfand, sodass 1990/91 vom Anbruch eines neuen Zyklus (5. Kondratieff-Zyklus) gesprochen werden kann.[52] Der Systemwechsel in den Ländern des Rats für gegenseitige Wirtschaftshilfe (RGW) vollzog im Bereich des Politischen nach, was auf wirtschaftlichem Gebiet bereits seit der Weltwirtschaftskrise 1973/74 im Gange war, durch das – wie immer ausgehöhlte – Primat der Politik aber noch nicht voll wirksam werden konnte: die periphere Eingliederung Osteuropas als Markt, Billiglohnstandort und Arbeitskräftelieferant in die Weltwirtschaft. Auf dieser günstigen Voraussetzung, die Krise durch die Peripherisierung Osteuropas zu überwinden, baute der neue Zyklus auf.[53] Der 5. Kondratieff-Zyklus konzentrierte sich sektoral auf die Kommunikations- und Informationsindustrien, die nicht nur für sich gesehen werden dürfen, sondern die Organisation der Produktion in sämtlichen anderen Branchen betrafen. Eine bisher nicht gekannte Qualität erreichte dabei die als Globalisierung bezeichnete Reorganisation des Produktionsflusses in globalen Güterketten, die einigen Schwellenländern erlaubte, zu regionalen Zentren der Weltwirtschaft aufzusteigen: am deutlichsten trat dieser Aufstieg in China zutage; aber auch Indien zeigt ähnliche Entwicklungen, während Brasilien und Südafrika die in sie gesetzten Erwartungen langfristig nicht

51 Häring Norbert (2021): Endspiel des Kapitalismus. Wie die Konzerne die Macht übernahmen und wie wir sie zurückholen. Hannover; Wolff Ernst (2020): Wolff of Wall Street: Ernst Wolff erklärt das globale Finanzsystem. Wien.

52 Vgl. auch Streissler/Tichy 2012; Grinin Leonid/Korotayev Andrey (2014): Interaction between Kondratieff Waves and Juglar Cycles, in: Grinin/Devezas/Korotayev Hg.: Kondratieff Waves. Juglar – Kuznets – Kondratieff. Kondratieff-Yearbook. Volgograd, S. 49.

53 Hofbauer Hannes (2007): EU-Osterweiterung. Historische Basis – ökonomische Triebkräfte – soziale Folgen, Wien.

erfüllen.[54] Die Liberalisierung und Flexibilisierung der Produktion war von einer Verselbstständigung der Finanztransaktionen in einem zunehmend von der Realwirtschaft abgelösten transnationalen Finanzkarussell begleitet. Diese Verbindung von Spekulationskapital und IT-Industrie, die den Aufschwung der 1990er Jahre getragen hatte, währte jedoch nicht lange und führte geradewegs in die Weltwirtschaftskrise 2007/08 mit der darauf folgenden Depression.

Im Gegensatz zum Aufschwung in den 1960er- und frühen 1970er Jahren bewirkte die A-Phase des 5. Kondratieff-Zyklus keine soziale Integration, sondern Segmentierungen, die nunmehr auch vor der Zerstörung sozialer Errungenschaften in den alten Zentren nicht halt machten. Nichtsdestotrotz war sie für viele gesellschaftliche Gruppen, nicht zuletzt in den aufstrebenden Industriestaaten in Ost- und Südasien, in Brasilien und Südafrika, mit Hoffnung und Aufbruchsstimmung verknüpft.

Die Frage, ob das kapitalistische Weltsystem weiterhin in der Lage ist, Krisen als produktive Impulse in neues Wachstum zu übersetzen, stellt sich auch bei dieser Periodisierung, die die Gegenwart der frühen 2020er Jahre als B-Phase des 5. Kondratieff-Zyklus interpretiert.

Unabhängig davon, ob bzw. welchem Zyklusmodell wir folgen, ist es durchaus möglich, dass die krisenhafte Zuspitzung der Weltwirtschaft keinen neuerlichen Aufschwung im Sinne systemimmanenter Stabilisierung mehr erlaubt, wie Samir Amin oder Immanuel Wallerstein bereits seit den 1990er Jahren postulieren, und das System tatsächlich nicht mehr zur Erneuerung in der Lage ist.

Im zweiten Abschnitt wird diese Frage vor dem Hintergrund der Corona-Pandemie aufgegriffen. Bestätigen die im Angesicht der Pandemie ergriffenen Maßnahmen die These vom Ende des historischen Kapitalismus oder bringt sie mit der ihr eigenen rapiden Zerstörung jene Reorganisation mit sich, die für die Formierung eines 6. Kondratieff-Zyklus erforderlich ist? Dieser neue Zyklus, so die bereits vor Corona aufgestellte Prognose, würde maßgeblich von Innovationen in Medizin-, Pharma- und Körper optimierende Sektoren gespeist werden. Zuvor wenden wir uns jedoch Zyklenmodellen längerer Dauer zu.

54 Kappel Robert (2010): On the Economics of Regional Powers: Comparing China, India, Brazil and South Africa, GIGA-Working papers 145: https://ciaotest.cc.columbia.edu/wps/giga/0019579/f_0019579_16715.pdf (22.7.2022); vgl. Auch Boatcă Manuela/Komlosy Andrea/Nolte Hans-Heinrich Hg. (2018): Global Inequalities in World-Systems Perspective. Theoretical Debates and Methodological Innovations. London – New York.

1.2. Hegemonialzyklen

Hegemonialzyklen stehen im Zeichen einer die Weltwirtschaft dominierenden Hegemonialmacht. Wie bei den Konjunkturzyklen ergeben sich aus der empirischen Beobachtung rund 100-jährige Hegemonialzyklen, die vom Aufstieg, vom Sieg, der Reife und dem Niedergang einer Hegemonialmacht gekennzeichnet sind. Nur in der Phase der Reife besteht eine weitgehend unangefochtene Hegemonie; alle anderen Phasen des Zyklus sind dadurch geprägt, dass eine Hegemonie gegenüber Vorgängermächten und Konkurrenten durchgesetzt bzw. im Niedergang gegenüber Ansprüchen auf Ablöse verteidigt wird.

Unter Hegemonialmacht wird ein Staat verstanden, der gleichzeitig die wirtschaftliche Führungsrolle in der Weltwirtschaft und im Militärbereich ausübt, die Kontrolle über den Weltfinanzsektor innehat und dessen Werte und Lebensstil als globale Leitkultur gelten.[55] Zur Hegemonie gehört weiterhin, dass Führung und Überlegenheit von Bündnispartnern, Abhängigen, Konkurrenten und Gegnern gleichermaßen anerkannt werden. Ein solcher Zustand kann nur unter bestimmten Bedingungen eintreten. Viel häufiger als unipolare Phasen mit einem dominierenden Zentrum treten in der Weltgeschichte multipolare Phasen auf, in denen mehrere Zentren koexistieren und um Hegemonie konkurrieren. Die meisten politischen Gemeinwesen kommen überhaupt nicht in die Lage, Anspruch auf regionale geschweige denn globale Führung zu erheben, sondern liegen im Einflussbereich von Hegemonialmächten bzw. bemühen sich um ein möglichst großes Maß an Eigenständigkeit im Spannungsfeld der Großmächte.

Geschichte als Auf- und Abstieg der großen Mächte zu begreifen, hat in den Geschichts- und Politikwissenschaften eine lange Tradition. In einer weltsystemischen Herangehensweise wird das Spannungsfeld von – räumlich begrenzter – staatlicher Politik und – Staaten übergreifender – ökonomischen Aktionsräumen fruchtbar gemacht: Hegemonie ist demnach nicht primär in der politischen Stärke eines Staates grundgelegt, sondern in der Fähigkeit, transnationale Flüsse von Waren, Kapital und Arbeitskräften so zu beherrschen, dass die aus ungleichem Tausch und aus globalen Güterketten

55 Vgl. Komlosy 2018, S. 219.

gewonnene Wertschöpfung vorrangig im eigenen politischen Herrschaftsbereich realisiert wird. Hegemonialzyklen basieren so gesehen auf den langen Wellen der Konjunktur; politische Machtfragen sind ohne die entsprechende ökonomische Fundierung sowie weltwirtschaftliche Konstellation nicht verständlich. Gegenüber der rein ökonomischen Bestimmung des Konjunkturverlaufs, wie sie den Kondratieff-Zyklen in ihrer klassischen Ausprägung zugrunde liegt, beruhen Hegemonialzyklen aber auch auf politischen bzw. militärischen Ereignissen. Dynastien, Staatsform und Regierung, Kriege, Rüstungsausgaben, Eroberung und Bündnispolitik spielen nicht nur eine zentrale Rolle bei der Periodisierung von Aufstieg, Sieg, Reife und Niedergang von Hegemonialmächten, sondern interagieren mit Prosperität, Rezession, Depression und Erholung im Wirtschaftszyklus. Giovanni Arrighi zieht dem auf das Politische abzielenden Begriff Hegemonialzyklus daher den Begriff Akkumulationszyklen vor, spricht aber im Zusammenhang von Übergängen dennoch von hegemonialem Wandel.[56]

Übersicht 2: Weltsystemanalyse als historisches Narrativ von Reichweite und Inkorporierung

12. Jh: Zentrenbildung in Venedig und italienischen Stadtstaaten
13.-15. Jh.: Zentrale Achse Oberitalien – Oberdeutschland – Sevilla – Lissabon – Flandern
16. Jh.: Zentrenverschiebung nach Nordwesteuropa (Z) mit Nordosteuropa und den Amerikas als Peripherien (P), Süd- und Zentraleuropa als Semiperipherien (SP)
18. Jh.: Inkorporierung des Osmanischen Reiches, des Zarenreiches, Westafrikas, des indischen Subkontinents und Südost-Asiens als Peripherien (P)
19. Jh.: Inkorporierung Afrikas, Ozeaniens und weiterer Teile Asiens (P)

Im vorherrschenden historischen Narrativ der Weltsystemtheorie, das maßgeblich durch die Erzählung von Immanuel Wallerstein geprägt ist,[57] treten als erste Hegemonialmacht im 17. Jahrhundert die Niederlande auf den Plan, die sich gegenüber dem Raum Oberitalien und Oberdeutschland durchsetzten,

56 Arrighi 1994, S. 28; Arrighi Giovanni/Silver Beverley (2001): Capitalism and World (Dis)Orders, in: Review of International Studies 27, 5, S. 257–279.

57 Wallerstein 2004/1998/2004/2012, Das moderne Weltsystem, 4 Bde; Wallerstein 2002.

der mit Genua, Sevilla, Lissabon und Antwerpen das wirtschaftliche Rückgrat Europas im 15. und 16. Jahrhundert gebildet hatte. Diese Vormachtstellung beruhte auf einem System von Städten, die je nach Kontext mehr oder weniger tonangebend waren, allerdings keine Hegemonie über die Weltwirtschaft ausübten. Ihre Handelsaktivitäten im Mittel- und Schwarzmeerraum sowie im Nord- und Süd-Atlantik, die vor allem Stützpunkt- sowie Beherrschungskolonien, mitunter auch Siedlungskolonien umfassten, beruhten auf Schutz und militärischer Begleitung von Imperien, insbesondere der portugiesischen und der kastilischen Krone. Arrighi bezeichnet diese Phase als »genuesisch-iberischen« Akkumulationszyklus, in der sich genuesisches Handelskapital mit imperialen Ambitionen der iberischen Könige verband und diesen eine Ausweitung von Handel und Schifffahrt entlang der afrikanischen Westküste sowie der kolonialen Landnahme auf den küstennahen Atlantikinseln (Kanaren, Madeira, Azoren, Kapverden), in Goa und Ceylon sowie in der Karibik und Südamerika erlaubte.[58]

Ein Hegemon im eigentlichen Sinn konnte erst entstehen, als sich die wirtschaftliche Expansion mit staatlichem Interesse, Absicherung und Durchsetzungswillen verband, die nicht rein auf die imperiale Vormachtsicherung gerichtet waren. Mit der Westwärtsverschiebung der Zentren an den Nordatlantik sanken die alten süd- und südwesteuropäischen Zentren seit dem 16. Jahrhundert zu Semiperipherien ab. Die Vereinigten Provinzen der Niederlande wurden dabei nicht nur zu einem neuen wirtschaftlichen Zentrum, sondern übten mit Amsterdam und der Vereinigten Ostindischen Kompanie, aber auch mit der Kontrolle des Nord- und Ostseehandels eine weit über das Ökonomische hinausgehende Schaltfunktion aus, die in der zweiten Hälfte des 17. Jahrhunderts ihren Höhepunkt erlebte. Der »holländische Zyklus« knüpfte am Stadtstaaten-System der Genuesen an, war aber im Gegensatz zu diesen nicht auf die Allianz mit externen Mächten angewiesen, da die Niederlande selbst einen modernen Staat ausbildeten, der ökonomische und militärische Stärke kombinierte, die sich im »goldenen Zeitalter« auch in der künstlerischen Innovationsstärke widerspiegelte. Die Republik war jedoch nicht stark genug, um sich gegen die imperialen Ambitionen ihrer Konkurrenten,

58 Arrighi 1994, S. 111–129; vgl. auch Obenaus Andreas Hg. (2021): Europas maritime Expansion. Ideen und Innovationen, Entdeckungen und Eroberungen vom 9. bis zum 18. Jahrhundert. Wien.

Frankreich und England bzw. Großbritannien zu behaupten, die diese im 18. und frühen 19. Jahrhundert in Südasien und in der Karibik erlangten, während die neuenglischen Kolonien in Nordamerika 1775–1783 ihre Unabhängigkeit vom Mutterland erkämpften.

An dieser Stelle muss eine Forschungskontroverse eingeschoben werden, die die bisherige Darstellung der historischen Ereignisse hinterfragt. Das Narrativ der Weltsystem-Analyse, das die Dynamik des Handels in der sukzessiven Expansion westeuropäischer Akteure verortet, blieb nämlich nicht unwidersprochen. Zahlreiche ForscherInnen stellen dem »europäischen« Weltsystem die bis ins 18. bzw. 19. Jahrhundert währende führende Rolle asiatischer Regionen von West- über Süd- bis Ostasien gegenüber. Für Andre Gunder Frank und andere steht die Weltwirtschaft in der Zeit vom 1400 bis 1800 nicht unter einem westlich-europäischen, sondern einem östlich-asiatischen Stern.[59] Diese Hegemonie ging erst mit dem Aufstieg Großbritanniens im 19. Jahrhundert zu Ende, und die asiatischen Reiche gerieten in Abhängigkeit von nun auch nach Asien expandierenden westeuropäischen Kolonialmächten. Dabei handelt es sich allerdings nicht unbedingt um unversöhnliche Perspektiven, sondern um eine Frage des Blickwinkels und des Ausschnitts. Die These vom »europäischen Weltsystem« spricht asiatischen Regionen ihre führende Rolle in der Weltwirtschaft keineswegs ab, betrachtet sie jedoch als Außenarena des von Europa aus etablierten Weltsystems. Die These vom »asiatischen Zeitalter« hingegen begreift die ganze Welt als ein Weltsystem, in dem asiatische Regionen in den Jahrhunderten der europäischen Expansion vom 15.-18. Jahrhundert eine führende Position einnahmen. Einigkeit besteht in Hinblick auf die Ausdehnung der europäischen Vorherrschaft auf Asien und Afrika im 18. und 19. Jahrhundert.[60]

Zurück zum Übergang vom »holländischen« auf den »britischen Akkumulationszyklus«. In einer Abfolge von Kriegen mit sowie zwischen England und Frankreich, die in der britischen Blockade des revolutionären Frankreichs und der französischen Kontinentalsperre kulminierten, setzte sich schließlich Großbritannien als Hegemonialmacht des 19. Jahrhunderts durch – im Aufstieg in Konkurrenz mit Frankreich, das nicht zuletzt an imperialer Überdehnung

59 Frank 2016.
60 Zur unterschiedlichen Einordnung in Weltsystem-Konzepte vgl. Komlosy 2011, S. 203.

scheiterte, im Abstieg herausgefordert von den USA und vom Deutschen Reich. Der »britische Akkumulationszyklus« ergänzte einen wirtschaftlich hoch entwickelten Nationalstaat nicht nur mit einem, sämtliche Kontinente umfassenden Kolonialimperium, das Rohstoffe und Nahrungsmittel für die britische Industrie lieferte und dieser als Absatzmarkt zur Verfügung stand. Über das informelle Empire aus Transport-, Finanz-, Kommunikations- und Nachrichtenverbindungen übte Großbritannien auch die Kontrolle über wirtschaftliche Aktivitäten seiner Partner und Konkurrenten aus und war in der Lage, an diesen zu verdienen. Die Verschränkung der Kontrolle über Binnen-, Kolonial- und Weltmärkte führte schließlich dazu, dass die britische Hegemonie im Akkumulationsregime die Voraussetzung für dessen Ausprägung als Produktionsregime schuf,[61] das mit der Industriellen Revolution für die kommenden 250 Jahre zur Messlatte für wirtschaftliche Entwicklung schlechthin wurde.[62]

Aus der deutsch-amerikanischen Auseinandersetzung um die Nachfolge der britischen Hegemonie gingen im Gefolge der beiden Weltkriege die USA als Siegermacht hervor, die in der Reifephase zwischen 1945 und 1973 das »amerikanische Jahrhundert« als globaler Hegemon dominierte. Sie musste mit der Sowjetunion einen Gegenhegemon hinnehmen, der zwar keine weltwirtschaftliche Leitfunktion ausübte, aufgrund der Reichweite seines Einflussbereichs sowie des Primats der Politik und der damit verbundenen militärischen Stärke allerdings in seinem geopolitischen Einflussgebiet eine hegemoniale Wirkung erzielte; diese schlug sich im Anspruch wider, mit den europäischen und den außereuropäischen Mitgliedern des Rats für gegenseitige Wirtschaftshilfe (RGW) ein »sozialistisches Weltsystem« zu bilden.

Der »US-Akkumulationszyklus« brach mit der Herrschaftspraxis der europäischen Großmächte des 19. und frühen 20. Jahrhunderts, die von ihnen beherrschten Gebiete als Kolonien in das Reich einzugliedern. Die USA wurden damit zum Verbündeten der antikolonialen Bewegungen in ihrem Bemühen um Eigenstaatlichkeit, wobei diese die Großmächterivalität mitunter in Spielräume für ihre nationalen bzw. transnationalen Interessen nutzen konnten.

61 Arrighi/Silver 2001, S. 268.

62 Komlosy Andrea (2021), Entanglements of Catching-Up: Rethinking 'Industrial Revolution' from a Global Perspective, in: Grinin, Leonid E./Korotayev Andrey V. Hg.: Kondratieff Waves. Historical and Theoretical Aspects. Volgograd, S. 10–58: https://www.sociostudies.org/upload/socionauki.ru/book/files/k_waves_5_en/003_Komlosy.pdf (2.2.2022).

Die USA benötigten zur Wahrnehmung ihrer Hegemonie keine über die im 19. Jahrhundert konsolidierten Staatsgrenzen hinausgehende Kolonien. Erstens hatte das Territorium der Vereinigten Staaten quasi-imperiale Ausmaße und zudem führten militärische Stärke, die Kontrolle über globale und regionale Bündnissysteme im militärischen und im wirtschaftlichen Bereich, über Weltwährung, Innovation in allen führenden Sektoren und Ausstrahlungskraft des *American Way of Life* zu einer effektiveren Umsetzung und Akzeptanz von Hegemonie als alle bisherigen Akkumulationsregime. Nichtsdestotrotz währte die Hochphase des »amerikanischen Jahrhunderts« nur 25 Jahre.

Hegemon USA und Gegenhegemon UdSSR befanden sich seit der Weltwirtschaftskrise 1973/74 gleichermaßen im Niedergang. Während der »Ostblock« mit dem Rat für gegenseitige Wirtschaftshilfe (RGW) und dem Warschauer Pakt 1991 zerfiel, war der Niedergang der US-Hegemonie von Bemühungen geprägt, den Verlust an hegemonialer Kraft durch Militarisierung, Bündniserweiterung, Bündnisverpflichtung und Ausnützung der Leitwährungsfunktion des US-Dollar zu kompensieren. Der immer wieder prognostizierte Niedergang der US-Hegemonie, der innenpolitisch extreme soziale und politische Polarisierung hervorrief, konnte durch das aufgebaute militärische Machtarsenal, den Druck auf Verbündete sowie die Ausschaltung kooperationsunwilliger Regierungen hinausgezögert werden. Dieser Druck, der sich bis zur militärischen Intervention und Besatzung steigerte, diente nicht zuletzt dazu, das Dollarmonopol im internationalen Handel gegenüber Versuchen zu verteidigen, andere Währungen bzw. Währungskörbe als Alternativen aufzubauen. Auch die diplomatische Anerkennung der Volksrepublik China und schließlich – nach dem Ende der maoistischen Isolationsphase – die Bereitschaft, deren Exportüberschüsse zur Abdeckung des wachsenden US-Leistungsbilanzdefizits zu nutzen, trugen vorübergehend zur Stabilisierung der globalen Vorherrschaft der USA bei.

Manche BeobachterInnen deuten solche Bemühungen als eine Verwandlung der USA von einem globalen Hegemon in ein globales Imperium.[63]

63 Babones Salvatore (2016): From World-Market to World-Empire: The Political Economy of the Third Millennium, in: Nolte Hans-Heinrich/Boatcă Manuela/Komlosy Andrea (Hg.): Worldregions, Migrations and Identities. Gleichen–Zürich, S. 145–157; Babones Salvatore (2016): From World-Market to World-Empire: The Political Economy of the Third Millennium, in: Nolte Hans-Heinrich/Boatcă Manuela/Komlosy Andrea (Hg.): Worldregions, Migrations and Identities. Gleichen–Zürich, S. 145–157.

Hans-Heinrich Nolte wendet sich schon aus begriffshistorischen Gründen gegen die Kategorisierung einer Republik-Nation, ob hegemonial oder nicht, als Imperium.[64] Darüber hinaus stellen sich aus einer weltsystemischen Zyklenperspektive die Stärkedemonstrationen als nur bedingt wirksame Bemühungen dar, den Abstieg als Zentrum der Weltwirtschaft und als globaler Hegemon abzuwenden.

Mit dem Niedergang des alten Hegemonen formieren sich Anwärter für seine Ablöse. Dementsprechende Ansprüche wurden von der Europäischen Union formuliert, die etwa im Vertrag von Lissabon (2007/09) das Ziel bekräftigt hat, eine gewichtigere Rolle als »Global Player« spielen zu wollen. Ebenfalls in der Debatte ist China, unter Umständen in Kooperation mit weiteren bevölkerungsreichen Schwellenländern. Die wachsende Bedeutung des Globalen Südens macht sich durch Mitwirkung bei den Gipfeltreffen der Großen (z. B. G20), durch regionale Kooperationen z. B. im Rahmen von BRICS, der Shanghai Organisation für Zusammenarbeit (SCO) oder Freihandelszonen (z. B. Mercosur, SADC u. a.) bemerkbar.[65]

Der Abstieg der US-Hegemonie ist mit der Formierung, Vertiefung und Erweiterung der Europäischen Union als supranationaler Regionalblock einhergegangen. Der Vorteil des großen und durch Erweiterung ständig größer werdenden EU-Binnenmarktes basiert auf der Konvergenz der wirtschaftlichen Freiheiten von Kapital, Waren, Dienstleistungen und Arbeitskraft, während die Divergenz in der Sozial-, Regional- und Steuerpolitik gleichzeitig dafür sorgt, dass Unterschiede im Lohn-, Steuer- und Versorgungsniveau von den grenzüberschreitend tätigen Unternehmen kapitalisiert werden können.[66] Das Projekt, das mit dem Euro im Jahr 2002 auch einen Kandidaten für die Nachfolge des US-Dollar hervorgebracht hat, ist in der Zwischenzeit jedoch durch Euro- und Staatsschuldenkrise und zuletzt die Corona-Krise massiv in seiner Kohäsionskraft erschüttert. Der soziale und regionale Zusammenhalt ist durch die zunehmende Polarisierung in Kernzonen und Peripherien gefährdet, ein Ausgleich, auch wenn massive Steuermittel zur Stabilisierung der Banken und Gläubiger im Einsatz sind, ist nicht in Sicht, zumal die Migrationskrise 2015 weitere Bruchlinien zwischen neuen und alten Mitgliedern zu Tage treten ließ.

64 Nolte Hans-Heinrich (2017): Kurze Geschichte der Imperien. Wien-Köln-Weimar, S. 430.

65 Komlosy 2018, S. 236.

66 Hofbauer Hannes (2020): Europa. Ein Nachruf. Wien.

Ein größerer, auch Russland sowie osteuropäische Nachfolgestaaten der UdSSR umfassender Integrationsraum, der Europa gegenüber den USA mehr Gewicht verliehen und für die hegemoniale Nachfolge gestärkt hätte, wurde nicht zuletzt von den neuen osteuropäischen EU-Mitgliedern heftig abgelehnt. Andre Gunder Frank hatte einen solchen zu früh prognostiziert.[67] Eine Union mit Russland scheiterte auch am Festhalten der USA an ihrer globalen militärischen Führungsrolle, die von den europäischen EU- und NATO-Mitgliedern aktiv mitgetragen wird.

Die Ukraine wiederum erlebte im Winter 2013/2014 unter dem Druck, durch ein Assoziationsabkommen mit der Europäischen Union die enge Verbindung mit Russland zu lösen, eine Zerreißprobe, die zu Regimewechsel, Bürgerkrieg und Sezession der Krim führte.[68] Die westliche Sanktionspolitik gegenüber Russland, das die Aufständischen im Donbass sieben Jahre lang indirekt unterstützte und die Krim in die Russische Föderation aufgenommen hat, verunmöglicht eine Kooperation zwischen der EU und der Russischen Föderation auf Augenhöhe. Mit dem Einmarsch russischer Truppen in die Ukraine am 24. Februar 2022 spitzte sich – auch im Gefolge der politischen Machtwechsel in den USA und Deutschland – die geopolitische Konfrontation zwischen NATO und Russland gefährlich zu.

Ebenso behinderte die Implosion der sowjetisch/russischen Staatsmacht, die sich in den 1990er Jahren im Zuge der Privatisierung des Staatseigentums oligarchisch formierte, die Herausbildung einer europäischen Integration unter Einschluss Russlands. Auch wenn Russland seit der Machtübernahme durch Präsident Wladimir Putin bemüht ist, seine Nationalökonomie zu stabilisieren und sich als Regionalmacht zu halten, kann es in den Überlegungen für eine hegemoniale Nachfolge keine Rolle spielen. Mit der Gründung der Eurasischen Wirtschaftsunion (2014) – in Nachfolge der Eurasischen Wirtschaftsgemeinschaft – konnte die Russische Föderation bestenfalls die regionale Integration im postsowjetischen Raum stärken.[69] Dies macht Russland auch zu einem möglichen Partner in einem chinesisch-geführten

67 Vgl. Frank Andre Gunder (1983): Die europäische Herausforderung. Friede und Arbeit durch europäische Entspannung. Politökonomische Alternativen. Stuttgart.

68 Vgl. Hofbauer Hannes (2016): Feindbild Russland. Geschichte einer Dämonisierung. Wien, S. 169–196.

69 https://de.wikipedia.org/wiki/Eurasische_Wirtschaftsunion (30. 6. 2022).

eurasischen Integrationsprojekt, der 2013 lancierten Initiative der Neuen Seidenstraße.[70]

Einiges deutet darauf hin, dass China sich von einem Entwicklungsland, das seit 1978 und insbesondere mit Anbruch der A-Phase seit den 1990er Jahren zur größten, zunächst – und vielfach bis auf weiteres – »verlängerten«, Werkbank der Welt wurde, zu einem ökonomischen Zentrum emporarbeiten könnte.[71] Dass China dem Peripherisierungsdruck, der von der Eingliederung als Billiglohnstandort am arbeitsintensiven Ende der globalen Güterkette ausging, eine eigenständige Wachstums- und Innovationsstrategie entgegenhalten konnte, ist seiner Größe mit entsprechendem Binnenmarkt, seiner massenhaft verfügbaren, disziplinierten und von der Hoffnung auf sozialen Aufstieg motivierten Bevölkerung sowie der regulierenden Hand der Staats- und Parteiverwaltung zuzuschreiben. Während die Kosten für die Investoren niedrig gehalten, Proteste unterdrückt und die ArbeiterInnen auf die Zukunft vertröstet wurden, sorgten politische Vorgaben, dass die Erträge aus Industriegründungen und Kontraktfertigung nicht nur den ausländischen Investoren zu Gute kamen, sondern auch Kapitalbasis und Know-how der Unternehmen und die Qualifikation der ArbeiterInnen stärkten. Der Binnenkonsum der breiten Masse wurde in den ersten Jahrzehnten der »Öffnung und Reform«-Ära zugunsten einer nationalökonomischen Kapitalakkumulation zurückgestellt, die gleichsam als strategische Maßnahme zum Aufbau globaler Hegemonie angesehen werden kann. Denn durch die guten Dienste bei der Stabilisierung der verschuldeten USA positionierte sich China als eine Macht, die im globalen Ringen um Hegemonie bereits eine Rolle spielte, obwohl sie die dafür erforderlichen wirtschaftlichen, politischen und sozialen Voraussetzungen im Land in keiner Weise erfüllte. Seit Mitte des ersten 2000er Jahrzehnts und mehr noch seit Ausbruch der Weltwirtschaftskrise 2008, die die Fragilität der Exporterlöse sichtbar werden ließ, hat die chinesische Regierung die wirtschaftspolitischen Weichen auf die Stärkung der

70 NDRC = National Development and Reform Commission, PRCh. (2015): Vision and Actions on Jointly Building Silk Road Economic Belt and 21st-Century Maritime Silk Road. Peking: http://2017.beltandroadforum.org/english/n100/2017/0410/c22-45.html (30. 6. 2022).

71 Andrea Komlosy (2017): China's Move Towards a Global Economic Core in the 21st Century? Prospects, Constraints, Consequences, in: Centers and Peripheries revisited. Review Fernand Braudel Center Special Issue XXXVI, 3–4 (2013, erschienen 2017), S. 351–386; vgl. auch Wemheuer Felix (2022[2]): Chinas große Umwälzung. Soziale Konflikte und Aufstieg im Weltsystem. Köln.

wertschöpfungsintensiven Sektoren, den Ausbau von Forschung, Entwicklung und Kontrollfunktionen innerhalb der globalen Güterketten sowie die Stärkung des Binnenkonsums in Angriff genommen.[72] Verbunden ist dies mit einer Verbesserung der sozialen Rechte der ArbeiterInnen und der Einbeziehung des weitläufigen, bisher industriell weitgehend unerschlossenen Landesinneren in die Industrialisierungsprogramme.

China vollzieht damit innerhalb seiner Grenzen einen Integrationsprozess, der einige Parallelen mit der EU-europäischen Integration aufweist: es aktiviert die Potenziale eines Großraums, der sich durch enorme Entwicklungsunterschiede auszeichnet: so werden verlängerte Werkbänke ins Landesinnere verlagert, während sich die Küstenregionen zu verdichteten globalen Zentren mit Unternehmenszentralen, Forschungseinrichtungen, hochrangigen Dienstleistungen und starker Kaufkraft entwickeln können. Das Risiko, dass sich die damit verbundene Polarisierung in soziale Spannungen – mit dem Potenzial zur Ethnisierung – überträgt und die Teilnahme der Bevölkerung am Konsum auch die Forderung nach politischer Partizipation nach sich ziehen wird, ist gegeben. Gegen eine Staatskrise spricht, dass sich das materielle Lebensniveau der meisten Menschen auf einem niedrigen Stand befindet und die Bereitschaft, zugunsten des sozialen Aufstiegs Härten in Kauf zu nehmen, größer als der Wunsch nach westlicher Demokratie sein dürfte.

Als weiteres Ventil zur Verbesserung der chinesischen Position in der internationalen Arbeitsteilung bieten sich zudem nahe und ferne Entwicklungsländer an, deren Regierungen es gerne sehen, wenn lokale Unternehmen jene Zulieferaufträge für die »globalen Käufer« übernehmen, die insbesondere nach dem Auslaufen des Welttextilabkommens Ende 2004 in überproportionalem Ausmaß an China vergeben wurden.[73] Gelingt China ein Aufstieg in Bereiche höherer Wertschöpfung und die Übernahme von Forschung und Entwicklung, Kontrolle und Logistik globaler Güterketten sowie der Einstieg in neue, wissensbasierte Wachstumssektoren, stärkt dies seine Rolle als regionales Zentrum. Inwieweit dies durch die Corona-Krise bzw. das Managen derselben vorangetrieben wurde, wird im Kapitel 2.3. behandelt.

72 Komlosy 2017, S. 363; vgl. auch China Institute for Reform and Development Hg. (2011): Giving Priority to Enriching People. Orientation of the Second Round of Transition and Reform. China Reform Research Report, Hainan 2011.

73 Komlosy Andrea (2011): Vom Nachzügler zum Trendsetter. Chinesische Arbeitswelten im Textil- und Bekleidungssektor, in: Blätter für Technikgeschichte 73, S. 83.

Unternehmensakquisitionen in strategisch wichtigen Branchen und Infrastruktureinrichtungen in aller Welt, die Sicherung von Einflusszonen und der Kauf von Agrarflächen zur Kompensation der mangelnden Versorgungskapazität mit Nahrungsmitteln in Afrika zeugen von der Absicht, ein globales Zentrum der Weltwirtschaft zu werden. Die Initiative der Neuen Seidenstraße (*Road and Belt Initiative*) zum Aufbau chinesisch finanzierter und kontrollierter Verkehrs- und Handelsnetze ist ein wichtiger Schritt in diese Richtung.

In der aktuellen hegemonialen Umbruchphase sind die wirtschaftlichen Ambitionen schwer von den geopolitischen zu trennen. Gelingt China die Konsolidierung als ökonomisches Zentrum, das à la longue auch in die Rolle als Hegemonialmacht hineinwächst, wäre die Kontinuität des historischen Kapitalismus gesichert. So wie es Andre Gunder Frank u. a. prognostiziert haben, würde sich das Epizentrum der globalen Leitprozesse nach Ostasien verlagern und damit an die führende Rolle anknüpfen, die diese Region vom 14. bis zum 18. Jahrhundert gespielt hat.[74]

Kontinuität muss keineswegs Gleichförmigkeit bedeuten, sondern könnte mit einer Anpassung an asiatische Werte und Einstellungen einhergehen, die anderen Weltregionen als Vorbilder und Leitkultur dienen bzw. diese unter Nachahmungsdruck setzen würden. Die Verbindung des Kapitalismus mit politischer Demokratie, die in der Zeit der niederländischen, der britischen und der US-amerikanischen Hegemonie für die Zentren der Weltwirtschaft charakteristisch war, könnte sich in Richtung eines autoritären Staatskapitalismus verschieben, in dem der gesellschaftliche Konsens nicht über die Beteiligung an Wahlen, sondern eine von oben – auch mithilfe digitaler Überwachung – durchgesetzte »soziale Harmonie« vermittelt wird. Dass ein solcher Konsens im – zukünftigen aufsteigenden – asiatischen Zentrum anders aussehen würde als in Weltregionen, denen solche Werte und Einstellungen im Abstieg zu Semiperipherien aufgedrückt werden, würde sich von der bisherigen Praxis, nach der Zentren die Deutungs- und Diskursmacht innehaben, nicht grundsätzlich unterscheiden. Noch ist allerdings keineswegs ausgemacht, dass ein solches Szenario wirkmächtig wird.

Hegemonialzyklen sind trotz der unterschiedlichen Kontexte durch ein wiederkehrendes Muster von Aufstieg, Sieg, Reife und Abstieg gekennzeichnet.

74 Frank 2016.

In den langen Hegemonialzyklen spiegeln sich die Auf- und Abwärtsbewegungen der Konjunkturzyklen.

Hegemonialer Wandel und Konjunktur

Übersicht 3: Hegemonialzyklen und Konjunkturzyklen 1790–2060

Hegemon	Kondratieff A-Phase	Kondratieff B-Phase	Hegemon
GB Auf	K1: 1788–1820 Textil	1820–1842	**GB Sieg**
GB Reife	K2: 1843–1873 Eisenbahn, Stahl	1873–1897 Durchbruch des industriellen Prinzips	**GB Ab**
US Auf	K3: 1898–1914/18 Elektro, Chemie, Nahrungsmittel	1914/18–1945	**US Sieg**
US Reife	K 4: 1945–1973 Automobil, Petrochemie, Massenkonsumgüter	1973 – 1990	**US Ab**
China Auf Workshop der Welt und Gläubiger der USA	1990–2008 Informations- und Kommunikationsindustrie **China:** Aufbau industrieller Exportkapazität	2008–2030 **China:** Von der Kontraktfertigung zur Produkt- und Prozessinnovation in Leitsektoren	**China Sieg?** Globale Bündnisse unter chinesischer Führung
China Reife? Führende Rolle als ökonomischer Partner und politischer Mediator des globalen Südens	2030?–?? MANBRIC-Sektoren	2070?–?? Durchbruch des kybernetischen Prinzips	**China Ab**? Hegemoniale Nachfolge oder Multipolarität?

Legende: Großbritanniens Aufstieg erfolgte (in Konkurrenz zu Frankreich) in der A-Phase des 1. Kondratieff-Zyklus (1788–1820), sein Sieg im Abschwung (1820–1842), um in der A-Phase des 3. Kondratieff-Zyklus (1843–1873) den Höhepunkt zu erreichen; im Zuge des Abschwungs (1873–1897) wurde die britische Hegemonie durch die USA (und Deutschland) herausgefordert. Der Aufstieg der USA begann in der A-Phase des 3. Kondratieff-Zyklus (1898–1914/18), die lange Krisenphase der Zwischenkriegszeit und des Zweiten Weltkriegs (1918–1945) verhalf ihnen zum Sieg, die Reife verlief in der Hochkonjunktur der Wiederaufbauphase (1945–1973). Die B-Phase des 4. Kondratieff-Zyklus (1973–1990) korrespondierte mit dem hegemonialen Niedergang. Der 5. Kondratieff-Zyklus (1990-ca. 2030) ist durch die Auseinandersetzungen um hegemoniale Nachfolge geprägt. China positioniert sich nach der Krise 2008 als wichtigster Herausforderer. Sieg und Reife stehen jedoch noch nicht fest.

Nehmen wir eine asiatische Perspektive ein, dann muss das Modell ergänzt werden, da es die führende Rolle asiatischer Regionen als Exportgewerberegionen bis zur Wende vom 18. zum 19. Jahrhundert nicht erfasst. Zyklen-Theoretiker erklären den Aufstieg Großbritanniens folgerichtig vorwiegend aus der inneren Dynamik von unternehmerischer Initiative, technischer Innovation und staatlich-institutioneller Unterstützung; allenfalls wird die ungleiche Arbeitsteilung im transatlantischen Dreieckshandel als Bedingung für den Aufstieg angesehen. Erst wenn man die Industrielle Revolution in Großbritannien unter dem Aspekt des Wunsches nach Auf- und Nachholen des asiatischen Entwicklungsvorsprunges betrachtet, wird man der Bedeutung asiatischer Regionen bis ins 18. bzw. Jahrhundert gerecht.[75] Diese Rolle büßten sie ein, als sich Großbritannien durch die Kontrolle des internationalen Finanz-, Transports- und Kommunikationssystems zum weltwirtschaftlichen Hegemon aufschwang. Unter US-amerikanischer Hegemonie fand zwar eine verstärkte Einbindung des globalen Südens in die internationale Arbeitsteilung statt, allerdings in der Rolle als Rohstofflieferanten sowie, seit den 1970er Jahren, als verlängerte Werkbank im Bereich der industriellen Massenproduktion. An die ehemals führende Position in der Weltwirtschaft konnten asiatische Regionen erst wieder anschließen, als es einigen Staaten – unter unterschiedlichen politischen Vorzeichen – gelang, die Rolle am unteren Ende der globalen Güterketten zu überwinden und zu regionalen Kompetenzzentren aufzusteigen. Die Frage nach zukünftiger globaler Hegemonie stellte sich in dem Maße, indem die USA mit ihrem ökonomischen Niedergang hier eine Leerstelle eröffneten.

Wir haben weiter oben beobachtet, dass im Übergang von der Rezessions- in die Depressionsphase des Kondratieff-Zyklus die Investitionen in produktive Unternehmen sowie Handel zugunsten von finanziellen Veranlagungen zurückgehen. Fernand Braudel wies darauf hin, dass es der Finanzkapitalismus in zyklischer Wiederkehr verstand, »nach einem starken Anwachsen des Handelskapitalismus und einer die normalen Investitionsmöglichkeiten überschreitenden Akkumulation sich des Handelsplatzes zu bemächtigen und – eine Zeit lang – die gesamte Geschäftswelt zu beherrschen.«[76] Dies zeigt, dass es keinen Gegensatz zwischen Investitions- und Finanzkapitalismus gibt, sondern sich

75 Komlosy 2021.
76 Braudel 1986, S. 676.

die Anlagefelder mit den Möglichkeiten für Kapitaleigner verändern, Rendite zu erzielen. Die entsprechenden Übergangsjahre, in denen die A-Welle in die B-Welle eines Kondratieff-Zyklus kippte, lagen um 1820, 1873, 1918 und 1973. Kombiniert man diese Beobachtung mit den Hegemonialzyklen, erhalten die ökonomischen Wendepunkte eine besondere Bedeutung für die jeweilige Hegemonialmacht, im Übergang von der Reife- zur Niedergangsphase die Finanzialisierung dazu zu nutzen, den sich abzeichnenden Hegemonieverlust durch Einsatz von politischen, institutionellen und militärischen Machtmitteln, wenn nicht abzuwenden, so zumindest aufzuschieben. Dass sie über diese Möglichkeiten verfügen, verdanken sie ihrer hegemonialen Führungsposition, die ihnen in der Reifephase erlaubte, die dafür notwendigen Ressourcen zu akkumulieren und über ihre internationale Anerkennung auch ihre Partner zur Mitwirkung anzuhalten. Neigt sich an der Wende von der Reife zum Abstieg die ökonomische Grundlage der Hegemonie einem Ende zu, dient die Finanzialisierung als Instrument, um über die als Hegemon aufgebaute Kontrolle über Weltleitwährung, Zahlungssysteme und internationale Finanzinstitutionen die sinkende Rendite durch finanzielle Rückflüsse zu kompensieren und über das Finanzsystem Mittel in das absteigende hegemoniale Zentrum überzuführen.[77]

Strategische Bündnispartner werden zudem angehalten, das militärische Arsenal mitzufinanzieren, um gegebenenfalls abfallende Verbündete oder aus der Abhängigkeit ausscherende Regierungen durch Androhung bzw. effektiven Einsatz der Militärmittel bei der Stange zu halten.

Braudel ordnete die Expansion des Finanzsystems auf Kosten von Handel und produktiver Investition in die Abfolge des Hegemonialzyklus ein. Er sah die finanzielle Expansion als einen Ausdruck der hegemonialen Reife – ein Zeichen dafür, »dass (sich) mit der Phase des finanziellen Aufblühens ein Stadium der Reife, gewissermaßen der Herbst, anzukündigen scheint.«[78]

Für Großbritannien brachte die Weltwirtschaftskrise 1873 den Übergang in eine große Depression, nach der Kapitalexport, die Drehscheibenfunktion im internationalen Zahlungsausgleich sowie die Ausweitung des Kolonialimperiums im klassischen Imperialismus dafür sorgen sollten, dass die britische Hegemonie überlebte. Der Kampf gegen den ökonomischen und geopolitischen

77 Vgl. Arrighi/Silver 2001, S. 268.
78 Braudel 1986, S. 268.

Abstieg sowie Herausforderungen durch konkurrierende Mächte veränderte nicht nur Großbritanniens Herrschaftstechniken, sondern auch die Begründung für die imperiale Mission. Im britischen Elitendiskurs des späten 19. Jahrhundert bewirkte dies ein neues Selbstverständnis der britischen »Greatness«, für die nicht wie bisher die Werte der Römischen Republik, sondern die Despotie der Kaiserzeit als Vorbild und Referenz heraufbeschworen wurde.[79]

Ein Patentrezept für ewige »Greatness« war dies nicht, trugen die Heilmittel – die territoriale Expansion, die Kreditausweitung und der Kapitalexport – doch genau zu jenem Niedergang der Hegemonialmacht bei, den sie verhindern sollten.

Im Fall der USA, 100 Jahre später, trat die Wiedergeburt des Finanzkapitalismus aus der Krise, die den USA die Aufrechterhaltung ihrer hegemonialen Rolle über deren politisch und ökonomisch begründeten Zenit hinaus ermöglichte, im Gefolge der Weltwirtschaftskrise 1973/74 ein. Auch hier veränderten sich die Instrumente, um die Vorherrschaft beizubehalten. An Stelle des Bretton-Woods-Systems, das den US-Dollar bis 1973 als Goldanker festlegte, bedeutete der Übergang zu freien Wechselkursen für den Inhaber des globalen Zahlungsmittels die Möglichkeit, über die Ausweitung der Dollarkredite mithilfe der Zinsschraube die globalen Geldflüsse in seine Kassen zu leiten. Gleichzeitig änderten sich die Legitimationsdiskurse. Auch hier wurde im Krisenmodus zur Beteuerung der »Greatness« der Vergleich mit dem klassischen Rom des Altertums strapaziert.[80]

Ähnliche Muster lassen sich bei früheren hegemonialen Übergängen beobachten, auch wenn Reichweite, Dichte und Geschwindigkeit der globalen Vernetzung noch nicht so ausgeprägt waren. So zogen sich genuesische Kaufleute ab 1560 sukzessive aus ihren Handelsaktivitäten zurück und konzentrierten sich auf internationale Finanzdienstleistungen. Auch die Niederländer, deren Hegemonialzyklus vom späten 16. zum späten 18. Jahrhundert währte, verlegten sich im hegemonialen Abstieg ab 1740 von der globalen Handelsdrehscheibe auf die Rolle des europäischen Bankiers.[81]

79 Hausteiner Eva Marlene (2015). Greater than Rome. Neubestimmung britischer Imperialität 1870–1914. Frankfurt/Main-New York.

80 Huhnholz Sebastian (2014): Krisenimperialität. Rom-Referenz im US-amerikanischen Empire-Diskurs. Frankfurt/Main-New York.

81 Braudel 1986, S. 256–271.

Arrighi und Silver greifen zur Illustration der Abfolge von Expansion, hegemonialer Erschütterung und Erneuerung auf Marx' These des Kapitalzyklus (MCM') zurück, um diese Übergänge als wiederkehrende Muster im globalen Kapitalismus zu verstehen. Diese besagt, dass Geld (M) investiert wird, um durch die Produktion von Waren (C) Profit zu erzielen, um das investierte Geld zu vermehren (M'). Ob die Kapitalakkumulation dabei über Investitionen in die Realwirtschaft oder über das Finanzgeschäft zustande kam, war zweitrangig und hing davon ab, wo die Verwertungsbedingungen besser waren. »Der zentrale Aspekt dieses Musters ist die Abwechslung von Zeiten materieller Expansion, d. h. MC-Phasen der Kapitalakkumulation, und Zeiten der Finanzialisierung. Zusammen genommen bilden diese beiden Phasen einen vollen systemischen Akkumulationszyklus (MCM')«, also einen Akkumulationszyklus unter der Hegemonie einer Macht, die sich in dieser Phase als Märkte, Geopolitik und Geokultur beherrschende Institution etablieren konnte.[82]

Der Abstieg eines Hegemonen ist also ein lang andauernder Prozess, der mithilfe der hegemonialen Macht- und Bündnisposition Phasen der ökonomischen Schwäche überspielen kann. Die Erosion der Machtgrundlagen kann dazu führen, dass – mangels Alternativen – allseits akzeptierte Hegemonie in allen Machtdimensionen immer stärkerer politisch-autoritärer, polizeilicher bzw. militärischer Machtmittel bedarf. Im Fall von Großbritannien lieferte das Kolonialimperium dafür die entsprechende Infrastruktur, im Fall der USA erweckte die zunehmende Mobilisierung militärischer Stärke zur Festigung der globalen Hegemonie seit den 1990er Jahren den Eindruck einer imperialen Wende. Tatsächlich fehlte der Republik dafür jedoch die politische Voraussetzung, musste sie ihre globalen Interventionen doch als fremde Macht abwickeln, die als Interventionsmacht auf Widerstand stieß, während Kriege und Besatzungskosten innenpolitisch immer schwerer zu legitimieren waren. Ranajit Guha (geb. 1923) prägte für die schwindende Akzeptanz eines im Abstieg befindlichen, seine Machtmittel aber immer noch ausspielenden Hegemonen, den Begriff der *dominance without hegemony*, der Herrschaft ohne Hegemonie.[83]

82 Arrighi/Silver 2001, S. 259f. »The central aspect of this pattern is the alternation of epochs of material expansion (that is, MC phases of capital accumulation) with phases of financialization (that is, CM' phases). (…) Taken together, the two epochs or phases constitute a full systemic cycle of accumulation (MCM').«

83 Guha Ranajit (1998): Dominance without Hegemony. History and Power in Colonial India. Cambridge, MA.

Währenddessen formieren sich Anwärter auf hegemoniale Nachfolge, ohne dafür sämtliche Voraussetzungen zu besitzen. Zudem gibt es in der Regel mehrere Anwärter auf Nachfolge, die – auch wenn sie in verschiedenen Fragen untereinander und unter Umständen sogar mit dem aktuellen Hegemon kooperieren – diese erst gegen Konkurrenten durchsetzen müssen. Konkurrenz um Hegemonie bedeutet also gegenüber den Phasen von Sieg und Reife, in denen die Führung fest etabliert ist, Instabilität, Unsicherheit bis hin zu chaotischen Zuständen, welche gleichzeitig die Freiräume für abhängige Staaten und oppositionelle Bewegungen erhöhen, eigenständige Entwürfe zu realisieren und sich von einer ungeliebten Schutzmacht zu trennen. Dies verstärkt gleichzeitig die allgemeine Instabilität, mobilisiert Gegenmaßnahmen und bringt neue regionale Macht- und Bündniskonstellationen hervor. Die Realisierung von hegemonialer Nachfolge war bisher stets mit kriegerischen Auseinandersetzungen verbunden, deren Ausgang die geopolitischen Verhältnisse neu ordnete und zur Akzeptanz einer neuen Führungsmacht in Friedenszeiten führte. Großbritannien erreichte seine Position nach der Niederlage Napoléons und dem Wiener Kongress. Die USA waren 1918 noch nicht in der Lage, Großbritannien und Frankreich als globale Ordnungsmächte abzulösen, sondern setzten sich erst nach dem im Bündnis mit Großbritannien, Frankreich und der Sowjetunion erreichten Sieg über das um die Hegemonie konkurrierende Deutschland an die Weltspitze, wenn auch nur in der westlichen Welt.

Die Phasen der schwebenden Hegemonie, in denen alte und neue Mächte um Hegemonie ringen und diese gegen- oder miteinander in bestimmten Bereichen etablieren, ohne hegemoniale Akzeptanz zu erzielen, lassen soziale und politische Konflikte stärker aufbrechen als dies in Zeiten gefestigter unipolarer bzw. bipolarer (im Fall der Bipolarität nach dem Zweiten Weltkrieg) Hegemonie der Fall ist. Die Umbruchphase im hegemonialen Übergang bedeutet auch, dass sich soziale, regionale bzw. nationale Bewegungen formieren und ihre Ansprüche – etwa auf soziale und rechtliche Besser- oder Gleichstellung, auf politische Partizipation oder nationale Eigenständigkeit – in der Konkurrenz der hegemonialen Nachfolge aufgegriffen und in den dominanten Block integriert werden.[84] Die Durchsetzung der britischen Hegemonie trug – aufbauend auf den Reformen, denen die napoleonische Expansion in weiten

84 Arrgihi/Silver 2001, S. 276.

Teilen Europas zum Durchbruch verhalf – zur Herausbildung, Kodifizierung und Institutionalisierung von staatsbürgerlichen Rechten und zur Absicherung von Privateigentum bei; in den neuenglischen Kolonien Großbritanniens erreichten die Siedler im Zuge der Auseinandersetzung um die Hegemonie politische Unabhängigkeit, die zur kolonisierenden Landnahme der USA auf Kosten rivalisierender Kolonialmächte (Spanien, Frankreich), vor allem aber zu der Zurückdrängung der indigenen Bevölkerung führte, die dabei einem Genozid zum Opfer fiel. Der Übergang von der britischen zur US-Hegemonie war mit der Integration der KernarbeiterInnenschichten in den herrschenden nationalen bzw. westlichen Konsens verbunden; sie wurden als verlässliche Arbeitskräfte für die mit wachsenden Qualifikationsanforderungen verbundene große Industrie gebraucht. Für Befreiungsbewegungen eröffnete die US-Hegemonie nationale und internationale Spielräume für Eigenstaatlichkeit und Teilnahme an den internationalen Beziehungen. Der hegemoniale Wandel erwies sich als eine Chance, antisystemische Kräfte des ausklingenden Zyklus in das neue Hegemonialprojekt zu integrieren.

Im Fall von China würde die hegemoniale Nachfolge dem globalen Süden einen Spielraum gegenüber der jetzigen – aus den alten Kolonialmächten, den USA und den westlich beherrschten internationalen Finanzorganisationen bestehenden – Dominanz eröffnen und in Richtung einer Verschiebung des globalen Reichtums führen.[85] Wie in den vorhergehenden Übergängen würde dies keineswegs zu einer gerechteren Verteilung führen, ist der Aufstieg der großen Schwellenländer zu neuen Zentren, die ihren Anteil am Weltsozialprodukt auf Kosten der alten Industrieländer erhöhen, doch mit einem Anstieg der sozialen Polarisierung innerhalb der Staaten verbunden.[86] Zudem vertieft das nachholende Wachstum der Schwellenländer den Abstand zu den armen Entwicklungsländern, die für das aufstrebende China die Rolle des Rohstofflieferanten oder der verlängerten Werkbank übernehmen. Gelingt es China jedoch, sowohl die Staaten am untersten Ende als auch die aufstrebenden Schwellenländer in seine Güterketten sowie finanz- und infrastrukturpolitischen Netzwerke zu integrieren, kann es deren Wunsch nach nachholender Entwicklung unter Umständen im eigenen Interesse instrumentalisieren.

85 Grinin Leonid/ Korotayev Andrey (2015): Great Divergence and Great Convergence. Heidelberg-New York-London.

86 Milanović Branko (2016): Die Ungleichheit der Welt. Migration, das eine Prozent und die Zukunft der Mittelschicht. Frankfurt/Main.

Noch ist China von einer hegemonialen Führungsrolle weit entfernt. Vielmehr befinden wir uns in einer Phase, in der die Kämpfe um Aufrechterhaltung der alten Ordnung gegenüber Anwärtern auf eine neue Hegemonie mit großer Heftigkeit ausgefochten werden.[87] Das militärische Primat liegt 2022 weiterhin in den Händen der USA, die ihre NATO-Partner sowie außereuropäischen Bündnispartner trotz massiven Vertrauensverlustes in die Schutzmacht bei der Stange halten; wie lange, ist ungewiss, und mit den Absetzbewegungen entstehen neue Konfliktlinien, die das weltpolitische Chaos weiter vertiefen. Die Niederlage der USA in Afghanistan 2021 hat dieses Chaos sicherlich verstärkt und regionalen Mächten wie China, Russland, der Türkei und dem Iran mehr Spielraum eingebracht – mit der Gefahr kriegerischer Eskalation mit den USA sowie gegenüber regionalen Rivalen. Der Krieg in der Ukraine, der durch den russischen Einmarsch am 24. 2. 2022 ausgelöst wurde, hat zu einer polarisierenden Frontbildung nach dem Muster des Kalten Krieges geführt. Dies könnte der Beginn einer militärischen Eskalation der Auseinandersetzung um hegemoniale Nachfolge sein.

Vorübergehendes Chaos spricht keineswegs gegen einen erfolgreichen hegemonialen Wandel. China hat zweifelsohne das größte Potenzial, die Nachfolge für sich zu entscheiden. Die bisherige Erfahrung würde nahelegen, dass China den Weg dorthin im Laufe des aktuellen Kondratieff-B-Zyklus, der 2008 mit der Weltwirtschaftskrise eintrat, durchlaufen könnte. Im Verlauf eines nächsten Expansionszyklus könnte es seine Führungsrolle als globaler Hegemon entwickeln. Eine hegemoniale Reife Chinas käme also erst in der Mitte des 21. Jahrhunderts zum Tragen. Abschnitt 2 wird der Frage nachgehen, inwieweit die Covid-19-Pandemie den Aufstieg Chinas unterstützt und allenfalls beschleunigt. Es könnte aber auch sein, dass sich aus den bestehenden Verwicklungen kein neuer Hegemon herauskristallisiert und stattdessen ein Zustand eintritt, in dem die zyklische Erneuerung der Kapitalakkumulation ausbleibt, wie es Immanuel Wallerstein prognostizierte. Die Zukunft würde dann nicht mehr im Rahmen der zyklischen Zeit verhandelt werden, sondern die Auseinandersetzung um eine neue Epoche auf der strukturellen Zeitschiene im Sinne Braudels eröffnen.

87 Kronauer Jörg (2019): Der Rivale: Chinas Aufstieg zur Weltmacht und die Gegenwehr des Westens. Hamburg.

1.3. Evolutionszyklen

Die ganz großen Abschnitte im Wandel des menschlichen Stoffwechsels mit der Natur und der Sicherung der materiellen Grundlagen werden normalerweise nicht als zyklisches, sondern als evolutionäres Phänomen betrachtet. Nach wie vor dominierend, obwohl in vieler Hinsicht widerlegt, ist das lineare Abfolgeschema von Stammesgesellschaft, antike Sklavenhaltergesellschaft, Feudalismus bzw. Pfründenwirtschaft, Kapitalismus und – nicht ganz ungebrochen – Sozialismus. Dass es in der Geschichte der Menschheit Evolution gibt, ist allgemein anerkannt. Dies steht jedoch keineswegs im Widerspruch mit der Einbettung der Menschheitsgeschichte in die Geschichte des Planeten Erde. Diese Geschichte ist nicht zuletzt im Zusammenhang mit der Kritik am exponentiellen Wachstum und Ressourcenverbrauch der Industriegesellschaft von Interesse.[88] Daher verwenden wir zur Bezeichnung der großen Produktionsrevolutionen, die die Menschheit durchlaufen hat, die Bezeichnung Evolutionszyklen, beschränken uns aber auf die Menschheitsgeschichte. Der Zyklenbegriff bezieht sich darauf, dass das Ablauf- und Entfaltungsmuster einer Produktionsrevolution, so unterschiedlich im Einzelnen die Umwälzungen des Produktionsprinzips auch aussehen, einem zyklischen Schema folgt: Auf eine Initialphase folgen eine Zwischenphase und eine Abschlussphase, bevor das Produktionsprinzip seine volle Ausprägung erreicht. In der letzten Phase bilden sich bereits die Voraussetzungen für den Durchbruch eines Folgeprinzips, das wiederum mit dem nächsten Produktionsprinzip überlappt. Dieses zyklische Ablaufschema erlaubt uns, die Produktionsrevolutionen miteinander zu vergleichen und mit Konjunktur- und Hegemonialzyklen in Verbindung zu bringen.

Als Produktionsrevolution bezeichnen wir in Anlehnung an die russischen Evolutionsforscher Leonid (geb. 1958) und Anton Grinin sowie Andrey Korotayev (geb. 1961) am *Eurasian Center for Big History and System Forecasting* »eine radikale Veränderung der globalen Produktivkräfte in Verbindung mit dem Übergang zu einem neuen Organisationsprinzip nicht nur bei der Technologie, sondern auch im Verhältnis zwischen Gesellschaft und Natur.«[89]

88 Chakrabarty Dipesh (2019): The Planet: An Emergent Humanist Category, in: Critical Inquiry 46, S. 1–31.

89 Grinin/Grinin 2016, S. 20: »a radical turn in the world productive forces connected with the transition to a new principle of management not only in technologies but in the relations between society and nature.«

Bisher lassen sich folgende vier Produktionsprinzipien ausmachen, nämlich: Jagen und Sammeln (40.000–10.000 v. u. Z.), Landwirtschaft und Gewerbe (10.000 v. u. Z – ca. 1500), Handel und Industrie (ca. 1500–1950) und die wissenschaftlich-technische Kybernetik (seit 1950). Jedes wurde durch eine Produktionsrevolution eingeführt, die in drei Phasen ablief.

Im Folgenden werden die vier Perioden und die zugrunde liegenden Produktionsrevolutionen im Überblick charakterisiert, ohne dabei in die Tiefe noch auf die Lücken und Kontroversen der Forschung einzugehen.[90] Obwohl der *Homo sapiens* schon 100.000–200.000 Jahre alt ist, wird eine spezifische menschliche Zivilisation, die sich durch Sprache und Sozialkompetenz auszeichnet, erst ab ca. 50.000–40.000 Jahren v. u. Z. angenommen. Andere Datierungen der JägerInnen-und-SammlerInnen-Periode schließen die Vorgeschichte seit Auftauchen des *Homo sapiens* ein und erstrecken sich auf die Zeit zwischen 250.000 bis ca. 10.000 v. u. Z. Sie betonen den afrikanischen Ursprung der ersten Menschen und ihre Wanderungen in die anderen Kontinente, zuerst nach Asien, vor 50.000 Jahren nach Australien, vor 40.000 Jahren nach Europa und vor 15.000 Jahren nach Amerika.[91]

Die Menschen der JägerInnen-und-SammlerInnen-Epoche lebten in enger Symbiose mit ihrer natürlichen Umgebung. Dementsprechend brachten Eiszeiten oder Wärmezeiten spezifische Voraussetzungen mit sich, auch in Hinblick auf die Jagdbeute, z. B. große Säugetiere. Im Zuge der als Paläolithikum zusammengefassten Perioden verbesserten sich die Werkzeuge, die Techniken und Praktiken, mit denen die Menschen auf Jagd gingen, Werkzeug bearbeiteten, einfache Gegenstände herstellten und ihr Zusammenleben organisierten.

Die Agrarrevolution, die das Neolithikum einleitete, setzte mit großen regionalen Unterschieden ab ca. 12.000 bis 10.000 v. u. Z. ein. Sie verbreitete sich, ausgehend von den fruchtbaren, nach dem russischen Botaniker Nikolai Iwanowitsch Wawilow (1887–1943) genannten Wawilow'schen Zentren in West- und Südostasien sowie in Mesoamerika, die den Genreichtum der Pflanzen hervorbrachten, in andere Teile der Welt.[92] Das agrarische Produktionsprinzip ermöglichte die Erwirtschaftung von Mehrprodukt, das in gegenseitiger

90 vgl. Grinin/Grinin 2016; Grinin/Grinin/Korotayev 2017.

91 Vanhaute Eric (2013): World History, An Introduction. New York, S. 3–8.

92 Mooney Pat (1981): Saat-Multis und Welthunger. Wie die Konzerne die Nahrungsschätze der Welt plündern. Hamburg, S. 12f.

Verstärkung Bewässerungssysteme, die Domestizierung von Tieren, Techniken der Aufbewahrung, der Vorratshaltung und des überregionalen Austauschs, der Urbanisierung und der Staatsbildung bewirkte. Kupfer und Bronze kamen in Verwendung ebenso wie eine Reihe von elementaren Basisinnovationen wie das Rad, der Pflug oder das Joch. Dazu entstanden neue Eingott-Religionen, Schriftformen und politische Organisationsformen. Ab dem 2. Jahrtausend v. u. Z. bildete das voll entfaltete agro-gewerbliche Produktionsprinzip die antiken Staaten und Zivilisationen aus, deren räumlicher Schwerpunkt vom 9. bis zum frühen 15. Jahrhundert sich von der afrikanischen Ostküste über den Indischen Ozean bis Ost- und Südostasien erstreckte. Unabhängig davon entwickelten sich die mesoamerikanischen Zivilisationen.

Im langen 16. Jahrhundert ermöglichten Fernhandel und koloniale Eroberungen unter süd-, südwest- und später westeuropäischer Führung die Errichtung einer ungleichen Arbeitsteilung, in der sich westeuropäische Regionen auf Gewerbeproduktion konzentrierten, während ost- und außereuropäische Peripherien als Rohstofflieferanten in das Weltsystem eingegliedert wurden.[93] Für Immanuel Wallerstein war das die Geburtsstunde des globalen Kapitalismus unter westeuropäischer Dominanz. Bis ins 18. Jahrhundert lag der Schwerpunkt der industriell-gewerblichen Produktion allerdings weiterhin in asiatischen Regionen, die Wallerstein als »Außenarenen« bezeichnete, während andere ForscherInnen sie als Kerngebiete einer Asien-zentrierten Weltwirtschaft begreifen, bis im 18. und 19. Jahrhundert ein einziges kapitalistisches Weltsystem unter westeuropäischer bzw. später US-amerikanischer Vorherrschaft entstand.[94]

Grinin und Korotayev weisen auf die entscheidenden Innovationen europäischer Regionen bei der Durchsetzung des industriellen Produktionsprinzips seit dem 16. Jahrhundert hin, im Transport, Bergbau und Ingenieurswesen, bei gewerblicher Verarbeitung, Militärtechnologie und wissenschaftlich-technischen Erfindungen, die gegenüber dem asiatischen Vorsprung zunehmend aufholten und verorten bereits in dieser Zeit den Beginn des industriellen Produktionsprinzips, mit Konkurrenz und Kooperation zwischen Exportgewerbezentren in zahlreichen europäischen und asiatischen Regionen.[95] Die

93 Wallerstein 2004, Das moderne Weltsystem Bd. 1.

94 Frank 2016; Hamashita Takeshi (2013): China, East Asia and the Global Economy: Regional and Historical Perspectives. London-New York.

95 Grinin/Korotayev 2015.

Mechanisierung und Zentralisierung der gewerblichen Produktion in Fabriken brachte an der Wende vom 18. zum 19. Jahrhundert schließlich den Durchbruch des industriellen Produktionsprinzips in Westeuropa und verdrängte asiatische Produzenten von Export- und Binnenmärkten.[96] Es herrschte bis in die zweite Hälfte des 20. Jahrhunderts vor, während sich ab 1950 langsam das kybernetische Prinzip Bahn brach. Dabei geht es um die Ablöse der seriellen Massenproduktion in der Fabrik durch eine Form der interaktiven Selbststeuerung der Maschinen, die auf der Basis von Computersteuerung individualisierte Anwendungen nicht nur bei der Erzeugung von Gegenständen, sondern auch in der Logistik der Lieferketten, im Handel sowie bei Dienstleistungen erlaubt. Setzt sich die Kybernetische Revolution ungebrochen fort, wird sie die Rolle, die der Mensch im Arbeitsprozess einnimmt, umwälzen und den Menschen selbst zum Gegenstand der Bearbeitung und Verwertung machen. Noch hat das kybernetische Prinzip seine volle Entfaltung nicht erreicht; es wird von vielen Beobachtern daher oft nicht als tief greifende Zeitenwende wahrgenommen, sondern als Ausdruck der Verwandlung des industriellen Kapitalismus zur modernen Wissens- und Informationsgesellschaft angesehen.

Eine allgemein akzeptierte Bezeichnung für das neue Produktionsprinzip existiert nicht. Der Begriff leitet sich vom griechischen κυβερνήτης (*kybernetes=Steuermann)* ab. Kybernetik steht dementsprechend für die Kunst des Steuerns und wurde sowohl für technische als auch für politische Belange angewandt. Auch »Gouverneur« oder *governor* leitet sich davon ab.[97] Der Physiker Norbert Wiener (1894–1964) führte Kybernetik 1947/48 als Bezeichnung für die sich herausbildende Computerwissenschaft ein.[98] In den 1950er setzt sich schließlich der Begriff »Künstliche Intelligenz« als Bezeichnung für die maschinelle Nachrichtenübertragung und Regelungstechnik durch.[99] Dieser koexistiert mit dem Kybernetik-Begriff. In der neueren Komplexitätsforschung herrscht die Bezeichnung von der »Wissenschaft komplexer Systeme« vor.[100]

96 Komlosy 2021.

97 Kybernetik: https://de.wikipedia.org/wiki/Kybernetik (21. 2. 2022)

98 Wiener Norbert (1963): Kybernetik. Regelung und Nachrichtenübertragung in Lebewesen und Maschine. Düsseldorf.

99 Kurzweil Ray Hg. (1993): KI. Das Zeitalter der künstlichen Intelligenz. München, S. 202.

100 Füllsack Manfred (2011): Gleichzeitige Ungleichzeitigkeiten. Eine Einführung in die Komplexitätsforschung. Wiesbaden; vgl. auch Thurner Stefan (2021): Die Zerbrechlichkeit der Welt: Kollaps oder Wende. Wir haben es in der Hand. Wien.

Die Produktionsrevolutionen können mit Hilfe eines Einordnungsschemas, das die russischen Systemforscher um Grinin, Grinin und Korotayev am Wolgograder Zentrum für Sozialforschung und am Eurasischen Zentrum für Big History und Systemische Prognose erarbeiteten, in drei Phasen untergliedert werden, die dem neuen Produktionsprinzip zum Durchbruch verhalfen.[101] Es handelt sich dabei um eine schematische Gliederung, die sich an Technologien, Funktionen, Organisations- und Ausbreitungsformen orientiert. Die Phasen beziehen sich auf die Produktionsrevolution als globales Phänomen und nicht auf die jeweiligen weltregionalen bzw. nationalen Ausprägungen mit ihren je spezifischen Mustern und Periodisierungen. Im Hinblick auf das Verhältnis zur Natur bzw. in der Naturbeherrschung, der technischen Entwicklung, der Bevölkerungsgröße, der politischen, wirtschaftlichen und sozialen Organisation und der räumlichen Interaktion waren diese Phasen von höchst unterschiedlicher Dauer.

Der Initialphase war eine Vorbereitungsphase vorgeschaltet, die sich bereits unter dem vorhergehenden Produktionsprinzip herausbildete. Die Initialphase brach sich mit Innovationen Bahn, die gleichwohl noch regional beschränkt und in der Anwendbarkeit im Produktionsprozess noch relativ unausgereift waren. Es folgte eine Zwischenphase, die der Diffusion, Entwicklung und sektoralen Adaptierung des neuen Produktionsprinzips diente. Dabei bildeten sich jene aus *Trial and Error* resultierenden Erfahrungen, die in der dritten, wiederum innovativen Phase umgesetzt wurden. Nun war der Boden bereitet für die Reife, den allgemeinen Übergang zum neuen Prinzip, das unter unterschiedlichen regionalen Bedingungen verschiedene Ausprägungen und Weiterentwicklungen erlebte. Die folgende Übersicht zeigt die entscheidenden Änderungen auf, die in den drei Phasen der Produktionsrevolution von der Agrarrevolution des Neolithikums über die Industrielle Revolution der frühen Neuzeit bis zur Kybernetischen Revolution der Gegenwart bestimmend waren.

101 Grinin/Grinin 2016, S. 21–25; Grinin/Grinin/Korotayev 2017.

Übersicht 4:
Die Zyklen der Produktionsrevolutionen

Landwirtschaft-Handwerk-Gesellschaft (Neolithische Revolution)
- Initialphase (vor 12.000–9000 Jahren): Einfacher Hackbau und Viehzucht
- Zwischenphase (vor 9000–5500 Jahren): Neue Pflanzen- und Tierarten, komplexe Agrarsysteme mit spezifischen Gerätschaften, sozialer Differenzierung und Herrschaftsbildung; überregionaler Austausch
- Endphase (vor 5500–3500 Jahren): Bewässerungswirtschaft, Pflug

Industrie- und Dienstleistungs-Gesellschaft (Industrielle Revolution)
- Initialphase (15.-16. Jh.): Schifffahrts- und Navigationstechnik, Wassermühle, arbeitsteilige Produktionsprozesse
- Zwischenphase (17.-18. Jh.): großgewerbliche Produktion im Manufaktur- und Verlagssystem, zunehmende Spezialisierung, Arbeitsteilung und Mechanisierung einzelner Vorgänge
- Endphase (1730–1830er Jahre): Mechanisierung und Zentralisierung zahlreicher Gewerbe in Fabriken mit Wasser- oder Dampfantrieb

Kybernetische Gesellschaft selbstregulierender Systeme (Kybernetische Revolution, im Gange)
- Initialphase (1950–1990er Jahre): Wissenschaftlich-kybernetische Grundprinzipien
- Zwischenphase (1990er–2020er Jahre): Entwicklung digitaler Elektronik
- Endphase (2030–2070er Jahre): Komplexe selbstregulierende Systeme

Die Endphase verankert das jeweilige Produktionsprinzip in allen Bereichen der Gesellschaft.

Was hier als quasi eherner Gang der Geschichte dargestellt und keiner Bewertung unterzogen wird, sind in der Forschung höchst kontroversiell diskutierte Entwicklungen mit sehr unterschiedlichen Einschätzungen über Ursachen, Ablauf und Wirkung. Dabei scheiden sich die Geister in solche, die der zunehmenden Beherrschung von Natur und Technik mit begeisterter Zustimmung über die Erleichterung der Arbeitsmühe und die Verbesserung der Lebensverhältnisse gegenüber stehen, und solche, die technizistische Naturbeherrschung als Gefahr für die menschliche Gestaltungsfreiheit sehen; die ökologische Kritik an der Untergrabung der Erneuerungsfähigkeit des Ökosystems ist demgegenüber ein neueres Phänomen, das in den 1970er Jahren an Fahrt aufnahm.

Eine extreme Spielart des Technik- und Fortschrittsoptimismus stellt der Akzelerationismus dar. Er geht davon aus, dass es hinter den Fortschritt kein Zurück gibt, daher könne nur die Beschleunigung, die Akzeleration, die Entwicklung der Produktivkräfte bis ans Ende, also in die kybernetische Zukunft, einen Ausweg aus den Widersprüchen des Kapitalismus bieten und – in linker Spielart – die Menschheit vom Kapitalismus befreien.[102]

Auch der Technik- und Fortschrittspessimismus entstand als Geisteshaltung erst mit dem Energie-, Transports- und Arbeitsregime des Fabrikzeitalters. An den das Leben erleichternden Errungenschaften der Agrarrevolution will heutzutage eigentlich niemand rütteln, obwohl vergleichende Zeitstudien doch recht klar belegen, dass der Aufwand zur Sicherung der materiellen Lebensgrundlagen in JägerInnen- und SammlerInnen-Gesellschaften wesentlich unter jenem der staatlich verfassten Gesellschaften mit Agrikultur, Handwerk, Städtewesen und Fernhandel lag und im Gefolge der Industriellen Revolution und der Ausweitung von Kaufkraft und Bedürfnissen weiter anstieg.[103] Lediglich radikale Lebensreformer frönen einer Paläo-Diät, die Produkte aus intensiver Landwirtschaft oder domestizierter Viehzucht zurückweist und nur das auf dem Speiseteller akzeptiert, was gesammelt und gejagt werden kann.

Das Eisenbahn- und Fabrikwesen stieß jedoch keineswegs auf ungeteilte Zustimmung. Die Eisenbahn flößte den einen Angst und Schrecken ein, während die anderen dem Geschwindigkeitsrausch erlagen und sich in Phantasien vollständiger Motorisierung zu Land, Wasser und Luft hingaben.[104]

Das Arbeiten im Takt der Maschinen wurde aus ArbeiterInnenperspektive schon allein wegen der zu Beginn erdrückenden Arbeitsbedingungen ohne jegliche soziale Absicherung zurückgewiesen, auch wenn es für diejenigen, die nur über ihre Arbeitskraft als Lebensgrundlage verfügten, dazu keine Alternative gab. Die Mechanisierung selbst, also die Ersetzung der Muskelkraft durch

102 Vgl. Greffrath Mathias (2021): Ausbeutung 4.0. Die Digitalisierung des Menschen, in: Blätter für deutsche und internationale Politik 1, S. 105–113.

103 Schmidt Jörg (2019): Zwischen Notwendigkeit und Selbstverwirklichung. Arbeit und Umwelt in der Geschichte des Menschen. München.

104 Schivelbusch Wolfgang (2000): Geschichte der Eisenbahnreise. Zur Industrialisierung von Raum und Zeit im 19. Jahrhundert. Frankfurt/Main.

die Maschine, erweckte jedoch nicht nur bei UnternehmerInnen, sondern auch in Teilen der Arbeiterbewegung und der sozialistischen Intelligenz die Hoffnung, der Mensch – zumindest der Mann – könne sich in Hinkunft den angenehmen Seiten des Lebens widmen, während die große Maschinerie die materielle Versorgung besorge.[105] Was die Fabrikproduktion anlangt, wurde durch Vollautomatisierung, Computer- und Roboterunterstützung vieles davon wahr und die weitere Entfaltung selbsttätiger maschinengesteuerter Prozesse ist im vollen Gange. Es zeigt sich jedoch, dass bei den Dienstleistungen, der Produktion und dem Erhalt des Lebens, der Versorgung, Erziehung und Pflege, ebenso wie bei vielen anderen arbeitsintensiven Wirtschaftszweigen vom Bau über die Reinigung bis zum Transport sowie in verschiedenen schwer mechanisierbaren Bereichen die menschliche Arbeitskraft nach wie vor unersetzlich ist. Dazu kommt, dass viele Menschen der Arbeit, teilweise selbst unter schweren und geschundenen Verhältnissen, unabhängig vom Entgelt bzw. über das Entgelt hinaus Befriedigung und Erfüllung abgewinnen können und den Verlust von Arbeitsmöglichkeiten nicht als Chance, sondern als Bedrohung ansehen.[106] Gleichzeitig hält sich in der Vorstellung die Utopie einer (kommunistischen) Gesellschaft, in der mühevolle Arbeit vom Gebären bis zur Bestattung von Maschinen besorgt wird und es, mit Karl Marx, »mir eben dadurch möglich macht, heute dies, morgen jenes zu tun, morgens zu jagen, nachmittags zu fischen, abends Viehzucht zu betreiben, nach dem Essen zu kritisieren, wie ich gerade Lust habe, ohne je Jäger, Fischer, Hirt oder Kritiker zu werden.«[107]

Die Möglichkeiten, die die Kybernetische Revolution verspricht, gehen weit über die bisherigen Produktivitätsfortschritte hinaus. Mit der Übertragung des Kommandos auf den Algorithmus wird die menschliche durch die künstliche Intelligenz ersetzt, während die Roboter die Befehle in die Tat umsetzen. Sollte sich dieses Prinzip auch bei Dienstleistungen, Pflege, Erziehung und im Verkehr durchsetzen, ginge der Mensch sehr vieler Dinge, an denen er/sie sich bisher beweisen, erfreuen und ertüchtigen konnte, verloren, samt der persönlichen Beziehungen, die für die Erledigung dieser Aufgaben erforderlich waren. Dringt das Prinzip der selbststeuernden Optimierung jedoch auch in die Medizin,

105 Komlosy 2015, S. 29.
106 Lucassen Jan (2021): The Story of Work. A New History of Humankind. New Haven-London.
107 Marx Karl (1845–47): Deutsche Ideologie. MEW Bd. 23. Berlin/DDR (1958), S. 33.

die Entwicklung von Medikamenten, die Gestaltung von Körper, Geist und Verhalten ein, stellt sich die Frage, was dann vom Menschen überhaupt noch übrigbleibt. Daher verwundert es nicht, dass die Kybernetische Revolution mit all ihren Versprechungen und befürchteten Verwerfungen die Gemüter stark erregt. Dies ist allerdings auch der Kommunikationsrevolution geschuldet, die Nachrichten und Gerüchte in Echtzeit über den Globus verbreitet.

Utopische und dystopische Visionen

In der utopischen und dystopischen Literatur wurden die Visionen einer maschinen-gesteuerten Welt bereits zu einem Zeitpunkt diskutiert, als die entsprechenden technologischen Möglichkeiten noch gar nicht vorhanden waren. Mit etwas Phantasie konnten Trends der Mechanisierung und Kontrolle der Fabrikarbeitswelt durch Taylorismus und Fließband in andere Bereiche der Gesellschaft fortgesponnen werden. Das Kino lieferte dazu die Bilder. George Orwell (1903–1950) in »1984«, Aldous Huxley (1894–1963) in »Schöne neue Welt«, Efgenij Samjatin (1884–1937) in »Wir« oder Andrej Tarkowsky (1932–1986) in »Stalker« zeichnen bedrückende Verhältnisse, in denen anonyme staatliche Instanzen im Verein mit perfekter technologischer Apparatur die Menschen in ein Räderwerk verwandeln, das dem Takt der Planungsmaschine folgt. Ob diese literarische Fortschrittskritik auf westliche Verhältnisse oder ihre kommunistischen Überhöhungen zielten, ist dabei nicht entscheidend.

Jean-Christophe Rufin (geb. 1952) bezog, viel später, in seine Skizze »Globalia« bereits die Polarisierung der Welt in Fortschrittsinseln und abgehängte sogenannte Non-Zonen, das ökologisch motivierte Diktat des korrekten Lebens sowie die Absonderung von Regime-GegnerInnen in zerfallende Industrienachfolgelandschaften ein. Wie bereits bei Huxley leben die Weltbürger seines Weltstaates Globalia länger, erneuern in regelmäßigen Abständen ihre Organe und Körperteile, kennen keine Völker und keine Geschichte; Fleisch- und Papierkonsum ist verboten, das Ökosystem regeneriert sich unter riesigen Klimakuppeln. Wie so oft im dystopischen Roman, tauchen im Laufe der Handlung HoffnungsträgerInnen auf, die das System unterlaufen, bekämpfen oder Widerspruch bestärken.[108]

108 Rufin Jean-Christophe (2005): Globalia. Köln (französich 2004).

Den dystopischen Visionen stehen begeisterte Anhänger einer technologischen Machbarkeit gegenüber. Die frühe Sowjetzeit war diesbezüglich eine fruchtbare Epoche, in der die erfolgreiche Revolution phantastische Vorstellungen des neuen Menschen hervorbrachte.[109] Die Zukunftsvisionen bezogen sich nicht nur auf das Paradies auf Erden, sondern auch auf die Besiedlung des Weltalls sowie die Überwindung des Todes. »Zweifellos wird eine Zeit kommen, da der Mensch Herr über die Natur sein wird und vielleicht ein solcher Wundertäter, dass es für ihn keinerlei Hindernisse mehr geben wird. Vielleicht wird er auch die interplanetaren Räume erobern, den Tod besiegen und alle seine Krankheiten und inneren Mängel, und dann wird höchstwahrscheinlich das Paradies auf Erden sein«, bekannte der Schriftsteller Maxim Gorki in einem Vortrag an der Petersburger Arbeiter- und Bauernakademie im Jahr 1920 freimütig seine Zukunftshoffnungen.[110] Ein anderer Exponent solcher Utopien war bereits in Zarenzeiten der Bibliothekar Nikolaj Fjodorowitsch Fjodorow (1829–1903), der aufgrund seines asketischen Lebensstils als »Moskauer Sokrates« bekannt war. Er setzt sich die Abschaffung des Todes und die Wiedererweckung der Verstorbenen zum Ziel.[111] In den 1920er Jahren wurden solche Ideen unter kommunistischen Vorzeichen weiterentwickelt, etwa von dem avantgardistischen Maler Kasimir Sewerinowitsch Malewitsch (1879–1935), dem Begründer der »Allgemeinen Organisationswissenschaft« zur vollkommenen Beherrschung der Natur, von Alexander Alexandrowitsch Bogdanow (1873–1928) oder dem Maler und Kunsthistoriker Wasili Nikolaewitsch Tschekrygin (1897–1922), der das Universum von einem Produkt der Natur zu einem Werk des Menschen, einem Kunstwerk verwandeln wollte.[112] Damit stand für ihn der Mensch als Schöpfer im Mittelpunkt. Alexander Kapitonowitsch Gastew (1882–1941) wiederum, Schriftsteller und als Leiter des Zentralen Moskauer Arbeitsinstituts für die wissenschaftliche Arbeitsorganisation zuständig, stellte sich den Menschen als »Nerven-Muskel-Automaten«

109 Hagemeister Michael/Groys Boris (2005): Die neue Menschheit: biopolitische Utopien in Russland zu Beginn des 20. Jahrhunderts. Frankfurt/Main; Möbius Thomas (2015): Russische Sozialutopien von Peter I bis Stalin. Historische Konstellationen und Bezüge. Berlin; Tetzner Thomas (2013): Der kollektive Gott. Zur Ideengeschichte des Neuen Menschen in Russland. Göttingen.

110 zit. in: Tetzner 2013, S. 323.

111 Hagemeister Michael (1989): Nikolaj Fedorow. Studien zu Leben, Werk und Wirkung. München.

112 Klingler Nina (2003): Das Paradies auf Erden. Magisch-utopische Entwürfe der frühen Sowjetzeit. Nikolai Fjodorowitsch Fjodorow (1829/29–1903), in: Rüthers Monica/ Scheide Carmen Hg.: Moskau. Menschen Mythen Orte. Köln-Weimar-Wien, S. 115–120, S. 115–118.

vor.[113] Sein Ziel war die Mechanisierung allen Handelns und Denkens. »Die Erscheinungsformen eines solchen mechanisierten Kollektivismus sind soweit entfernt von jeder Personalität und derart anonym, dass die Bewegung dieser Kollektivkomplexe sich der Bewegung von Gegenständen annähert (…), gleichförmige, genormte Schritte, Gesichter ohne Ausdruck, eine Seele, die jeder Lyrik entbehrt, ein Empfinden, das nicht durch Schreien und Gelächter gemessen wird, sondern mit Manometer und Taxometer.«[114] Ein Jahr später präsentierte Gastew seine Vorstellung vom »Weltkopf«: »Diese Tendenz wird mit der Zeit unmerklich individuelles Denken unmöglich machen; dieses wird zu einer objektiven Psychologie einer ganzen Klasse mit Systemen psychologischer Schalter und Riegel.«[115]

Man sollte allerdings angesichts der Sowjet-Utopien nicht aus dem Auge verlieren, dass die Vorstellung einer perfekt funktionierenden Maschine bereits von den Staatstheoretikern des aufgeklärten Absolutismus gepflegt wurde, u.a. vom berühmten deutschen Kameralisten Johann Heinrich Georg Justi (1720–1771). Dieser schrieb: »Nichts ist einer Maschine so ähnlich als der große Körper des Staats. Alle Räder und Triebfedern, welche diese große Maschine in Bewegung setzen, müssen das allervollkommenste Verhältnis mit einander haben. Man kann in keinem Theile dieser Maschine eine Verbesserung mit guten Erfolgen vornehmen, wenn nicht alle übrigen Theile damit übereinstimmen.«[116]

Die kosmische Philosophie beflügelte auch Männer, die ihre Karriere in der Raumfahrt machten. Der Russe Konstantin Eduardowitsch Ziolkowski (1857–1935), ein Pionier der Raketentechnik, war davon überzeugt, dass der Mensch nicht ewig auf der Erde bleiben wird, sondern seine Bestimmung in der Eroberung des Weltalls als höherer Lebensraum habe.[117] Die »besten« Exemplare seiner Art sollten der Vervollkommnung näherkommen, indem sie Körperlichkeit verlieren, sich in eine Art Strahlung verwandeln und

113 Klingler 2003, S. 119.

114 Zit. in: Klingler 2003, S. 120.

115 Zit. in: Klingler 2003, S. 249.

116 Justi Johann Heinrich Gottlob (1758): Vollständige Abhandlung von denen Manufakturen und Fabriken. Kopenhagen, S. 30; vgl. auch Rüdiger Axel (1999): Der Staat als Maschine. Zur politischen Systemtheorie Johann Heinrich Gottlob von Justis, in: Bayerl Günter/Beckmann Jürgen (Hg.): Johann Beckmann (1739–1811). Beiträge zu Leben, Werk und Wirkung des Begründers der Allgemeinen Technologie. Münster u.a., S. 137–168.

117 Roos Teresa (2003): »Außerhalb der Erde«. Die Raumfahrt als Zukunftsvision, in: Rüthers Monica/Scheide Carmen Hg.: Moskau. Menschen Mythen Orte. Köln-Weimar-Wien, S. 121–126.

Unsterblichkeit in Zeit und Raum erlangen. Dabei distanzierte sich Ziolkowski als Materialist von okkulten Strömungen. In der Sowjetzeit brachte er es in der Raumfahrttechnik zu großem Ruhm, erzielte zu Lebzeiten den Orden »Rotes Arbeitsbanner« und posthum ziert sein Name Denkmäler, Museen, Plätze und Straßen.

Auch in den USA und in Deutschland war die Raumfahrt und Raketenforschung mit transhumanistischen Visionen verbunden. Sie ist es bis heute, wenn wir daran denken, dass auch die Inhaber der größten, technologisch fortgeschrittensten IT-Konzerne, Elon Musk oder Jeff Bezos, allen Ernstes ihren privaten Weltraumsport mit philanthropischen Vorstellungen verbrämen, auf dem Mars oder anderen Planeten die Voraussetzungen für menschliches Leben zu schaffen. Der Mensch wird aber nicht nur als multiplanetare Spezies imaginiert, sondern soll – dank Musks Nanotech-Unternehmen Neuralink – durch Hochladen seines Gehirns im Computer zudem die Grenze zur Unsterblichkeit überschreiten.[118]

Quasi als Nebeneffekt dienen die Tausenden durch SpaceX ins All beförderten Flugkörper aber auch als Basis für Musks im Aufbau befindlichen Satelliten-gestützten Internetdienst Starlink.[119]

Die Grenze zur Unsterblichkeit zu überschreiten, testen jedoch nicht nur Literaten, Weltraumpioniere und exzentrische Superreiche. Das oben skizzierte Ablaufszenario der großen Produktionsprinzipien ist quer durch die wissenschaftlichen Disziplinen, aber auch die Menschenbilder und Weltanschauungen der AutorInnen verankert. Wie in der Fiktion gehen manche von der Zwangsläufigkeit bzw. Alternativlosigkeit der Entwicklung aus, andere halten bestimmte Entwicklungen für vermeidbar, und wenn nicht umkehrbar, so doch zumindest für gestaltbar. Dabei eröffnen sowohl autoritäres Durchgreifen von oben als auch passive Verweigerung oder aktiver Widerstand von unten Spielräume der Gestaltung für das, was sich als Ergebnis durchsetzt.

Auch Angehörige der Verhaltens-, Sozial- und Naturwissenschaften setzen sich ernsthaft mit futuristischen Szenarien auseinander: Ablehnend, zweifelnd, abwägend, aber auch durchaus mit solchen zunächst unrealistisch und

118 Neuralink: Elon Musk will Menschheit »bald« unsterblich machen, Industriemagazin, 10.9.208: https://industriemagazin.at/a/neuralink-elon-musk-will-menschheit-bald-unsterblich-machen (10.1.2022)

119 https://de.wikipedia.org/wiki/Starlink (10.1.2022)

unerreichbar scheinenden Perspektiven liebäugelnd. Dabei kommen sie zu höchst widersprüchlichen Schlussfolgerungen.

Die bisher vorgestellten Autoren begriffen Kybernetik als eine durch die Computertechnologie in Gang gesetzte Entwicklung mit bisher nicht abschätzbaren Auswirkungen auf die Zukunft. Die Kulturwissenschaftler Erich Hörl und Michael Hagen hingegen betrachten die kybernetische Transformation aus einer doppelten Perspektive: Zum einen als ein längst abgeschlossenes, auf die 1950er und 1960er beschränktes historisches Ereignis, das durch die Möglichkeiten der Informationsübertragung, -verarbeitung und -speicherung neue Grundlagen der Verständigung schuf.[120] Was darauf in technischer Hinsicht folgte, von Neurowissenschaften über Biotechnik und Genom-Forschung bis zur Nanotechnologie, geht ihrer Meinung nach über die historische Kybernetik als Phänomen der Nachkriegszeit hinaus. Zum anderen gilt ihnen Kybernetik als »imaginärer Standort«, der nach wie vor aktuell ist, denn es veränderten sich nicht nur die Produktionsverhältnisse, sondern die Begriffe und Konzepte, wie Menschen denken, wie sie sich und die (Um-)Welt begreifen und sich in Raum und Zeit verorten.

Sie reihen sich damit in die Strömung des kritischen Posthumanismus ein, der unter KulturwissenschaftlerInnen in den letzten Jahrzehnten floriert. Kritische PosthumanistInnen befassen sich nicht mit der Technik selbst, sondern machen die Diskurse über das Mensch-Maschine-Verhältnis selbst zum Gegenstand ihrer Forschung. Dabei übertragen sie die posthumanen Vorstellungen in eine Ethik, die über das Gattungswesen Mensch hinausgeht, und ebnen dem Transhumanismus das Feld.

Die Möglichkeiten, die durch die maschinelle Kontrolle der Datenmengen entstehen, werden dabei vom gesellschaftlichen Kontext und den unternehmerischen Interessen, die sie generieren, als losgelöst betrachtet. Sie verwandeln sich in die Hoffnung, das menschliche Wesen und das menschliche Sein auf eine neue, höhere Evolutionsstufe zu katapultieren, in der sich die Grenze zwischen dem Individuum und der digitalen Kollektivität auflöst, eine Verschmelzung von Mensch und Maschine, den Cyberoptimisten auch unter dem Begriff der Singularität fassen.[121] Schon Georg Friedrich Hegel hat im

120 Hagner Michael mit Hörl Erich Hg. (2008). Die Transformation des Humanen. Beiträge zur Kulturgeschichte der Kybernetik. Frankfurt/Main, S. 7–11.

121 Kurzweil Ray (2014): Menschheit 2.0: Die Singularität naht. Berlin.

18. Jahrhundert den »Weltgeist« zum Akteur der Geschichte gemacht, mit der Künstlichen Intelligenz des 21. Jahrhunderts kann dieser neue Dimensionen bestreiten. Er bleibt jedoch weiterhin eine ideologische Blase. Ein anschauliches Beispiel dafür sind die bereits erwähnten Akzelerationisten. Nick Land, ein Protagonist dieser Denkrichtung an der *Cybernetic Culture Research Unit* an der Universität Warwick, erklärt dabei den Kapitalismus und seine Fähigkeit zur Anpassung und Beschleunigung zum Akteur der Geschichte, die – sofern die Menschheit dabei nicht ausgelöscht wird – auf eine transhumanistische Umgestaltung des Menschen hinausläuft, in der Maschinen und Künstliche Intelligenz das Kommando übernehmen werden.[122] Seine Kollegen Nick Srnicek und Alex Williams haben dazu das »Akzelerationistische Manifest« (2015) verfasst. Dieses zeichnet die Utopie der postkapitalistischen Gesellschaft als »Welt ohne Arbeit«, die mithilfe der Kybernetischen Revolution herbeigeführt werden könne.[123]

Periodisierung der Evolution

Was die Periodenbildung anlangt, gibt es weitgehende Übereinstimmung über die einschneidende Bedeutung der Agrarrevolution vor 12.000–10.000 Jahren.[124] Der Beginn der Industriellen Revolution wird meist in der zweiten Hälfte des 18. Jahrhunderts angesetzt, wenn als Kriterium die Zentralisierung und Mechanisierung der Warenproduktion in Fabriken herangezogen wird, die zu diesem Zeitpunkt in England und anderen westeuropäischen Gewerberegionen einsetzte. Wer hingegen stärker die Herausbildung einer ungleichen Arbeitsteilung zwischen westeuropäischen Regionen, die sich auf Exportgewerbe spezialisieren, und Rohstoffe zuliefernden Kolonien und abhängigen Gebieten für den Übergang zur westlichen Dominanz in der Welt heranzieht, kann – wie Grinin und Korotayev[125] – das 16. Jahrhundert bereits als Anfangsphase der Industriellen Revolution begreifen. Damals fanden entscheidende technische und organisatorische Innovationen statt, die mit der

122 Land Nick/Srnicek Nick/Williams Alex (2013): #Akzeleration. Berlin.

123 Srnicek Nick/Williams Alex (2015): #Beschleunigungsmanifest für eine akzelerationistische Politik: https://web.archive.org/web/20161022162029/http://akzelerationismus.de/beschleunigungsmanifest.pdf (26. 7. 2022).

124 Vanhaute 2011, S. 3; Rifkin 2019, S. 241.

125 Grinin/Korotayev 2015.

Herausbildung des Kapitalismus in Verbindung standen. Auch Wallerstein begreift das 16. Jahrhundert als Schwelle zum kapitalistischen Weltsystem, vernachlässigt als Faktor für die westeuropäische Hegemonie im Weltsystem jedoch die Industrielle Revolution des 18./19. Jahrhunderts, die er als regionales Phänomen von untergeordneter Bedeutung für die Periodisierung der Weltgeschichte ansieht.[126]

Ebenso wenig wie über die Anfänge des industriellen Produktionsregimes herrscht Konsens über dessen Ende. Bei näherem Hinsehen handelt es sich aber mehr um eine Frage der Terminologie als um eine inhaltliche. Wirtschaftshistorische Untersuchungen über die Industrielle Revolution oszillieren zwischen mehr graduellen Ansätzen, die die Durchsetzung des industriellen Prinzips als langfristigen, zeitlich und räumlich gestaffelten Prozess betrachten, und Ansätzen, die von einem revolutionären Durchbruch von Technologien, Arbeitsverhältnissen und Organisationsformen der Produktion ausgehen. Unbestritten ist jedoch die Untergliederung der Industriellen Revolution in verschiedene Phasen. Diese werden gerne mit erste, zweite, dritte oder vierte industrielle Revolution durchnummeriert. Eindeutigkeit bringt das nicht, weil die einzelnen AutorInnen ganz unterschiedliche Zählweisen und Indikatoren dafür verwenden. Was viele eint, ist die Annahme, wir befänden uns nach wie vor in einer Phase der Industriellen Revolution – nach Jeremy Rifkin die dritte, nach Klaus Schwab die vierte –, obwohl Beobachtung und Analyse dafürsprechen, diese Erscheinungen bereits einem Folge-Prinzip zuzuordnen, welches mit der Kybernetik bzw. der Künstlichen Intelligenz ein nächstes Zeitalter begründet hat.

Ob die Menschheit in ein solches Zeitalter eingetreten ist und wie dieses angemessen charakterisiert werden soll, ist ein zentrales Thema zeitgenössischer Lageerfassungen.

Die meisten Analysen lassen die historische Tiefe vermissen, die es erlaubt, den aktuellen Umbruch in die langfristige Entwicklung der Evolution einzuordnen und die Analyse früherer Umbrüche als Methode zur Einschätzung von Gegenwart und Zukunft einzusetzen. Diese Methode erweist sich als sehr fruchtbare Einordnungshilfe. Sie hat allerdings, wie die folgenden Beispiele aus verschiedenen Disziplinen veranschaulichen, eine klare Schlagseite

126 Wallerstein, Das Moderne Weltsystem Bd. 1 (2004); Bd. 3 (1998) sowie Wallerstein 1995, S. 52–73.

in Richtung einer positiven Affirmation der Evolution und, was die Wende zum kybernetischen Prinzip anlangt, zu Cyberoptimismus. Um ein differenzierteres Bild zu gewinnen, müssen die Errungenschaften des evolutionären Trends mit ihren Schattenseiten in Beziehung gesetzt werden, den Opfern der Modernisierung, der sozialen und regionalen Polarisierung, der Ungleichheit, dem Zwang zu Wachstum, Ein- und Überholen sowie der Herausbildung unüberschaubarer, schwer kontrollierbarer Konzentrationsprozesse.

Cyberoptimismus

Ein früher Vertreter des Cyberoptimismus ist der US-amerikanische Zukunftsforscher Alvin Toffler (1928–2016), der gemeinsam mit seiner Frau Heidi (geb. 1929) schon Ende der 1960er Jahre in seinem bekannten Werk »Der Zukunftsschock« die Vision einer transhumanistischen Entwicklung der Symbiose von Mensch und Computer in Form der Cyborg-Technologie voraussagte.[127] Toffler nahm viele der Hoffnungen vorweg, die die Kybernetische Revolution auslösen sollte. Obwohl er sich der problematischen Seiten des Beschleunigungsschubs bewusst waren, wie Informationsüberflutung und Stress, sah er die Entwicklungen der Digitalisierung als Chance. Er argumentierte im Rahmen der Wellentheorie, mit der Agrargesellschaft als erste, der Industriegesellschaft als zweite und der Informationsgesellschaft als dritte Welle. Die Ablösung der industriellen Massenstandards durch postindustrielle Wissensgesellschaften, den Bedeutungsverlust des Staates sowie den Zusammenbruch bürokratischer Systeme begriff er im gleichnamigen Buch als ein Machtbeben (*Powershift*), das dazu beitrage, die Machtverhältnisse zwischen den Geschlechtern und die ungleiche Verteilung zwischen Nord und Süd zu verändern.

Der wohl radikalste Vertreter einer begeisterten Affirmation der die Menschheit beglückenden Auswirkungen von Computer, Datensammlung und Maschinenintelligenz auf die Lösung der großen Fragen des menschlichen Zusammenlebens ist der US-amerikanische Computer- und IT-Wissenschaftler Raymond Kurzweil (geb. 1948), dessen Darstellung von Künstlicher Intelligenz im Abschnitt 2 ausführlicher referiert wird. Als Praktiker, der u. a.

127 Toffler Alvin (1970): Der Zukunftsschock. Strategien für die Welt von morgen. München; Toffler (1983): Die dritte Welle. Zukunftschance. Perspektiven für die Gesellschaft des 21. Jahrhunderts. München; Toffler (1990): Machtbeben. Wissen, Wohlstand und. Macht im 21. Jahrhundert. Düsseldorf.

als technischer Leiter für Google arbeitete und in der IT-Branche sein Vermögen gemacht hat, kann seine Begeisterung nicht verwundern. Er entgegnet der Kritik an gegenwärtigen Entwicklungen mit der Faktizität der bisherigen Evolution: noch immer hätte sich der spontane Widerstand gegen technische Neuerungen als vorübergehendes Phänomen herausgestellt, bis sich die Einsicht in die Vorteile des jeweiligen Produktionsprinzips verallgemeinert hätte. In dieser Hinsicht weiß er sich mit vielen KollegInnen einig. Was seiner Glaubwürdigkeit Abbruch tut, ist die Verherrlichung der kybernetischen Versprechen auf eine transhumane Zukunft.

Als Messlatte für den Moment, an dem die Maschinen den Menschen in Sachen Intelligenz überholen, gilt der Turing-Test. Alan Turing (1912–1954) war ein Theoretiker der Maschinenintelligenz, der unter anderem dafür bekannt ist, den Enigma-Code geknackt zu haben, mit dem die Wehrmacht im Zweiten Weltkrieg ihre Einsätze schützte. Er entwickelte die nach ihm benannte Turing-Maschine, mit der die Intelligenz einer Maschine geprüft werden konnte. In Anlehnung an den *Tractatus Philosophicus* des österreichischen Philosophen Ludwig Wittgensteins (1889–1951) postulierte er die Church-Turing-These: Was die Turing-Maschine nicht zu lösen vermag, könne niemand lösen, auch nicht der Mensch. Seit Beginn der KI-Forschung stellen Mathematiker unterschiedliche Prognosen auf, wann Maschinen denkfähig würden und wann sie den Menschen überflügeln würden; Turing vermutete, dass dies Ende des 20. Jahrhunderts der Fall sein könnte.[128] In Kurzweils sechsstufigem Evolutionsmodell wird die Menschheit um 2045 die Stufe 5 erreichen, die Verschmelzung von technischer und menschlicher Intelligenz. Als letzten Schritt zur »Singularität« erwartet er die Ausbreitung der erweiterten Mensch-Maschine-Intelligenz über das Universum, die Durchdringung von Materie und Energie von intelligenten Prozessen und Wissen.[129]

Getoppt wird Kurzweil durch den israelischen Historiker Yuval Harari (geb. 1976), der den Eintritt in ein neues Zeitalter der technologischen Machbarkeit als Übergang vom *Homo sapiens* zum *Homo deus* begreift. In seiner »Kurzen Geschichte der Menschheit«[130] unterteilt Harari die Geschichte des *Homo*

128 Kurzweil 1993, S. 112.

129 Kurzweil Raymond (2014): Menschheit 2.0. Die Singularität naht. Berlin; Kurzweil (2016): Die Intelligenz der Evolution. Köln.

130 Harari Yuval (2013): Eine kurze Geschichte der Menschheit. München.

sapiens entlang der kognitiven Revolution, mit der der Mensch zum aufrechten Gang wechselte und Bewusstsein erlangte, der landwirtschaftlichen Revolution, die Ackerbau, Reichsbildungen, Warenaustausch und Monotheismen hervorbrachte, und der wissenschaftlichen Revolution, die das globale Ausgreifen des Kapitalismus einleitete, den Götterglauben durch eine humanistische Weltanschauung ersetzte und der Mechanisierung der Industrie eine Schlüsselrolle in der Modernisierung einräumte. In diesen – nach Harari – 70.000 Jahren[131] des Anthropozäns schwang sich der Mensch zum Herrscher des Globus auf. Mit der kybernetischen Vervollkommnung durch Biotechnik, die Cyborgtechnik, die Wesen aus organischen und nicht-organischen Teilen hervorbringt, sowie der Entwicklung von nicht-organischem Leben am Beginn des 21. Jahrhunderts verändern sich die Grundlagen der menschlichen Existenz.[132]

Im Buch »Homo deus« schreibt Harari seine Geschichte in die Zukunft fort.[133] Er sieht die Menschheit an einer Schwelle elementarer Größenordnung. Die Übergabe des Handelns und der Erfahrung an Maschinen deutet er als das Ende des Menschen als *Homo sapiens*. Daten bilden die Grundlagen der algorithmischen Entscheidungen. Mit Maschinenintelligenz ausgestattet, könnte eine Super-Elite die Herrschaft übernehmen, mithilfe technischer Möglichkeiten Körper, Gehirn und Bewusstseinszustand optimieren und die Masse der Menschheit zur Nutz- und Bedeutungslosigkeit verurteilen. Das mag aus humanistisch-ethischer Sicht abzulehnen sein. Sobald das Wissen und das Handeln aber einmal in die Symbiose des Menschen mit der Maschine übergegangen sein wird, verändert sich die Grundlage der Beurteilung. Das Zeitalter des *Sapiens* wäre zu Ende, *Deus* könnte als *Cyborg* übernehmen und ein neues, transhumanes Zeitalter einleiten, ohne sich der *conditio humana* früherer Zeiten überhaupt bewusst zu sein. Diese Vision einer transhumanen Existenz kann als volle Entfaltung der Kybernetischen Revolution verstanden werden. Harari zeigt sich von den technischen Möglichkeiten fasziniert, versteht sein Buch jedoch gleichzeitig als Weckruf, das menschliche Bewusstsein nicht der – unter Umständen unaufhaltbaren – Intelligenz der Maschine unterzuordnen. Er schwankt zwischen dem Wunsch, den *Sapiens* zu erhalten, und der Vision einer neuen Stufe in der Menschheitsgeschichte.

131 Andere setzen den Übergang zum Sapiens erst vor 40.000 Jahren an.

132 Harari 2013, S. 500.

133 Harari Yuval (2017): Homo deus. Eine Geschichte von morgen. München

Dass die Möglichkeiten des Internets nicht in purer Fortschrittsverherrlichung enden müssen, zeigt das Beispiel des deutschen Biochemikers, Umwelt- und Vernetzungsforschers Frederic Vester (1929–2003), der Raymond Kurzweil in Sachen Popularität nicht nachsteht. Er gehört zu jener Generation von Naturwissenschaftlern, die die lineare Fortsetzung der Revolutionen in Richtung immer höheren Wachstums und größerer Naturbeherrschung ablehnt, weil damit dem menschlichen Leben auf der Erde die natürlichen Grundlagen entzogen werden. Sein Erklärungsmodell für die Abfolge von »Kulturstufen« der JägerInnen & SammlerInnen, der Ackerbauern & Viehzüchter bis hin zum Industriezeitalter fußt auf einem, auch bei anderen Lebewesen beobachtbaren Auftreten von »Dichtestress«. Darunter versteht man in der Biologie das Gefühl der Enge, wenn Lebewesen zu wenig Platz haben und einander in die Quere kommen; es stört das Zusammenleben und kann unzählige Individuen vernichten. Eine solche Katastrophe bereitet den Boden für einen neuen Evolutionszyklus, in der die Population ihr Verhalten ändert und sich der neuen Dichtestufe anpasst.[134] Dieser Mechanismus wiederholt sich, ohne dass die höhere Zivilisation daraus die Konsequenz zieht, die kurzfristige Anpassung zugunsten einer langfristigen Planung zu ändern, die dem exponentiellen Wachstum von Bevölkerungsdichte, Energie- und Wasserverbrauch, Güter- und Abfallproduktion Einhalt bietet, das das Industriezeitalter seit dem Übergang auf die zentralisierte Fabrik mit mechanischem Antrieb charakterisiert. Vester zufolge böte das kybernetische Denken, das die wechselseitige Abhängigkeit und Aufeinanderangewiesenheit der Subsysteme sichtbar macht, die Möglichkeit, von einem exponentiellen Wachstumsstadium abzugehen und einen stationären Zustand einzuleiten. Dieser würde sich von jenem der vorindustriellen Ackerbaugesellschaften jedoch durch hohe, wenn auch stationäre Dichte unterscheiden.

Vesper gehört zu den Kritikern der Wachstumslogik, auf die der *Club of Rome* in den 1970er Jahren aufmerksam gemacht hat. Er reduziert Kybernetik nicht auf die Technologie, sondern versteht sie als Prinzip des vernetzten Denkens, das im Dienste des Überlebens auf dem Planeten eingesetzt werden sollte. Anstelle von Wachstumslogik und Kapitalverwertung propagiert

134 Vester Frederic (1988[5]): Neuland des Denkens. Vom technokratischen zum kybernetischen Zeitalter. München, S. 448.

er intelligente Lösungen. Dabei unterschätzt er allerdings die Zwänge und Interessen, die an diesem Wachstum hängen.

Der US-amerikanische Historiker und Sozialwissenschafter Jeremy Rifkin (geb. 1945) verbindet in seinem Buch über den globalen *Green New Deal* die Entwicklungsstufen der Menschheit, von den JägerInnen & SammlerInnen über die Ackerbau-Hydraulischen Kulturen bis zu den drei industriellen Revolutionen, deren erste er im 19. Jahrhundert, die zweite im 20. Jahrhundert und die dritte im 21. Jahrhundert ansetzt, mit der Art des Bewusstseins, der vorherrschenden Gesellschaftsformation und der Stiftung von Zusammengehörigkeit.[135] Dabei verortet er beim Bewusstsein eine Abfolge vom mythologischen (JägerInnen & SammlerInnen), über ein theologisches (Ackerbaukulturen), ein ideologisches (frühes Industriezeitalter), ein psychologisches (entwickelte Industriegesellschaft) zu einem biosphärischen Bewusstsein in der Phase, die er als »dritte« industrielle Revolution bezeichnet. Die entsprechenden Gesellschaftsformationen sieht er ähnlich blauäugig im Wandel vom Stamm zu zentralisierten Reichen, Nationalstaaten, globalen Märkten und internationalen Organisationen bis hin zum Übergang zu einer *Peer Governance*, das heißt zu einer staatenübergreifenden Vergesellschaftung mit aktiver Partizipation der Bevölkerung. Zusammengehörigkeit wird in Rifkins Schema im historischen Verlauf von folgenden Kollektiven und Interaktionen gestiftet: Beginnend mit Verwandtschaft folgen Religion, Staatsbürgerschaft, Kosmopolitentum und schließlich, im heraufdämmernden Zeitalter glokaler smarter Vernetzung, die »planetarische Kohorte«. In dieser Phase, die nur dann eintreten kann, wenn der propagierte globale *Green New Deal* umgesetzt wird und die Welt vor dem Kollaps errettet, sieht er eine Tendenz zu immer größeren Kollektiven und inklusiveren Weltbildern, in der der Mensch »von der anthropologischen Distanz zur tiefen Anteilnahme mit der lebendigen Erde« zur »Empathie mit allen anderen Geschöpfen« voranschreitet.

Bei der Charakterisierung der drei industriellen Revolutionen zieht Rifkin die Umwälzungen im Funktionieren des Systems in drei zentralen Bereichen gesellschaftlicher Infrastruktur heran: dem Kommunikationsmedium, der Energiequelle und dem Transportmechanismus.[136] Im Medienbereich kon-

135 Rifkin 2019, S. 241–244.
136 Rifkin 2019, S. 33.

statiert er die Abfolge von Druck und Telegraphie über Telefon, Rundfunk und TV zum Internet in der zwischenmenschlichen Kommunikation und schließlich in der selbstgesteuerten Kommunikation des Internets der Dinge. Bei der Energiequelle zeigt sich die Abfolge Kohle, zentrale Stromversorgung durch Elektrifizierung sowie Erdölversorgung durch Pipeline-, Tankstellen- und Autobahn-Systeme bis hin zur grünen Energie. Im Transportmechanismus entspricht dies der Eisenbahn, dem KfZ-Verbrennungsmotor und der E-Mobilität samt KI-gesteuerter Mobilitätslogistik.

Rifkin hat in seinem 1998 erschienenen Buch »Das biotechnische Zeitalter« gentechnische Manipulation von Mensch, Tier und Saatgut, einschließlich künstlicher Organ- und Virenforschung warnend als große Zäsur mit weitreichenden Folgen für die Menschheit dargestellt. Im Buch zum »Green New Deal« 2019 spielt Gentechnik keine explizite Rolle mehr. Sein alarmistischer Appell, die alten fossilen durch smarte, digital vernetzte Sektoren zu ersetzen, kann die Biotechnologie nicht ausschließen. Rifkin scheint bereits Frieden mit transhumanen Vorstellungen geschlossen zu haben, so sie Verhaltensweisen fördern, die seinen Rettungsplan für die Welt voranbringen.

Rifkin weiß sich sowohl in seiner historischen Einordnung als in seinen Zukunftsperspektiven einig mit dem Gründer des alljährlich im Schweizer Davos abgehaltenen Weltwirtschaftsforums, Klaus Schwab (geb. 1938), auch wenn dieser die gegenwärtig stattfindende Transformation nicht als dritte, sondern als »vierte« industrielle Revolution bezeichnet.[137]

Rifkins Schema weist große Parallelen mit jenem des französischen Philosophen Pierre Lévy auf, der eine »Anthropologie des Cyberspace« (1997)[138] verfasst hat. Bei Lévy handelt es sich nicht um eine ideelle Begründung für einen *New Green Deal*, sondern um die utopisch-idealistische, ökonomische Interessen vollständig ausblendende Vorstellung, die Menschheit könne durch Künstliche Intelligenz eine höhere Daseins-Stufe erreichen. Man kann Lévy keine Komplizenschaft mit Kapitalinteressen unterstellen, viel eher ist er von der Vorstellung der russischen Revolutionäre geprägt, die Materie überwinden zu können. Er setzt seine Hoffnung darauf, dass die Netzkultur des Internets, die beim Erscheinen seiner Schrift in den 1990er Jahren erst

137 Schwab Klaus (2016): Die vierte industrielle Revolution. München, S. 16f.

138 Lévy Pierre (1997): Die kollektive Intelligenz – Eine Anthropologe des Cyberspace. Mannheim.

in ihren Kinderschuhen stand, noch nicht auf eine bestimmte Entwicklungsrichtung festgelegt sei und verstand sein Plädoyer für »eine höhere Form kollektiver Intelligenz« daher als Öffnung eines Raums für Visionen. Während diese in ihrer Abstraktheit schwer fassbar sind, bietet Lévys Gliederung der »anthropologischen Räume« entlang einer historischen Entwicklungsachse sehr originelle Anknüpfungspunkte. Seine vier Räume entsprechen den vier Produktionsprinzipien, die die Menschheit bisher durchlaufen hat. »Erde« steht für die JägerInnen & SammlerInnen-Gesellschaft, »Territorium« für die Welt des Ackerbaus und der Viehzucht, die Stadt, Staat, Schrift und die Teilung der Arbeit hervorgebracht hat. Der »Raum der Waren«, der schon in früheren Zeiten angelegt war, kam mit den Expeditionen, kommerziellen Aktivitäten und militärischen Eroberungen europäischer Seefahrer, Händler und Staaten im 16. Jahrhundert zur vollen Entfaltung, um in der Folge alle gesellschaftlichen Beziehungen der Logik des Kapitalismus zu unterwerfen. Einen Ausweg vermeint Lévy im »Raum des Wissens« zu erkennen, den er als virtuellen Raum fasst. Den vier anthropologischen Räumen entsprechen, ähnlich wie bei Rifkin, bestimmte Identitäten. Im dynamischen »Raum des Wissens« setzt Lévy auf das »elektronische Gewitter«, das ganz neue Möglichkeiten des Denkens, der Subjektivität, der Zeitlichkeit, der Vernetzung eröffnet und dem linearen Denken ein Ende setzt. Obwohl er die »kollektive Intelligenz« nicht nur im technologischen Sinn versteht, bilden die Datenmenge und die Möglichkeit, sie auf einer »kinetischen Karte« zu verknüpfen, die Grundlage eines Datenuniversums, von dem er hofft, es möge »unabhängig vom Kapital« funktionieren.

Der Strukturalismus dieses französischen Intellektuellen steht in diametralem Widerspruch zum Begründer des radikalen Behaviorismus nach dem Zweiten Weltkrieg, dem US-Amerikaner Burrhus F. Skinner (1904–1990). Dieser schöpft seine Hoffnungen in eine Höherentwicklung des Menschen aus der wissenschaftlichen Beobachtung, Analyse und Vorhersagbarkeit des menschlichen Verhaltens. Was in vorwissenschaftlichen Zeiten als Freiheit, Autonomie und Würde des Menschen angesehen wurde, war seines Erachtens nichts anderes als ein Ausdruck der Unwissenheit. Mit einer konsequenten Verhaltensoptimierung können solche Schwachstellen überwunden und die Menschheit in ein höheres Bewusstsein überführt werden, prognostizierte Skinner in seinem in zahlreichen Auflagen erschienenen Buch »Jenseits von Freiheit und Würde« (1971).[139] Mit einer entsprechenden »Technologie des Verhaltens« würde sich das antiquierte Festhalten an derlei überholten, vorwissenschaftlichen Werten ausmerzen lassen. Skinner nahm damit eine Vermessung des menschlichen Verhaltens vorweg, die erst durch die rasante Entwicklung der Datenextraktion und ihrer Verknüpfung durch digitale Techniken die Herausbildung des »Überwachungskapitalismus« ermöglichte.[140] Was Skinner für die Verhaltensforschung visionierte, wird in der neueren interdisziplinären Komplexitätsforschung auf das gesamte Gesellschaftsgefüge übertragen. Peter Turchin (geb. 1957) und Stefan Thurner (geb. 1969) arbeiten am *Complexity Science Hub Vienna* in jüngster Zeit daran, die Welt durch eine Erfassung und Verknüpfung sämtlicher Datenströme wie in einer Computersimulation 1:1 abzubilden, um bei auf uns zukommenden Krisen und Störungen gegensteuern zu können.[141] So hoffen sie, der Menschheit einen das Leben auf dem Planeten bedrohenden Kollaps zu ersparen, wie ihn frühere Gesellschaften erlitten, die über kein entsprechendes Wissen um Zusammenhänge sowie Rechenleistungen zum Rettungsmanagement verfügten.

Was die vorgestellten Autoren eint, ist der konsequente Glaube an die technologische Machbarkeit. Eine Mischung aus Fortschrittsglauben, Wissen um Systemzusammenhänge, verfügbaren Daten, unbegrenztem Speicherplatz und Rechenleistung von Computern lässt sie das Heil der Menschheit in einer auf Wissenschaft und Expertentum ruhenden Kontrollgesellschaft suchen, die nur »Lösungen« kennt. Interessen, Machtverhältnisse und soziale Konflikte werden ausgeblendet. Dieses Grundvertrauen in die technologische Machbarkeit teilen auch manche gesellschaftskritische Technik- und Sozialforscher, die sich einer sozialen Kybernetik verschrieben haben, etwa der österreichische Informationswissenschaftler Peter Fleissner (geb. 1944), der an der Technischen Universität Wien den Lehrstuhl für Sozialkybernetik innehatte, oder sein Kollege Wolfgang Hofkirchner (geb. 1953), der von der Neuordnung der Beziehungen zwischen Mensch, Gesellschaft, Technik und

139 Skinner Burrhus Frederic (1982): Jenseits von Freiheit und Würde. Rowohlt, Reinbek bei Hamburg.

140 Zuboff Shoshana (2018): Das Zeitalter des Überwachungskapitalismus. Frankfurt/New York, S. 427–457.

141 Turchin Peter/Thurner Stefan u. a.: Social Complexity and Collapse: https://www.csh.ac.at/complexity-science/social-complexity-and-collapse/(2.7.2022)

Natur im Informationszeitalter einen »dritten Sprung in der Anthroposoziogenese« erhofft.[142]

An dieser Stelle muss daran erinnert werden, dass die sozialistische Utopie stets mit den Errungenschaften der großen Technologie liebäugelte. Unter kapitalistischen Bedingungen würde die Technik den Profiterwartungen der Kapitalisten dienen und die Ausbeutung der ArbeiterInnen vorantreiben; unter gewendeten sozialistischen Verhältnissen würde sie im Dienste der Gesellschaft stehen. So verstand sich die sozialistische Avantgarde in der jungen Sowjetunion auch als Speerspitze zur Durchsetzung des neuen Menschen. Die Kritik an der Eigendynamik der Technologie, sobald sie einmal die Labore verlassen hatte und praktisch zum Einsatz kam, gewann erst mit der Ökologiebewegung der 1970er Jahre an Bedeutung, insbesondere wenn es um irreversible Eingriffe in die natürlichen Kreisläufe ging, wie es die Nutzung der Atomkraft oder die Gentechnik mit sich brachten. Auch die Zerstörung der Atmosphäre, die Vergiftung der Luft und des Bodens sowie die Erderwärmung wurden von warnenden Stimmen lange vor ihrer Reduktion auf das »Klima« als Strukturproblem des Wachstumsdenkens thematisiert, das nicht auf die kapitalistischen Produktionsverhältnisse beschränkt bleibt. Die Debatte um die befreienden versus die vereinnahmenden Potenziale neuer Technologien begleitete auch die Entwicklung von Computern, Datenverarbeitung, Künstlicher Intelligenz und Kybernetik.

Frauen und Technikgläubigkeit

Ist es Zufall, dass sich unter den bisher Vorgestellten keine Autorin befindet? In gewissem Sinn nein, denn Frauen werden durch die den Kapitalismus – ebenso wie die realsozialistischen Projekte nachholender Entwicklung – prägende Spaltung zwischen Ökonomie und Leben auf die Rolle der Reproduktion, Sorge und Pflege festgelegt. Aus dieser Position können sie unter Umständen leichter Verständnis für einen schonenden und pfleglichen Umgang mit natürlichen Ressourcen entwickeln. Zahlreiche öko-feministische Autorinnen verstehen sich tatsächlich als Kritikerinnen eines Fortschrittsmodells, das auf technologischer Machbarkeit und den damit einher gehenden Spaltungs- und

142 Hofkirchner Stefan, Vortrag bei der Leibniz-Sozietät Berlin, 12. 11. 2021.

Verwertungstendenzen von Körpern, unbezahlter Arbeit und Natur beruht, und stehen auf dieser Grundlage dem Vormarsch der Kybernetik skeptisch bis ablehnend gegenüber.[143]

Eine generelle Zuschreibung von Technikkritik durch Frauen ist jedoch nicht haltbar. So wie die sozialistischen Theoretikerinnen der ersten Frauenbewegung, wie Clara Zetkin (1857–1933), die Fabrikindustrie als Befreiung der Frau aus der Enge des Haushalts und als Voraussetzung für ihre Erwerbstätigkeit ansahen, traten mit den technischen Möglichkeiten der Informationstechnik und der Gentechnologie seit den 1970er Jahren neue Befreiungspotenziale in den Vordergrund. Die Feministin Shulamith Firestone (1945–2012) setzte in ihrer Utopie der Überwindung der Geschlechterdifferenz gerade auf Reproduktionstechnologien, die Frauen von der biologischen Zuständigkeit des Gebärens befreien sollten. Und es ging auch nicht mehr darum, Frauen in Erwerbstätigkeit zu bringen, Beruf und Familie zu vereinbaren, sondern um die Abschaffung der Arbeit und der Geschlechter.[144] Mit zunehmender Perfektionierung von Arbeitsmühe einsparenden Maschinen im Haushalt und in der Pflege auf der einen Seite, der genetischen Modellierung der Körper auf der anderen Seite witterten Verfechterinnen eines Cyberfeminismus neue Chancen, biologisches ebenso wie soziales Geschlecht durch eine vollkommene *Tabula rasa* zu ersetzen, die der individuellen Identitätskonstruktion freien Lauf lässt.[145] Einen kräftigen diesbezüglichen Akzent setzte die Biologin und Kulturwissenschaftlerin Donna Haraway (geb. 1944) im Jahr 1985 mit ihrem Manifest für Cyborgs. Sie begreift Cyborgs als »kybernetische Organismen, Hybride zwischen Maschine, ebenso Geschöpfe der gesellschaftlichen Wirklichkeit wie der Fiktion«.[146] So sehr die Cyborg ein fiktives Geschöpf sei, so sehr ist sie, laut Haraway, eine »Fiktion, an der sich die Beschaffenheit unserer heutigen gesellschaftlichen und körperlichen Realität ablesen lässt«. Diese manifestiert sich ganz real in der modernen

143 Werlhof 2022 (im Druck); Shiva Vandana/Mies Maria (1995): Ökofeminismus. Beiträge zur Praxis und Theorie. Zürich; Bennholdt-Thomsen Veronika/Müller Christa (1999): Das Subsistenzhandbuch: Widerstandskulturen in Europa, Asien und Lateinamerika. Wien; Duden Barbara/Silja Samerski/Kirsten Vogeler (2014): Die gesichtslose Patientin. Wie Menschen hinter Daten verschwinden. Frankfurt/Main. Vgl. auch die Webseiten Kollektiv Feministischer Lockdown: https://www.feministischerlookdown.org/widerspruch (2.7.2022); Plattform Economiefeministe: https://economiefeministe.ch/economiefeministe-ist-da/ (2.7.2022).

144 Firestone Shulamith, (1975): Frauenbefreiung und sexuelle Revolution: The dialectic of sex, Frankfurt/Main.

145 Volk Katharina (2021): Was die Kybernetik vom Feminismus lernen kann. Oder: Warum wir der Technik nicht das Feld überlassen dürfen, in: Daum Timo/Nuss Sabine (Hg.): Die unsichtbare Hand des Plans. Berlin, S. 200–214.

146 Haraway Donna (1985): Ein Manifest für Cyborgs. Feminismus im Streit mit den Technowissenschaften (1985), in: Karin Bruns/Ramón Reichert Hg.: Reader Neue Medien 18. Bielefeld 2015, S. 239.

Medizin, der Arbeitswelt, dem Sex, dem Krieg und der Kontrolle. Haraway plädiert dafür, der »Informatik der Herrschaft« eine befreiende Perspektive abzutrotzen – ein feministisches Gedankenexperiment, das Gentechnik, Algorithmen und Künstliche Intelligenz im Widerstand gegen patriarchal-kapitalistische Zuschreibungen geschlechtlicher Identität eingesetzt sehen will.[147]

Das Cyberfeministische Manifest des Kunstkollektivs VNS Matrix skandiert: »Wir sind die moderne Möse/ positive Anti-Ratio/ (…), wir infiltrieren, (ver-)stören, verbreiten/ korrumpieren den Diskurs/ wir sind die Möse der Zukunft.«[148]

Kulturwissenschaftliche Ansätze verstehen den Computer als Bedeutung generierendes Medium, das Macht erzeugen aber auch in Frage stellen oder in sich verkehren kann. Sie agieren auf dem Feld von Diskurs, Symbolik und künstlerischer Intervention in den Grenzbereichen von Fiktion und gesellschaftlicher Realität.[149] Sozioökonomische Ansätze spielen mit den Möglichkeiten, die Algorithmen zur praktischen Verbesserung der Arbeits- sowie der Geschlechterverhältnisse zu nutzen. So könnte beispielsweise, in kybernetischer Fortentwicklung sozialistischer Planwirtschaftsutopien, die Erhebung der Erfordernisse sowie die Aufteilung bezahlter und unbezahlter Arbeit, Familienarbeit, Ehrenamt und Erwerbsarbeit auf die Mitglieder der Gesellschaft mittels Algorithmen bewerkstelligt werden, um eine für alle gerechte Lösung zu erlangen.[150]

Solchen Sozialutopien, die nicht nur von Frauen vertreten werden, stehen KennerInnen der algorithmischen Welt oft kritisch gegenüber. Sie betonen die Macht- und Eigentumsverhältnisse, die Überwachung und Datenverknüpfung zur neuen Ressource des kybernetischen Kapitalismus werden lassen,[151] aber auch die den Algorithmen immanenten Werturteile, die die Machtverhältnisse der analogen Welt im Digitalen reproduzieren.[152] Diese entscheiden nach Kri-

147 Haraway Donna (1995): Die Neuerfindung der Natur: Primaten, Cyborgs und Frauen. Frankfurt/Main.

148 VSN Matrix 1991, zit. in: Bruns/Ramón 2015, S. 278.

149 Eine gute Zusammenfassung klassischer Texte und neuer Debatten bietet Bruns Karin/Reichert Ramón Hg. (2015): Reader Neue Medien 18. Bielefeld.

150 Volk 2021; sowie weitere Beiträge in: Daum Timo/Nuss Sabine Hg. (2021): Die unsichtbare Hand des Plans. Koordination und Kalkül im digitalen Kapitalismus. Berlin.

151 Zuboff 2018.

152 O'Neil Cathy (2017): Angriff der Algorithmen. Wie sie Wahlen manipulieren, Berufschancen zerstören und unsere Gesundheit gefährden. München; Wolff Marie-Louise (2020): Die Anbetung. Über eine Superideologie namens Digitalisierung. Frankfurt/Main.

terien, die die weißen, jungen, ehrgeizigen Männer einprogrammiert haben und Minderheiten, Frauen und sozial Schwache systematisch ausgrenzen oder benachteiligen.[153] Ganze Legionen von wissenschaftlichen Institutionen und Initiativen arbeiten unterdessen daran, Vorurteilen und Missbrauch von Algorithmen entgegenzuwirken. Sie tragen damit allerdings vor allem zu deren Akzeptanz bei und öffnen damit ihrem allgegenwärtigen Einsatz Tür und Tor.

Ethische Kritik

Kritik an solchen technizistischen Visionen, die auf der einen Seite von Kollaps reden, um auf der anderen Seite Harmonie durch einen Superorganismus zu beschwören, kommt von verschiedenen Seiten. Aus den Geistes-, Kultur- und Sozialwissenschaften, Philosophie und Ethik sowie vielen NaturwissenschaftlerInnen. Begründung und Stoßrichtung der Kritik sind weit gestreut. Sie stoßen sich am Menschenbild, am Mensch-Natur-Verhältnis, an der Verabsolutierung von Technik, am Wachstumsfetischismus, an der patriarchalen Logik u. v. a. m.

Grundsätzlich können wir fundamentale Technik-Kritik von einer kybernetischen Ethik unterscheiden, die sich begleitend in deren Regulierung einbringt. Die Übergänge sind gleichwohl fließend. Als Doyen radikaler Technikphilosophie gilt der heute zu Unrecht etwas in Vergessenheit geratene österreichische Philosoph Günther Anders (1902–1992). Seinem Band »Die Antiquiertheit des Menschen. Über die Seele im Zeitalter der zweiten industriellen Revolution« (1956) folgte 25 Jahre später Band 2 »Über die Zerstörung des Lebens in der dritten industriellen Revolution« (1980).[154] Anders lässt durch eine völlig andere Charakterisierung der drei industriellen Revolutionen aufhorchen.[155] Die erste zeichnet sich durch die Möglichkeit aus, Maschinen maschinell herzustellen und stimmt im Wesentlichen mit der gängigen Zählung überein. Die zweite industrielle Revolution bezieht

153 Z. B. Algorithmic Justice League: https://www.ajl.org/; AI4ALL: https://ai-4-all.org/; Women in AI: https://www.womeninai.co/; Women in Machine Learning and Data Science: http://wimlds.org/; Digital Rights Foundation: https://digitalrightsfoundation.pk/ (3. 7. 2022) in: Das feministische Blatt 4/2021: Schwerpunkt Künstliche Intelligenz, S. 13.

154 Anders Günther (1956): Die Antiquiertheit des Menschen. Band I: Über die Seele im Zeitalter der zweiten industriellen Revolution. München; (1980): Die Antiquiertheit des Menschen. Band II: Über die Zerstörung des Lebens im Zeitalter der dritten industriellen Revolution. München.

155 Anders 1956, S. 15–20.

sich auf die parallel dazu einsetzende Produktion der Bedürfnisse, denn erst die Konsumakte – unabhängig davon, ob ein Produkt benötigt wird oder nicht – sorgen dafür, dass die Produktion in Gang bleibt. Die dritte industrielle Revolution versetzt die Menschheit erstmals in die Lage, ihren eigenen Untergang zu produzieren. Anders formuliert diese radikale These vor dem Hintergrund der Atombombe, gegen deren Existenz und Einsatz er sich zeitlebens engagiert hat. Sie hat für ihn eine metaphysische Natur. Angesichts der Vernichtungsgefahr eröffnet die Kernkraft eine letzte Phase in der Menschheitsgeschichte, eine »Frist, die niemals aufhören kann – es sei denn durch das Ende selbst.« Diese Situation erlaubt kein Entkommen und ob es der Menschheit gelingen kann, diese Revolution zu revolutionieren, beantwortet Anders skeptisch. Seine Schriften sollen diesen Bruch und seine Folgen zumindest fassbar machen.

Anders Analyse ist messerscharf und illusionslos. Sie ist weit über die Kernwaffenkritik auf die kapitalistische Produktionsweise anwendbar und schließt das Fortschritts- und Technikverständnis des industrialistischen Sozialismus mit ein. Er sieht die Menschen in einem Gerätesystem gefangen, das weniger Mittel zum Zweck ist als eine Vorentscheidung, die alles Weitere determiniert. Die Antiquiertheit des Menschen ergibt sich aus der »Unfähigkeit, seelisch ›*up to date*‹, auf dem Laufenden unserer Produktion zu bleiben«.[156] Die unbeschränkte prometheische Freiheit (eine Anspielung auf den griechischen Gott Prometheus, den Vorausdenkenden, dem Fortschritt und die Herrschaft des Menschen über die Natur zugeschrieben wird) macht uns zum »Nachzügler dessen, was wir selbst projektiert und programmiert haben«, sprich: die Menschen können mit den Produkten, mit denen sie ihre Welt ausgestattet haben, nicht mehr Schritt halten, es entsteht ein »prometheisches Gefälle«. Um dies sichtbar zu machen, bedient sich Anders der Übertreibung – für Anders eine umso legitimere Methode, als »die faktische Tendenz des Zeitalters ja dahin geht, die Metamorphose durch übertriebene Mittel zu forcieren, zum Beispiel mit dem Mittel des ›Human Engineering‹«. Damit gibt uns Anders entscheidende Begriffe in die Hand, die zum Verständnis späterer technischer Entwicklungen, die er grundsätzlich der dritten industriellen Revolution subsumiert, nützlich sind. Zwei Übergangstendenzen zeugen von besonderer

156 Anders 1956, S. 16–19.

Vorhersagefähigkeit, erstens der Übergang vom *homo faber* zum *homo creator* und zweitens die Verwandlung des Menschen in Rohstoff, *homo materia*.[157]

Homo creator bezieht sich auf den Eingriff in die Natur, der nicht nur neue Varianten von Pflanzen und Tieren schafft, sondern – etwa durch die Herstellung von Plutonium aus Uran 238 – auch Elemente oder Verbindungen mit bisher ungekannten Eigenschaften. Der Mensch erlangt damit Gott-gleiche Züge, eine Metapher, die den israelischen Historiker Yuval Harari (geb. 1976) 70 Jahre später zu seinem Buch »Homo deus« inspiriert hat.[158] Die Verwandlung des Menschen in Rohstoff assoziiert Anders – weit mehr als ältere Formen von Sklaverei und Zwangsarbeit sowie die Verwertung der Körper in Vernichtungslagern – besonders in der Herstellung von Duplikaten und neuen Speziestypen mit wünschenswerten Eigenschaften durch Gen-Manipulation. Dabei könnte es nicht nur zur Verwandlung, sondern auch zur Vernichtung des Menschen durch seine eigenen Produkte kommen.

Anders hat sich in seinen Werken auch der literarischen Fiktion bedient, insbesondere in seinem Lebensroman »Die molussische Katakombe«,[159] in der er sich mit dem Nationalsozialismus auseinandersetzt. In der »Antiquiertheit des Menschen« verweist er immer wieder auf das Reich Molussien, eine dystopische Endzeitvision, in der ein technokratisches Regime die Menschen bereits aus der Arbeitswelt und der gesellschaftlichen Mitbestimmung verdrängt und auf sinnloses Herumvegetieren reduziert hat. Wie in anderen dystopischen Szenarios gibt es jedoch auch in diesem Fall Gegenbewegungen, etwa in Form von »Muße-Niederlegungen« des »nicht zur Arbeit zugelassenen Proletariats gegen seine ›Zwangsfreiheit‹«.[160] Ein Zeichen, dass auch Anders entgegen seiner Prognose das Prinzip Hoffnung nicht vollständig aus seinem Denken verbannt hat.

Zahlreiche andere PhilosophInnen und SozialwissenschaftlerInnen greifen den technologischen Machbarkeitswahn unserer Gesellschaft am Übergang vom industriellen zum kybernetischen Prinzip kritisch auf, so etwa die US-Amerikanerin Naomi Klein mit ihrem Bestseller »Schock-Kapitalismus«[161]

157 Anders 1980, S. 21–25.

158 Harari 2017.

159 Anders Günther (2012²): Die molussische Katakombe. Roman. Mit Apokryphen und Dokumenten aus dem Nachlass. Hg. Oberschlick Gerhard. München. Verfilmt von Nicolas Rey: Anders, Molussien 2011.

160 Anders 1980, S. 29.

161 Klein Naomi (2007): Die Schock-Strategie: Der Aufstieg des Katastrophen-Kapitalismus. Frankfurt/ Main.

oder der aus Weißrussland stammende Evgeny Morozov, der den Begriff des *Technological solutionism* zum Dreh- und Angelpunkt seiner Kritik an Technikdiktat, Wachstum und Konsumzwang macht.[162]

Ökofeministische Kritik wurde bereits bei den feministischen Debatten um den Fortschrittsglauben angesprochen.

Eine zweite Schiene von radikaler Kritik an der Schwelle zu einem transhumanen Maschinensystem kommt von WissenschaftlerInnen aus dem Kreis der Kybernetik selbst. Der Zukunfts- und Friedensforscher Robert Jungk (1913–1994) macht uns in seinem vielfach aufgelegten Buch »Die Zukunft hat schon begonnen« etwa mit John von Neumann (1903–1957) bekannt.[163] Dieser nahm als Mathematiker am *Institute of Advanced Study* an der Princeton Universität an den *Macy*-Konferenzen teil, die zwischen 1946 und 1953 an der Josiah Macy Jr. Foundation in den USA stattfanden und die Pioniere der Systemtheorie, Kybernetik und Kognitionswissenschaften wie Norbert Wiener, Heinz von Foerster (1911–2002), Paul Lazersfeld (1901–1976), Waren McCulloch (1998–1969) u. a. versammelten. Als einzige Frau unter den regelmäßigen Teilnehmern sticht Margaret Mead (1901–1978) heraus.[164]

Einige Teilnehmer reflektieren ihre anfängliche Begeisterung später durchaus selbstkritisch, wie Robert Jungk festhielt: »Wir haben mit den Mächtigen paktiert und uns von ihnen für ihre Ziele einspannen lassen«, äußerte der Mathematiker John von Neumann (1903–1957) und wandte sich gegen die Anmaßungen der angewandten Wissenschaft, »denn die Technik, die Atomindustrie, die in die Natur eingreifende Biologie, die menschensortierende und praktische Psychologie haben den Weg der Wahrheit verlassen und sich zu Instrumenten der Versklavung machen lassen. Indem sie der Unmenschlichkeit Vorschub leisten, gefährden sie die Quelle jeden möglichen wirklichen Fortschritts: die furchtlos fühlende und denkende Persönlichkeit.«[165]

162 Morozov Evgeny (2013): Smarte neue Welt. Digitale Technik und die Freiheit des Menschen. München.

163 Jungk Robert (2016): Die Zukunft hat schon begonnen. Amerikas Allmacht und Ohnmacht. Stuttgart.

164 Umpleby Stuart A. (2008): A Short History of Cybernetics in the United States, in: Österreichische Zeitschrift für Geschichtswissenschaften 19, 4, S. 28–40. Vgl. Auch Heylighen Joslyn (2001^3): Cybernetics and Second-Order Cybernetics, in: Meyers R. A. Hg.: Encyclopedia of Physical Science and Technology, New York, S. 2. Vgl. die Webseite der American Society for Cyberetics: https://asc-cybernetics.org/foundations/history/MacySummary.htm (3.7.2022).

165 John von Neumann, zit. in Jungk 2016.

Auch der Biochemiker und Genforscher Erwin Chargaff (1905–2002) wurde zum Wissenschaftskritiker. »Der Fluch der Machbarkeit und der Fluch der Verwendbarkeit haben sich beide als pseudoreligiöse Dogmen konstituiert. Nichts hat unsere Welt so vergiftet – auch im wörtlichen Sinn – wie diese Unheilbotschaften.« Als Gentechniker begannen, die DNA neu zu rekombinieren, schreibt Maria Wölflingseder in ihrer Kurzbiographie, stieg Chargaff aus seinem Forschungszweig aus und warnte vor der zunehmenden »genetischen Bastelsucht«. Seine dringendste Warnung galt einer »Schrecken erregenden Unwiderruflichkeit«.[166]

Mit der Entwicklung von Datenverarbeitung und Computern, Systemtheorie, Reflexivität und Selbststeuerung von Maschinen ging eine ethische Reflexion einher, die auch als *roboethics* oder *cyberethics* bezeichnet wird. Die einzelnen Etappen in der Ausformung und Anwendung von Kybernetik und Künstlicher Intelligenz korrespondierten mit bestimmten ethischen Fragestellungen bzw. forschungs- und handlungsleitenden Grundsätzen.

In der Geschichte der Kybernetik können drei Phasen ausgemacht werden: In der ersten Phase, die sich mit den Macy-Konferenzen 1946–1953 deckt, stand der Mensch als Beobachter außerhalb der beobachteten Systeme. Mit der Kybernetik zweiter Ordnung der 1960er- und 1970er Jahre wurde der Mensch als Teil des Systems begriffen. Seit den 1980er Jahren trat ein drittes Kybernetik-Verständnis dazu, das nicht primär technisch, sondern von Sozial-, Verhaltens- und Kulturwissenschaften bestimmt ist und nach den Möglichkeiten der kontrollierten Interaktion in komplexen, sogenannten super-intelligenten Systemen fragt.[167] Diese drei Perspektiven, kybernetische Systeme zu ordnen, entsprechen einem anderen Ordnungsprinzip als die Phasen, die das Team um Grinin und Korotayev zur Periodisierung der Kybernetischen Revolution aufgestellt haben.[168]

In Übereinstimmung mit dem Wandel des Kybernetik-Verständnisses wurden ethische Fragen aufgeworfen. Einen ersten ethischen Rahmen für den

166 Zitate aus: Wölflingseder Maria (2022): Erwin Chargaff. Wo bleibt der heilige Zorn?, *Wiener Zeitung*, 12.6.2022: https://www.wienerzeitung.at/nachrichten/reflexionen/vermessungen/2150199-Wo-bleibt-der-heilige-Zorn.html (29.6.2022)

167 Umpleby 2008, S. 28–40.

168 Die Kybernetik erster und zweiter Ordnung entspricht in etwa der Initialphase der Kybernetischen Revolution (1955–1995); die Kybernetik dritter und späterer Ordnungen setzt mit der mittleren Phase des Grinin-Korotayev-Schemas (ab 1995) ein.

Einsatz von Robotern stellte der russisch-amerikanische Biochemiker Isaac Asimov (1920–1992) mit seinen drei Robotergesetzen auf:[169]

1. Ein Roboter darf kein menschliches Wesen verletzen oder durch Untätigkeit zulassen, dass einem menschlichen Wesen Schaden zugefügt wird.
2. Ein Roboter muss den ihm von einem Menschen gegebenen Befehlen gehorchen – es sei denn, ein solcher Befehl würde mit Regel eins kollidieren.
3. Ein Roboter muss seine Existenz beschützen, solange dieser Schutz nicht mit Regel eins oder zwei kollidiert.

Asimov stellte diese Regeln in seiner Kurzgeschichte »*Runaround*«, erschienen 1942 im Science Fiction-Magazin *Astounding*, als »Grundregeln des Roboterdienstes« zu einem Zeitpunkt auf, als in der Praxis noch keine Roboter existierten. Sie stehen auch im Zentrum der in seinem Buch »Ich, der Robot«[170] (1950) gesammelten *Science-Fiction*-Erzählungen sowie einer ganzen Reihe von Romanen, die um Roboter kreisen. Diese, ohne Anwendungspraxis entwickelte Form gilt als Urform der Cyber-Ethik. Es ist bezeichnend, dass sich Asimov ebenso wie viele andere Wissenschaftler dafür der *Science Fiction* bediente.

In dem Maße, wie die Erkenntnisse der Kybernetik zur praktischen Anwendung kamen, wurden die ethischen Überlegungen verfeinert. Ein ethisches Regulator-Theorem sollte gewährleisten, dass die technischen Möglichkeiten der Regelung und Effizienzsteigerung den ethischen Ansprüchen nicht zuwiderliefen.[171] Dabei passten sich die ethischen Grundsätze den erweiterten technischen Möglichkeiten an und illustrieren Anders' These vom Zurückbleiben der menschlichen Seele gegenüber den von ihm selbst geschaffenen Geräten und Produkten. Dies zeigt sich zum Beispiel in den oben erwähnten Robotergesetzen von Asimov. Der Begriff Mensch wurde durch »Menschheit« ersetzt und damit der Maschine prinzipiell gestattet, das Leben eines

169 https://de.wikipedia.org/wiki/Robotergesetze (3. 4. 2022); siehe: Asimov Isaac (1986): Robots and Empire, (dt: Das galaktische Imperium); vgl. auch Müller Vincent C. (2021): History of Digital Ethics, in: Véliz Carissa Hg.: Oxford Handbook of Digital Ethics. Oxford: S. 1–18: https://philpapers.org/archive/MLLHOD.pdf (22. 7. 2022); Nyholm Sven (2021): Ethics of Artificial Intelligence«. Utrecht.

170 Asimov Isaac (1952): Ich, der Robot. Düsseldorf.

171 Ashby Mick (2020): Ethical Regulators and Super-Ethical Systems, in: Systems 8, 4, American Society for Cybernetics, Washington: https://www.mdpi.com/2079-8954/8/4/53/htm (22. 7. 2022)

Menschen dem Wohl der Menschheit zu opfern – ein ethisches Dilemma, das mit dem Aufkommen von selbstfahrenden Geräten und Geschoßen immer virulenter wird.

Der Pionier der Kybernetik, Norbert Wiener (1894–1964), war sich als Philosoph der missbräuchlichen Anwendung selbststeuernder Systeme stets bewusst. In seinem populärwissenschaftlichen Werk »Mensch und Menschmaschine – Kybernetik und Gesellschaft« (1952) schrieb er: »Denken wir daran, dass die automatische Maschine, was auch immer wir von Gefühlen halten, die sie haben oder nicht haben kann, das genaue wirtschaftliche Äquivalent der Sklavenarbeit ist. Jede Arbeit, die mit Sklavenarbeit konkurriert, muss die wirtschaftlichen Bedingungen der Sklavenarbeit akzeptieren.«[172] In seinem Spätwerk »*God & Golem*« (1964) warnte er vor den unerwünschten Folgen der Menschmaschinen.[173]

In der Zwischenzeit haben die superintelligenten Systeme der dritten und vierten Ordnung superethische Systeme, oder *cyberethics* hervorgebracht.[174] Die Geister der Verselbstständigung der maschinellen Logik, die man in den Anfängen noch einzudämmen trachtete, sind der menschlichen Kontrolle längst entglitten. Um nicht als Maschinenstürmer oder Technikfeinde diffamiert zu werden und im Anders'schen Sinne als gänzlich »antiquiert« dazustehen, passen sich viele EthikerInnen schrittweise der Technik und ihren Versprechungen an, sprich: sie hinken der unbeschränkten prometheischen Freiheit hinterher. Die imaginäre Kybernetik der Kulturwissenschaften setzt sich mit der »Transformation des Humanen« zunehmend wertneutral auseinander und macht vor keinem Tabu halt; sei es die Begegnung mit Avataren, der Verschmelzung von Gehirn und Computer oder der Verwaltung von Menschen durch standardisierte Programme öffentlicher und privater Körperschaften, wie die Herausgeber des Bandes »Transformation des Humanen«, Michael Hagner (geb. 1960) und Erich Hörl (geb. 1967) vorexerzieren.[175]

Fundamentale Kritik ist nicht auf Wissenschaft und Literatur beschränkt. Fortschrittsglaube, immer effektivere Verdatung, Kommodifizierung,

172 Wiener Norbert (1952): Mensch und Menschmaschine – Kybernetik und Gesellschaft. Frankfurt/Main.

173 Wiener Norbert (1965): God & Golem Inc. Düsseldorf.

174 Ashby 2020.

175 Hagner/Hörl 2008, S. 11.

Sicherheits- und Kontrollwahn, totale Vorhersagbarkeit … macht vielen Angst und lässt mannigfaltige soziale Bewegungen entstehen, die sich meist an einem besonders herausragenden Einzelereignis, einem Missstand oder einer Zumutung, die rote Linien überschreitet, formieren. Im Vergleich mit anderen Missständen kann der Anlass ein scheinbar geringfügiges Problem betreffen, ob dies Preiserhöhungen für Nahrungsmittel, Energie oder Treibstoff, Impfnachweise bei der Benützung öffentlicher Verkehrsmittel, beim Zutritt zu Banken oder Geschäften sind. In dem Maße, wie der Funke überspringt, kann sich ein spontaner Protest mit multiplen Problemlagen und krisenhaften Zuspitzungen gesellschaftlicher Konflikte verbinden.

Die theoretischen Debatten über Epochen und Zyklen sind sozialen AktivistInnen meist fremd, sie schöpfen ihre Kraft aus der Empörung, laufen allerdings auch Gefahr, vereinnahmt, befriedet oder marginalisiert zu werden.

Zum Abschluss dieses Kapitels sollen die schillernden und – was die jeweiligen Zukunftskonzepte anlangt – mit allerlei Unwägbarkeiten verbundenen Evolutionszyklen mit den zeitlich überschaubaren und sachlich eingrenzbaren Kondratieff-Wellen verbunden werden, die auf überprüfbaren Daten der wirtschaftlichen Entwicklung beruhen. Dabei geht es um die Verbindung des zyklischen mit dem strukturellen Zeitbegriff Fernand Braudels.

Evolutionszeitalter und Kondratieff-Zyklen

Während manche Beobachter, wie oben erwähnt, Konjunkturzyklen als prägendes Prinzip der Menschheitsgeschichte betrachten, bezieht sich das auf Kondratieff zurückgehende Zyklenmodell auf das Industriezeitalter. Genau genommen auf jene Phase innerhalb des industriellen Produktionsprinzips, die durch die Zentralisierung und Mechanisierung der Produktion in Fabriken gekennzeichnet war, also die Zeit seit der zweiten Hälfte des 18. Jahrhunderts, seit der Kondratieff-Zyklen nachweisbar sind. Nach Ende des 3. Kondratieff-Zyklus zeichnete sich in den 1950er Jahren der Übergang vom industriellen auf das kybernetische Produktionsprinzip ab, sodass sich der 4. und 5. Kondratieff-Zyklus in Übereinstimmung mit dessen Entfaltung vollzog. Alles deutet darauf, dass der bevorstehende Anbruch eines 6. Kondratieff-Zyklus aufs engste mit der Durchbruchphase der Kybernetischen Revolution als Ära der sich selbst regulierenden Systeme mit einem neuen Mensch-Maschinen-Nexus verknüpft sein wird.[176] Ob es, wenn diese Prognosen zutreffen, nach der vollen Entfaltung des kybernetischen Prinzips weiterhin Kondratieff-Zyklen nach dem Muster ihres »Erfinders« geben kann, wird sich erst später weisen.

Bevor wir auf diese eingehen, sei ein Blick auf den Moment geworfen, an dem lange Wellen der Konjunktur innerhalb des industriellen Produktionsprinzips identifizierbar wurden. Das 16. und 17. Jahrhundert, als maritime Expeditionen, Exportgewerbeproduktion und überregionaler Handel sowohl von asiatischer als auch von europäischer Seite der Kommerzialisierung jenen Anstoß versetzten, der das industrielle Prinzip hervorbrachte, wiesen noch keine Anzeichen von Konjunkturzyklen im Sinne von Kondratieff auf. Diese begannen erst in jener Phase einzusetzen, als neue Techniken, Energie- und Antriebssysteme die gewerbliche Produktion erfassten und die dadurch ermöglichte Produktivität das Gewerbe weltweit unter Anpassungsdruck setzte. Ab den 1730ern breitete sich die Mechanisierung, ausgehend vom Bergbau und Textilsektor in Großbritannien, in weitere Regionen und Sektoren aus und erreichte ab den 1830ern den vollen Durchbruch als industrielles Produktionsprinzip, das bis in die zweite Hälfte des 20. Jahrhundert bestimmend blieb.

Eine genaue Einpassung der drei Kondratieff-Zyklen mit ihrer Abfolge von Prosperität, Rezession, Depression und Erholung in die Entfaltungsrhythmen des industriellen Produktionsprinzips würde den Rahmen dieses Buches sprengen, wenn sie nicht ohnehin an den regionalen Unterschieden scheitern muss, die kein exaktes Schema erlauben. Zusammenfassend lässt sich trotzdem feststellen, dass mit dem 3. Kondratieff-Zyklus (1898–1945) das industrielle Prinzip zwar nicht endete, mit der Computer-unterstützten Datenverarbeitung jedoch ein neues Prinzip im Entstehen begriffen war, das sich im Zuge der Kybernetischen Revolution ab den 1950er Jahren Bahn bricht. Die folgenden Kondratieff-Zyklen, die durch Wiederaufbau und Automobilismus (K4) sowie die Kommunikations- und Informationsindustrien (K5) angetrieben waren, fügten sich also in den Rahmen der wissenschaftlich-kybernetischen Revolution ein.

Die Initialphase der Kybernetischen Revolution, die auch als wissenschaftlich-technische Revolution begriffen wird, fiel in die Jahre 1950 bis 1990. Sie stimmte zeitlich weitgehend mit dem 4. Kondratieff-Zyklus (1945–1990)

176 Grinin/Grinin 2016, S. 39f, 166f.

überein. Computertechnologie, Informationsverarbeitung und Datenverknüpfung erlebten wichtige Durchbrüche, auch wenn sie für die Welt der industriellen Produktion und des tertiären Sektors noch kaum bedeutsam waren; diese funktionierten weiterhin nach dem industriellen Produktionsprinzip, das mit der Automation eine neue Ausprägung erfuhr. Erst die Zwischenphase der Kybernetischen Revolution, die in den 1990er Jahren einsetzte und bis heute anhält, brachte die Errungenschaften der Informationstechnologie in die Produktionshallen, die Kommunikation und in die Verwaltung. Das kybernetische Prinzip drang in immer mehr Sektoren ein, es erfasste den Medizin- und Biotech-Sektor und war auch für die Logistik der globalen Güterketten bedeutsam, die mit Verlagerung arbeitsintensiver Sektoren und Koordination der *Just-in-time*-Produktion neue Anforderung an die IT mit sich brachte. Diese Phase der Kybernetischen Revolution entspricht zeitlich weitgehend dem 5. Kondratieff-Zyklus (1990ff). ZukunftsforscherInnen prognostizieren den Übergang in die Endphase der Kybernetischen Revolution, mit einem Schub in der Durchsetzung selbst regulierender Systeme um 2025/30, und dies würde auch mit dem Übergang vom 5. auf den 6. Kondratieff-Zyklus zusammenpassen.[177] Folgen wir Grinin, Grinin und Korotayev weiter in ihren Prognosen, würde die Endphase der Kybernetischen Revolution, die den selbst regulierenden Systemen zum Durchbruch verhilft (2030–2070), mit dem 6. Kondratieff-Zyklus übereinstimmen, in dem Pharma-, Medizin- und Biotechnik aller Wahrscheinlichkeit nach die Leitbranchen darstellen werden. Dieser Gleichklang, so die Überlegung des russischen Forscherteams, würde aufgrund des Anschubs durch die Kybernetik sogar eine Verstärkung der Prosperitätsphase des 6. Kondratieff-Zyklus mit sich bringen.[178]

In der zweiten Hälfte des 21. Jahrhunderts rechnen die Zukunftsforscher damit, dass die Kybernetische Revolution vollendet sein und als Produktionsprinzip die gesamte Gesellschaft erfasst haben wird. Das heißt, dass alle Sektoren und Lebensbereiche davon betroffen sind und der menschliche Organismus und die biologische Natur des Menschen sich der systemischen Selbststeuerung angepasst haben.[179] Das russische Forscherteam ist davon überzeugt, dass sich die Konjunkturzyklen, die im Zusammenhang mit der

177 Grinin/Grinin 2014, S. 372f.
178 Grinin/Grinin 2016, S. 171.
179 Grinin/Grinin 2016, S. 40.

Industriellen Revolution auftraten, in den kybernetischen Rahmen einpassen. Sie gehen allerdings einen Schritt weiter und halten es für möglich, dass die Expansions- und Kontraktionsphasen der Konjunktur à la Kondratieff und Schumpeter mit Vollendung des kybernetischen Prinzips eine Abschwächung erfahren könnten, bis hin zu einem weitgehenden Erlahmen oder Verschwinden der konjunkturellen Zyklen, wie wir sie kennen.[180]

An diesem Punkt ist die sowjet-marxistische Sozialisation der Forscher erkennbar. Auch wenn ihre Analyse keinerlei Sympathien mit einer kommunistischen Gesellschaft erkennen lässt, bleiben sie insofern einem deterministischen historischen Materialismus treu, als sie zukünftige Entwicklungen der Produktionsweise zwangsläufig aus den Widersprüchen zwischen Produktivkräften und Produktionsverhältnissen erklären[181] und die Erkenntnisse aus diesen Mechanismen auch in der Prognose einsetzen. Dies muss nicht unbedingt so eintreffen wie im Szenario, wird aber doch als objektiver Gang der Geschichte betrachtet, in dem subjektive Faktoren, aber auch soziale Bewegungen, eine untergeordnete Rolle spielen. Dennoch weist die Vision eine klare gesellschaftsverändernde, auf soziale Inklusion und den Abbau von Ungleichheit zielende Dimension auf. Denn nach Grinin, Grinin und Korotayev wird sich das kybernetische Prinzip überhaupt nur voll entfalten können, wenn sich die politische Verfasstheit des Weltsystems der ökonomischen Globalisierung anpasst. Was das konkret impliziert, wird nicht genau ausgeführt, weist aber auf die Notwendigkeit einer globalen politischen Struktur hin, die allen Weltregionen bzw. Staaten dieser Welt Mitwirkung an der Entscheidungsfindung einräumt und ihre BürgerInnen in gleicher Weise am globalen Sozialprodukt teilhaben lässt.[182] Dass der Weg zu einer globalen Integration im Weltsystem zu großen Verteilungskämpfen innerhalb und zwischen Staaten bzw. Bündnisblöcken führen wird, wird klar benannt. Insofern wird dem politischen Aktionismus doch eine entscheidende Rolle zur Vollendung der Kybernetischen Revolution eingeräumt. Ist diese jedoch einmal abgeschlossen und schließe die gesamte Weltbevölkerung in die neue Stufe der menschlichen Existenz ein, werde der Wirkungsmechanismus zwischen These – Antithese – Synthese abgeschwächt. Mit derartigen Prognosen haben

180 Grinin/Grinin 2016, S. 172; Grinin/Grinin/Korotayev 2017, S. 136.
181 Vgl. Marx Karl (1859): Zur Kritik der politischen Ökonomie, in: MEW Bd. 13. Berlin 1961, S. 3–160.
182 Grinin/Grinin/Korotayev 2017, S. 125.

sich schon zahlreiche BeobachterInnen des Weltgeschehens auf unsicheres Terrain begeben, das Aufbrechen neuer Konfliktlinien unterschätzt und ihren Wünschen und Hoffnungen voluntaristischen Lauf gelassen.

Das russische Forscherteam ist mit seinen cyberoptimistischen Projektionen einer Weltgesellschaft, die auf der Basis der kybernetischen Potenziale ein harmonisches, inklusives, gegenseitig nutzbringendes Miteinander der Menschheit hervorbringen wird, nicht alleine. Im Gegensatz zu den Rettungsversprechen der globalen Wirtschaftseliten und ihrer *Think Tanks* durch eine datengetriebene *Stakeholder-Governance* der Weltwirtschaft, in der es keine Interessensgegensätze mehr gibt,[183] oder der kulturphilosophischen Verbrämung des chinesischen Anspruchs auf Führung durch »Harmonie«[184] prognostizieren sie keinen automatischen Übergang, sondern sehen das aus den technischen Möglichkeiten erwachsende Konfliktpotenzial um Verteilungsgerechtigkeit als unumgängliche Etappe auf dem Weg zum Ziel.

Eine andere Argumentationslinie stellt nicht den evolutionären Weg in den Vordergrund, sondern ist von einem unvermeidlichen Systembruch überzeugt. Immanuel Wallerstein als prominenter Vertreter dieser Sichtweise wurde bereits vorgestellt.[185] Er sah die Ressourcen des kapitalistischen Weltsystems mit der Weltwirtschaftskrise der 1970er Jahre als zu erschöpft an, um soziale und regionale Konflikte zu befrieden und eine zyklische Erneuerung der Konjunktur zu ermöglichen. Für ihn und andere ist der globale Kapitalismus daher an seinem historischen Ende angekommen. Die Kybernetische Revolution war für Wallerstein zwar kein explizites Thema, seine Schriften lassen jedoch keine Hoffnung auf eine Überwindung der Zuspitzung der Akkumulations- und Vertrauenskrise durch neue Technologien wie Digitalisierung, Künstliche Intelligenz, Robotik und ein neues Mensch-Maschinen-Verhältnis aufkommen. Er prognostizierte vielmehr eine menschheitsgeschichtliche Weichenstellung. Einmal an das Ende der Erneuerungsfähigkeit gelangt und dabei durch mannigfaltige Krisen gelähmt, sah Wallerstein bereits seit der vergangenen Jahrhundertwende keine Chance, das kapitalistische Weltsystem zu retten. Als pessimistisches Szenario hielt er den Übergang auf einen chaotischen

183 Z. B. Schwab 2016; Schwab/Mallereth (2020): Covid-19: Der große Umbruch. Genf; Thurner 2021 u. a.

184 Z. B. Zhao Tingyang (2020): Alles unter dem Himmel. Vergangenheit und Zukunft der Weltordnung. Frankfurt/Main.

185 Wallerstein 2002, 2014.

Autoritarismus für möglich, verbunden mit dem Zerfall staatlicher Souveränität, in dem rivalisierende Eliten nicht durch Kapitalakkumulation Profite erzielen, sondern sich das Mehrprodukt aufgrund politischer oder militärischer Macht aneignen. Ohne diese Schreckensvision näher auszuführen, stellte Wallerstein ihr ein optimistisches Szenario gegenüber: das Entstehen einer sozial gerechten Gesellschaft mit politischer Mitbestimmung im überschaubaren politischen Rahmen bei gleichzeitiger Existenz internationaler Mechanismen der Regulierung, Umverteilung und der Solidarität.

All diese Überlegungen wurden zu einem Zeitpunkt angestellt, als das Sars-Cov-2-Virus noch nicht entdeckt war und die mit der Eindämmung von Covid-19 gerechtfertigten Maßnahmen noch als waghalsige Übertreibungen – im unterdessen vorherrschenden Mainstream-Sprech als Verschwörungstheorien – bezeichnet worden wären. Bemerkenswert ist jedoch, dass führende Prognostiker von den Planspielen, die zur internationalen Koordination von Seuchenbekämpfung seit Anfang der 2000er Jahre regelmäßig durchgeführt werden, so gut wie keine Notiz nahmen. Heute haben wir mehr als zweieinhalb Jahre Corona-Pandemie, Lockdowns und biopolitische Registrierung und Mobilitätskontrolle hinter uns. Wie lässt sich die Zukunft vor diesem Hintergrund einschätzen?

ABSCHNITT 2: DER CORONA-MOMENT IM HISTORISCHEN PROZESS

Wie positioniert sich der Corona-Moment in der Abfolge der Zyklen? Stellen die dadurch ausgelösten Lockdown- und Überwachungsmaßnahmen eine Blockade für Wachstum und Verwertung dar, leiten sie ein postkapitalistisches Zeitalter ein oder dienen sie als Anschub für eine Erneuerung des Kapitalismus? Lassen wir die Äußerungen führender Manager, Wirtschaftswissenschaftler und Politiker Revue passieren, gibt es keinen Zweifel: Die Krise ist eine Chance. Die Frage bleibt: für wen?

> »In den beiden ersten beiden Covid-Monaten hat sich die Cloud von Microsoft weltweit versiebenfacht. (…) Wenn es nicht so tragische Auswirkungen auf die Menschen hätte, müsste man Corona fast dankbar sein. Es wurden Dinge möglich, die undenkbar waren, wie Homeoffice, das für 95 Prozent der Unternehmen ein totales Exotentum war. Aus der Not heraus hat man aber vieles ausprobiert.«

(Microsoft Österreich-Chef Hermann Erlach in:
Wiener Zeitung vom 24./25. 7. 2021)

> »Nichts wird jemals so sein wie zuvor. Die Normalität in dem Sinne, wie wir sie kannten, ist zu Bruch gegangen und die Coronavirus-Pandemie stellt einen grundlegenden Wendepunkt auf unserem globalen Kurs dar. Einige Analysten sprechen von einem Scheideweg, andere von einer tiefen Krise ›biblischen‹ Ausmaßes, das Ergebnis ist jedoch gleich: Die Welt, wie wir sie bis zu den ersten Monaten des Jahres 2020 kannten, gibt es nicht mehr, sie hat sich im Kontext der Pandemie aufgelöst. Es kommen derart radikale Veränderungen auf uns zu, dass manchen Experten bereits von der Zeit ›vor Corona‹ (BC) und ›nach Corona‹ (AC) sprechen.«

(Klaus Schwab, in:
Covid-19: Der große Umbruch, 2020, S. 12)

»Diese Krise wird nicht nur ein kurzer Schock sein. Wir machen quasi einen Zeitsprung. Und jene, die glauben, dass man wieder dorthin zurück kann, wo wir vor Ausbruch der Pandemie waren, täuschen sich.«

(Hennig Vöpel, Deutsches Wirtschaftsforschungsinstitut, in: *Die Presse* vom 16.10.2020)

»Wir sehen, dass die Digitalisierung für die Wirtschaft wie ein Impfstoff wirkt.«

(Margarete Schramböck, österreichische Ministerin für Digitalisierung und Wirtschaftsstandort, auf einem vom US-Konzern Google in Wien veranstalteten Zukunftsgespräch, in: *Die Presse*, 30.9.2020)

Szenario, Plan oder Gelegenheit

Corona wird als Katalysator, Schubkraft oder Beschleuniger bezeichnet, ein Gelegenheitsfenster, das sich im historischen Verlauf nur in Zeiten großer politischer Umbrüche und/oder systemischer Transformationsprozesse öffnet. Die Wahl der Bezeichnung ist nicht ohne tieferen Sinn. Ein geöffnetes Fenster suggeriert eine Entwicklung mit offenem Ausgang. Schubkraft oder Beschleunigung gehen davon aus, dass der Transformationsprozess bereits im Gange ist, möglicherweise stockt und nun durch die konzertierten Maßnahmen neuerlich an Fahrt aufnimmt. Katalysator hingegen fokussiert die Emergenz von etwas Neuem: Zwar werden Vorläufer aufgegriffen, nun aber stellt ein neuer Einflussfaktor die Weichen neu und leitet eine Zeitenwende ein. Der Corona-Moment kombiniert diese Faktoren: Im Gange befindliche Entwicklungen werden vorangetrieben, mannigfaltige Hindernisse auf dem Weg der Erneuerung aus dem Weg geräumt; und aus den Sachzwängen und Verkettungen von Lockdowns, Distanzregeln, Überwachung und biopolitischer Bewegungskontrolle entstehen Bedingungen, die sämtliche Lebensbereiche erfassen und alle Aktivitäten auf den neuen Modus der Kybernetik umstellen.

Viele BeobachterInnen fragen im Angesicht der Aufregung der Mächtigen über den Ausbruch von Corona nach der Planmäßigkeit der Neuerungen. Ironischerweise scheint es so: Je stärker ein Akteur in der Lage ist, auf die Richtung der Veränderungen Einfluss zu nehmen, desto weniger möchte er das als seinen Plan verstanden wissen. Es soll so aussehen, als ob es dazu ohnehin keine Alternative gäbe. Die Organisatoren und Mitwirkenden der Planspiele, die terroristische oder virologische Angriffe simulieren und Krisenstrategien und Krisenkoordination einüben, breiten darüber am liebsten einen Mantel des Schweigens aus und bezichtigen jene, die die Übungen publik machen und auf ihre Auswirkungen auf das Drehbuch der Corona-Maßnahmen befragen, der Verschwörungstheorie.

Niemand kann die Planspiele zum Umgang mit der Seuchengefahr leugnen, die von großen Stiftungen wie der *Rockefeller*, der *Sloan Foundation* oder der *Bill and Melinda Gates Foundation*, *Think Tanks*, Sicherheits-, IT- und Gesundheitsunternehmen sowie Regierungsvertretern der führenden Mächte auf Initiative US-amerikanischer Institutionen abgehalten wurden und werden. Paul Schreyer hat die entsprechenden Problemstellungen, die TeilnehmerInnen und Strategien in seinem Buch »Chronik einer angekündigten Krise« einer detaillierten Analyse unterzogen.[186] Bemerkenswert bei den Simulationen ist, dass dabei Viren, die von Terroristen als Biowaffen zur Destabilisierung der politischen Ordnung eingesetzt werden können, als zentrale Bedrohung angesehen werden. *Biosecurity* wird damit zum Bindeglied zwischen Biowaffen, Notstandsmanagement und der Entwicklung von Impfstoffen.

Es begann mit den Konferenzen des *Center for Civilian Biodefense Studies*, das auch in der Corona-Krise als *Johns Hopkins Center for Health Security* eine Führungsrolle übernehmen sollte. Die erste Großübung des Centers mit nahezu 1000 TeilnehmerInnen fand im Februar 1999 statt und fokussierte auf Pockenviren, gefolgt von einer Konferenz im November 2000, als ein Pest-Angriff zur Aufgabenstellung wurde. Es ging um Katastrophenhilfe, Isolierung von Infizierten, Medikamenten- und Impfstoffverteilung, die Frage der Ausweitung staatlicher Durchgriffsrechte bei der Eindämmung von Panik und Protesten, Ausnahmegesetzgebung, mediale Kontrolle sowie internationale Koordination. All das wurde von den Beteiligten besprochen und in simulierten Rollen getestet. Dabei bildete sich ein Netzwerk von *Biosecurity*-Experten heraus, das private und staatliche Institutionen, Pharmaunternehmen und Wissenschaft einschloss. Sämtliche fiktiven Vorkehrungen, die auch bei späteren Übungen,

186 Schreyer Paul (2020): Chronik einer angekündigten Krise. Wie ein Virus die Welt verändern konnte. Frankfurt/Main.

wie »*Dark Winter*« (Juni 2001), »*Global Mercury*« (September 2003), »*Atlantic Storm*« (Jänner 2005), eine Übung zur Verbesserung der Epidemie-Reaktion mit China (Mai 2012) und – nach einer längeren Pause – »*Clade X*« (Mai 2018) und »*Event 201*« (Oktober 2019) durchgespielt wurden, spiegeln sich in den Maßnahmen, die bei der Corona-Pandemie 2020 ff. realiter umgesetzt wurden. Auch die politischen Akteure, Institutionen, Konzerne und Großspender, die die Übungen finanziert, getragen und bespielt hatten, traten bei Corona wieder auf den Plan – nur dass es sich dabei um keine Simulation in US-Luxushotels handelte, sondern um ein Schauspiel, das weltweit aufgeführt wurde. Die Gelegenheit zur Einstimmung auf Corona bot die Jahreskonferenz des *World Economic Forum* vom 21.-24. Januar 2020 in Davos, just zu dem Zeitpunkt, als der Ursprungsort des Sars-Cov-2 Erregers, Wuhan, unter Quarantäne gestellt wurde. Der Zeitpunkt, zu dem fast 3000 einflussreiche VertreterInnen aus der IT- und Pharmabranche, Regierungen, internationalen Organisationen, Banken und Medien zusammenkamen, hätte nicht besser gewählt werden können.[187]

Dass die im Angesicht von Covid-19 in vielen Staaten ergriffenen Maßnahmen deshalb eine direkte Umsetzung der Proben in die Wirklichkeit seien, wie es Schreyer für möglich hält und viele Kritiker der Lockdown- und Überwachungsmaßnahmen für bare Münze nehmen, wäre ein voreiliger Schluss. Zwar ist es in der Tat verblüffend, wie sehr die Vorgangsweisen, die bei den Planspielen als Trockenübung durchexerziert wurden, dem Ablauf der Ereignisse seit März 2020 ähneln. Auch wenn sie keine Generalproben für das globale Schauspiel Lockdown darstellen, bereiten sie die staatlichen Akteure auf ihre Einsätze vor und etablieren Kommunikationskanäle zwischen Politik, Konzernen und Medien. Die Planspiele orientieren sich am Szenario-Denken, einer aus der kybernetischen Systemtheorie abgeleiteten Methode, zukünftige Entwicklungen zu simulieren. Dabei werden, ausgehend von aktuellen Befunden und Problemlagen, fiktive Varianten durch Kombination unterschiedlicher Parameter durchgespielt.[188] Eingeführt wurde diese Art der komplexen Zukunftsabwägung im aufkommenden Computer-Zeitalter der 1960er Jahre im US-Militär, sie gehört jedoch unterdessen zum Standardrepertoire der

187 Ebd., S. 121ff.
188 Schwarz Peter (2012): Planning for the Future in an Uncertain World. Hoboken.

Strategiefindung in vielen Bereichen. Szenario-Planung ist im Grunde ein nützliches Instrument, solange der Öffentlichkeit klar vor Augen geführt wird, dass es sich dabei um keine zwangsläufige Entwicklung, sondern um Planspiele handelt, die dazu beitragen sollen, Abläufe und ihre Konsequenzen sowie Vor- und Nachteile gewisser Maßnahmen abzuwägen.

Die Dramaturgie der Pandemie-Planspiele lässt allerdings leicht darauf vergessen, dass es hier um Möglichkeiten und Eventualitäten geht; vielmehr suggerieren sie Vorhersagbarkeit und präsentieren Handlungsmöglichkeiten als unumgängliche Notwendigkeiten. Dazu trägt auch die Besetzung der Rollen mit hochrangigen, internationalen VertreterInnen aus Politik, Wirtschaft und Zivilgesellschaft bei, die den Eindruck erwecken, es werde an einem Strang zur Rettung der Menschheit gezogen.

Die Planspiele schlugen sich in institutionalisierter Zusammenarbeit nieder, etwa in der *Global Health Security Initiative*, die von den Gesundheitsministern der G7-Staaten sowie Mexikos im Nachklang der 9/11-Anschläge von 2001 gebildet wurde.[189] Von der Verhinderung von Angriffen mit Biowaffen spannte sich der Bogen zu Impfstoffen und Regelungen für deren Ankauf.[190] Diese langfristigen Kontakte erklären den Gleichklang der Reaktionen und Maßnahmen gegen das Sars-Cov-2 Virus, dessen Verbreitung von der Weltgesundheitsorganisation (WHO) im März 2020 zur Pandemie erklärt wurde.

Dabei wurden die Kriterien, was der WHO als Pandemie gilt, in den letzten Jahren schärfer gefasst. Die klassische Definition von Pandemie besagt *»an epidemic occurring worldwide, or over a very wide area, crossing international boundaries and usually affecting a large number of people«*.[191] Die WHO bricht diese Definition auf 6 Phasen der Ausbreitung eines Virus herunter, wobei Phase 6 als Pandemie bezeichnet wird. In einem 2009 beschlossenen Leitfaden »Bereitschaftsplanung und Reaktion auf eine Grippepandemie« fasste sie die Kriterien weiter. Die vorletzte Alarmstufe 5 bezieht sich auf den »anhaltenden Ausbruch des Virus auf Gemeindeebene in zwei oder mehr Staaten oder in einer WHO-Region«. Die Alarmstufe 6 und damit der Pandemie-Status ist erreicht, wenn »noch ein Staat oder eine WHO-Region« dazu

189 Global Health Security Initiative: http://ghsi.ca/ (4.7.2022)

190 Schreyer 2020, S. 69.

191 Last John M. Hg. (2001^4): A dictionary of epidemiology. New York/Oxford.

kommt.[192] Es kann angenommen werden, dass die Schwelle zur Ausrufung des Pandemie-Falls gesenkt wurde, um die damit verbundenen Empfehlungen und Anordnungen der WHO rascher zur Anwendung zu bringen.

Wenn die Weltgesundheitsversammlung aus Regierungsvertretern und Sponsoren der WHO den Gesundheitsnotstand ausruft, verpflichtet dies alle Mitgliedsstaaten, die nicht ausdrücklich anders optiert haben, völkerrechtlich zur Befolgung der von der WHO im Pandemiefall angeordneten Maßnahmen. Dass die WHO dabei ein offenes Ohr für die Bedürfnisse der Pharmaindustrie hat, erklärt sich aus ihrer finanziellen Abhängigkeit.

Das war nicht immer so. Seit ihrer Gründung als UN-Sonderorganisation im Jahr 1946 bis in die 1980er Jahre erzielte sie, zu 80 Prozent aus Mitgliedsbeiträgen finanziert, beachtliche Erfolge beim Ausbau des öffentlichen Gesundheitswesens im Globalen Süden.[193] In den vergangenen Jahrzehnten geriet sie sukzessive in die Hände der Pharmaindustrie. Seit den 1990er Jahren stammen nur mehr 20 Prozent der Einnahmen aus Mitgliedsbeiträgen der Staaten. Der Rest wird von Pharmakonzernen, Sponsoren und Stiftungen beigestellt, die im Pharmasektor investiert sind. Die größten Geldgeber sind die Bill-und-Melinda-Gates-Stiftung und die Impfallianz GAVI, erst an dritter Stelle folgt mit Großbritannien der erste Staat.[194] Der *Public-Health*-Anspruch wurde gegenüber groß angelegten Impfkampagnen zurückgestellt. Um diese zu rechtfertigen, werden Pandemie-Gefahren in einem möglichst bedrohlichen Licht von *Worst-Case*-Szenarios gezeichnet, denen die Erweiterung der WHO-Pandemie-Definition entspricht. Die Empfehlungen für die nationalen Gesundheitspläne wurden den Interessen der Pharmakonzerne angepasst, während Basishygiene, Reservekapazitäten und die Aufrechterhaltung klinischer Infrastruktur in den Hintergrund traten.

Die WHO ist als zentraler Player in die Planspiele eingebunden, die von Regierungen, Stiftungen und Pharmakonzernen ausgerichtet werden. Sie kennt

192 WHO Guidance on Pandemic Influenza Preparedness and Response: https://apps.who.int/iris/bitstream/handle/10665/44123/9789241547680_eng.pdf?sequence=1&isAllowed=y (4.7.2022): »Virus Phase 5: The same identified virus has caused sustained community level outbreaks in two or more countries in one WHO region. Phase 6: In addition to the criteria defined in Phase 5, the same virus has caused sustained community level outbreaks in at least one other country in another WHO region.«

193 Roth Karl Heinz (2022): Blinde Passagiere. Die Corona-Krise und die Folgen. München, S. 52–55.

194 Kruchem Thomas: Die WHO am Bettelstab: Was gesund ist, bestimmt Bill Gates, SWR, 4.9.2020: https://www.swr.de/swr2/wissen/who-am-bettelstab-was-gesund-ist-bestimmt-bill-gates-100.html

deren Interessen, ist personell mit Politik und Pharmaindustrie verflochten und leitet daraus dementsprechende Handlungsanleitungen ab.

Die Katastrophensimulationen in Deutschland werden von Karl-Heinz Roth in seinem Buch »Blinde Passagiere« vorgestellt.[195] Im Rahmen der NATO wurden in den 1960er Jahren vor allem Atomkriegsszenarien durchgespielt. In den 1970er- und 1980er Jahren trat die Zivilverteidigung gegen Notstände in den Vordergrund. In den 1990ern wurde mit dem Bundesamt für Bevölkerungsschutz und Katastrophenhilfe in Deutschland eine Spitzenbehörde geschaffen, die die Vertreter von Bund und Ländern, der Exekutive, der Rettungsdienste und der Wirtschaft auf Krisenkonstellationen vorbereitete. 2004 etwa diente ein Stromausfall als Aufhänger, 2005 Anschläge und Bedrohungen im Zusammenhang mit einer Fußball-WM. 2007 ging es mit einer weltweiten Influenza-Epidemie erstmals um einen Pandemiefall. 2008 lag der Übung ein Sars-Virus-Ausbruch zugrunde. Roth kritisiert, dass in dem vom Robert Koch-Institut koordinierten Szenario eine umfassende Bedrohung quer durch sämtliche Bevölkerungsgruppen mit hoher Letalität, Massenandrang auf Intensivstationen und bis zu 7,5 Millionen Toten angenommen wurde.[196] Ein solcher *Worst Case* war extrem überzogen, und der Bedrohungslage folgten keine entsprechenden Konsequenzen, etwa bei der Bevorratung von Medikamenten- und Schutzausrüstung; auch am Abbau von Krankenhauskapazitäten wurde nicht gerüttelt.

Roth hält die von US-Seite angesetzten Planspiele für eine notwendige Vorbereitung auf Krisensituationen. Sie dienen nicht zuletzt dazu, Schwachstellen im Gesundheitssystem aufzuzeigen. Er kritisiert allerdings, dass ebenso wie in der Bundesrepublik die Warnrufe nicht gehört wurden und Vorsorgemaßnahmen unterblieben.[197]

Die Aufführungen auf den verschiedenen regionalen und einzelstaatlichen Bühnen, so viele Parallelen mit den Simulationen diese auch aufweisen mögen, folgten nur bedingt einem einheitlichen Skript. Hier ist das Zusammenspiel vielfältigster Voraussetzungen, Kräftekonstellationen, Interessen und Gelegenheiten ausschlaggebend und nicht ein einziges Szenario, geschweige denn ein vorgefasster Plan, wie er aus einzelnen Simulationsspielen abzulesen ist.

195 Roth 2022, S. 60–63.
196 Roth 2022, S. 63–70.
197 Roth 2022, S. 79.

Das will nicht heißen, dass auf den Koordinationstreffen der Regierungs-, Konzern- und Stiftungsvertreter, wie sie seit Jahrzehnten sowohl in elitären Zirkeln als auch in übergreifenden Foren mit Beteiligung von NGOs und WissenschaftlerInnen gepflegt werden, nicht vielerlei Pläne ausgeheckt werden. Gemeint sind Leitungs- und Lenkungsnetzwerke einflussreicher politischer und wirtschaftlicher Eliten, die sich der öffentlichen Kontrolle entziehen und im Hintergrund Entscheidungen und Vorgaben treffen, die für die im Rampenlicht der Öffentlichkeit agierenden demokratischen Institutionen ausschlaggebend sind. Die Liste der Netzwerke reicht vom *Council on Foreign Relations* über die Atlantikbrücke zur Pflege der deutsch-US-amerikanischen Freundschaft bis zu den Bilderberg-Konferenzen, bei denen Mitgliedschaft und Teilnahme über Absprachen und Kooptierung läuft. Es werden meist verschiedene Szenarien durchgespielt, wie eine viel zitierte Studie der Rockefeller-Stiftung aus dem Jahr 2010 verdeutlicht. Vor dem Hintergrund der weltweiten Finanzkrise wurden vier Zukunftsszenarien vorgestellt: nur eines davon, »*Lockstep*«, prognostizierte eine autoritäre Welt staatlicher Überwachung, die aus einer großen Influenza-Epidemie hervorgehen würde.[198]

Von einem Generalplan kann angesichts der divergierenden weltanschaulichen, nationalen, sicherheits-, wirtschafts-, geopolitischen und Branchen-Interessen also nicht die Rede sein. Ein gemeinsames, quasi gesamtkapitalistisches Interesse gilt freilich der Aufrechterhaltung der Kapitalverwertungsbedingungen, bei der staatliche Regierungen, supranationale und internationale Organisationen Verantwortung tragen. Und die regelmäßigen Zusammenkünfte, die personelle Durchlässigkeit zwischen Konzernen, internationalen Organisationen, Politik und öffentlicher Verwaltung begünstigen den raschen Austausch von Informationen auf der Basis eingespielter Denkweisen, Sprachregelungen und Handlungsmuster. Die Seilschaften und Beziehungsgeflechte, für die die Bezeichnung »Tiefer Staat« durchaus zutreffend ist, wirken im Hintergrund.[199] Es gibt allerdings auch medienwirksame Plattformen, auf denen diese Eliten ins Licht der Öffentlichkeit treten und offene Diskussionen zu Zukunftsthemen anstoßen.

198 Schreyer 2020, S. 81.
199 Mies Ulrich Hg. (2017): Fassadendemokratie und Tiefer Staat. Auf dem Weg in ein autoritäres Zeitalter. Wien.

Ein solches Format mit globaler Wirkung bietet etwa das *World Economic Forum* (WEF) mit seiner Jahreskonferenz in Davos. Auf regionaler Ebene gibt es ähnliche Veranstaltungen kleinerer Art. Das WEF ging aus dem »Europäischen Management-Symposium« hervor, das der deutsche Wirtschaftswissenschaftler Klaus Schwab mit prominenten US-Ökonomen erstmals 1971 in der Schweiz veranstaltete. Das Forum inszeniert sich seither als offene Plattform aus Politik, Wirtschaft, Kultur und Wissenschaft, die sich Zukunfts-, Verteilungs- und Entwicklungsfragen widmet und auch VertreterInnen aus Osteuropa und dem Globalen Süden an seinen Diskussionen beteiligt. Hinter einer glitzernden Fassade verbirgt sich ein »exklusiver Club des Großkapitals«, wie Norbert Häring in seinem Buch »Endspiel des Kapitalismus« aufdeckt.[200] Denn neben den Davoser Treffen existieren mehrere Regionalforen sowie Spezialclubs, die spezifische Agenden strategisch für die öffentlichen Veranstaltungen und die politische Umsetzung aufbereiten. Da gibt es Runden für einzelne Wirtschaftsbranchen, für Entwicklungszusammenarbeit, Digitalisierung, deren Beratungen als direkte Vorlagen auf die Tagesordnung der G8 (bzw. G7), der G20 oder von UN-Organisationen kommen – und von dort in die staatlichen Parlamente, wo Regierungen auf eine kapitalfreundliche Politik eingestimmt werden. Auch ein *Global Agenda Council of Faith* für Religionsfragen, ein *Global-University-Leaders*-Forum sowie *Global Agenda Councils* mit führenden ExpertInnen wurden installiert.

Von Seiten des WEF werden klingende, ökologisch und sozial inspirierte Slogans wie »Aufhebung der digitalen Spaltung«, »partizipative Kommunikation« oder »finanzielle Inklusion« ausgegeben, die bei näherem Hinsehen vor allem den Interessen von IT-, Biotech- und Pharmakonzernen dienen, neue Märkte für digitale Kommunikation, bargeldlosen Zahlungsverkehr oder biometrische Gesundheits- und Identitätsnachweise zu schaffen. Das WEF kann sich rühmen, die Vereinten Nationen für seine Ziele einzuspannen. Mit der im Juli 2019 unterzeichneten Erklärung »*The United Nations World Economic Forum Strategic Partnership Framework for the 2030 Agenda*« wurde eine Zusammenarbeit eingeleitet, die die Vereinten Nationen fest vor den Karren der öffentlich-privaten Partnerschaften spannt, die den Konzernen unter dem

200 Häring 2021, S. 51ff.

Deckmantel von Entwicklung und Gemeinwohl den Weg zu Märkten und KonsumentInnen öffnen.[201]

Um zukünftige Eliten frühzeitig in die Netzwerke der Macht einzubinden, wurden 1992 die *Global Leaders of Tomorrow* begründet, eine erlauchte Schar aus Politik, Kapital, Medien und Kultur.[202] Die Namen sind bekannt und reichen parteienübergreifend von Tony Blair über Angela Merkel, von Nicolas Sarkozy bis Emmanuel Macron, Jens Spahn und jüngst bis zur deutschen Außenministerin Annalena Baerbock oder der kanadischen Finanzministerin Chrystia Freeland, die sich im Februar 2022 mit dem *Emergency Act* einen Namen gemacht hat. Damit sollte jedem, der die Trucker-Proteste gegen die Impfpflicht unterstützte, die finanzielle Existenz entzogen werden.[203] Ausgewählte *Young Global Leaders*, wie der Kreis seit 2004 genannt wird, erhalten durch ein Ausbildungsprogramm an der *John F. Kennedy School of Government* der Harvard-Universität ihren Schliff zum Politiker. Seit 2012 gibt es darüber hinaus ein weltweites Netzwerk von jungen *Global Shapers*, die auf ihre morgigen Karrieren vorbereitet werden.

Es scheint ein ungeschriebenes Gesetz zu existieren, dass etwa ein deutscher Außenminister – das gilt auch für Außenministerinnen – die Weihen transatlantischer *Think Tanks* erhalten muss, ebenso wie diese das *Wording* in der Diplomatie und der medialen Darstellung geopolitischer Konflikte bestimmen.

Die Vorstellungen der vermeintlichen Weltenlenker kommen einander jedoch immer wieder in die Quere, demokratische Institutionen und politische Kräfteverhältnisse in einzelnen Staaten bringen andere Interessen und Perspektiven ins Spiel und flugs kommt ein minutiös ausgeheckter Plan ins Stocken. In einer komplexen Weltgesellschaft mit konkurrierenden Machtzentren kann sich eine Elite niemals sicher sein, dass ihr Entwicklungsziel realisiert wird. Für diesen Fall ist es nützlich, auf Alternativszenarios zurückgreifen zu können. Unbeabsichtigte Entwicklungen und unerwartete Ereignisse hindern die verschiedenen Interessensgruppen nicht daran, sich immer wieder für ihre Vorhaben einzusetzen und die dafür günstigen Entscheidungs- und

201 Häring 2021, S. 69.

202 Häring 2021, S. 63f.

203 Chrystia Freeland's remarks during Emergencies Act announcement, Toronto Star, 14. 2. 2022: https://www.thestar.com/news/canada/2022/02/14/full-text-of-chrystia-freelands-remarks-during-emergencies-act-announcement.html (5. 7. 2022).

Umsetzungskonstellationen zu schaffen. So war es auch, als Sars Cov-2 auftauchte und ein Gelegenheitsfenster aufstieß.

Ein Bypass für das marode Finanzsystem?

Die Welt befand sich zu Beginn des Jahres 2020 nicht nur wegen des neuen Virus, dessen Gefährlichkeit man zu Beginn nicht eindeutig einschätzen konnte, in einer angespannten Lage. Seine – bis Redaktionsschluss umstrittene – Herkunft sollte erst zu einem späteren Zeitpunkt die Gemüter erregen. Die Weltwirtschaft war durch die Maßnahmen, die im Anschluss an die globale Finanzkrise 2008 in Angriff genommen worden waren, nicht stabilisiert, sondern in andauernde Turbulenzen versetzt worden. Die Rettung der Großbanken durch Staatsgelder sowie die hohe in- und ausländische Nachfrage nach US-Staatsanleihen durch Banken und Investmentfonds im Gefolge der Finanzkrise blähte den Finanzsektor auf Kosten der Realwirtschaft zu einer gewaltigen Blase auf. Dies ermöglichte rasche Renditen im Spekulationsgeschäft der Hedgefonds, bei Derivaten und heizte den sogenannten REPO-Markt (*Repurchase Agreement*) an, auf dem Wertpapiere auf täglicher Basis in Geld eingetauscht und gehandelt werden.[204] Das billige Geld erlaubte kapitalschwachen Ländern die Aufnahme von Krediten, katapultierte sie damit jedoch in den Teufelskreis der Verschuldung. 2019 schlugen die REPO-Kurse wild aus; als Heilmittel griffen erneut die Zentralbanken ein, konnten die Abwärtsbewegung der Anleihekurse jedoch nicht stoppen. Die Folge war ein Run auf Bargeld, das den Dollarkurs in die Höhe trieb.[205]

Die Gefahr einer Implosion des Finanzsystems war den großen Banken, nicht zuletzt ihrem Spitzeninstitut, der Bank für Internationalen Zahlungsausgleich (BIZ), Zentralbankmanagern, Investmentfonds- und Vermögensverwaltern bewusst, als sie beim Jahrestreffen der großen Banker in Jacksonhole/Wyoming im Sommer 2019 als Maßnahme gegen den bevorstehenden Abwärtstrend den »*Going direct*«-Plan entwickelten.[206] Dieser bestand darin,

204 Tooze Adam (2021): Die Welt im Lockdown. Die globale Krise und ihre Folgen. München, S. 131; Vighi Fabio (2020): A Self-Fulfilling Prophecy: Systemic Collapse and Pandemic Simulation: https://thephilosophicalsalon.com/a-self-fulfilling-prophecy-systemic-collapse-and-pandemic-simulation/(22.7.2022); Wolff Ernst (2020): Wolff of Wall Street: Ernst Wolff erklärt das globale Finanzsystem. Wien, S. 176–187.

205 Tooze 2021, S. 132.

206 Vighi 2021.

Kapital nicht in das außer Tritt geratende Finanzsystem, sondern direkt an private und öffentliche Geldgeber zu leiten, um es damit um die aus dem Ruder laufenden Finanzmärkte herum zu leiten und die Kapitalflüsse unter Kontrolle zu halten. Die Folge war eine Mobilisierung einer immensen Kapitalsumme, die von Notenbanken und öffentlichen Haushalten in Form von Stützungsgeldern und Kreditgarantien direkt in Unternehmen, Banken, private und öffentliche Körperschaften gepumpt wurden. Nach IWF-Schätzungen beliefen sich diese weltweit bis April 2020 auf acht Billionen Dollar, bis Oktober 2020 auf zwölf und bis Januar 2021 auf 14 Billionen Dollar.[207]

Im ersten Corona-Jahr galt das interventionistische Stabilisierungsprogramm vor allem der Abfederung von Unternehmen, Familien und Einzelpersonen sowie von wohlfahrts- und gesundheitspolitischen Einrichtungen, die angesichts von Lockdowns, Einkommens- und Verdienstausfalls vor dem Kollaps standen. Eine abschließende Bilanz der Verwendung kann aufgrund andauernder Auseinandersetzungen über die Rechtmäßigkeit der Inanspruchnahme kaum gegeben werden. Das Füllhorn erwies sich in vielen Fällen als nicht zielgerichtet, es schoss oft übers Ziel hinaus, diskriminierte andere, ermunterte zu Missbrauch, Neid und Missgunst. Während es viele als Ausdruck keynesianischen Stimulus feierten, stießen sich andere daran, dass zu den Nutznießern der 7,4 Mrd. Euro, auf die sich EU-Kommission und deutsche Regierung zur Unterstützung des Kampfes gegen Covid-19 am 4. Mai 2020 im Rahmen der sogenannten Geberkonferenz verständigten, auch die WHO, die Impfallianz GAVI und die Epidemie-Koalition CEPI gehörten. Der Wirtschaftsjournalist Norbert Häring kommentierte diese Corona-Geberkonferenz: »Lange musste Gates der UN und den Regierungen Geld geben, um die Welt mitregieren zu dürfen. Nun dreht sich das um«. Und weiter mit Sarkasmus: »Wenn Regierungen Steuermilliarden für Gates und das Weltwirtschaftsforum einsammeln, haben die Konzerne die Weltregierung übernommen.«[208]

Eine zweite Welle »direkter« Kapitalinjektionen lief in der Europäischen Union mit den »Wiederaufbaumaßnahmen« an, die den durch die Lockdowns vorangetriebenen Strukturwandel in Richtung kybernetischer

207 Tooze 2021, S. 149.

208 Häring Norbert, Wenn Regierungen Steuermilliarden für Gates und Weltwirtschaftsforum einsammeln, haben die Konzerne die Weltregierung übernommen, 5. 5. 2020: https://norberthaering.de/macht-kontrolle/geberkonferenz-gates-weltwirtschaftsforum/ (12. 7. 2022)

Wirtschaftszweige anschieben sollten. Im Rahmen des EU-Haushaltsplans 2021–2027 wurde mit »NextGenerationEU« (NGEU) ein zeitlich befristetes Konjunkturpaket in der Höhe von 800 Mrd. Euro für Zuschüsse und Kredite als Aufbau-Instrument beschlossen.[209]

In der sogenannten Realwirtschaft erlahmte der Trend zur Globalisierung der Güterketten bereits vor dem Ausbruch der Pandemie. Dies war unter anderem auf das Erstarken potenter Schwellenländer zurückzuführen, die ihre Rolle als billiger Kontraktfertiger überwanden, in Bereiche höherer Wertschöpfung vordrangen sowie selbst die Kontrolle über Güterketten übernahmen. Damit stiegen auch die Kosten für die *Just-in-time*-Produktion. Die Folge war eine Rückführung – auch als *Re-shoring* bezeichnet – gewisser Fertigungsbereiche aus den neuen in die alten Industrieländer, freilich verbunden mit dem Einsatz von Robotik und Digitalisierung, um hohe Arbeitskosten zu vermeiden. Auch die geopolitischen Spannungen zwischen dem absteigenden Westen und dem Aufstieg der *Emerging Markets* der Schwellenländer ließen das Ausmaß der internationalen Verflechtung durch Handel und Produktionsverlagerungen zurückgehen. Der *Economist* konstatierte bereits im Jänner 2017 den Rückzug der globalen Fertigungsketten.[210] Der Anteil von ausländischen Direktinvestitionen und grenzüberschreitenden Komponentenlieferungen ging zurück, während in den alten Industriestaaten die Inlandsfertigung gegenüber globalen Produktionsarrangements zunahm. Die USA, aber auch die Europäische Union nahmen im Angesicht der erstarkenden globalen Konkurrenz Chinas und anderer Schwellenländer Zuflucht zu Protektionismus, um ihre nach wie vor bestehende Übermacht abzusichern. Mit dem neomerkantilistischen Ruf nach Reindustrialisierung und Vorrang der eigenen Nationalökonomien wurden schon damals die Grundprinzipien der neoliberalen Globalisierung, die Segnungen des globalen Freihandels, in Frage gestellt.[211] Dies machte Investoren und Anlegern bereits vor dem Ausbruch der Corona-Krise Angst. Das

209 Europäische Kommission: NextGenerationEU: mehr als nur ein Aufbauplan, 17. 12. 2020: https://ec.europa.eu/info/strategy/recovery-plan-europe_de (12. 7. 2022); vgl. auch Tooze 2021, S. 211.

210 The Retreat of the Global Company, The Economist, 28. 1. 2017, S. 14–17; vgl. auch Komlosy/ Musić 2021, S. 3; Schlögl Lukas (2021): Covid-19 als »Grosser Ungleichmacher«: Die Krise der Arbeit und ihre globalen sozialen Folgen, in: Filipič Ursula/Schönauer Annika (Hg.): Ein Jahr Corona: Ausblick Zukunft der Arbeit, S. 21–27: https://emedien.arbeiterkammer.at/viewer/image/AC16184333/21/LOG_0020/ (5. 7. 2022); Komlosy Andrea (2020): Entflechtung oder Neuordnung. Globale Güterketten nach dem Lockdown, in: Hofbauer Hannes/Kraft Stefan (Hg.): Lockdown 2020. Wie ein Virus dazu benutzt wird, die Gesellschaft zu verändern. Wien S. 101–116.

211 Helleiner Eric (2021): The Neomercantilists. A Global Intellectual History. Ithaca.

Wachstum der Weltwirtschaft, ohne welches der globale Kapitalismus nicht existieren kann, erlahmte 2019, die geopolitischen Spannungen nahmen zu, sozial Schwache sowie Kreditnehmer aus Entwicklungsländern konnten ihre Schulden nicht mehr bedienen, es herrschte ein Gefühl von Risiko und Angst.

Verbindet man die Angst auf den Finanzmärkten und den Rückzug aus den globalen Güterketten mit den gesundheitspolitischen Herausforderungen zur Bekämpfung eines neuartigen Virus, stellt sich die Frage nach Plan oder Gelegenheit unter anderen Vorzeichen. Denn dieselben Akteure, die auf den *Biosecurity*-Konferenzen nach möglichen Auswegen aus einer Gesundheitskrise suchten, sorgten sich gleichermaßen um die Rettung der Kapitalverwertung, sei es als Unternehmen, als Anteilshalter oder als staatlicher Finanzverwalter. Sars-Cov-2 entsprang zwar keinem Plan, aber es bot eine wunderbare Gelegenheit, verschiedene Problemlagen zu einer einzigen großen Bedrohung zu verschmelzen.

Die Labor-These, die unter Präsident Trump vor allem in der politischen Auseinandersetzung mit China zum Tragen kam, trat in der Folge gegenüber der Zoonose-Hypothese zurück, also der Übertragung des Virus vom Wildtier (Fledermaus) über ein Nutztier auf den Menschen.[212] Mit den Forschungsergebnissen des Hamburger Physikprofessors Roland Wiesendanger erhielt die These, Sars-Cov-2 sei mit einiger Wahrscheinlichkeit doch aus einem Labor in Wuhan entwichen, auch in Wissenschaftskreisen neue Nahrung.[213]

Das *Wuhan Institute of Virology* geht aus einer französisch-chinesischen Kooperation aus dem Jahr 2017 hervor, die China die Einrichtung einer virologischen Forschungseinrichtung auf höchster »P4«-Sicherheitsstufe erlaubte, in der Folge erhielt es massive Fördergelder aus den USA.[214] Es arbeitet im Auftrag und in Kooperation mit US-Wissenschaftlern an Veränderungen in der Gensequenz von Corona-Viren durch bio-technologische Verfahren. Derartige sogenannte *Gain-of-Function*-Forschungen können etwa Corona-Viren durch

212 Zur Zoonose These vgl. Chuang-Blog (2020): Soziale Ansteckung, in: Lockdown 2020, S. 11–42; Roth 2022, S. 158–161; Zur Labor-These vgl. Wiesendanger Roland: Wissenschafter führten die ganze Welt in die Irre, NZZ, 3. 2. 2022: https://www.nzz.ch/feuilleton/kommt-das-virus-aus-einem-labor-in-wuhan-dem-raetsel-auf-der-spur-ld.1666314?reduced=true (12. 7. 2022)

213 Wiesendanger Roland, Studie zum Ursprung der Corona-Virus Pandemie, Februar 2021: https://www.researchgate.net/publication/349302406_Studie_zum_Ursprung_der_Coronavirus-Pandemie/link/602926659285lc4ed56e5476/download (10. 8. 2022)

214 Wiegel Michaela, Wuhans französisches Labor, FAZ, 29. 4. 2020.

Einbau besonderer Schnittstellen für das Andocken des Spike-Proteins im menschlichen Körper ausstatten, wie Wiesendanger ausführt.[215] Ob es dabei in Wuhan zu einem Entweichen kam, kann er nicht beweisen. Hellhörig machte ihn jedoch die Tatsache, dass die Datenbank des Labors für Corona-Viren am 12. September 2019 vom Netz genommen wurde. In der Folge tauschten sich namhafte internationale Virologen über die Wahrscheinlichkeit einer Labor-Entweichung aus. Erst als Verantwortliche der US-Gesundheitsbehörde NIH, Anthony Fauci und Francis Collin, einen Laborunfall dezidiert ausschlossen, wurde die Laborthese unter den Tisch gekehrt. Wissenschaftler, die selbst in den Corona-Experimenten involviert waren, bezeichneten sie im Februar 2020 als »Verschwörungstheorie«. Sie verwandelten damit einen Begriff, der den Denk- und Untersuchungsverboten zum Corona-Virus Tür und Tor öffnete. Es versteht sich von selbst, dass auch chinesische Stellen von der Laborthese nichts wissen wollten.

Auch wenn es sich bei dem mutmaßlichen Ausbruch um einen Unfall handelt, wirft die Tatsache, dass der Virus von Menschenhand produziert wurde, ein neues Licht auf die Gefahrenanalyse. Man kann dann zwar immer noch mit gutem Recht die Zurückdrängung der Wildnis durch die menschliche Zivilisation kritisieren; im Fall von Corona läge es aber näher, die biogenetische Virenforschung in die Verantwortung zu ziehen, weil die Verbreitungswege nicht kontrolliert werden können, aber auch wegen ihrer offenen Flanke zur Waffenproduktion.

Ein Zusammenhang zwischen dem Virus und der Produktion biologischer Waffen wurde Anfang August 2022 von russischer Seite vertreten. Igor Kirillow, Chef der russischen Streitkräfte für Strahlen-, chemische und biologische Abwehr, verwies im Rahmen einer Pressekonferenz am 6. August 2022 auf entsprechende Funde, die russische Teams in von den USA finanzierten, ukrainischen Laboren gefunden hätten.[216] Da diese Behauptung mitten im Krieg Russlands gegen Kiew getätigt wurde, muss man sie als Teil der Kriegsführung betrachten, zumindest solange, bis unabhängige Quellen sie bestätigen. Der bekannte US-Ökonom Jeffrey Sachs, Direktor des *Earth Institute* der Columbia University, stellte auf der US-Plattform Politico

215 Wiesendanger 2021; siehe auch: NZZ, 3. 2. 2022.

216 Siehe: https://www.youtube.com/watch?v=ufA7jVqBvss (10. 8. 2022)

ebenfalls Vermutungen über die Herkunft des Virus aus einem US-biotechnischen Labor an.[217]

Zurück zur ökonomischen Dimension der Pandemie. Adam Tooze, Wirtschaftshistoriker an der New Yorker Columbia University, beschreibt die Maßnahmen, die die Staatenlenker der Welt im März 2020 zur Eindämmung von Pandemie und Finanzmarktkrise gleichermaßen setzten, als historischen Wendepunkt, als »Totenglöcklein des Neoliberalismus«.[218] Dazu gehörte auf der einen Seite das Herunterfahren von weiten Teilen der Produktion, von Handel, Verkehr, Mobilität und persönlichen Kontakten auf staatliche Anordnung hin, auf der anderen Seite eine Geld- und Fiskalpolitik, die die »monetären Schleusen« öffnete. Tooze stellt die Sinnhaftigkeit der Lockdowns nicht in Frage, sondern betrachtet sie als notwendige Eingriffe, die auch von den Menschen mitgetragen wurden. Damit das Leben jedoch trotz weitgehender Demobilisierung nicht kollabierte, sondern weiter gehen konnte, wurde ein neuer Gesellschaftsvertrag geschaffen. Tooze misst dem Handeln der US-Zentralbank, mit Rückendeckung durch den Kongress, weltweite Bedeutung bei. Angesichts der Rolle des Dollar als globale Leitwährung und Währungsanker ist diese Einschätzung wohl nicht vermessen. US-Finanzminister Jerome Powell legitimierte mit seinem »*Whatever it takes*«-Sager am 23. März 2020 die finanzpolitischen Maßnahmen. Die anderen Staaten und ihre Zentralbanken zogen entsprechend ihrer spezifischen Verfasstheit sowie ihrer Stellung in der Weltwirtschaft binnen weniger Tage nach. Die *Federal Reserve* (FED), die als private Bank als US-Zentralbank fungiert, senkte im März 2020 von heute auf morgen die Dollar-Zinsen auf Null, lockerte die Liquiditäts-Richtlinien für den Staatshaushalt und legte ein expansives Interventions- und Stabilisierungspaket auf, mit dem Staats- und Unternehmensanleihen aufgekauft und Kredite an Private und Kommunen vergeben wurden.[219] So gelang es, die Finanzmärkte zu stabilisieren. Eine weitere Maßnahme bestand im Beschluss des *Coronavirus Aid, Relief, and Economic Security (CARES)-Act* in der Höhe von 2,2 Billionen Dollar (10 % des

217 Lau Stuart/Muniz Luanna: Borrell's adviser pushes China's contested claim that COVID came from US, Politico, 12. 7. 2022: https://www.politico.eu/article/josep-borrell-jeffrey-sachs-adviser-china-disinformation-us-covid-origin/ (10. 8. 2022)

218 Tooze 2021, S. 22.

219 Tooze 2021, S. 136–147.

US-BIP), mit dem Unternehmen direkt unterstützt und Lohnsicherungsprogramme und sozialpolitische Auffangmaßnahmen für Erwerbsarbeitslose geschaffen wurden.[220] Dieses Füllhorn entspricht der von den Banken 2019 eingeforderten »*Going direct*«-Initiative. Die Bedenken der wohlhabenden europäischen EU-Staaten gegen eine Vergemeinschaftung der Schulden und der Geldschöpfung wurden von der Dynamik des finanzpolitischen Pandemie-Managements hinweggewischt. Die Frage nach Plan oder Gelegenheit stellte sich im Taumel der Ereignisse nicht.

Voraussetzung für die Inszenierung einer Rettungsaktion dieser Größenordnung war die weit verbreitete Angst. Diese wurde nicht nur durch die Inszenierung des Virus zu einer massenhaften tödlichen Gefahr heraufbeschworen, sondern entsprang auch der existenziellen Unsicherheit im ökonomischen und sozialen Bereich, die in westlichen Demokratien von geopolitischen Abstiegsängsten sowie einem Vertrauensverlust in politische Problemlösungskompetenz begleitet war. In einer Klassengesellschaft stellte sich sowohl die gesundheitliche als auch die finanzielle Bedrohung für Reich, Arm und Mittelstand, Alteingesessene, Zugewanderte und irreguläre MigrantInnen höchst unterschiedlich dar. Mithilfe der Angst vor dem Virus konnten diese Unterschiede auf einen gemeinsamen Faktor nivelliert und immense Ausgaben für Pandemiebekämpfung und soziale Abfederungsmaßnahmen gerechtfertigt werden. Tatsächlich wirkten die finanzpolitischen Stimuli jedoch äußerst selektiv. Sie verteilten sich in ungleicher Weise auf Groß- und Kleinbetriebe, Wohlhabende und Geringverdienende, einkommensstarke und einkommensschwache Staaten und Regionen und verstärkten bestehende Unterschiede. Die Kluft zwischen Arm und Reich wurde durch die Beschwörung der Volks- bzw. Weltgesundheit keinesfalls außer Kraft gesetzt, sondern lediglich ideologisch verbrämt.

Der eigentliche Stimulus für einen Weg des Kapitals aus der Krise lag jedoch nicht in den Hilfspaketen und Stützungen für Produktions- und Verdienstausfälle, sondern in der Begünstigung neuer Branchen und Typen von Unternehmen, für die der verordnete Stillstand der Lockdowns wie gerufen kam. Dazu erhöhte sich die Nachfrage nach Schutzkleidung, Tests, Kontroll-*Apps* und Impfstoffe. Die Kredite für Wiederaufbau wiederum sollten den

220 Tooze 2021, S. 148–161.

Umbau auf digitale Technologien und sogenannte grüne Wirtschaftszweige befördern.

Das Herunterfahren der sozialen Kontakte und die Demobilisierung bewirkten ein neues Sozial- und Konsumverhalten. Bewegungs- und Betretungsverbote wurden durch digitale Dienste kompensiert. Lockdowns schnitten Unternehmen von ihren Kunden ab, dabei schufen sie einen Markt, der über Online-Kommunikation in allen möglichen Bereichen von Familie, Freundeskreis, Schule über *Home Office* bis hin zum Yoga-Kurs, Online-Handel, Versand- und Lieferservice Nachfrage in Sektoren schuf, die bis dato nur ein kleines Segment bedient hatten. Im Zuge des verordneten *Lockdown* waren nun allein diese – digitalen – Vertriebsformen zugelassen, und mit ihnen waren die großen Unternehmen, die überregional und digital statt lokal und am Kunden operierten, am Zug. Sie verwandelten die Vorteile, die ein lokaler Anbieter gegenüber einem digitalen Plattform-Service hatte, zu einem Siegeszug des kontaktlosen Verkehrs – scheinbar, weil die Überbringer der Testproben, Essenspakete oder Versandwaren ja mehr oder weniger unsichtbar und jedenfalls gering entlohnt und prekär unterwegs waren und sind. Auch die Produkte selbst begünstigten neue Branchen, über IT, Pharma, Biomedizin, Kontroll-, Überwachungs- und Optimierungstechnik. Diese können sich vor dem Hintergrund der staatlichen Konsumverbote auf der einen Seite (Gastronomie, Einzelhandel, Sport, Kultur), die durch Lieferdienste, Online-Handel und digitale Kommunikationsangebote ersetzt wurden, und der staatlichen Konsumgebote auf der anderen Seite (Tests, Schutzkleidung, Impfung) einer konkurrenzlosen Nachfrage erfreuen.

Die Widmungen der großen Aufbau- und Investitionspakete, die US- und EU-weit über die einzelstaatlichen Maßnahmen hinaus aufgelegt wurden, zeigen deutlich, in welche Richtung es in der Zeit nach Corona gehen soll: Digitalisierung, Optimierung, Robotik, Mensch-Maschine-Verbindungen, Künstliche Intelligenz. Diese Branchen sollen in ein neues Zeitalter führen, in dem die selbstgesteuerte kybernetische Interaktion zwischen den Dingen dem Menschen einen neuen Platz in der Gesellschaft zuweist. Der von alten und neuen Liberalen geliebte schlanke Staat hat damit vorläufig ausgedient. Das hat sich mit staatlich orchestriertem Corona-Management während der Pandemie deutlich gezeigt. Denn ohne einzel- und suprastaatliche Ordnungspolitik und Finanzhilfen kommt die kybernetische Transformation nicht in

Gang. Manche hoffen, dass die aktive staatliche Ausgaben- und Finanzpolitik in keynesianischer Tradition zu mehr sozialer Gerechtigkeit und Partizipation führen könnte. Umgekehrt hat ein starker steuernder Staat die Tendenz zum Autoritarismus und die Tatsache, dass die Politik auch unter diesen Umständen von den Unternehmen in den Dienst genommen wird, lässt befürchten, dass dies die Menschen in ein doppeltes Korsett aus staatlicher Überwachung und Kapitalverwertung zwängt.

Theoretisch und wertneutral gesehen, kann die »schöne neue Welt« utopische und dystopische Züge annehmen. Die folgenden Kapitel bemühen sich, zwischen diesen Extremen um einen kritischen, realistischen Blick auf das, was durch Corona angestoßen wurde.

Welche Transformations-Tendenzen zeichnen sich ab? Ein erstes Kapitel widmet sich dem Umbau der Wirtschaftsstrukturen im Übergang vom industriellen zum kybernetischen Kapitalismus. Das zweite Kapitel betrachtet, wie sich Veränderungen im Arbeitsprozess, im Zugriff auf den Körper und bei der biopolitischen Steuerung und Überwachung der Bewegung neue Verhaltens- und Konsumformen herausbilden. Schließlich werden diese Veränderungen im dritten Kapitel vor dem Hintergrund des möglichen Übergangs der globalen Hegemonie von den USA und Westeuropa auf China betrachtet.

2.1. Kybernetischer Kapitalismus

Die Leittechnologien und Leitsektoren der nächsten langen Welle der Konjunktur (Kondratieff-Zyklus) sind in der B-Phase des 5. Kondratieff-Zyklus (2008ff.) bereits klar erkennbar (vgl. Kap. 1.1. in diesem Buch): Die Technologie beruht auf digitaler Steuerung, Roboterisierung sowie neuer Verfahren zur Entwicklung neuartiger Materialien und Materialeigenschaften. Dabei ändert sich die Kommunikation zwischen Menschen sowie zwischen Mensch und Maschine, wobei die Koordination der Prozesse zunehmend von Algorithmen bewerkstelligt wird. Die Dynamik der Innovation wird von Leitsektoren getragen, die die russischen Risiko- und Transformations-Forscher Leonid Grinin, Anton Grinin und Andrey Korotayev unter dem Kürzel MANBRIC-Sektoren zusammengefasst haben.[221] Da die interaktive Selbststeuerung der Maschinen, das *Internet of Things*, und deren Perfektionierung durch autonomes Lernen der Maschinen, die *Intelligence of Things*, nicht nur Leben und Arbeiten, sondern das Selbstverständnis des Menschen, der zwischenmenschlichen Beziehungen und seiner Beziehung zur Umwelt auf eine neue Grundlage stellen, handelt es sich um einen menschheitsgeschichtlichen Übergang, der mehr ist als ein neuer Konjunkturzyklus: es geht um ein neues Produktionsprinzip, das wir als kybernetisches Prinzip bezeichnen. Wie in Kapitel 1.3. ausgeführt, kristallisiert sich dieses bereits seit den 1950er Jahren heraus – mit Vorläufern in den 1930er Jahren und vorangetrieben durch die militärischen Anforderungen an Kommunikation, Verschlüsselung und Dekodierung im Zweiten Weltkrieg. Seit den 1990er Jahren befinden wir uns in der Modernisierungsphase der Kybernetischen Revolution: diese wurde vornehmlich von Informations- und Kommunikationstechnik und Biotechnologie sowie ihrem Zusammenspiel getragen. Als wichtige Anwendungsbereiche traten Pharma-, Kosmetik-, Biotech- und Nahrungsmittelindustrien auf. Unter Zukunftsforschenden wird der Eintritt in die Endphase der Kybernetischen Revolution für die Jahre ab 2030 erwartet, mehr oder weniger zeitgleich mit dem Übergang zu einem neuen, 6. Kondratieff-Zyklus. Unter diesen Prämissen würden Engpässe, Blockaden und Krisen des Weltsystems vermieden und eine neue Ära des kybernetischen Kapitalismus anbrechen.

Die zentralen Merkmale der Kybernetischen Revolution haben Leonid und Anton Grinin und Andrey Korotayev wie folgt wertneutral auf den Punkt gebracht:[222] Die Kybernetische Revolution beruht auf Information und damit sind Daten der entscheidende Rohstoff für die Informationsverarbeitung. Die Verknüpfung der Daten erhöht dabei die Kapazität selbstständiger Interaktion und ermöglicht das selbstständige Lernen der Maschinen, die das System der Rückkoppelung zur Selbstregulierung und Kontrolle der Prozesse befähigt. Die Entwicklung künstlicher Materialien sowie die Miniaturisierung von Bestandteilen und Bauteilen bis hin zu winzigsten Partikeln verändern Prozesse und Produkte und verringern den Material- und Energieverbrauch. Die permanente Prozesskontrolle macht die Anpassung der Produkte an individuelle

221 MANBRIC steht für: medical, additive, nano, bio, robotics, ICT, cognitive technologies.
222 Grinin/Grinin 2016, S. 41.

Erfordernisse möglich. Die Kombination von Effizienz, individueller Anpassung und Rückkoppelung zwischen den Geräten und Anwendungen wird auch als intelligent – oder eben »smart« – bezeichnet. Smarte Technologien begleiten die Alltagsorganisation, die Kommunikation, den Verkehr, den Städtebau und den Ablauf der Produktion: sie kommunizieren mithilfe künstlicher Assistenten, deren Funktionen der menschlichen Bewegung und Sprache, mitunter auch der menschlichen Gestalt nachempfunden werden. Ein nächster Schritt der Optimierung erfolgt, wenn die »smarte« Assistenz auf das Verhalten des Menschen selbst Einfluss nimmt bis hin zu der Möglichkeit, seine Eigenschaften psychologisch, kognitiv oder genetisch zu modellieren. Es handelt sich also um eine Revolution, die Technologie, Produktion, Umwelt, Energie- und Rohstoffverbrauch, Steuerung, Vernetzung und autonomes Lernen der Maschinen auf neue Grundlagen stellt und diese in ein neues Verhältnis zueinander sowie zum Menschen bringt. Die kühnen Erwartungen der russischen Forscher decken sich mit jenen, die in den Denkfabriken des Westens produziert und von ambitionierten Schwellenländern wie China gar noch getoppt werden.[223] Das Szenario, das das Weltwirtschaftsforum (WEF) unter Klaus Schwab in der Schrift »Der große Umbruch« vorgelegt hat, charakterisiert die auf uns zukommenden Entwicklungen in ähnlicher Weise.[224] Schwab und seine MitarbeiterInnen fassen die Überlegungen und Konzepte, die auf den Konferenzen und Arbeitsgruppentreffen des WEF angestellt wurden, zu einem Dokument zusammen, das sich als großer, utopischer, aber ebenso unvermeidlicher Rettungsplan für die Menschheit versteht. Zahlreiche Forschungsteams und Denkfabriken erkunden die Potenziale und prüfen die Realisierbarkeit der heute mitunter futuristisch klingenden Visionen, die mit der Vollendung der Kybernetischen Revolution eine neue Welt und einen neuen Menschen möglich machen wollen.[225]

223 Full text of President Xi's speech at Belt and Road Opening Forum: Work Together to Build the Silk Road Economic Belt and the 21st Century Maritime Silk Road, Xinhua (14.5.2017): https://www.fmprc.gov.cn/mfa_eng/wjdt_665385/zyjh_665391/201705/t20170527_678618.html (12.5.2022); Erie Matthew S./Streinz Thomas (2021): The Beijing Effect: China's Digital Silk Road as Transnational Data Governance, in: New York University Journal of International Law and Politics 54, 1, S. 3–92.

224 Schwab/Malleret 2020.

225 OECD (2021): Digitalisation and Innovation: https://www.oecd.org/g20/topics/digitalisation-and-innovation/ (20.6.2022); BMBF (2020): Vorausschau. Orientierung für die Welt von morgen. Foresight-Prozess III: Die ersten 50 Themen: https://www.vorausschau.de/SharedDocs/Downloads/vorausschau/de/Foresight2020_50_Themenblaetter.pdf?__blob=publicationFile&v=3 (22.10.2021)

Die Technik-euphorische Ansage für das, was aller Voraussicht nach die kommenden Jahrzehnte an Umwälzungen mit sich bringen werden, klingt extrem glatt und ignoriert soziale und politische Verwerfungen, die aus der geplanten »smarten« »schönen neuen Welt« resultieren können. Sie muss bei Menschen, die solchen technologischen Machbarkeitsversprechen skeptisch gegenüberstehen, Unbehagen oder Widerspruch hervorrufen. Es ist jedoch gerade dieser – in den Szenarien durchaus antizipierte – Widerspruch, der im Zuge der kybernetischen Transformation zum Verschwinden gebracht werden soll, indem das System Vorsorge für das allgemeine Wohlergehen trifft und einzelne Individuen, Gruppen oder Staaten daran hindert, dessen Vervollkommnung zu stören. Sollte das Vorhaben gelingen, sind Mensch und Gesellschaft nicht mehr das, was wir kennen. Sie werden Teil der smarten Megamaschine. Die meisten Papiere weisen – unter »ferner liefen« – darauf hin, dass die Ermächtigung des Algorithmus zur Selbsttätigkeit und Selbstregulierung ethische Probleme mit sich bringt und partizipative sowie demokratische Strukturen der Mitbestimmung unterminiert. Mit der Forderung nach begleitender Gesetzgebung glaubt man offenbar dieser Gefahren Herr werden oder zumindest Bedenken und Ablehnung auf die Seite schieben zu können.

Klaus Schwab ist sich der Polarisierung der Gesellschaft in Hinblick auf die Akzeptanz des »großen Umbruchs«, den er bereits in seinem Buch über »Die vierte industrielle Revolution« skizziert hat, durchaus bewusst. Der Ungleichheit, die weltweit zu Verelendung, sozialer Unzufriedenheit und Aufruhr führt, soll durch einen neuen Gesellschaftsvertrag entgegengewirkt werden, das heißt ein universeller Zugang zu Sozialhilfe, Sozialversicherung, Gesundheits- und Grundversorgung sowie ein besserer Schutz von ArbeitnehmerInnen.[226] Zusammen mit einem »grünen« Umbau der Weltwirtschaft soll ein globaler Zusammenbruch vermieden werden. Wer sich dieser Vision jedoch entgegenstellt, steht auf der anderen Seite; das heißt also: hier die »technikaffinen Personen, die diese Technologien verstehen und kontrollieren« – dort die, gelinde ausgedrückt, »weniger sachkundigen Personen, die lediglich passive Nutzer einer Technologie sind, die sie nicht verstehen«.[227] Ihnen wird keine sachkundige Basis für ihre Ablehnung zugestanden, ihnen ist nicht zu helfen.

226 Schwab/Malleret 2020, S. 109–113.
227 Schwab 2016, S. 112.

Noch mehr gilt dies für Regierungen von Staaten, Regionen und Städten, die sich den Leitlinien der neuen digitalen Wirtschaft – 5G, kommerzielle Drohnen, *Internet of Things*, digitale Gesundheit – entgegenstellen. Konkret bezieht sich Schwab damit auf »Länder, die Normen und Regeln durchzusetzen versuchen, um inländische Produktion zu schützen, ausländische Wettwerber auszusperren oder Lizenzgebühren für ausländische Technologie herunterzusetzen«. Sie riskieren, zu den »Nachzüglern der neuen digitalen Wirtschaft zu werden.«[228]

Die Zukunftsforscher und sich selbst als Weltenlenker Verstehenden und ihre Prognosen sollen hier ernst genommen werden. Es ist für KritikerInnen des technologischen Machbarkeitswahns nicht ratsam, die Plausibilität der Entwicklungen, die unter hohem Kapitaleinsatz, Fördergeld und mithilfe hoch qualifizierter und motivierter MitarbeiterInnen in Forschung und Entwicklung der Universitäten, Konzerne und Stiftungen tagtäglich vorangetrieben werden, als übertrieben und unrealisierbar darzustellen. Es ist auch nicht ratsam, die Versprechungen auf ein leichteres, längeres Leben und ein nachhaltiges, ressourcenschonendes Wirtschaften, die der jungen Generation eingeimpft werden, einfach wegzuwischen. Ein genaues Hinsehen ist notwendig, um die Interessen hinter den Anstrengungen erkennen sowie die sozialen, wirtschaftlichen und ethischen Folgen abschätzen zu können.

Vorsicht ist in mehrfacher Hinsicht geboten: Erstens Vorsicht gegenüber der Überschätzung von Versprechungen und Erwartungen in das Allheilmittel der Technik auf der einen Seite, und der Unterschätzung der technologischen Eigendynamik auf der anderen Seite. Es ist keineswegs ausgemachte Sache, dass die einmal in Gang gekommene Selbstregulierung des Systems tatsächlich in die Praxis umsetzbar ist und wenn doch, ob sie kontrollierbar bleibt … und für wen. Daraus lässt sich jedoch ebenso wenig ableiten, dass Prozesse des Widerstands, der demokratischen Partizipation, der gesteuerten und am Gemeinwohl orientierten Anwendung neuer Technologien Chancen auf Erfolg haben können.

Wir folgen hier der These, dass Corona als Virus die ganze Welt erschüttert hat, gleichzeitig aber das Pandemie-Management die Voraussetzung verbesserte, den befürchteten Zusammenbruch der Weltwirtschaft zu verhindern

228 Schwab 2016, S. 113f.

und der kybernetischen Transformation zum Durchbruch zu verhelfen. Noch ist der Prozess nicht abgeschlossen, sodass Rückschläge, Modifikationen, Widerstände und Alternativen denkbar und sogar wahrscheinlich sind. Hier liegt begründete Hoffnung, dass die Zeitenwende nicht so aussehen muss, wie sie die Eliten planen. Vorderhand spricht jedoch alles dafür, dass mit Corona die Weichen für einen erneuerten Kapitalismus gestellt wurden, der die Befürchtungen oder – nach anti-systemischer Lesart – die Hoffnungen auf ein Ende des Systems entkräftet.

Das System verändert seinen Charakter und seine Spielregeln, es bleibt aber der Rahmen, innerhalb dessen sich die Transformation abspielt. Die »Endkrise des Kapitalismus«, von der Ernst Wolff, Norbert Häring, Fabio Vighi, Claudia von Werlhof und andere Systemkritiker *vor* Corona ausgingen, wird mit Corona – zumindest vorläufig – ad acta gelegt. Corona verleiht dem globalen Kapitalismus jene Schubkraft, die für den konjunkturellen wie für den evolutionären Übergang zu einem neuen Wachstumszyklus notwendig ist. Corona beschleunigt den Übergang zur neuen A-Phase im Konjunkturzyklus sowie zur kybernetischen Reife, die nun aller Voraussicht nach früher als prognostiziert eintreten werden.[229]

Folgt man der Definition aus der Chemie, ist Corona damit ein Katalysator (von Katalyse – griechisch κατάλυσις *katálysis)*, ein Stoff, der die Reaktionsgeschwindigkeit durch die Senkung der Aktivierungsenergie einer chemischen Reaktion erhöht, ohne dabei selbst verbraucht zu werden.[230] Ein radikaleres Bild bemüht Klaus Schwab mit dem »Großen Neustart« oder »Great Reset«, wie die Technikerin Manuela Franz treffend bemerkt. Es erinnert an den Reset-Knopf eines Computers, den man drückt, wenn das Programm abstürzt: Es wird nicht versucht, den Fehler im laufenden Betrieb zu suchen und zu korrigieren, sondern es wird ein erzwungener Neustart herbeigeführt.[231]

229 Grinin/Grinin/Korotayev (2022): COVID-19 pandemic as a trigger for the acceleration of the cybernetic revolution, transition from e-government to e-state, and change in social relations, in: Technological Forecasting and Social Change 175: https://www.journals.elsevier.com/technological-forecasting-and-social-change (30.7.2022)

230 https://www.chemie-zeitschrift.at/lexikon/katalysator/ (25.2.2022)

231 Franz Manuela (2020): The Great Reset. Die Weltökonomie im Umbruch: https://www.rubikon.news/artikel/das-vergiftete-geschenk-2, https://www.rubikon.news/artikel/das-vergiftete-geschenk-3 (8.2.2021).

Die Leitsektoren des kybernetischen Zeitalters

Hinter dem englischen Akronym MANBRIC verbergen sich die folgenden Branchen bzw. Technologien oder Verfahren: Medizinsektor, additive Druckverfahren, Nanotechnologie, Biotechnologie, Informations- und Kommunikationstechnologie, Kognitive Systeme. Gehen wir sie im Einzelnen durch. Es ist sinnvoll, dabei die Reihenfolge im MANBRIC-Akronym außer Acht zu lassen und der Bedeutung und Integrationskapazität der Sektoren zu folgen.

Der ***Medizinsektor*** umfasst ein breites Spektrum von Forschungs- und Anwendungsfeldern, von der Pharmaindustrie (Medikamente, Impfstoffe), der Körperüberwachung zwecks Optimierung von Funktionen und Behandlungen durch *Apps* oder implantierte Chips, Transplantationen, Ersatz von Körperteilen und Geräten zur Unterstützung von Sinnen, Funktionen und Bewegung über digitale Telemedizin und Telepharmazie bis hin zu ästhetischen Eingriffen, verhaltenssteuernden Maßnahmen und der Manipulation der Gensubstanz vor und nach der Geburt zur Eliminierung von Störungen und zur Verbesserung von Körper- und Verhaltenseigenschaften.

Der Medizinsektor – so eine weitverbreitete Prognose in der Zukunftsforschung – wird die Rolle der Leittechnologie im kommenden A-Zyklus und im kybernetischen Umbau einnehmen. Das deutsche Forscherpaar Leo und Simone Neofidow sieht ihn als Trägerbranche des 6. Kondratieff-Zyklus an, dessen Beginn sie bereits um 2000 ansetzen.[232] Das russische Forschungsteam um Leonid und Anton Grinin sowie Andrey Korotayev stimmt in der Bewertung der Schubfunktion der Medizin überein, erwartet den Anbruch des 6. Kondratieff-Zyklus jedoch nicht vor den späten 2020er Jahren.[233] Sie korrigierten diese Prognose jedoch im Angesicht der Corona-Krise, die die Dynamik des Medizinsektors erheblich beschleunigt.[234]

In der Konzeption der Kondratieff-Zyklen nimmt eine Trägerbranche (hier die Medizin) eine Vorreiterrolle ein, die viele Entwicklungen, die später das gesamte Wirtschaftsleben prägen sollen, antizipiert, wie dies etwa beim Getreideanbau in der Agrarrevolution des Neolithikums oder der mechanischen Baumwollspinnerei in der Industriellen Revolution der Fall war, bevor die

232 Neofidow/Neofidow 2014, S. 339.
233 Grinin/Grinin 2014; Grinin/Grinin/Korotayev 2017.
234 Grinin/Grinin/Korotayev 2022.

neuen Prinzipien das gesamte Wirtschaftsgefüge erfassten.[235] Ein Leitsektor stellt Waren in einem zentralen Nachfragebereich her und entwickelt dafür neuartige, produktivitätssteigernde Produktionsmethoden; und er erschließt neue Bedürfnisse, für die er entsprechende Produkte bereitstellt. Er fungiert als Schaltstelle und Multiplikator zu Modernisierungen in benachbarten Feldern, fördert die Verflechtung mit diesen und in der Folge die Übernahme (*spin off*) neuartiger Verfahren in weiteren Bereichen. Sein Erfolg beruht auf wachsender Nachfrage bzw. breiter Akzeptanz, verspricht hohe Profite und zieht daher weiteres Kapital an. All dies prädestiniert den Medizinsektor in unseren Tagen als Trägerbranche für die neue Epoche. Umgekehrt integriert der Medizinsektor eine Reihe anderer Bereiche, deren Innovationen geradezu die Voraussetzung für seine Vorreiterrolle darstellen. Die Trägerbranchen der Kybernetischen Revolution müssen daher in ihrer gegenseitigen Verflechtung und Verstärkung betrachtet werden.

Aus zeitlicher Perspektive betrachtet, stellen ***Robotik*** und Biotechnologie jene Bereiche dar, die in Form von Mechanisierung und Automatisierung in die Anfänge des industriellen Zeitalters und im Fall der Biotechnologie mit ihren älteren Verarbeitungs- und Konservierungsprozessen sogar weiter in die Geschichte zurückreichen. Sie stellen also ein Bindeglied zwischen dem industriellen und dem kybernetischen Prinzip dar. Eine Grundlage der kybernetischen Anwendung in sämtlichen Branchen ist die maschinelle Datenverknüpfung und -verarbeitung, die mit der Informations- und Kommunikationsindustrie gleichzeitig einen eigenen, wachsenden, in stetiger Entwicklung befindlichen Sektor begründet, der sich wiederum im Zusammenspiel und in Rückkoppelung mit anderen Branchen entfaltet. In dem Maße, wie datenbasierte Rückkoppelung Selbstregulierung und Selbstoptimierung ermöglicht, übernimmt das kybernetische Prinzip die Führung der Prozesse.

Roboter sind Maschinen, die Bewegung, Arbeitsverrichtung, Problemlösung und Kommunikation vereinen. In ihrer kybernetischen Form, d. h. in Verbindung mit digitalen Informationstechnologien, schließen sie Informationsverarbeitung, Anpassung, Interaktion und Rückkoppelung mit ein. Sie können als Inbegriff automatisierter, ineinandergreifender Produktionsabläufe in vielen Branchen gelten, bei denen menschliche Tätigkeiten von

235 Grinin/Grinin 2016, S. 55.

Maschinen übernommen werden. Ihre Anwendungsbereiche reichen von der industriellen Fertigung, über Informationsverarbeitung, militärische Anwendungen als gelenkte Waffen oder Flugmaschinen zu Dienstleistungen wie Pflege, Sex, Reinigung, Bedienung, Transportdienste u. v. a. m. Im medizinischen Bereich werden Roboter etwa bei Operationen in der Chirurgie eingesetzt, wie etwa der berühmte Da-Vinci-Roboter, der sich seit der Jahrtausendwende bei Operationen im gynäkologischen und urologischen Bereich aufgrund der minimalen Invasivität zunehmender Beliebtheit erfreut.[236] Seine Schritte werden in Engführung mit der Steuerung durch den Arzt durchführt.

Im Industriebereich haben Roboter den Einsatz menschlicher Arbeitskraft zwar stark zurückgedrängt, jedoch bisher nicht in dem Ausmaß, das technisch möglich wäre. Die Verlagerung arbeitsintensiver Industriearbeit von Hochlohn- in Billiglohnländer, wo Arbeitskraft zu günstigen Kosten verfügbar ist, verzögerte den Vormarsch der Industrieroboter in den alten Industrieländern. Hier wird in der Auseinandersetzung zwischen Gewerkschaften und Unternehmensleitungen vor allem um das Arbeitstempo sowie den Handlungsspielraum der ArbeiterInnen gegenüber der Maschine gerungen: Stärkt der Roboter die Kompetenz, kooperiert er mit der ArbeiterIn oder dequalifiziert er sie?[237] Arbeitskräfteknappheit und steigende Löhne in Schwellenländern führen dazu, dass Industrieroboter in den neuen Industrieländern am verbreitetsten sind, vor allem wenn Sterilität geboten ist, bei Montage und Verpackung, in der Automobilerzeugung oder in Logistikzentren.

Solange Roboter den verlängerten Arm des Menschen darstellen, mit dem dieser seinen Aktionsradius in Gefahrenbereiche erweitern kann, sind sie eher dem industriellen als dem kybernetischen Prinzip zuzuordnen. In dem Maße, wie ihre Steuerung sich durch Anwendung selbsttätigen Lernens verselbstständigt, betreten sie jedoch die Sphäre der Künstlichen Intelligenz oder Kybernetik. Dazu benötigen sie die Verbindung mit *Big Data*. Das von der Europäischen Kommission 2010–2014 finanzierte *Roboearth*-Projekt zielte darauf ab, dass Roboter durch die Interaktion mit Datenbanken ihre Tätigkeit selbst optimieren, Nachfolgeprojekte arbeiten an der Kommunikation

236 https://de.wikipedia.org/wiki/Da-Vinci-Operationssystem (3. 4. 2020).

237 Becker Matthias Martin (2017): Automatisierung und Ausbeutung. Was wird aus der Arbeit im digitalen Kapitalismus. Wien.

multipler Roboter-Systeme in der *Cloud* sowie an Anwendungslösungen.[238] In Verbindung mit 3D-Druck können die Roboter sogleich die erforderlichen Reparaturen und Anpassungen selbst vornehmen. Das ist vorläufig jedoch Zukunftsmusik und bleibt, wenn die Pläne umgesetzt werden, der Endphase der Kybernetischen Revolution vorbehalten.[239]

Biotechnologien verschoben sich seit den 1970er Jahren von der Ausnutzung natürlicher Prozesse in der Agrar-, Nahrungsmittel- und Pharmaindustrie in Richtung gentechnischer Eingriffe in die DNA-Struktur, um Eigenschaften von Pflanzen, Tieren und Mikroorganismen zu verändern. Biotechnologien stellen in Verbindung mit Information & Kommunikation eine der Leitbranchen im 5. Kondratieff-Zyklus dar. Dies ermöglicht die Entwicklung neuer gentechnisch veränderter Spezies wie Hochleistungssaatgut mit Klima- und Schädlingsresistenz, neuer Materialien wie zum Beispiel Substitute für Fleisch oder Leder oder verbesserte Hygiene- und Recyclingverfahren. Die Entwicklungen gehen in Richtung der Erzeugung von Organismen mit gewünschten Eigenschaften, die auch in der Fortpflanzung von Menschen zur Anwendung kommen können. In weiterer Konsequenz bietet die Verknüpfung mit *Big Data* vielleicht in Zukunft die Möglichkeit, den evolutionären Selektionsprozess auf eine automatisierte selbstregulierende Basis zu stellen. Ein anderer Anwendungsbereich liegt schon heute in biologischen Erkennungssystemen, die auf der Verwandlung biologischer in elektrische Energie basieren und als winzige Biosensoren und Biochips zur Überwachung biologischer Vorgänge im menschlichen Körper verwendet werden können. Die rasanten Fortschritte lassen die Biotechnologie in vielen Augen als die führende Branche der Kybernetischen Revolution erscheinen. Die Innovationen zeigen ihre Wirkung jedoch erst im Verein mit nanotechnologischer Miniaturisierung und im Zusammenhang mit medizinischen Anwendungen.[240]

Nanotechnologien, abgeleitet vom altgriechischen νᾶνος (Zwerg), arbeiten mit winzigen Nanopartikeln unterhalb von 100 Nanometern (1 nm = 1 Millionstel Millimeter mm). In dieser Größenordnung verändert sich das Verhältnis zwischen Oberfläche und Volumen grundlegend und ermöglicht

238 http://roboearth.ethz.ch/ (4. 4. 2022)

239 Grinin/Grinin 2016, S. 116–122.

240 Grinin/Grinin 2016, S. 87–102; vgl. auch Rifkin Jeremy (2000): Das Biotechnische Zeitalter. Die Geschäfte mit der Genetik. Frankfurt/Main-New York.

durch die Neuzusammensetzung von Atomen Materialien mit veränderten Eigenschaften zu entwickeln. Einen ersten Boom erlebte die Nanotechnologie in den 1990er Jahren, als sie den Sprung von der Grundlagenforschung zur Anwendung machte. Zunächst handelt es sich dabei um passive Nanostrukturen, die zum Beispiel als Materialzusatz Stoffeigenschaften beeinflussen können. Neuere Entwicklungen gehen in Richtung radikaler Nanosysteme, etwa in Form von Nanorobotern, das heißt Miniaturrobotern, die über Biochips in den Körper eingeführt werden und zum Körpermonitoring oder zur Behandlung, etwa für die Medikamentenverabreichung, eingesetzt werden können. Diese Entwicklungen stehen noch in den Anfängen. Der Wettlauf in der Forschung konzentriert sich unterdessen auf die Miniaturisierung der Prozessoren (Halbleiter, Chips), die neue Anwendungsbereiche, höhere Geschwindigkeit sowie Einsparungen bei Material und Energie mit sich bringt. Die Miniaturisierung erlaubt den Einbau von Teilen und Steuerungselementen, die bisher aus Platz-, Gewichts- oder Materialgründen nicht denkbar waren. Nanopartikel werden in der Chemie, im Maschinenbau, in der Elektronik, im Pflanzenschutz oder in der Oberflächenbehandlung und Oberflächenreinigung eingesetzt. In der Medizin eignen sie sich als Diagnostika, für den Wirkstofftransfer, als Depot von Medikamenten im Körper oder als Werkstoff für Implantate.[241]

Additivtechnologien stellen ein Verfahren bereit, Einzelanfertigungen mittels 3D-Druck herzustellen. Anders als beim industriellen Prinzip, bei dem Werkstoffe durch Schmieden, Gießen oder Material abhebende Verfahren (Fräsen, Feilen z. B.) geformt werden, handelt sich hier um Fertigungsverfahren, bei denen Material Schicht für Schicht aufgetragen und so dreidimensionale Gegenstände erzeugt werden. Jedes Stück wird für sich gefertigt. Je niedriger die benötigte Stückzahl und je größer die Komplexität der Bauteilgeometrie, desto mehr erweist sich 3D-Druck gegenüber der industriellen Massenproduktion als überlegen. Er eignet sich besonders für Einzelanfertigungen sowie kleine Serien, die trotz niedriger Stückzahl kostengünstig hergestellt werden können und die die Produktvielfalt steigern. Additivverfahren brechen auch mit dem Prinzip der Arbeitsteilung, das heißt der Zerlegung der Arbeitsschritte innerhalb von Betrieben oder entlang überregionaler Standortketten und führen den gesamten Produktionsfluss an einem Ort zusammen.

241 Grinin/Grinin 2016, S. 103–115.

Unternehmensgröße verliert damit ihren Wettbewerbsvorteil. Die viel gepriesene Individualisierung kann Platz greifen. Außer im Modellbau und bei kleinen Anwendungen kann 3D im praktischen Wirtschaftsleben jedoch bisher mit industriellen Verfahren nicht mithalten.

Last but not least stellen ***kognitive Systeme*** eine zentrale Zukunftstechnologie des kybernetischen Zeitalters dar. Darunter versteht man »technische Systeme, die in der Lage sind, für menschliche Aufgabenstellungen selbstständig Lösungen und Strategien zu entwickeln. Dafür sind sie mit kognitiven Fähigkeiten zum Kontextverstehen, zur Interaktion, Adaption und Lernfähigkeit ausgestattet.«[242] Sie bauen auf neuropsychologischen Erkenntnissen auf, wie über Neuromediatoren Verbindungen und Rückkoppelungen zwischen menschlichem Gehirn und externen Geräten hergestellt werden können, etwa zwischen künstlichen Körperteilen oder Organen, aber auch Geräten zur Arbeitsunterstützung, maschineller Lernhilfe (*Deep Learning*) oder Alltagsbewältigung. Man spricht hier von neuronalen Netzen und Schnittstellen zwischen menschlichem Gehirn, Prothese oder Gerät.

Zusammenfassend bringen MANBRIC-Sektoren aufgrund neuer Verfahren und Materialien neue Produkte für eine steigende Zahl von Anwendungsbereichen hervor (z. B. künstliche Körperteile, Medikamente, Impfstoffe, Kommunikations-, Steuerungs- und Überwachungsprogramme) und erzeugen damit Nachfrage nach Optimierung (Gesundheit, Fitness, Schönheitsästhetik, genetische Modellierung) und personalisierter Lebensbegleitung. Der Medizinbereich erweist sich als jener Schnittpunkt, in dem diese Neuerungen zusammenlaufen und von dem aus sie in einer späteren Phase das gesamte Wirtschaftsleben durchdringen können. Der auf Körper und Gesundheit fokussierte Optimierungsgedanke öffnet gleichzeitig das Einfallstor für Kontroll-, Sicherheits- und Überwachungstechnologien, die nicht nur der individuellen oder der öffentlichen Gesundheit, sondern auch der Beobachtung und Sanktionierung abweichenden Verhaltens dienen. Er lässt sich auch in die Welt der Erwerbsarbeit integrieren, damit falsche Handgriffe, schlechte Konstitution und Einstellung, zu lange Pausen, zu langsames Arbeiten u. v. a. m. erkannt und korrigiert werden können.

242 https://www.iks.fraunhofer.de/de/themen/kognitive-systeme.html (27. 2. 2022)

Die Verheißungen der »Disruption«

Klaus Schwab ordnet die neuen Entwicklungen der Kybernetischen Revolution in seinem Buch über die »vierte industrielle Revolution« drei Megatrends zu.[243] Unter den physischen Megatrends fasst er Robotik, neue Materialqualitäten, 3D-Druck und selbstfahrende Kraftfahrzeuge zusammen. Dem digitalen Megatrend ordnet er das Internet der Dinge, die Verknüpfungen zwischen materieller und virtueller Welt über Sensoren sowie die Nachvollziehbarkeit der Datentransaktionen durch *Blockchains* oder »digitale Hauptbücher« zu. In der Praxis bedeutet sieht er alle Daseinsbereiche, von Bekleidung und Wohnen über Kommunikation, Mobilität und Energieversorgung bis zu Fertigung, Handel, öffentlicher und Unternehmensverwaltung durch Datenbanken miteinander vernetzt. Angeblich sind diese »geteilt«, ein vom englischen »*shared*« abgeleiteter Neusprech für Transparenz und allgemeine Einsehbarkeit, »verschlüsselt« und »zuverlässig«.[244] Der dritte Megatrend liegt im biotechnischen Bereich, der über Veränderungen der DNA Lebewesen schaffen, modellieren, Lebensführung und Heilungsprozesse optimierend begleiten und über Gen-Editierung Eigenschaften, Körperteile oder überhaupt den Nachwuchs von Tier, Pflanze und Mensch nach Wunsch gestalten kann. Auch hier erweist sich die körperliche Optimierung als gemeinsamer Nenner der Schwab'schen Megatrends. Dabei geht die Phantasie der technischen Machbarkeit wohl mit dem Autor durch und das Blaue, das hier vom Himmel herunter versprochen wird, soll die LeserInnen in seinen Bann ziehen. Zwar fügt Schwab im Buch »Die vierte industrielle Revolution« der Aufzählung der Megatrends im Anhang eine Liste hinzu, die für jede Neuerung eine Bewertung und Terminisierung ihrer Verwirklichungschancen vornimmt, was einige der Bilder doch stark relativiert. Damit keine Zweifel aufkommen, werden die Prinzipien, die den Trends zugrunde liegen, auch auf einer gesellschaftspolitischen Ebene erläutert.

Hier ähnelt Schwab stark den Visionen von Jeremy Rifkin, der aufgrund früherer Analysen, z. B. zur Gen- und Reproduktionstechnik oder zur Veränderung der Arbeit durch Digitalisierung, als kritische Autorität

243 Schwab 2016, S. 28–46.
244 Schwab 2016, S. 35.

des gesellschaftlichen Wandels anerkannt ist. Anders als Schwab steht Rifkin nicht im Verdacht, als verlängertes Sprachrohr der neuen Wachstumssektoren zu fungieren. De facto verschmilzt Schwabs »vierte industrielle Revolution« jedoch mit Rifkins stärker auf Energiewende und einen neuen grünen – angeblich nicht-kapitalistischen – Kapitalismus orientiertem globalen *Green-New-Deal*-Programm.[245] Im gleichnamigen Buch erweist sich Rifkin genauso suggestiv wie Schwab. In beider programmatischen Skizzen, in welche Richtung sich das Heil der Menschheit zu bewegen habe, geht es im Wesentlichen darum, über das *Sharing*-Prinzip ein neues Besitzverständnis (*Stakeholder* statt *Shareholder*, Nutzen statt Besitzen, Zugang statt Eigentum), eine neue *Work-Life*-Balance (Flexibilisierung und Verkürzung der Erwerbsarbeitszeit durch das Zusammenspiel von Mensch und Maschine) sowie ein neues Politikverständnis (Politikgestaltung durch datenbasierte Expertise von Unternehmen, Regionen und Zivilgesellschaft statt nationalstaatliche demokratische Strukturen) einzuführen.[246] Rifkin führt für die neuen glokalisierten Beziehungen jenseits verfassungsmäßig geregelter staatlicher Strukturen den Begriff »verteilt« ein. Er begreift »verteilt« als deutschsprachige Entsprechung von »*distributed*« oder »*decentralized*« und verbindet dies mit offenem Zugang und Transparenz zum Beinahe-Nulltarif: »Alles, was dazu (d. h. zu »verteilter« *Governance*) nötig ist, ist ein *Smartphone* und eine Internetverbindung, um den augenblicklichen Kontakt zu Big Data und einem globalen Netzwerk aus Millionen von Geschäften und Websites zu erhalten.«[247]

Schwab und Rifkin sind sich bewusst, dass der Wandel nicht von selbst und nicht ohne Widerspruch vonstatten gehen kann. Es bedarf Schocks, um alte Strukturen und Gepflogenheiten zu durchbrechen.[248] Soweit bedienen sie sich der Metapher von Naomi Klein, für die kapitalistische Modernisierung niemals ohne Schock und Desaster realisierbar ist.[249] Während Klein dies jedoch kritisch sieht und dafür plädiert, dass sich die Menschen gegen Schocks verwehren, die ihnen die kapitalistische Krisenstrategie auferlegt, und vor ihren Folgen schützen, messen Schwab und Rifkin Krisen und Katastrophen

245 Rifkin Jeremy (2019): Der globale Green New Deal. Warum die fossil befeuerte Zivilisation um 2028 kollabiert – und ein kühner ökonomischer Plan das Leben auf der Erde retten kann. Frankfurt/Main-New York.

246 Schwab 2016; Rifkin 2019.

247 Rifkin 2019, S. 53.

248 Schwab 2016, S. 21.

249 Klein 2007.

(*disaster)* positive Wirkung zu. Schwab spricht von »Disruption«, wenn zunehmende Digitalisierung Gewinn und Beschäftigung nach unten treibt; Rifkin sieht die Chance auf revolutionären Wandel im »großen Bruch«. Erst dieser mache den Weg frei für das, was er »dritte industrielle Revolution« nennt, also ein »digitales neuronales Netz über die gesamte Weltwirtschaft« legt, das alle »Ströme und Aktivitäten über Big Data und Sensoren in jedem Gerät steuert, koordiniert und überwacht«, Mensch, Maschinen und Geräte verbindet und so die Voraussetzung für Produktivitätswachstum und Effizienzsteigerung schafft.[250] Da aufgrund des geringen Kapitaleinsatzes in der digitalen Sphäre die Grenzkosten zur Herstellung von Waren gegen Null tendieren, stünden viele Güter für alle kostenlos zur Verfügung. Die von Rifkin nicht so bezeichnete, aber im Grunde so gemeinte sozialistische Verheißung wird wahr: Märkte eignen sich nicht mehr als Steuerungsinstrument, werden irrelevant und machen einer *Sharing*-Ökonomie Platz, einer Kreislaufwirtschaft, die von gemeinschaftlichem Konsum, offenen *Commons* (Gemeingütern) und der gleichberechtigten Zusammenarbeit oder gar dem Aufgehen von ProduzentInnen und KonsumentInnen in *Provider-User*-Netzwerken geprägt ist.[251] Bezeichnend ist, dass die Beispiele für das »geteilte« Eigentum und der »verteilte« Zugang zu den kostenlosen Gemeingütern dann nicht über die – immer wieder aufs Podest gehobene – Transportplattform Uber und die Wohnungsvermittlungsplattform AirBnB, den Online-Händler Amazon und den Internetprovider Google hinausgehen, die ihre »revolutionäre« Kinderzimmerphase längst hinter sich gelassen haben und zu harten, lukrativen Business-Modellen aufgestiegen sind, die Branchenkonkurrenten durch Prekarisierung der Beschäftigung, Unterlaufen von Qualitäts- und Sicherheitsstandards und aktive Steuerflucht aus dem Feld schlagen.[252]

Der kybernetische Übergang bringt ein Wirtschafts- und Gesellschaftssystem hervor, dem utopische und dystopische Visionen zugrunde liegen. In den Gesamtentwürfen, die unter »Kybernetische Revolution«, »Dritte« oder »Vierte Industrielle Revolution«, »Disruption«, »*New Green Deal*« oder »*Great Reset*« kursieren, ist das Utopische vom Dystopischen jedoch nur schwer unterscheidbar. Technologische Machbarkeitsvorstellungen paaren

250 Rifkin 2019, S. 34.

251 Rifkin 2019; S. 34–38

252 Z. B. Schwab 2016, S. 21, 36, 94; Rifkin 2019, S. 34, 265.

sich einerseits mit der Einschätzung von der Unvermeidlichkeit technischer Entwicklungen, andererseits mit deren Propagierung als Rettungsanker zum Überleben im Angesicht von ökonomischer Krise und ökologischer Katastrophe sowie als Schritt zu einer besseren, inklusiven, partizipativen und solidarischen Zukunft der Menschheit. Durch soviel ideologische Überfrachtung bleibt dem und der Einzelnen kein Spielraum zur selbstständigen Überprüfung der Versprechungen. Diese werden in rosigen Farben von Schönheit, Gesundheit, Langlebigkeit, »Verteiltheit«, offenem Zugang, Erneuerbarkeit, Nachhaltigkeit und Egalisierung gemalt, sodass kein vernünftiger Mensch sich diesen universellen Werten entgegenstellen mag. Doch was steht hinter diesen Floskeln? Während die Forschungen des Teams um Grinin, Grinin und Korotayev nur in Fachkreisen rezipiert werden, sind Klaus Schwab und sein Weltwirtschaftsforum oder Jeremy Rifkin und seine *Foundation on Economic Trends*, die als BeraterInnen zahlreicher Regierungen agieren, einer breiteren Öffentlichkeit der westlichen Welt bekannt.

Im Folgenden nehmen wir uns im Einzelnen jene Branchen vor, die während der Lockdowns einen Boom erlebt haben. Nach einem Blick auf den kurzfristigen Bedeutungsgewinn der zur Aufrechterhaltung der Versorgung mit lebenswichtigen Gütern und Dienstleistungen »systemrelevanten« Bereiche und Berufe widmen wir uns den Auswirkungen auf die Wirtschaftsstruktur. Dabei stellt sich die Frage, wie sich das Corona-Management auf die Branchen-, Größen-, und Vertriebsstruktur der Unternehmen auswirkt. Lässt sich eine Schubkraft zur Stärkung der MANBRIC-Sektoren im Gesamtgefüge ausmachen? Dabei gilt es erstens die Angebotsseite zu beachten, d.h. welche Produkte und Dienstleistungen aus dem Corona-Management gestärkt hervorgegangen sind, und zweitens die Nachfrageseite zu durchleuchten, d.h. wie sich das Konsumverhalten der Menschen im Zuge der über zwei Jahre andauernden Einschränkungen bzw. Verlagerungen der Kommunikation und des Konsums in den digitalen Raum verändert hat. Belastbare empirische Studien liegen weder zur Angebots- noch zur Nachfrageseite vor. Stellvertretend können Umsatz-, Gewinnzahlen und Börsenkurse, Daten zu Expansion bzw. Einschränkung oder Stilllegungen herangezogen werden. Darüber hinaus erlaubt die regelmäßige Auswertung von Presse und Internet-Medien, eine vorläufige Bilanz zu ziehen. Im Vordergrund stehen Berichte und Erfahrungen aus der Phase der Mobilitätsbeschränkungen und Reiseverbote in Deutschland und Österreich, ergänzt um die Auswertung internationaler Medien und ausgewählter Studien.

Die Boom-Branchen im Corona-Lockdown

Die folgende Darstellung orientiert sich an der Reihenfolge, in der bestimmte Produkte im Zuge der – regional, sachlich und nach Zielgruppendefinition ständig wechselnden – zwischen März 2020 und März 2022 währenden Lockdown-Maßnahmen in den Vordergrund traten. Denn obwohl alle Angebote gleichzeitig existierten und nachgefragt wurden, kann eine Verschiebung beobachtet werden. Während einige der Maßnahmen im Frühjahr 2022 beendet oder ausgesetzt wurden, sind andere zu Redaktionsschluss immer noch in Kraft oder können bei Bedarf aktiviert werden.

Stand in den ersten Wochen des Shutdown die Beschaffung von Schutzkleidung für medizinisches und Pflegepersonal im Zentrum, verlagerte sich die Nachfrage mit der Einführung der Maskenpflicht auf Gesichtsmasken, zunächst unspezifisch und in der Folge enger auf FFP-2-Masken. Tests wurden in den ersten Monaten nur für medizinisches und Pflegepersonal eingesetzt, im Sommer 2020 zur Bedingung für Auslandsreisen und im Laufe des Jahres 2021 in mehreren Schritten zur Voraussetzung für den Zutritt zu Schulen, Gastronomie, Beherbergungs-, Kultur- und Sportstätten gemacht. Auf ihrer Basis wurden die 7 Tage-Inzidenzwerte, d. h. die Zahl der innerhalb einer Woche nachgewiesenen Infizierten in der Gesamtbevölkerung, sowie die Virus-Reproduktionszahl berechnet, die angibt, wie viele Menschen eine infizierte Person innerhalb einer bestimmten Zeitspanne ansteckt.[253] Im Zuge der Regionalisierung der von mathematischen Modellen vorgegebenen Höchstwerte von Inzidenz, Reproduktionszahl und Krankenbettenbelegung für einzelne Länder bzw. Bundesländer, Bezirke und Gemeinden kam es zu Ein- und Ausreisesperren für Personen, die keinen Test vorlegen konnten. Parallel zur Explosion der Tests und ihrer Verschiebung von Selbsttests zu professionellen Testanbietern sowie von Antigen- zu PCR-Tests, nebst Verkürzung ihrer Gültigkeitsdauer, trat seit dem Jahreswechsel 2020/21 die Impfung an die erste

253 Die Testergebnisse spiegeln das tatsächliche Infektionsgeschehen nur mangelhaft wider. Weder bedeutet ein positives Testergebnis eine tatsächliche Infektion noch können aufgrund von Dunkelziffern und mangelnden Symptomen sämtliche Infizierte erfasst werden – vgl. Roth 2022, S. 188. Es handelt sich also um eine Datenfiktion.

Stelle propagierter pharmazeutischer Produkte. Parallel dazu explodierten die Testzahlen und erreichten im Winter 2021/22 ihren Höhepunkt mit 600.000 täglichen Tests in Österreich, das als Testweltmeister galt. Allein für Tests hat die österreichische Bundesregierung bis März 2022, als die unbegrenzten Gratistests ausliefen, 3,3 Mrd. Euro ausgegeben.[254] Der größte österreichische Testanbieter ist die Firma »Lifebrain« in Wien, von März 2020 bis März 2022 flossen mehr als 300 Mio. Euro an das Labor. Im Vergleich dazu fielen die öffentlichen Ausgaben für die Impfkampagne mit 350 Mio. Euro (bis Ende 2021) relativ gering aus. Die größte europäische Laborkette »Synlab« mit Sitz in München verfügt über zahlreiche Standorte, darunter auch in Österreich. Der Umsatz stieg 2021 um 44 Prozent auf 3,8 Mrd. Euro.[255] In Deutschland wurden die unbegrenzten Bürgertests im Oktober 2021 eingestellt; bis dahin verschlangen sie 5,2 Mrd. Euro.[256]

Eine unbeabsichtigte, aber nichtsdestotrotz folgenschwere Begleiterscheinung von Test- und Impfmaterial, Schutzkleidung und Masken war und ist der Anstieg von Plastikmüll sowie einer – mit der Angst vor Ansteckung wachsenden – Wegwerfmentalität in der Bevölkerung.

Die Impfung wurde ohne jedes Wenn und Aber als Hoffnungsträgerin zur Beendigung der Pandemie erklärt, wobei in sämtlichen EU-Staaten mit Ausnahme von Ungarn allerdings von Anbeginn an dafür gesorgt wurde, dass nur wenige Produkte westlicher Pharmaunternehmen für die Zulassung in Betracht gezogen wurden. Sobald die Impfstoffe in ausreichender Menge lieferbar waren, wurden sie mit allen Mitteln der Heilsversprechung, der Mobilisierung von Angst, Schuldgefühl gegenüber Angehörigen und Mitmenschen sowie mit mehr oder weniger sanftem Druck und Ausschlussdrohungen Ungeimpfter aus dem öffentlichen Raum als *die* Problemlösung propagiert. Die sogenannte 3G-Regel (für geimpft, genesen oder getestet) als Bedingung für die Teilhabe am öffentlichen Leben sorgte in Österreich ab Mai 2021 und in Deutschland ab August 2021 für entsprechenden Absatz von Tests und Impfungen, die für den Einzelnen vorerst in unbeschränkter Anzahl kostenlos waren, die staatlichen

254 Freudenthaler David, Das große Geschäft mit den Coronatests ist vorbei, Die Presse, 17. 3. 2022.

255 Ebd.

256 Bund zahlte bisher mehr als fünf Milliarden Euro für kostenlose Tests, Der Spiegel 12. 10. 2021: https://www.spiegel.de/politik/deutschland/corona-bund-zahlte-bisher-mehr-als-fuenf-milliarden-euro-fuer-kostenlose-tests-a-501b470f-c5b4-451d-905e-7bc15bf2bce5 (22. 2. 2022)

Budgets jedoch extrem belasteten. Sie machten Ungeimpften aufgrund der ständigen Tests, ohne die sie immer mehr Räume nicht betreten konnten, das Leben schwer; die Nachfrage nach Tests ließ die Anbieter derweil frohlocken, auch wenn die Teststationen und Labore mit der Auswertung nicht nachkamen und die darauf angewiesenen Personen oft ratlos vor verschlossenen Türen zurückließen.

Eine Steigerung des Impfdrucks erfolgte vielerorts – u. a. in Österreich Mitte November 2021 –, als mit der Einführung der 2G-Regel der Test nicht mehr ausreichte und Ungeimpfte vollends vom öffentlichen Leben – ausgenommen lebenswichtige Besorgungen, familiäre Verpflichtungen und Erwerbstätigkeit – ausgeschlossen wurden.

Zunächst als zweimaliger Stich beworben, der vor allem Risikogruppen schützen sollte, wurden – sobald die Produktion anlief – alle Menschen zur Zielgruppe erklärt; eine eigene Kampagne setzte im Sommer 2021 für die Kinderimpfung ab sechs Jahren ein, obwohl Sars-Cov-2 für diese so gut wie keine Bedrohung darstellt. Unterdessen war die anfängliche Impfeuphorie angesichts des Bekanntwerdens von Nebenwirkungen sowie aufgrund der geringen Wirksamkeit bzw. Wirkungsdauer der Impfung gesunken. Es zeichnete sich ab, dass Impfen eine regelmäßige Wiederholung, das sogenannte *Boostern*, bedeutet.

Viele Menschen standen den neuartigen mRNA-Präparaten der beiden Hauptimpfstofflieferanten BioNTech-Pfizer und Moderna, die lediglich aufgrund einer Notfallzulassung verwendet wurden, ohnehin skeptisch gegenüber. Derartige Notfallzulassungen wurden durch die Pandemie-Definition der WHO und deren Ausrufung des Gesundheitsnotstandes im März 2020 ermöglicht.

Als sich in Österreich als einer Art Vorhut Ende 2021 mit über 20 Prozent ein immer noch beträchtlicher Teil der Bevölkerung nicht impfen hatte lassen, wurde – neben Überlegungen für berufsbezogene Impfpflichten – eine Impfpflicht für alle Menschen über 18 Jahren in Erwägung gezogen und im Februar 2022 als erstem und einzigem EU-Staat beschlossen. Machtvolle Demonstrationen, mehr als 180.000 Einsprüche gegen das Gesetz, Unklarheiten in der administrativen Umsetzung sowie der Anstieg von Erkrankungen Geimpfter führten im März 2022 zur vorübergehenden Aussetzung und im Juni 2022 zur Rücknahme des Gesetzes.

Obzwar die Corona-Maßnahmen den Vorgaben und Empfehlungen der WHO folgten, wies die Umsetzung in den einzelnen Staaten große Unterschiede auf. Einen groben Hinweis erhalten wir aus der unterschiedlichen Höhe der finanziellen Stimulus-Pakete 2020, die in den einkommensstarken westlichen Ländern durchschnittlich 8,5 Prozent des BIP ausmachten, in Schwellenländern 4 Prozent und in Entwicklungsländern unter 2 Prozent.[257] Damit standen auch für die gesundheitspolitischen Maßnahmen sehr unterschiedliche Beträge zur Verfügung. Eine Korrelation geringer Corona-Ausgaben und hoher Mortalitätsrate ergibt sich daraus jedoch nicht. Auch innerhalb der Europäischen Union wurden ganz unterschiedliche Strategien verfolgt, mit Österreich, Deutschland, Frankreich, Italien und Spanien als Spitzenreiter allgemeiner Kontaktverbote, und den skandinavischen Staaten oder dem 2020 Noch-EU-Mitglied Großbritannien als Staaten, die der Eigenverantwortung größeren Spielraum einräumten.[258]

Medikamente und ärztliche Beratung erlebten – im Vergleich mit Testen und Impfen – bis Redaktionsschluss im Sommer 2022 interessanterweise keinen Boom, obwohl der Bedarf für Prophylaxe und Behandlung in Gefolge von Covid-19-Erkrankungen durchaus gegeben war. Dies war auf die durch Aussagen von Gesundheitspolitikern und Ärztevertretern, z. B. dem Präsidenten der Österreichischen Ärztekammer Thomas Szekeres (bis Mai 2022) oder dem durch seine NDR-Coronavirus-Update-Sendung allseits bekannten Virologen an der Berliner Charité, Christian Drosten, vermittelte Behauptung zurückzuführen, es gäbe gegen Sars-Cov-2 kein Medikament – eine Einschätzung, die unschwer als Propagierung der Impfung verstanden werden kann. Gleichzeitig wurden Studien und Erfahrungsberichte über den Einsatz bestehender Medikamente gegen Covid-19 als unzuverlässig dargestellt und Berichte über Impfnebenwirkungen verschwiegen oder kleingeredet. Persönliche ärztliche Beratung wurde durch die Quarantäneregeln fast verunmöglicht, sodass ausgerechnet in Zeiten der Erkrankung (an Covid-19 und anderen Erkrankungen) kein ausreichender ärztlicher Beistand gegeben war und PatientInnen auf telefonische Hotlines verwiesen wurden, die langes Warten und nur unbefriedigende und ungenügende Auskunft bescherten.

257 Tooze 2021, S. 150.

258 Roth 2022, S. 201–216 nimmt eine länderweise Darstellung nach Lockdown-Phasen auf der Basis eigener Berechnungen der Infektions- und Mortalitätszahlen vor.

Die psychischen Folgewirkungen der Corona-Pandemie konnte man jedoch nicht verheimlichen, erlebten doch vor allem Kinderkliniken einen Ansturm wegen Stress, Depression und Selbstmordgefahr. Auch Frauenhäuser und Hotlines für Gewaltprävention waren viel gefragt. PensionistInnen in Privathaushalten und Heimen erlebten eine besonders krasse Form der Isolierung; der Verlust gewohnter Betreuung durch Einreiseverbote und Quarantäne für HeimpflegerInnen aus Osteuropa trieb viele in die Verzweiflung, teilweise – wie am Hotspot Lombardei im März/April 2020 – auch in Krankenhäuser, wo sie zur Überlastung der Stationen beitrugen und sich überdies gegenseitig ansteckten. Die Ursachen und Umstände der regionalen Häufung von Covid-19-Erkrankungen und Todesfolgen in der Lombardei wurden an verschiedenen Stellen ausführlich behandelt.[259] Die dramatischen Ereignisse wurden jedoch gleichzeitig überall in Europa zu einem Bedrohungsbild aufgebaut, das vor allem einen Zweck hatte: Es sollte die Lockdowns rechtfertigen, für die die Bedrohungslage vor Ort keine entsprechende Begründung bereitstellte. Staatlichen Stellen vermieden jedoch tunlichst, Einsamkeit, psychische Erkrankungen, Überforderung durch Ausgehverbote, *Home Office* und Heimunterricht sowie Krisen und Gewaltanwendung in den Familien auf die Corona-Maßnahmen zurückzuführen.

Damit sind wir bei jenen Produkten und Dienstleistungen angekommen, die im Lockdown einen regelrechten Schub erlebten. Dieser Schub fand unabhängig davon statt, ob jemand die Ausgangs- und Kontaktbeschränkungen im Einzelnen oder in ihrer Gesamtheit für angemessen, für nicht ausreichend oder für unverhältnismäßig hielt. Im Vordergrund der folgenden Darstellung stehen Online-Kommunikation, Online-Handel und Online-Dienstleistungen, die je nach Alter, Geschlecht, Familienstand und familiären Pflichten, Ausbildung, Beruf und Beschäftigung, Bildungsstand, Vermögen und Wohnverhältnissen sowie individuellen Vorlieben für Erholung, Sport, Kultur, soziale und ehrenamtliche Aktivität spezifische Nachfrageprofile hervorbrachten. Alle Nachfrage einte der Verordnungscharakter: ohne die alternativlose Notwendigkeit, entsprechende Online-Produkte und Dienste als Ersatz für untersagte Formen der direkten Kommunikation einzusetzen, wäre der Boom

259 Vgl. dazu: Klartext zur Krise (2020): Lockdown – Nicht nochmal! Essen, S. 43–49. Siehe auch: Wiesendanger Harald, Was steckt hinter Italiens Corona-Horror? 1.5.2021: https://www.klartext-online.info/post/was-steckt-hinter-italiens-corona-horror (10.8.2022)

in diesen Sektoren nicht zustande gekommen. Nolens volens, freudig oder mürrisch, neugierig oder abweisend, geschickt oder ungeschickt, mit oder ohne Erfahrung machten die Menschen den Sprung in eine Welt, die die meisten bisher nicht oder nicht in dieser Intensität und Ausschließlichkeit kennengelernt hatten.

Ein potenter Computer mit entsprechenden Programmen und ein funktionierender Internetanschluss stellten die Grundausrüstung für alle drei Bereiche dar. Dies bedeutete für viele Personen, die das Internet im privaten Bereich vor allem zu Freizeitzwecken genutzt hatten, Neuanschaffungen. Die Einübung der neuen Techniken ging oft nur schleppend voran und erfolgte im Trial-and-Error-Verfahren sowie mithilfe von Freunden und Familienmitgliedern. Wer da nicht mithalten konnte oder wollte, war ausgegrenzt. War die Ausrüstung besorgt – in Zeiten des Lockdown ein Impuls für den Online-Handel –, stellte die Gestaltung eines möglichst ungestörten Arbeitsplatzes die nächste Herausforderung dar – für viele Familien und Mehrgenerationenhaushalte fast ein Ding der Unmöglichkeit, und in Verbindung mit Anforderungen von Schule und Arbeitgeber eine Quelle von Streit und Stress. Bürobedarf, Wartung, Überlastung, Betriebspannen mussten in Zeiten geschlossener Geschäfte erneut improvisiert werden, Betriebsanleitungen und Online-Beratung brachten meist nicht den erhofften Erfolg.

Auf dieser prekären Grundlage begann die neue Ära der Kommunikation. Um es vorwegzunehmen. Die Lernerfolge waren beeindruckend; anfängliche Skepsis wurde durch zunehmende Vertrautheit mit den neuen Kommunikationsformen überwunden. Während manche Menschen Online-Kommunikation gar der mühsamen Anreise zum Arbeitsort, zu Konferenzen oder den Begegnungen mit Vorgesetzten und KollegInnen vorzogen, litten andere unter der schlechten Qualität der Internetverbindungen, der häuslichen Isolation oder der Mehrfachbelastung und konnten oder wollten sich mit der digitalen Welt nicht anfreunden.

IT-Unternehmen für Online-Kommunikation brachten sich mit ihren Programmen in Stellung. NutzerInnen rüsteten ihre Internet-Verbindungen auf und erwarben Konferenz- und Kommunikationsprogramme. So konnte die Kommunikation unter Familienmitgliedern und FreundInnen, die Teilnahme am Schulunterricht und die Erbringung von Schulaufgaben, der Besuch von Lehrveranstaltungen, Fortbildungen, Konferenzen aufrechterhalten werden.

Nach einer Phase der Unsicherheit und Verzweiflung traten Gewöhnung und Routine ein.

Die Nachfrage nach Konferenzprogrammen, Online-Verbindungen und Speicherplätzen für die digitalen Zwischen- und Endprodukte führte zur Ausweitung von *Cloud*-Diensten seitens der großen und IT-Konzerne. Sie profitierten nicht nur aufgrund der Nachfrage nach arbeitsbezogenen Programmen, sondern auch durch die Explosion der Kommunikation durch Mobiltelefonie, durch Spiele, Musik und Interaktion in den sozialen Medien, Applikationen für zahlreiche Anwendungsbereiche sowie durch digitale Nachrichtenseiten u. v. a. m.

IT-Unternehmen weiteten schon vor Corona ihre Dienste von der ursprünglichen Such- oder Kommunikationsfunktion auf zahlreiche weitere, Daten generierende, speichernde und verarbeitende Bereiche aus. Die Geschäftsmodelle beruhen in der Regel darauf, dass die Unternehmen bestimmte Dienste kostenlos anbieten, um die Daten der *User* als Ressource für den Verkauf an Werbekunden zu erlangen, während andere Dienste sowohl für private *User* als auch für Firmenkunden gegen Entgelt zur Verfügung gestellt werden.[260] Dadurch entsteht Verwirrung über die Unternehmensphilosophie der Konzerne, die sich selbst gerne als gemeinwohlorientierte Unternehmen im Dienste offener Kommunikation darstellen.

Ein Blick auf die Umsatz- und Nettogewinnzahlen der großen Informations- und Kommunikationskonzerne Microsoft, Alphabet-Google, Apple, Zoom und Amazon zeigt den Erfolg des Geschäftsmodells; ein Blick auf das persönliche Vermögen der Gründer und CEOs den steilen Aufstieg der digitalen *Selfmade*-Männer in der Rangliste der Milliardäre.

- Microsoft steigerte seinen Umsatz von 125,84 Mrd. US-Dollar (2019) auf 143,02 (2020) und 168,09 (2021), das ergibt ein Umsatzplus von 33,6 % zwischen 2019 und 2021. Der Gewinn stieg von 39,2 Mrd. US-Dollar (2019) auf 44, 3 (2020) und 61,3 (2021), das ergibt ein Gewinnplus von 56,4 % zwischen 2019 und 2021.[261]

260 Srnicek Nick (2018): Plattformkapitalismus. Hamburg.

261 https://de.statista.com/statistik/daten/studie/155707/umfrage/entwicklung-des-umsatzes-der-microsoft-corporation-seit-dem-geschaeftsjahr-2002/; https://de.wikipedia.org/wiki/Microsoft#Umsatz-_und_Gewinnentwicklung (22.7.2022)

- Alphabet, die Konzernmutter von Google, steigerte den Umsatz von 170,9 Mrd. US-Dollar (2019) auf 182,5 (2020) und 257,6 (2021), das ergibt ein Umsatzplus von 50,7 % von 2019 auf 2021. Der Gewinn stieg von 34,3 Mrd. US-Dollar (2019) auf 40,3 (2020) und 75,9 Mrd. US-Dollar (2021), das ergibt ein Gewinnplus von 121,3 % zwischen 2019 und 2021.[262]
- Apple steigerte seinen Umsatz von 260,2 Mrd. US-Dollar (2019) auf 274,5 (2020) und 365,8 (2021), das ergibt ein Umsatzplus von 40,6 %. Der Gewinn stieg von 55,1 Mrd. US-Dollar (2019) auf 57,4 (2020) und 94,6 (2021), mithin ein Gewinnplus von 71,7 % im gegebenen Zeitraum.[263]
- Zoom erhöhte seine monatlichen Nutzerzahlen von 10 Mio. (Dezember 2019) auf 200 Mio. (März 2020). Dementsprechend schoss der Gewinn von 27 Mio. US-Dollar im 1. Quartal 2020 auf 227,4 Mio. im 1. Quartal 2021 hinauf, d. h. ein Gewinnplus von sagenhaften 742 Prozent.[264]
- Amazon steigerte seinen Umsatz von 281,5 Mrd. US-Dollar (2019) auf 386,15 (2020) und 469,8 (2021), das ergibt ein Umsatzplus von 66,9 % von 2019 auf 2021. Der Gewinn stieg von 11,6 Mrd. US-Dollar (2019) auf 21,2 (2020) und 33,4 US-Dollar (2021), das ergibt ein Gewinnplus von 187,9 % von 2019 auf 2021.[265]

Seit dem Jahreswechsel 2021/22 schwächte sich die Anstiegskurve bei einigen Konzernen ab. Kurzfristig kam es sogar zu Verlusten, nicht zuletzt als Folge von Akquisitionen. Amazon verzeichnete im ersten Quartal 2022 etwa trotz steigendem Umsatz einen Nettoverlust von 3,8 Milliarden US-Dollar. Grund dafür war laut Finanzbericht vor allem die Abschreibung der Beteiligung am E-Auto-Hersteller Rivian, die mit 7,6 Milliarden Dollar zu Buche schlug.[266]

Nicht alle Superreichen kommen aus der IT-Branche. Mit Luxus-Markenartikeln rangiert der Franzose Bernard Arnault ganz oben. Einem Bericht der Entwicklungshilfeorganisation Oxfam zufolge konnten die zehn reichsten

262 https://www.handelsblatt.com/finanzen/maerkte/aktien/alphabet-quartalszahlen-google-bleibt-hinter-den-erwartungen-der-analysten-zurueck/27333818.html (22. 7. 2022)

263 https://www.handelsblatt.com/finanzen/maerkte/aktien/apple-quartalszahlen-apple-uebertrifft-die-erwartungen-von-analysten-deutlich/27165616.html (22. 7. 2022)

264 https://de.wikipedia.org/wiki/Zoom_Video_Communications (22. 7. 2022)

265 https://www.handelsblatt.com/finanzen/maerkte/aktien/amazon-quartalszahlen-amazon-schreibt-verluste-aktie-bricht-ein/27117406.html)

266 https://www.handelsblatt.com/finanzen/maerkte/aktien/amazon-quartalszahlen-amazon-schreibt-verluste-aktie-bricht-ein/27117406.html)

Menschen der Welt während der Coronavirus-Pandemie ihr Vermögen auf insgesamt 1,5 Billionen Dollar glatt verdoppeln.[267] Nach Forbes-Ranking 2022 waren dies:[268]

1. Elon Musk (268 Mrd. US-Dollar Vermögen): Tesla, SpaceX, Twitter-Interessent
2. Bernard Arnault (197 Mrd.): Holding Groupe Arnault u. a. Dior, Louis Vuitton, Givenchy, Fendi und Marc Jacobs, Wirtschaftszeitung Les Échos
3. Jeff Bezos (184 Mrd.): Amazon
4. Bill Gates (132 Mrd.): Microsoft-Gründer, div. Pharma (u. a. BioNTech)
5. Larry Page (118 Mrd.): Ex-CEO-Google/Ex-Alphabet, nun u. a. Kitty Hawk (Flugzeugindustrie)
6. Warren Buffet (114 Mrd.): Holdinggesellschaft Berkshire Hathaway
7. Sergey Brin (113 Mrd.): Google-Gründer
8. Larry Ellison (110 Mrd.): Oracle
9. Steve Ballmer (96 Mrd.): Ex-CEO-Microsoft
10. Mukesh Ambandi (93 Mrd.): Textilien

Facebook/Meta-Gründer Mark Zuckerberg wurde aufgrund eines Kurssturzes der Meta-Aktie im Juli 2022 auf Platz 17 verdrängt.

Der mediale Anschub für Online-Produkte

Das Herunterfahren von Kontakten und Mobilität diente der Eingewöhnung in neue Produkte und Praktiken. Der Anstoß ging von Verordnungen der Staaten aus, die wiederum den Vorgaben der WHO, der Gesundheitsstiftungen und den mit diesen verbundenen Unternehmen folgten. Für die Menschen stellte diese Situation ein *fait accompli* dar, eine vollendete unabänderliche, gesetzlich vorgeschriebene Tatsache. Aber die Menschen waren auch selbst daran interessiert, ob aus Angst vor Ansteckung oder um der Teilnahme willen, *Online-Tools* in der Kommunikation, im Handel und bei Dienstleistungen zu

267 https://www.handelsblatt.com/unternehmen/forbes-liste-2022-das-sind-die-zehn-reichsten-menschen-der-welt-/25725996.html) (22.7.2022)

268 https://www.handelsblatt.com/unternehmen/forbes-liste-2022-das-sind-die-zehn-reichsten-menschen-der-welt-/25725996.html (22.7.2022)

verwenden. Sie informierten sich also aus eigenen Stücken und waren bereit für Angebote und neue Praktiken. In dieser Zeit kann eine gezielte Marketing-Aktivität von Unternehmen und Branchenvertretern beobachtet werden, die ihre Dienste bewarben: über eigene *Homepages*, über die Platzierung in Suchmaschinen, in der gezielten Kundenwerbung im Internet sowie in Inseraten. Oft erfolgte dies als gemeinsamer Werbeauftritt von Politik, Wissenschaft, Unternehmen und Medien in Form von öffentlichen Veranstaltungen, die medial aufbereitet wurden und der Öffentlichkeit die neuesten Errungenschaften digitaler Produkte vermittelten. Gleichzeitig damit wurden neue Trends vorgestellt, die die Kommunikations- und Produktlandschaft in Zukunft prägen würden. In der österreichischen Tageszeitung *Die Presse*, einer Qualitätszeitung für das gebildete konservative Publikum, vergleichbar mit *FAZ* oder *Die Welt*, wurden die LeserInnen mit derlei Informationen nicht nur im Nachrichtenteil versorgt, sondern in allerlei Fachbeilagen in Form von gesponserten Artikeln, Ankündigungen und Werbeeinschaltungen. Diese Beiträge dienen in der Folge als Anschauungsbeispiele.

Wiederholt wurde für das *White Paper* »Die Zukunft der Medizin ist digital« geworben, das *Die Presse* gemeinsam mit dem Telekommunikationsanbieter »Drei« herausgab.[269] Hutchinson-Drei-Austria-CEO Jan Trionow darf im »Gespräch mit Abstand« über den Push der Digitalisierung frohlocken: »Die Nutzung ist im Lockdown regelrecht explodiert (…). Viele Dinge, die als unmöglich gegolten haben, funktionieren. Einiges wird bleiben. (…) Jetzt haben wir auch den letzten Zweifler überzeugt. Wir müssen deutlich mehr Netz ausbauen, mehr Funkstationen, mehr Glasfaserkabel. Das gilt auch für 5G.«[270]

Gleich mehrere Sonderbeilagen waren 2020 den österreichischen »Praevenire Gesundheitstagen« gewidmet, die von der »Gesellschaft zur Optimierung der solidarischen Gesundheitsversorgung« organisiert wurden. Diese versammelten nach dem Muster der *Private-Public-Partnership* VertreterInnen von medizinischer Forschung, praktizierenden Ärzten, *Public Health*, Krankenhäusern, Ärztekammer, Krankenkassen und Pharmaunternehmen.[271] Im Mittelpunkt stand *Digital Health* und die Frage, wo Künstliche Intelligenz im

269 White Paper »Die Zukunft der Medizin ist digital«, Die Presse/Drei, 8. 11. 2021

270 »Ich vermisse eine Fehlerkultur in der Politik, Interview mit Hutchinson-Drei-Austria-Chef Jan Trionow, Die Presse, 26. 8. 2020.

271 5. Praevenire Gesundheitstage »Wir brauchen einen KI-Masterplan«, Die Presse, 19. 12. 2020.

Gesundheitssystem am besten zu Einsatz kommen soll, sowie die Schnittstelle zwischen Mensch und Maschine in der Medizin. Man lernte vieles kennen, was derzeit in Planung ist: Datenverknüpfung, Wirkstoffbanken, 3D-Darstellungen, Telemedizin. Auch die Folgen von Corona bleiben nicht ausgespart, stellen sie die Ärzteschaft und das Gesundheitssystem über *Tele-Health*, digitale Psychotherapiesitzungen, Tele-Rehabilitation, *Home-Office*-Schäden und gestörte Lieferwege für Arzneimittel doch vor gewaltige Herausforderungen. Maßnahmenkritische Stimmen waren wohlweislich nicht geladen. Damit die öffentliche Diskussion nicht ausufert, wurde vorsichtshalber eine *Road Map* gegen sogenannte Mythen und unwillkommene Ideologien entwickelt.

Eine hochkarätige Podiumsdiskussion im Wiener Sigmund Freud-Museum zur Frage »Menschlichkeit versus Technologie in der Medizin« führte im Oktober 2020 medizinische ExpertInnen, Kammern, Sozialversicherung und Ministerialbeamte auf Einladung von *Die Presse* mit dem Sponsor, dem Pharmakonzern »Sanofi«, zusammen.[272] Dem Pressebericht zufolge gab es volle Einigkeit in Hinblick auf die Segnungen der Digitalisierung für die Medizin. Sie bringe die Stimme des Menschen wieder zurück, vermittelt über die Technologie, etwa über Schrittzähler und Pulsmesser, meint Politologin Karin Preinsack von der Universität Wien: »Die automatisierte Medizin wird zur Massenmedizin, auch weil Daten zu sammeln und auszuwerten günstiger ist als der menschliche Kontakt«. Die Ärzte sollen dann wieder mehr Zeit für ihre Patienten haben. Ein Mediziner der Sigmund Freud-Privatuniversität kann sich vorstellen, dass Arzt-Patienten-Gespräche in Zukunft per *Virtual-Reality*-Brille ablaufen. Der Mensch, so eine Psychoanalytikerin der Freud-Universität, passe sich diesen Technologien doch freiwillig an, sie stärken seinen Narzissmus. Das Problem, das Günther Anders als »prometheisches Gefälle« definiert hat, sieht die Sanofi-Vertreterin darin, dass der Fortschritt der Emotion langsamer voranschreite als die Entwicklung der Technologie, was bei vielen Menschen Unbehagen erzeuge. Doch da habe die Coronakrise einen wertvollen Beitrag zur Bewusstseinsänderung geleistet. »Im Zuge des Lockdowns fand ein Automatismus statt. Die vorhandene Technik wurde in die Praxis übergeführt und von den Patienten dankbar angenommen.« Zum Abschluss der Veranstaltung wird auf das Anliegen der Pharmaindustrie

272 Sanofi: Kollektive Intelligenz erzielt beste Ergebnisse, Die Presse, 22.10.2020.

hingewiesen, vermehrt auf anonymisierte Patientendaten zugreifen zu können, um schneller und zielgerichteter Arzneimittel zur Verfügung zu stellen. Ziehen wir zur Einordnung Günther Anders zu Rate, der die Aufgabe der Wissenschaft darin sieht, »(geheime) Verwertbarkeit zu entdecken«.[273]

Dem Linzer Software-Unternehmen »Fabasoft« geht es nicht nur um Entdeckung versteckter Bedürfnisse, sondern um das Aufspüren »digitaler Hidden Champions in Österreich und wie man durch die richtigen Partnerschaften die Chancen der digitalen Transformation noch besser nutzen kann«.[274] Im Oktober 2021 fand in Kooperation mit dem Beratungskonzern »Ernst & Young« ein virtueller Expertentalk »Wie Digitalisierung und globaler Wettbewerb die technischen Hochschulen herausfordern« statt, der den österreichischen Wissenschaftsminister Heinz Fassmann mit der Präsidentin der Universitätenkonferenz und dem Fabasoft-Gründer Helmut Fallmann unter der Moderation des *Die Presse*-Chefredakteurs auf dem Podium zusammenführte.[275] »Fabasoft« bietet jungen *Software-Start-ups* seine Dienste an, um sich im Gegenzug an deren Unternehmen zu beteiligen. Fallmann bringt auch seine Begeisterung für die geplante Universität für Digitalisierung und digitale Transformation in Linz ein, die sich 2022 um Zulassung bemüht. Mit den Schwerpunkten Robotik, Künstliche Intelligenz und Prozessdigitalisierung strebt sie eine enge Anbindung an wirtschaftliche Leitbetriebe an.[276] Auch Studiengänge der Fachhochschulen, die dafür bekannt sind, Bildung durch berufsbezogene Ausbildung zu ersetzen, setzen zunehmend auf die Hervorbringung von *Data Scientists*. Eine kritische Reflexion bleibt in den Programmen, die eng mit Partnern aus der IT-Branche zusammenarbeiten, auf der Strecke.

Bei der *LexCon 2020* Fachkonferenz, die von der österreichischen Digitalisierungsministerin Margarete Schramböck eröffnet wurde, standen die Auswirkungen der Künstlichen Intelligenz auf das Rechtssystem auf der Tagesordnung. Der britische *Legal-Tech*-Experte Richard Susskind sieht dort die »Rechtsberufe sich wegbewegen von einem Eins-zu-eins-Beratungsdienst

273 Anders 1980, S. 32f.

274 Fabasoft: nextlevel: Suche nach starken Digitalschmieden, Die Presse, 27. 3. 2021: https://www.diepresse.com/5955289/starke-digitalunternehmen (8. 4. 2022)

275 DiePresse.com/nextlevel2021; Anmeldung Virtueller Expertentalk: Wie Digitalisierung und globaler Wettbewerb die technischen Hochschulen neu herausfordern, Die Presse, 28. 9. 2021.

276 https://www.fabasoft.com/de/news/blog/neue-tu-linz-kristallisationspunkt-fuer-digitales-entrepreneurship; https://www.bmbwf.gv.at/Themen/HS-Uni/Aktuelles/TU-Linz.html (8. 4. 2022)

zu einem Eins-zu-viele-Onlinedienst (…). So wie das selbstfahrende Auto fahrerlos unterwegs ist, wird es auch im Recht Bereiche geben, in denen der menschliche Jurist in klassischen Aufgaben nicht mehr benötigt wird (…). KI-Systeme, die bessere medizinische Diagnosen erstellen als die Ärzte, können aus riesigen Datenmengen Vorhersagen treffen und das Ergebnis von Gerichtsverhandlungen vorhersagen.«[277]

Diese wenigen Beispiele stehen exemplarisch dafür, wie »die« Digitalisierung den ZeitungsleserInnen – und freilich nicht nur jenen der *Presse* – schmackhaft gemacht wird, ohne die Ziele und Begleitumstände zu hinterfragen. In den Jahren des Lockdowns nahmen Medizintechnik, Arzt-Patienten-Beziehungen und Pharmaentwicklungen dabei einen prominenten Platz ein. Dies sollte die Menschen darauf einstimmen, in Zukunft mit ÄrztInnen und TherapeutInnen auf Distanz zu kommunizieren, oder überhaupt mit Webseiten, *Apps* und programmierten Sprachmaschinen vorlieb zu nehmen. Was für den Gesundheitsbereich gilt, lässt sich gleichermaßen bei Beratung, Schulung, Unterricht und Studium sowie für Dienstleistungen aller Art anwenden – vom Rechtsanwalt über die Yoga-Stunde bis zum Bestattungsunternehmen. Je weniger menschlicher Kontakt, desto besser lässt sich die Digitalisierung auch »für das Klima« verbuchen, als ob die Infrastruktur, die Geräte, die Programmentwicklung und der Betrieb keine Rohstoffe und keine Energie verbrauchen würden. »Die Digitalisierung spielt beim Klimaschutz eine Schlüsselrolle, da sie Homeoffice und Videokonferenzen anstelle von Dienstreisen sowie Fernunterricht ermöglicht«, heißt es in einer Studie des »Instituts der Deutschen Wirtschaft« vom Mai 2020. Die Autoren plädieren für ehebaldigsten Breitbandanschluss für alle Bundesbürger sowie die Verbindung der Corona-Hilfen mit einem *Green Recovery* nach Corona.[278] Die Herstellung einer Infrastruktur für *Home Office, Remote Working* und *Outsourcing* mit den entsprechenden Netzwerken, Kommunikationswerkzeugen, Speichersystemen und Datensicherheitsmanagement sind Geschäftsbereiche, die IT-Konzerne frohlocken lassen, weiß auch der Direktor von »T-Systems Alpine« in einem entgeltlichen Interview in der österreichischen Tageszeitung *Kurier*.[279]

277 LexCon 2020: Technologierevolution für das Recht, Die Presse, 21.10.2020.

278 »Breitband für alle« als pfiffige Konjunkturhilfe, FAZ, 18.5.2020.

279 »Digitalisierung sichert Business Continuity«. Peter Lenz von T-Systems zum aktuellen IT-Bedarf von Unternehmen, Kurier, 9.4.2020.

Online-Kommunikation und Home Office

Eine wesentliche Voraussetzung für kontaktlose Kommunikation sind Konferenztools, das heißt Programme für Videogespräche und Videokonferenzen. IT-Firmen konkurrieren mit diesen Programmen bei Unternehmen und Bildungseinrichtungen, die sie für MitarbeiterInnen, SchülerInnen und StudentInnen ankaufen.[280] Sie entwickeln Programme für besondere Anwendungen, die auf die Zahl der TeilnehmerInnen, die Dauer und Häufigkeit der Nutzung, die Bedienungsfreundlichkeit, die Teilnahme- und Zutrittsbedingungen, die Datensicherheit sowie die Form der Darstellung zugeschnitten werden. Auch private Nutzer müssen sich entscheiden, für welchen *Internet-Provider* und welches Programm sie einen Vertrag abschließen; mit angeblich kostenlosen Angeboten wird den KundInnen der Einstieg teilweise leicht gemacht.

Als Universitätsprofessorin, die für Kommunikation mit KollegInnen und StudentInnen sowie für den Unterricht auf Konferenz- und Lernprogramme angewiesen war, muss ich die Unterstützung der Universität für den Umstieg auf digitales Lernen hervorheben. Dies betrifft die Bereitstellung der digitalen technischen Infrastruktur, die Einschulung in die Anwendung und die Hilfe im täglichen Umgang, die mit dem ersten Lockdown im März 2020 anliefen und seither als Regelbetrieb institutionalisiert wurden. Was im universitären Bereich relativ leicht zu bewerkstelligen war, weil Lehrende und Studierende bereits digitale Kommunikationserfahrung hatten, viele die entsprechende Ausrüstung und Anschlüsse bereits besaßen und diese relativ leicht für die steigenden Anforderungen erweitert werden konnten, lässt sich auf den Schulunterricht keineswegs übertragen. Dort herrschten weitgehende Überforderung sowie chaotische Umstände, weil weder Schulen, Lehrpersonal geschweige denn SchülerInnen über die erforderlichen Geräte, Arbeitsbedingungen, digitalen Kenntnisse und Hilfestellungen verfügten, die für die Vermittlung des Stoffs und den Wissens- und Kompetenzerwerb notwendig wären.[281] Dementsprechend musste improvisiert werden; wer motiviert war, konnte dabei viel lernen; manche LehrerInnen kapitulierten und hielten den Unterricht mehr pro forma ab; SchülerInnen verloren den Kontakt zur

280 Zoom, Blackbord Collaborate, Jitsi, Blue Button, MS Teams u. a.

281 Erhellend dazu die Schilderung eines Lehrers: Eichsteiniger Hannes, Die Angst um Covid ist immer dabei, Die Presse, 11. 12. 2021.

Schule und zu einem geregelten Alltag, was eine Explosion gesundheitlicher Probleme wie Depression, Ess- und Schlafstörungen bewirkte.[282] Eine zentrale Überforderung der Familien bestand darin, dass Home-Unterricht und *Home Office* zusammenfielen, was das familiäre Zusammenleben vor eine besondere Belastungsprobe stellte. Dazu kamen jene, die aufgrund der Lockdowns ihre Beschäftigung verloren, in Kurzarbeit geschickt wurden oder als Selbstständige ihr Unternehmen schließen mussten.

In Deutschland stieg die Zahl der Erwerbsarbeitslosen von März auf April 2020 infolge der Lockdowns um 308.000 auf 2.644.000 an. Gegenüber April 2019 hatte sich die Arbeitslosenzahl um 415.000 erhöht.[283] In Kurzarbeit befanden sich im April 2020 sechs Millionen Personen, in Summe waren das rund 8,6 Mio. Personen oder 19 % der 45,2 Mio. Erwerbstätigen (2019).[284] Das österreichische Arbeitsmarktservice (AMS) meldete im April 2020 über 500.000 Personen als erwerbsarbeitslos, 58.000 befanden sich in Schulung und 900.000 bis eine Million in Kurzarbeit, in Summe also rund 1,5 Mio. Menschen, die durch den Lockdown keiner oder keiner vollständigen Erwerbsarbeit nachgehen konnten. Bezogen auf die 4,36 Mio. Erwerbstätigen (2019) handelte es sich um mehr als ein Drittel der Erwerbspersonen.[285] Auch wenn die deutschen und österreichischen Zahlen nicht direkt vergleichbar sind, sticht der relativ gesehen höhere Anteil der Kurzarbeit in Österreich ins Auge. Nicht berücksichtigt sind hier jene, die sich angesichts der aussichtslosen Lage am Arbeitsmarkt oder aus Angst vor Ansteckung nicht weiter um eine Beschäftigung bemühten.

Rund 25 Prozent der Beschäftigten verlagerten in Deutschland und Österreich während der Lockdowns die Büroarbeit ganz oder überwiegend ins sogenannte *Home Office* – mit großen Bandbreiten nach Region, Branche, Aufgabenbereich und Unternehmen bis zu 40–50 Prozent. Dazu kamen Erwerbsarbeitslose, Kurzarbeitende und alle anderen, die gesetzlich zum Zuhausebleiben verpflichtet wurden, nicht zuletzt die Kleinkinder und SchülerInnen.[286]

282 Erhellend der Film »Eine andere Freiheit. Corona-Impfung für Kinder und Jugendliche« von Patricia Josefine Marchart und Georg Sabransky (2021): https://www.servustv.com/aktuelles/a/dokumentarfilm-corona-impfung-kinder-eine-andere-freiheit/156925/ (10.8.2022)

283 Arbeitsagentur Deutschland: https://www.arbeitsagentur.de/news/arbeitsmarkt-vorjahre (30.7.2022)

284 https://de.statista.com/statistik/daten/studie/2603/umfrage/entwicklung-des-bestands-an-kurzarbeitern/ (30.7.2022)

285 AMS Österreich: Arbeitsmarktlage 2020: https://www.ams.at/content/dam/download/arbeitsmarktdaten/%C3%B6sterreich/berichte-auswertungen/001_JB-2020.pdf (30.7.2022)

286 Corona-Datenplattform Juli 2021: Homeoffice im Verlauf der Corona-Pandemie: https://www.bmwk.de/Redaktion/DE/Downloads/I/infas-corona-datenplattform-homeoffice.pdf?__blob=publicationFile&v=4 (14.7.2022)

Eine Erhebung der Statistik Austria fasste die Zunahme der virtuellen Besprechungen und Zugriffe aus dem *Home Office* in Zahlen. Mehr als die Hälfte der Unternehmen über zehn Beschäftigte steigerte die Zahl der Video-Meetings, jedes fünfte setzte 2020 im Verkauf stärker auf Webseiten, *Apps* und Online-Marktplätze. 99 Prozent der Befragten führten dafür die Pandemiesituation ins Treffen, in 77 Prozent der Fälle war dies sogar der einzige Grund.[287]

Da die Wohnungen in den wenigsten Fällen über Arbeitsräume oder Büroarbeitsplätze verfügten, bedeutete dies, auf den Küchentisch, die Couch oder einen von mehreren Haushaltsmitgliedern beanspruchten Schreibtisch zu übersiedeln. Konflikte waren vorprogrammiert. Da die Verbannung in die eigenen vier Wände von heute auf morgen erfolgte, musste auch hier enorm improvisiert werden: Geräte, stabile Internetverbindungen, Büromaterial, sicherer Datentransfer, Videoprogramme … all das wurde erst nach und nach, oft auf eigene Kosten organisiert, was in einer Zeit der Fachhandelsschließung nicht leicht zu bewerkstelligen war. Ein großes Problem bestand in der Einteilung der Arbeitszeit. HeimarbeiterInnen sind stets zwischen der Mehrfachbelastung durch Haushalt, Pflege und Kindererziehung auf der einen, beruflichen Aufgaben auf der anderen Seite hin- und hergerissen. Darunter leidet die Konzentration.

Wer von einem Arbeitgeber oder einer Organisation bei der Durchführung von *Home-Office*-Aufgaben unterstützt wurde, hatte es einerseits leichter; zu Hause Arbeitende wurden oft infrastrukturell, finanziell und durch Programme und Beratung bei der Durchführung ihrer Aufgaben unterstützt; sie wurden aber oft auch überfordert, weil ständige Bereitschaft und Erreichbarkeit erwartet und kontrolliert wurde. Die Verlagerung in den digitalen Raum erschwert zwar die Kontrolle durch Vorgesetzte, legt die Arbeitenden aber gleichzeitig an die lange Leine des Internets. Im Laufe der Zeit trat Routine in die Beziehungen zwischen Unternehmensleitung und den zu Hause Arbeitenden ein, das *Home Office* wurde in arbeitsrechtliche Regelungen einbezogen.

Das *Home Office* dürfte sich in Büroberufen zumindest für einen Teil der Arbeitszeit langfristig als Alternative zum täglichen Aufsuchen des Arbeitsplatzes im Betrieb herausstellen und dem Wunsch der Beschäftigten nach mehr Zeitflexibilität entgegenkommen. Vor Corona (2019) waren laut Eurostat in

287 Corona trieb Digitalisierung der Firmen an, Die Presse, 20.10.2021.

Deutschland lediglich 5 Prozent, in Österreich 10 Prozent der unselbstständig Erwerbstätigen im *Home Office* tätig, Spitzenreiter waren die Niederlande und Finnland mit 14 Prozent, Schlusslichter Rumänien und Bulgarien mit unter ein Prozent.[288] Unter Selbstständigen lag die Quote schon damals erheblich höher. Die Corona-Erfahrung hat gezeigt, dass sowohl Lohnabhängige als auch die Unternehmerseite Gefallen an der Arbeit zu Hause gefunden haben. ArbeitnehmerInnen führen die Vereinbarkeit mit Familienpflichten ins Treffen, Unternehmer die Leistungssteigerungen und die Bereitschaft der Beschäftigten zu Überstunden. Dazu tritt bei dauerhafter Einführung die Verschiebung der Raumkosten auf die zu Hause Arbeitenden. Sozialwissenschaftliche Institute bescheinigen ein dauerhaftes *Home-Office*-Potenzial von 45 bis 50 Prozent der Erwerbstätigen, von der IT-Branche über klassische Büroarbeit, Tätigkeiten in der Lehre, bei Finanz- und Versicherungsdienstleistungen, in der Immobilienwirtschaft, Energieversorgung und der öffentlichen Verwaltung. Dabei steigt die Chance auf *Home Office* mit dem Alter und dem Grad der Ausbildung.

Nicht vergessen werden darf hier, dass 30–50 Prozent der Erwerbstätigen aufgrund der Beschaffenheit ihrer Tätigkeit überhaupt keine Möglichkeit für die Arbeit zuhause haben und dies während der Pandemie teilweise als Benachteiligung empfanden. Davon sind überwiegend Geringqualifizierte, Frauen und ArbeitsmigrantInnen betroffen. Diesen Menschen wurde zwar eine Zeit lang durch öffentliches Klatschen und Singen Anerkennung für ihre »systemrelevanten« Dienste in der Pflege, im Gesundheitsweisen und in der Grundversorgung gezollt; an den niedrigen Löhnen und prekären Beschäftigungsverhältnissen in vielen dieser Bereiche änderte das nichts. Auch die ArbeiterInnen in der Industrie, im Energie- und im Transportwesen, in der Reinigung und Müllentsorgung mussten weiterhin ihre Arbeitsplätze aufsuchen.

Home Office fügt sich in eine schon lange vor Corona praktizierte Tendenz zur Auslagerung bestimmter betrieblicher Aufgaben an Zulieferbetriebe ein: Buchhaltung, Schreibarbeiten, Textverarbeitung, Telefondienste, Konzepterstellung u. v. a. m. Im Falle von Aufträgen, die über Vermittlungsplattformen vergeben werden, entkoppelt sich der Arbeitsort gänzlich vom Auftraggeber. Der Auftraggeber spart Raumkosten, aber auch Lohn- und Sozialkosten, da nun auch

288 Eurostat, How usual is it to work from home? 24. 4. 2020: https://ec.europa.eu/eurostat/de/web/products-eurostat-news/-/DDN-20200424-1?utm_campaign=58d3ef5d73a6a3452f019da1&utm_content=5ea2de4957514600014733a0&utm_medium=smarpshare&utm_source=twitter (14. 7. 2022)

Menschen aus Regionen mit niedrigerem Lohnniveau ohne soziale Absicherung beauftragt werden können. Das sogenannte *Crowd Working* ist vor allem für die prekären Zuliefernden mit erheblichen Risiken verbunden: Honorarverträge sind kaum einklagbar, die Einhaltung arbeitsrechtlicher Mindeststandards ein Ding der Unmöglichkeit. Auch wenn der ständige Unterbietungswettbewerb die Arbeitskosten senkt, stellt die Qualitätssicherung der erbrachten Werke und Leistungen auch für den Auftraggeber ein Problem dar. KonsumentInnen müssen mit der Absenkung von Qualität und Zuverlässigkeit rechnen.

Während *Crowd Working* von völliger Anonymität geprägt ist, wird in der Unternehmenskultur des *Home Office* eine neue Form der MitarbeiterInnen-Bindung angestrebt. Auch hier kann die dezentrale Tätigkeit des *Remote Working* fernab der Unternehmenszentrale stattfinden, jedoch bleiben die MitarbeiterInnen über *Smartphones* und *Video-Calls* eng an das Unternehmen gebunden. Für die Zukunft ist geplant, dislozierten MitarbeiterInnen die Anwesenheit im Betrieb, zum Beispiel bei der Überwachung der Roboter-Systeme und automatisierten Produktionsabläufe über *Virtual-Reality*-Brillen zu ermöglichen. Mit Ausnahme weniger physischer Schaltstellen im Produktionsbetrieb vor Ort kann sich ein Unternehmen unter diesen Voraussetzungen fast zur Gänze in ein Netz virtueller Standorte und MitarbeiterInnen verwandeln, dessen Kommunikations- und Produktionsflüsse mit Hilfe von *Blockchain*-Technologie lückenlos dokumentiert und nachverfolgt werden können. Diese Technologie wird nicht nur bei der Erzeugung von Krypto-Währungen angewandt, sondern soll auch in Bereichen eingesetzt werden, wo Akteure einander nicht kennen und über eine angeblich sichere und transparente Dokumentation von Abläufen für sämtliche Beteiligten jederzeitige Einblicksmöglichkeit und damit Vertrauen hergestellt wird. Diese Zukunftstechnologie wird in der üblichen Allianz von Politik, in der Europäischen Union repräsentiert durch eineN KommissarIn für Digitale Wirtschaft und Gesellschaft, von nationalen DigitalisierungsministerInnen, von universitären Einrichtungen wie dem 2017 gegründeten »Frankfurt School Blockchain Center« oder dem 2019 an der Wiener Wirtschaftsuniversität gegründeten »Austrian Blockchain Center« vorangetrieben und über Medienpartner wie *Die Presse* popularisiert.[289]

289 Frankfurt School Blockchain Center: https://www.frankfurt-school.de/home/research/centres/blockchain; Jilch Nilolaus: Europa kämpft um die Kryptowelt, Die Presse, 28.3.2019.

Online-Handel

Als zweiter Bereich, der in Folge der Experimentierphase des Corona-Regimes in enorme Bewegung geraten ist, seien der Handel und das Einkaufsverhalten angeführt. Der Handel war mit Ausnahme der Grundversorgung mit Lebensmitteln und Medikamenten in vielen Ländern im Lockdown vollständig gesperrt, weshalb der Umstieg auf Online-Bestellung und Versandhandel die einzige Möglichkeit blieb, Waren zu erwerben. Da die Einrichtung der Haushalte als Tele-Umschlagplatz umfassende Anschaffungen erfordert, bescherten diese der IT-Branche ein besonders hohes Auftragsvolumen. Bestehende Versandhandels-Agenturen bauten ihre Kapazitäten erheblich aus. Die Gewinnung neuer Kunden festigte ihre Stellung gegenüber dem stationären Handel, der die Corona-bedingten Schließzeiten trotz staatlicher Überbrückungshilfen oft nicht überlebte. Die Beschaffungswege der großen Online-Händler, allen voran der US-Riese Amazon, begünstigten zudem jene Lieferanten, die aufgrund ihrer globalen Güterketten kostengünstig große Mengen bereitstellen konnten. Auch kleinere ProduzentInnen bauten Online-Plattformen auf, Händler und Gaststätten boten im kleinen Rahmen Lieferdienste an.

Der Konzentrationsprozess stärkte jedoch unweigerlich Großbetriebe gegenüber Klein- und Mittelbetrieben, global agierende gegenüber regional verankerten Unternehmen und setzte einen Domino-Effekt in Gang, der die Handels- und Unternehmenslandschaft maßgeblich veränderte. Die langfristige Wirkung dieser Konzentration ist aufgrund des aufschiebenden Charakters der staatlichen Überbrückungen 2022 noch nicht absehbar. Ein Gang durch die Geschäftsstraßen zeigt jedoch schon im Sommer 2022 die Schneisen, die Corona in den Kleinhandel, das Kleingewerbe und in die Eigentümer-geführten Cafés und Kneipen geschlagen hat.

Amazon verdient dabei eine genauere Betrachtung.[290] Durch die Reportagen von Stacy Mitchell vom *Institute for Local Selfreliance* sind seine Praktiken in den USA einer breiten Öffentlichkeit bekannt geworden.[291] Der Konzern ging aus dem Online-Buchhandel hervor, den Jeff Bezos und seine

290 Langer Marie-Astrid, Die vielen Gesichter von Amazon, Neue Zürcher Zeitung, 15. 6. 2020.

291 Mitchell Stacy/LaVecchia Olivia (2022): Amazon's Stranglehold: How the Company's Tightening Grip on the Economy Is Stifling Competition, Eroding Jobs, and Threatening Communities. https://ilsr.org/amazon-stranglehold/ (29. 5. 2022)

Frau 1994 unter dem Namen »*Relentless*« (unerbittlich) in Seattle gegründet hatten. Heute ist Amazon mit rund 40 Prozent Marktanteil der mit Abstand größte Online-Handelskonzern in den USA und Westeuropa, der den Gründer an die Spitze der weltweiten Vermögenspyramide katapultierte. Die Aktie legte im ersten Lockdown sprunghaft zu und Bezos Vermögen erhöhte sich im zweiten Quartal 2020 um 25 Mrd. US-Dollar. Im Lockdown stießen die Bestellungen an die Grenzen der Lieferkapazitäten. Bezos musste die US-Belegschaft im Frühjahr 2020 um 175.000 auf 840.000 ArbeiterInnen aufstocken, 2021 waren weltweit bereits über 1,6 Millionen beschäftigt.[292] Die Dauerkonflikte um Arbeitsbedingungen und das Verbot gewerkschaftlicher Organisation sind Legende. Amazon, zu dem u. a. auch der Biosupermarkt »Wholefoods« gehört, verfügt über eigene Lieferdienste vor Ort sowie eine Logistikflotte von Lastwägen, Flugzeugen und Frachtschiffen.

Eine UBS-Studie zeigte auf, dass das Anwachsen des *E-Commerce* im Lockdown die Strukturkrise des stationären Detailhandels verschärfte: man rechnet allein in den USA mit 100.000 Geschäftsschließungen innerhalb der kommenden fünf Jahre, da die Krise die Einkaufsgewohnheiten langfristig verändern wird. Weniger bekannt sind die anderen Geschäftsfelder, in die Amazon sukzessive vordrang und dort Microsoft, Google, Facebook und IBM herausfordert. »Amazon Web Service« (AWS) ist der weltgrößte Anbieter von *Cloud*-Diensten, es verfügt über ein Drittel der *Cloud-Computing*-Kapazitäten und bedient bekannte Größen von AirBnB über Facebook, Netflix, Twitter bis Zoom, ebenso wie zahlreiche Schulen und Universitäten bei der Online-Lehre. Mit »Amazon Studios« hat sich der Konzern auch als *Streaming*-Plattform etabliert: das Heimkino setzt auch den stationären Kinos, wie der US-Kette AMC, massiv zu. Durch seine Plattformen macht Amazon Google und Facebook, den größten Anbietern von Digitalwerbung, das Werbegeschäft streitig. Immer mehr Suchanfragen führen direkt auf zu Amazon-Seiten, auf denen Werbekunden ihre Produkte in den Suchergebnissen platzieren. Amazons Marktexpansion bleibt nicht unwidersprochen. So investierte die US-Handelskette Walmart, die in den ländlichen Regionen der Vereinigten Staaten omnipräsent ist, massiv in den Online-Sektor, und

292 https://handel.verdi.de/unternehmen/a-c/amazon (15. 7. 2022)

auch Facebook eröffnete seinen *Usern* mit der Plattform »Shops« einen Einstieg ins Handelsgeschäft.[293]

Nolens volens, mit mehr oder weniger Begeisterung, wurden KonsumentInnen, die bisher gelegentlich eine Bestellung im Internet tätigten, in die neue Welt der Online-Suche, des Online-Bezahlens, des Nachverfolgens der Lieferwege und der Zustellung, der Handhabung von Retouren und Umtausch hineingezogen. Dass sie dabei gleichzeitig ihre Daten abliefern, mit deren Hilfe sie durch die Warenwelt geleitet werden, wird an anderer Stelle dieses Buches behandelt. Wer sich einmal an die Bestellung per *Click* gewöhnt und die entsprechenden Kreditkarten und digitalen Zahlungssysteme installiert hat, bleibt dem Online-Handel auch nach der Wiedereröffnung der Geschäfte oft aus Bequemlichkeit treu. Zudem gibt es die entsprechenden Fachhändler, die Waren auf Lager halten, meist gar nicht mehr. Wenn die Wiedereröffnung des stationären Handels Ungetesteten oder Ungeimpften zudem den Zugang zu Geschäften versperrt, wie dies in verschiedenen Staaten und Regionen in unterschiedlichem Ausmaß lange über die harten Lockdowns hinaus der Fall war und jederzeit wieder verfügt werden kann, waren und sind die per sogenanntem Gesundheitspass Ausgeschlossenen ohnedies darauf angewiesen, Kaufwünsche aufzuschieben oder online zu befriedigen.

Mit der Verschiebung auf Zustelldienste haben sich die Arbeitsbedingungen für viele Menschen verschlechtert. Dies betrifft nicht nur die gesamte Lieferkette der Produktion, wo BilliglohnarbeiterInnen die Kosten niedrig halten, sondern auch den Transport, die Verteilzentren und die Zustellung, wo gesicherte durch prekäre Arbeitsplätze ersetzt werden. Dazu gehören die Transportarbeiter in den Häfen, Bahnhöfen und Containerschiffen, die Angestellten, die unter massivem Zeitdruck die Waren in den Verteilzentren zu Paketen zusammenstellen, und schließlich die schein-selbstständigen Zusteller der privatisierten Paketdienste, die aufgrund mangelnder Sprach- und Ortskenntnisse oft sinnlose Kilometer bis zur Anlieferung zurücklegen.

Als kontraproduktiv lässt sich das Zustellwesen mit seinen Retourenschleifen auch aus ökologischer Hinsicht bewerten. Es werden nicht nur die Komponenten aufgrund der Ausgliederung der Produktion an die jeweils kostengünstigsten Standorte hin- und hertransportiert, bis ein Endprodukt

293 https://de-de.facebook.com/business/help/268860861184453?id=1077620002609475 (29.5.2022)

vorliegt. Auch der fertige Artikel legt unzählige Kilometer zurück, bis er bei der Bestelladresse anlangt. Dies erfordert mehrfach Verpackung – ein Aufwand, der Kartonagen ebenso wie Treibstoff einschließt und dem allerorts gehuldigten Prinzip der Ressourceneinsparung diametral entgegensteht. Dass sich dieses System für die Unternehmen trotzdem lohnt, ist den niedrigen Arbeits- bzw. Stückkosten bei ArbeiterInnen und Zuliefer-Unternehmen geschuldet. Die hohe Nachfrage nach Verpackungsmaterial hat unterdessen zu einer Materialknappheit geführt, die die Preise hochtreibt und die Konkurrenz zwischen Papier- und Kartonproduzenten um den Rohstoff anheizt. Wenn Druckereien im Jahr 2022 monatelange Wartezeiten und explodierende Preise in Kauf nehmen müssen, kann das mittelbar auf die Zunahme der Online-Lieferungen zurückgeführt werden. Last but not least sei der Umwelteffekt erwähnt, der durch das zurückbleibende Verpackungsmaterial entsteht.

Amazon lässt seine Pakete in Europa auch mit Postdiensten befördern. Post-Austria-Paket-Logistik Vorstand Peter Umundum verkündet im Gespräch mit *Die Presse* stolz die Zunahme des Paketversands im Corona-Jahr 2020/21.[294] »Wir wachsen mit Amazon«, beschönigt der Chef den Strukturwandel. Das Zustellvolumen sei von 57 Millionen Paketen 2009 auf über 400 Millionen 2020 angestiegen, davon mehr als Hälfte in der Türkei und Südosteuropa, wo die Post AG das Paketgeschäft betreibt. Der größte Kunde ist Amazon, gefolgt von der Deutschen Post und Alibaba, dem chinesischen Online-Handelskonzern. Amazon ist aber auch Konkurrent im Vertriebswesen, da der Versandriese zunehmend auf Eigenzustellung und damit die Post unter Druck setzt. In deren Verteilzentren herrschen unterdessen ähnlich prekäre Arbeitsbedingungen wie bei Amazon, besonders unter den migrantischen LeiharbeiterInnen.[295]

Auch im Bereich der Essenszulieferung kann die Corona-Zeit als Testphase angesehen werden, in der Menschen die Praktiken des Einkaufs und der Nahrungsaufnahme maßgeblich geändert haben. In erster Linie springt die Zunahme der Zusteller fertiger, warmer Speisen ins Auge. Die entsprechenden Radfahrboten mit ihren Warmhalterucksäcken am Rücken sind

294 »Wir wachsen mit Amazon«, Interview mit Peter Umundum, Die Presse, 20.10.2021.

295 Neuhauser Johanna/El-Roumy Marwa/Wexenberger Yannic (2021): »Als ich diese Halle betreten habe, war ich wieder im Irak.« Migrantische Systemerhalter_innen bei Hygiene Austria und der Post AG. Materialien zu Wirtschaft und Gesellschaft Nr. 227 der AK Wien: http://emedien.arbeiterkammer.at/viewer/pdf/AC16357630/AC16357630.pdf (12.8.2022)

aus dem Straßenbild der Innenstadtbezirke großer Städte nicht mehr wegzudenken. Nicht nur in Single-Haushalten fällt die Bestellung von Speisen anstelle eigener Zubereitung auf fruchtbaren Boden, Corona hat den Markt ansteigen lassen. Der Bereich ist gleichermaßen von Expansion sowie einem Konkurrenzkampf gekennzeichnet, bei dem kleine *Start-ups* in Windeseile von internationalen Größen aufgekauft werden. Der börsennotierte Berliner Essenszustelldienst »Delivery Hero« ist in über 40 Ländern mit über 25.000 Beschäftigten aktiv. Weitere Branchengrößen sind »Hellofresh«, ebenfalls mit Sitz in Berlin, und das niederländisch-britische Unternehmen »Just Eat Takeaway«, der US-Lieferdienst »DoorDash«, dessen Umsatzplus 2020 den Börsenkurs hochschnellen ließ, die Uber-*Food-Delivery*-Tochter »Uber Eats« oder »Grubhub«, das im August 2020 von »Just Eat Takeaway« übernommen wurde.[296] Örtlichen Gastronomieunternehmen, die sich am Zustellgeschäft beteiligen wollen, bleibt nichts anderes übrig, als deren Handelsspannen (meist 20 % des Verkaufspreises) zu akzeptieren.

Ein weiterer Markt eröffnete sich im Gefolge der Lockdowns im Bereich des Online-Lebensmittelhandels. Dafür gibt es keinen objektiven Grund, war der Lebensmittelhandel doch stets geöffnet. Warum Menschen, die nicht behindert sind, diese Kaufart wählen? Bei manchen mag es die Angst vor der Nähe zu anderen Kundinnen gewesen sein, bei anderen die Gewöhnung an die Bedienung durch moderne Lastenträger. Nicht zu vergessen die Auswirkungen der verordneten Quarantäne, die aufgrund der Massentests nicht nur die Erkrankten, sondern auch deren Kontaktpersonen in die eigenen vier Wände verbannte. Viele Supermärkte bauten ihr Zustellangebot aus. Unterdessen drangen neue Gründer in das Segment vor, etwa der New Yorker Online-Lebensmittelhändler »Jokr«, der seit 2021 in europäischen (Innen-)Städten präsent ist und eine kurzfristige 15 Minuten-Zustellung verspricht.[297]

Ein Blick auf die Verkaufsstatistik zeigt, dass der Online-Handel, was Deutschland und Österreich anlangt, noch keineswegs die Regel darstellt. Die Corona-bedingten Zuwachsraten sind zwar beachtlich: der Umsatz im Online-Handel in Deutschland stieg von 2019 (53,3 Mrd. Euro) bis 2020 (72,8 Mrd.) um 19 Prozent, 2022 werden 97,4 Mrd. erwartet.[298] Gleichzeitig liegt

296 Steiner Eduard, Das lukrative Geschäft mit den Stubenhockern, Die Presse, 3.8.2020.

297 Freudenthaler David, Das Geschäft mit der 15-Minuten-Zustellung, Die Presse, 4.8.2021.

298 de.statista.com/statistik/daten/studie/3979/umfrage/e-commerce-umsatz-in-deutschland-seit-1999/(17.7.2022)

der Anteil am Einzelhandel 2019 bei 8,9 Prozent, 2020 bei 11,5 Prozent, seither stagniert der Online-Anteil auf diesem Niveau.[299] Die KonsumentInnen bedürfen also weiterer Pushfaktoren.

Online-Dienste

Online-Dienste umfassen einerseits Plattformen, die als Vermittler zwischen dem Anbieter und dem nach einer bestimmten Dienstleistung Nachfragenden dienen. Sie vermitteln Verkauf, Arbeit, Wohnen, Reinigung, Pflege, Beförderung oder Transport. Diese Dienste werden für den Kunden als physische Dienstleistung erbracht.

Andererseits werden immer mehr Dienstleistungen, die bisher im Kunden- bzw. Patientenkontakt erfolgten, in die virtuelle Welt verlegt, wo man einander lediglich am Bildschirm begegnet. Eine Steigerungsstufe besteht darin, wenn die Leistung nicht mehr von einer physischen Person erbracht wird, sondern durch Roboter, unter Umständen mit menschlichen Zügen und menschlicher Stimme ausgestattet.

Greifen wir einige wichtige Einsatzgebiete heraus. Wie im Handel haben sich bei Dienstleistungsplattformen Konzerne etabliert, die das Gros der Aufträge an sich binden. In der Vermittlung von Apartments ist dies »AirBnB«, bei den Fahrdiensten »Uber«. Anfänglich wurden diese Dienste als direkte unbürokratische Kontaktanbahnung zwischen dem Eigentümer einer Wohnung oder eines Fahrzeugs verkauft; ihnen haftet der Ruf einer Tätigkeit an, die ohne großen Kapitaleinsatz Gemeinwohl erbringe. Einmal als Netzwerk installiert, tönt etwa Jeremy Rifkin, tendieren die Kosten der Nutzung angeblich gegen Null, sodass jedeR ohne hohe Gebühren daran teilhaben könne.[300] Anhänger des *Commons-* oder des *Stakeholder*-Prinzips führen die beiden Konzerne entgegen klarer Rechtsbrüche in der Wirklichkeit immer wieder als *Best-Practice*-Beispiele an. Unterdessen sind AirBnB und Uber große börsennotierte Konzerne, die die Konstruktion der gegenseitigen Kontaktanbahnung als Basis einer prosperierenden Dienstleistungsindustrie benutzen, Lizenzen, Haftung, Arbeitsrecht und Steuern umgehen und die Zwangslage der Wohnungs- und

299 https://de.statista.com/statistik/daten/studie/38846/umfrage/anteil-des-online-handels-am-einzelhandel/(17.7.2022)
300 Rifkin 2019, S. 35.

Fahrzeugbesitzer ausnützen, um die Tarife von Hotel- und Taxiunternehmen zu unterbieten. Obwohl sie in verschiedenen Staaten Protest, gerichtliche Auseinandersetzungen und gesetzliche Einschränkungen hinnehmen mussten, erfreuen sich AirBnB und Uber bei KonsumentInnen großer Beliebtheit; intensives Lobbying bei Politik und Medien tut das seine zur Akzeptanz und Legendenbildung.[301]

Weitere Beispiele für digitalisierte Dienstleistungen sind Telemedizin, Telesex, Telerecht oder Telebestattung. Sie finden ohne menschlichen Kontakt statt. Dennoch liefern sie ärztliche Diagnose und Behandlung, sexuelle Befriedigung, Rechtsauskunft und bringen sogar Verstorbene ohne das Beisein ihrer Anverwandten in die Urne oder unter die Erde.

Le Monde Diplomatique berichtete im Juni 2020 von »Doctolib«, dem französischen Marktführer für Online-Terminvergabe und Patientenbehandlung.[302] Gegenüber 60.000 Behandlungen im gesamten Jahr 2019 vermeldete die gesetzliche Krankenversicherung in den ersten fünf Wochen der Ausgangssperre ab 17. März 2020 2,5 Millionen Videokonsultationen, das Durchschnittsalter der Betreuten lag zwischen 25 und 30 Jahren. Ärzte registrieren sich dabei gegen eine monatliche Gebühr von 129 Euro, die Kosten für den Patienten betragen 79 Euro pro Termin, entfielen aber in der Corona-Krise. Einer der Gründer des *Start-ups*, Stanislas Niox-Chateau, schaffte es in die Rangliste der 500 größten Vermögen Frankreichs. Ein Nebengeschäft erbringen die Doctolib-Patientendaten für Versicherungen, Werbeagenturen, Polizei und Onlinehändler. Die Regierung gestattete den Krankenkassen und der staatlichen Gesundheitsplattform »Health Data Hub«, Informationen über die Nutzer zu sammeln und bestimmte Microsoft zum zertifizierten Host. Doctolib schätzte aufgrund seiner Erfahrungen, dass in Frankreich nach Pandemieende 15 bis 20 Prozent der Arzttermine per Video stattfinden würden.

In den USA bietet »Teladoc Health« telemedizinische Dienste an, die in einer Pandemiesituation das Gebot des *Social Distancing* umsetzen. Im *Die-Presse*-Bericht wird ausgerechnet der Portfoliomanager des luxemburgischen BB Adamant Digital Health Fonds, eines Fonds, der in *Digital Health*-Unternehmen

301 https://de.wikipedia.org/wiki/Uber_(Unternehmen) (17.7.2022)
302 Brygo Julien, Arbeit, Familie, WLAN. Willkommen in der kontaktlosen Gesellschaft, LMD, Juni 2020, S. 12–13.

investiert, zur Wortspende gebeten.[303] Er attestiert Teladoc Health »bestechend gute« Lösungen; binnen Minuten erhalte man ärztlichen Rat und Patientendaten würden zusätzlich elektronisch gespeichert. Seit Teladoc 2020 auch »Livongo Health«, eine Online-Plattform für Diabetes-Patienten übernommen hat, könne der Konzern »Lösungen für Krankheiten wie Diabetes, Bluthochdruck und Übergewicht anbieten, sowie psychologische und psychiatrische Dienste«. In der Praxis funktioniert das dann so: Das Diabetes-Service sendet einen personalisierten Gesundheitsfeedback an über 400.000 Mitglieder; ebenso lässt sich Blutdruck und Gewicht begleiten. Einer Studie zufolge stieg die Nutzung von Distanzmedizin in den USA im ersten Pandemiejahr von 11 % (2019) auf 46 % (2020).[304] Schützenhilfe für den Geschäftsbereich der digitalen Gesundheit erhalten die virtuellen Gesundheitsdienstleister in den USA auch von der Ausweitung der Krankenversicherung auf Menschen mit niedrigem Einkommen. Mehr Versicherte erhöhen die Nachfrage und liefern mit ihren Daten die Mittel zur Ausweitung der digitalen Angebote.

In Österreich gab die Ärztekammer im Corona-Jahr 2020 grünes Licht für die Verrechnung telemedizinischer Behandlung und ebnete damit den Weg für Videokonferenzen mit dem Arzt und das elektronische Rezept. Die E-Medikation wurde schon seit 2007 vorbereitet, aber erst 2020 umgesetzt. Der Präsident der Österreichischen Gesellschaft für Telemedizin, Dietmar Bayer, sieht Corona daher als »Brandbeschleuniger hin zu einer modernen Medizin«.[305] Der niederländische Online-Händler »Shop Apotheke« wiederum steigerte umgehend Umsatz und Aktienkurs. Auch Amazon brachte sich mit der Übernahme der Online-Apotheke Pillpack in Stellung für »Amazon Pharmacy«.

Zur Digitalisierung der Kommunikation können verschiedene Spezialunternehmen beitragen. »Speech Processing Solutions«, eine österreichische Ausgliederung von »Philips Speech«, hat sich auf die Umwandlung von Sprache spezialisiert, die für Telemedizin, Rechtsauskunft oder Behördenverkehr von zunehmender Bedeutung ist.[306] Sie beruht auf sogenannten *Natural Language Processing* (NLP)-Systemen, die auch für maschinelle Übersetzung, Textauswertung, Dialogsysteme und automatische Fragebeantwortung notwendig

303 Korinek Raja, Digital gesund werden, Die Presse, 7.12.2020.

304 Stottmeyer Madeleine: Medizin mit Abstand: E-Rezept nach Videochat, Die Presse, 5.10.2020.

305 Stottmeyer Madeleine: Medizin mit Abstand: E-Rezept nach Videochat, Die Presse, 5.10.2020.

306 Staudacher Anita, Sprachtechnologie aus Wien boomt dank Corona, Kurier, 11.6.2020.

sind.[307] Auf der Basis von Texten, Wörtern und Wortteilen entsteht ein – ständig wachsender – Korpus von Sprachdaten, die mithilfe von Algorithmen und Künstlicher Intelligenz bearbeitet werden können. Je größer der Erfahrungsschatz, der aus den Wort- und Textspenden von Internet-*Usern* geschöpft wird, desto mehr können die Leistungen in diesem Bereich verfeinert werden. Ein Nebeneffekt der Digitalisierung der sprachlichen Kommunikation, die mit Google, Alexa oder Siri bereits in so manchem Wohnzimmer Einzug gehalten hat, ist der Graben, die sich zwischen Sprachen mit großen digitalen Ressourcen und Nachfragepotenzial gegenüber kleineren und dadurch für Unternehmen weniger profitablen Sprachräumen eröffnet.[308]

Die Liste der digitalen Durchbrüche, die durch die Distanzierungsverordnungen während der Lockdowns angestoßen wurden, ließe sich noch lange fortsetzen. Was gestern noch unrealistisch schien, ist heute bereits gang und gebe. Was im Corona-Ausnahmezustand getestet wurde, erlebt in der Post-Corona-Normalität eine Regularisierung. Neue Anwendungen zeichnen sich am Horizont ab. Sie werden in der Öffentlichkeit, hier stellvertretend am Beispiel der Berichterstattung in der österreichischen Tageszeitung *Die Presse*, als willkommener Auftakt für den Übergang in ein neues Wirtschaftsmodell vorgestellt, das mit einer von Daten getriebenen Künstlichen Intelligenz operiert. Für die Branchen und Unternehmen, die auf diesen Zug aufspringen können, bedeutet das eine große Wachstumschance; für jene KonsumentInnen, die in der ersten Klasse mitfahren können, vielleicht einen persönlichen Gewinn. Mit der begeisterten Berichterstattung wird suggeriert, dass die Durchdigitalisierung die gesellschaftliche Teilhabe für die breite Bevölkerung verbessern wird. Eine Diskussion über die Vor- und Nachteile sowie die sozialen Auswirkungen der schönen, neuen, »smarten« Welt findet nicht statt. In der Zwischenzeit wird viel öffentliches und privates Geld in die Forschung und in die Umsetzung der neuen technischen Lösungen an der Schnittstelle von Biotechnik und Informatik gesteckt. So werden vollendete Tatsachen geschaffen, die keine Umkehr mehr erlauben sollen.

307 Jurawski D./Martin J. H. (2013): Speech and Language Processing. Stanford 2021: https://web.stanford.edu/~jurafsky/slp3/ (11. 4. 2022); Liddy Elisabeth D. (2001): Natural Language Processing, in: Encyclopedia of Library and Information Science. New York: https://surface.syr.edu/cgi/viewcontent.cgi?filename=0&article=1043&context=istpub&type=additional (22. 7. 2022)

308 Van Dijk Jan A. (2017): Digital Divide: Impact of Access, in: The International Encyclopedia of Media Effects, S. 1–11.

Damit die Transformation bei den Menschen als BürgerInnen und KonsumentInnen ankommt, reicht das technische Angebot von oben jedoch nicht aus. Dieses realisiert sich nur, wenn es von unten angenommen und mitgetragen wird. Dafür braucht es ein neues Konsumverhalten, neue Wünsche und Bedürfnisse und die Bereitschaft, die digitalen Rahmenbedingungen der gesellschaftlichen Spielregeln zu akzeptieren. Darum geht es im folgenden Abschnitt.

2.2. Der neue Mensch

Wenn hier vom neuen Menschen die Rede ist, geht es nicht um vage Vorstellungen einer trans- oder posthumanen Welt, die von *Cyborgs* bevölkert wird, sondern um jene Begleiterscheinungen der Kybernetischen Revolution, die sich in vielen kleinen Schritten im Spannungsfeld von spätkapitalistischer Krise und digitaler Modernisierung vollziehen. Diese Veränderungen brechen mit den Werten der bürgerlichen Freiheit und der bürgerlichen Demokratie. Da sie sich meist unbemerkt in den Alltag und ins Bewusstsein einschleichen, werden sie in ihrer Konsequenz oft nicht erkannt. Die Corona-Maßnahmen stehen nicht am Beginn dieser Transformation. Sie geben ihr jedoch einen entscheidenden Anstoß und beseitigen angesichts der suggerierten Alternativlosigkeit bestehende Zweifel. Darüber hinaus bewirkt die mit Corona beförderte Vorstellung, die Menschheit befinde sich am Abgrund einer großen Gefahr, eine Dankbarkeit für die technischen Hilfen, mit der die Distanz überbrückt werden kann. So können die Produkte aus Informationstechnologie, Medizin- und Biotechnik als Lösungen begriffen werden, die man gerne annimmt. Dass sie hauptsächlich der Kapitalverwertung ihrer Gründer und Aktionäre dienen, gerät dabei nur allzu leicht aus dem Blick.

Im Folgenden werden die Veränderungen dargestellt, denen sich der neue Mensch in vier Bereichen ausgesetzt sieht: erstens im Arbeitsprozess, zweitens als Lieferant jener Daten, die in der Folge sein Leben bestimmen, drittens als der Körper, der zunehmend der Kommodifizierung und Verwertung und viertens, der neuen Regeln der Bewegungs- und Mobilitätskontrolle unterworfen wird. In allen vier Bereichen wird zudem herausgearbeitet, wie die

Corona-Maßnahmen einen bereits bestehenden Trend verstärken oder diesem zum Durchbruch verhelfen.

Arbeitsprozesse

Wir erleben schon seit vielen Jahren den Einzug von Robotern in Werkshallen, Baustellen, Kraftwerke u. v. a. m. In Übereinstimmung mit der menschlichen Arbeitskraft erleichtern oder beschleunigen sie die Verrichtung schwerer Arbeit. Dieser Vorteil kommt hauptsächlich dem Unternehmer zugute, weil er Arbeitskräfte einspart, sowie jenen Fachkräften, die in die Programmierung und Steuerung eingebunden sind. Die anstrengenden, meist weniger gut bezahlten Tätigkeiten verschieben sich in Bereiche, in denen sie nicht einmal mehr die Sicherheiten genießen, die Tarifverträge, Arbeits- und Sozialgesetze bieten, das heißt in die prekarisierten, informellen Bereiche von Zuliefererfirmen und neuer Selbstständigkeit, in die zahlreiche Tätigkeiten ausgelagert werden. Dass Menschen solche Arbeitsverhältnisse auf sich nehmen, liegt an der strukturellen Arbeitslosigkeit im formellen Sektor der geregelten und gesicherten Erwerbstätigkeit; Unternehmen haben kein Interesse, die durch Digitalisierung eingesparten Arbeitsplätze durch Verkürzung der Arbeitszeiten oder Ersatzarbeitsplätze in anderen Bereichen zu kompensieren.

Roboter

Roboter sind menschheitsgeschichtlich gesehen ein sehr junges Phänomen. Der Berühmteste unter der frühen Roboter-Generation war der »Unimate« des Herstellers Unimation, der 1961 bei General Motors zum Einsatz kam.[309] Es handelte sich um eine einfache Maschine mit Greifarmen, die einen Gegenstand ergreifen und anderswo abstellen konnte (*pick & place*). Die Roboter der zweiten Generation, die in den 1980er Jahren ebenfalls in der Autoindustrie zum Einsatz kamen, konnten bereits Tätigkeiten wie Schweißen oder Lackieren verrichten. Ab Mitte der 1980er Jahre wurden Roboter der dritten Generation mit Universalrechnern, visuellen oder sensorischen Systemen ausgestattet. Programmiersprachen ermöglichten ihnen, anhand von Veränderungen ihrer

309 Kurzweil 1993, S. 315–322.

Umwelt Entscheidungen zu treffen. Solche Systeme können etwa Fertigteile identifizieren und in Montageabläufen zusammensetzen. Spätere Roboter können aufgrund der Verbesserung der Erkennungssysteme menschliche Fähigkeiten der Wahrnehmung und Bewegung immer besser imitieren und komplexe Abläufe koordiniert abwickeln. Obwohl sie mit dem Menschen um Geschicklichkeit und Intelligenz wetteifern, liegt ihre Bedeutung dennoch in der Zusammenarbeit mit dem Menschen.

Die alarmistischen Prognosen[310] einer völligen Verdrängung des Menschen aus der Welt der Industrie haben sich bisher nicht bewahrheitet. Umgekehrt stehen wir erst am Beginn. Mit der teilweisen Rückverlagerung der an Billiglohnstandorte im Globalen Süden ausgelagerten arbeitsintensiven Industriearbeit ist weniger die Schaffung von neuen Arbeitsplätzen, sondern vielmehr eine weitere Welle der Roboterisierung in den alten Industrieländern zu erwarten.[311] Das von vielen Seiten befürchtete »Verschwinden der Arbeit« wird trotzdem nicht eintreten: Erstens weil parallel zur Roboterisierung zahlreiche Begleittätigkeiten notwendig sind, die weiterhin manuelles Tun erfordern. Um diese billig zu halten, wurde die dauerhafte Bindung an ein gesichertes Beschäftigungsverhältnis zugunsten informeller, prekarisierter Beschäftigung aufgelöst. Im Bereich der Leiharbeit, der Subaufträge, der Werkverträge und Praktika herrscht starke Fluktuation sowie ein Verdrängungswettbewerb durch neu ankommende ArbeitsmigrantInnen oder Flüchtlinge, die mit oder ohne entsprechende Autorisierung in den Arbeitsmarkt eintreten. Diese Menschen erhalten oft zu wenig zum Überleben und sind daher darauf angewiesen, das geringe Einkommen durch weitere prekäre Erwerbstätigkeit sowie unbezahlte Arbeiten im Bereich der Nachbarschaftshilfe und Eigenversorgung auszugleichen. Aber auch die gut bezahlten qualifizierten und sozial abgesicherten Arbeitskräfte benötigen Begleitung durch bezahlte, unterbezahlte und unbezahlte Unterstützungsdienste, um das von Stress, Leistungsdruck und den Zwang zum optimierenden Styling der eigenen Person geprägte Leben zu meistern. Arbeit nimmt also in allen Gesellschaftsschichten zu – allerdings mit

310 Brynjolfsson Erik/McAfee, Andrew (2016): The second machine age. Work, progress, and prosperity in a time of brilliant technologies. New York-London; Frey Carl Benedikt/Osborne Michael A. (2016): The future of employment. How susceptible are jobs to computerisation? In: Technological Forecasting and Social Change. DOI: 10.1016/j.techfore.2016.08.019. Frey und Osborne prognostizieren in einer Studie von 2013 den Rückgang von Arbeitsplätzen bis 2050 um 47 % (USA) bzw. 42 % (Deutschland).

311 Schlögl 2021.

dem Unterschied, dass Gutverdienende den mühsamen Teil dieser Arbeiten an Dienstboten im Haushalt, bei Fahr- und Zustelldiensten sowie an – überwiegend – weibliche Familienmitglieder auslagern können, die diese Tätigkeiten »im Schatten« ausüben.[312]

Dort, wo Roboter im Einsatz sind und über deren digitale Vernetzung, das *Internet of Things*, immer besser aufeinander eingestellt werden, braucht es immer weniger menschliches Zutun. Der Bedarf reduziert sich auf überwachende Tätigkeit, wobei allerdings häufig unterschätzt wird, wie viel schwere Arbeit im Hintergrund weiterhin notwendig ist. Dabei handelt es sich um allerlei Hilfsdienste beim Transport, bei Wachdiensten oder bei der Reinigung, die oft an Subunternehmen oder Leiharbeitsfirmen ausgelagert werden und nicht zu den Kernbeschäftigten eines Unternehmens zählen. Die Stammbelegschaft hingegen, einst der Kern der organisierten Arbeiterklasse, schrumpft auf ein Minimum. Was sich uns in den Werkshallen darbietet, ist eine zunehmend menschenleere Fabrik.

Mit immer größerem Einsatz von Künstlicher Intelligenz verwandelt sich das *Internet of Things* tendenziell in Richtung *Intelligence of Things*. Diese ist nicht auf die Arbeitswelt beschränkt, sondern dringt über sogenannte smarte Geräte in die Welt der persönlichen Kommunikation, des Wohnens und der Bewegung im städtischen Raum (*smart cities*) vor. Dies verleiht der Maschine weiteres Eigenleben und bringt sie gegenüber dem Menschen in den Vordergrund. Seitens der Hersteller und Anwender solcher Lösungen wird gerne die Überlegenheit der algorithmisch gesteuerten Maschinenleistung gegenüber der menschlichen Kapazität ins Treffen geführt. Kritische Studien arbeiten demgegenüber die Grenzen der Künstlichen Intelligenz heraus, die von paradoxen Interventionen, Fehlleistungen bis zur extremen Unpersönlichkeit und Künstlichkeit gehen, wenn es um Aussehen, Stimmen, Antworten, Dialoge oder Regungen geht, die Roboter bei der Imitation von Menschen von sich geben, ganz zu schweigen von der Gefahr durch Ausfall, Absturz oder Lahmlegung der Systeme.[313]

Auch wenn all das für Menschen, die im Analogen sozialisiert wurden, seltsam anmutet, können wir nicht umhin, die Fortschritte bei der digitalen

312 Komlosy Andrea (2015[4]): Arbeit. Eine globalhistorische Perspektive. 13. bis 21. Jahrhundert. Wien, S. 179–182.
313 Z. B. Becker 2017, S. 169–179.

Transformation der Arbeitswelt sowie der menschlichen Beziehungen anzuerkennen. Die Dinge überschlagen sich geradezu in atemberaubendem Tempo, und wer damit aufwächst, nimmt es als selbstverständlich wahr. Sie durchdringen den Alltag auf eine Art und Weise, der sich Menschen, die am sozialen Leben teilnehmen wollen, kaum entziehen können. Diejenigen, die zurückbleiben, gelten als altmodisch, ungeschickt, unwillig, kurzum: »antiquiert«. Günter Anders verwendet diesen Begriff jedoch in einem weitergehenden Sinn, indem er das Zurückbleiben des menschlichen Fassungs- und Handlungsvermögens gegenüber dem Tempo der technologischen Modernisierungen generell als Status der Antiquiertheit fasst.[314]

Ein besonders bedenkliches Anwendungsfeld des Roboters liegt im Bereich von Kampfrobotern, die mittlerweile von allen Militär- und Verteidigungsministerien massiv unterstützt und eingesetzt werden. In Form von unbemannten Flugzeugen, Flugrobotern und Drohnen leisten sie Aufklärungs- und Angriffseinsätze.[315] Sie ersetzen Soldaten an der Front. Sie erleichtern die Kriegsführung durch die Entkoppelung von Einsatzort und Befehlszentrale und ermöglichen so hohen Militärs bis hin zu Präsidenten, Tötungsbefehle zu geben, ohne sich selbst (vermeintlich) in Kriegshandlungen zu verwickeln. Unter US-Präsident Barack Obama als oberstem Kriegsherrn am Schalthebel hat der Drohnenkrieg im sogenannten *War on Terror* massenhafte gezielte Tötungen einschließlich nicht beabsichtigter Morde von Zivilpersonen von Afghanistan bis Somalia zur Folge gehabt.[316]

Mit den Corona-bedingten Lockdowns gewann der Roboter an gesellschaftlicher Akzeptanz. Als Gegenstand, der keine Viren übertragen kann, stellt er einen sicheren Kontakt dar. Er ist das ideale Gegenüber des *Homo hygienicus*, der sich in der kontrollierbaren, kontaktlosen digitalisierten Welt am wohlsten fühlt.[317] Er funktioniert nicht nur in der Werkshalle, sondern auch als dienstbares Wesen, das in der Pflege, beim Aushändigen von Dingen, im Heimservice oder beim Erteilen von standardisierten Auskünften eingesetzt werden kann. Auf großen Flughäfen sind die dem Menschen

314 Anders 1956.

315 Kurzweil 1993, S. 320.

316 Strutynski Peter Hg, (2013): Töten per Fernbedienung. Kampfdrohnen im weltweiten Schattenkrieg. Wien; O'Halloran Brendan (2019): The Ethical Concerns of Drone and Automated Warfare, in: Journal for International Relations. http://www.sirjournal.org/op-ed/2019/1/28/the-ethical-concerns-of-drone-and-automated-warfare (13.5.2022).

317 Burchardt 2020, S. 126.

nachempfundenen Sprechmaschinen, die die Prozedur der Sicherheitskontrolle erklären, schon vor Corona weit verbreitet gewesen. Als weiteren Schritt kann man sich gut vorstellen, wie auch die Gepäcks- und Personenkontrolle von solch einem Werkzeug-Wesen durchgeführt wird, wenn der Reisende nur den Anweisungen folgt. Im Gegenzug winkt ein hygienisch steriler Kontakt ohne Körperberührungen durch fremde Menschen. In chinesischen Großstädten werden Roboterwesen bereits im Service getestet. Aufgrund der Seltenheit dient ein Roboter-Kellner bisher noch als Sensation, der Gäste anlockt. Einige europäische China-Restaurants haben die Idee bereits aufgegriffen. Maschinenbauunternehmen preisen ihre Service-Roboter als Lösung für den Personalmangel an.

Mit Künstlicher Intelligenz ausgestattete Maschinen arbeiten sogar im *Home Office*: Sie können Auskünfte erteilen, Rat und Trost spenden, Anrufende auf entsprechende Kanäle zu menschlichen Auskunftspersonen umleiten, und sie können auch selbst Anrufe tätigen, Werbebotschaften überbringen und Umfragen durchführen. Diese Beispiele, die wir alle bereits beim Reisen oder am Telefon erlebt haben, sollen lediglich illustrieren, wie weit das mit Künstlicher Intelligenz ausgestattete »Wesen« bereits in unseren Alltag vorgedrungen ist und wir nolens volens mit ihm* (*geschlechtsneutral) kommunizieren.

Die Lockdowns, Hygiene- und Quarantänemaßnahmen hatten zur Folge, dass viele Unternehmen Organisation und Abläufe umstrukturieren mussten. Sie brachten die bestehende Arbeitsteilung mit einem neuen Raum- und Zeitmanagement in Einklang. Dies bedeutet, Schichtwechsel, Teams und Arbeitsgruppen so zu organisieren, dass die Mitglieder nicht miteinander in Berührung kommen und in getrennten Kreisläufen agieren. So sollte verhindert werden, dass aufgrund einer positiven Testung auf Covid-19 eine ganze Abteilung oder ein ganzer Betrieb in Quarantäne geschickt wird. Das *Home Office* für bestimmte Planungs- und Verwaltungstätigkeiten fügte sich in diese Reorganisation ein.

Die Entscheidung für eine Verstärkung von Robotersystemen in einem Produktions- oder Dienstleistungsunternehmen lässt sich nicht ursächlich auf Corona zurückführen. Sie fügt sich in einen langfristigen Prozess der Produktivitätssteigerung ein, die für die Konkurrenzfähigkeit eines Unternehmens unerlässlich ist. Für Betriebsfremde ist sie im Einzelnen ohnehin nicht nachvollziehbar. Dabei geht es nicht nur um Roboter in der Produktion, sondern um die Anordnung der Produktions- und Kommunikationsabläufe. In diesem Bereich springen die massiven Bemühungen von Beratungsunternehmen und Anbietern digitaler Organisationsprogramme ins Auge, die in den Corona-Jahren auf die Öffentlichkeit, noch mehr jedoch auf Unternehmensleitungen eingewirkt haben, ihre Leistung und Wertschöpfung mittels Investitionen in digitale Techniken zu sichern bzw. zu erhöhen. Da auch Wissenschaft und staatliche Förderungen in diesen Jahren »die Digitalisierung« unisono, undifferenziert und mit aller Kraft als Schlüssel zur Zukunft preisen und fördern, kann zumindest ein indirekter Zusammenhang zur Pandemie festgestellt werden. Eine Garantie, dass die neuen Investitionen und Kooperationen das Unternehmen absichern und die Rendite tatsächlich verbessern, können die digitalen Dienstleister und Berater, die Datenspeicher, *Cloud*-Lösungen, Kommunikations-, Verwaltungs- und Ablaufprogramme anbieten, ohnehin nicht geben. Sie repräsentieren jene Informations- und Kommunikations-Branchen (ICT), für die die Unsicherheit der Corona-Lockdowns einen günstigen Markt schafft, weil Unternehmen Investitionen in ihre digitale Organisationsstruktur tätigen. Selbst wenn viele davon letztlich nichts haben, profitieren zumindest die digitalen Dienstleister.

Lieferketten und Just-in-time

Eine andere Frage betrifft die Bereiche und Arbeitsabläufe, die ein Unternehmen an Zulieferer auslagert. Die Verwandlung unternehmensinterner Arbeitsteilung in überregionale Güterketten, in denen einzelne Komponenten an unterschiedlichen Standorten entwickelt, gefertigt und schließlich zusammengesetzt werden, bevor sie in den Vertrieb gelangen, hat seit den 1990er Jahren einen kraftvollen Schub erhalten. Voraussetzung dafür war die Liberalisierung des Kapitalverkehrs, sowohl für Investitionen als auch für die Abführung bzw. Vermeidung von Steuern durch Verlagerung der Besteuerung in Steueroasen sowie für die Rückführung von Gewinnen. Die im Vertrag von Maastricht 1992 verankerten vier Freiheiten des EU-Binnenmarkts für Kapital, Waren, Dienstleistungen und Arbeitskraft stellten dafür ebenso die Weichen wie das Regelwerk der Welthandelsorganisation (WTO), das Freihandel und Kapitalverkehrsfreiheit zur Bedingung für die Teilhabe an der Weltwirtschaft macht.

In der Organisation der globalen Güterketten ist neben die vom Erzeuger organisierten Güterketten zunehmend die vom Käufer organisierte Güterkette getreten, bei der ein Markeninhaber oder Großhändler die Produktionsbetriebe und Standorte auswählt und kombiniert, die seine Waren am kostengünstigsten herstellen.[318] Das hat zur Folge, dass Standorte austauschbar werden und sich dadurch in einen Unterbietungswettbewerb begeben. Es bewirkt zudem jene dezentrale *Just-in-time*-Produktion, bei der es keine zentralen Lager gibt, sondern die Komponenten ständig unterwegs sind, um zum richtigen Zeitpunkt für den nächsten Fertigungsschritt beim dafür beauftragten Unternehmen anzukommen. Für ArbeiterInnen, aber auch für kleinere Zulieferbetriebe hat diese räumliche Flexibilisierung fatale Auswirkungen, müssen sie doch ständig damit rechnen, dass ihre Beauftragung an einen günstigeren Bieter verloren geht. Klein- und Mittelbetriebe, die für lokale und regionale Märkte produzieren, haben Schwierigkeiten, mit Preisen und Löhnen mit den Erzeugnissen der globalen Güterketten mitzuhalten; sie verlieren sukzessive Marktanteile und verwandeln sich von organisatorisch eigenständigen Unternehmen in Zulieferer oder Zweigbetriebe.

Erzeuger von Schlüsselkomponenten können in diesem System vorübergehend strategische Bedeutung erlangen, da der weltweite Produktionsfluss von der rechtzeitigen Zulieferung abhängt. Das stärkt ihre Position, Lohnerhöhungen und Verbesserungen der Arbeitsverhältnisse durchzusetzen, wie dies etwa 2010 beim Streik der Honda-Arbeiter am Standort Foshan (China) der Fall war. Ihr Werk war auf Getriebe und andere Autoteile spezialisiert, deren Verzögerung die Produktion an anderen Standorten lahmlegte.[319] Globale Gewerkschaften setzen daher auf die Koordination ihrer Aktionen; globale Konzerne bemühen sich gleichzeitig, sich davon unabhängig zu machen, was das den Standortwettbewerb weiter anheizt. Die Transportkette ist für mögliche Störungen besonders sensibel, was Gewerkschaften strategische Macht und gelegentlich auch Erfolge bei ihren Arbeitskämpfen verleiht. Damit die zeitgerechte Anlieferung klappt, wird von den Spediteuren jedoch sorgsam darauf geachtet, hier keine gemeinsamen Aktionen aufkommen zu lassen.

318 Komlosy/ Musić 2021.

319 Chan Anita (2013): Die internationale Gewerkschaftsbewegung, Arbeitskonflikte und Aussichten auf Tarifverhandlungen in China, in: Egger Georg u. a. Hg.: Arbeitskämpfe in China. Berichte von der Werkbank der Welt. Wien, S. 144–162.

Die weltweit umgesetzten Corona-Maßnahmen haben die Abhängigkeit vom reibungslosen Funktionieren der globalen Güterketten bewusst gemacht. Plötzlich wurde das Credo der Verkehrsfreiheit zur Bedrohung der Versorgung. Und der Öffentlichkeit wurde bewusst, dass zahlreiche Medikamente und Schutzausrüstungen ganz oder zu wesentlichen Teilen aus Ländern des Globalen Südens stammten. Da half es nichts, dass Konzernzentralen und Entwicklungsabteilungen der Pharma-Unternehmen meist im Westen beheimatet waren, wenn sie die Wirkstoffe aus Indien oder China bezogen. Bei billigen Massengütern wie Schutzkleidung war die Produktion schon seit längerer Zeit in die neuen Industrieländer des Südens verlegt worden. Im Laufe der beiden nächsten Jahre machte sich die Störung der Güterketten und Transportwege auch bei vielen anderen Konsumgütern bemerkbar, wie bei PKWs, Fahrrädern, Elektronik, Haushaltsgeräten, Sonnenkollektoren, Bekleidung, Spielzeug u. v. a. m. Manchmal bezog sich die Lieferstörung auf Rohmaterialien, oft jedoch vor allem auf Komponenten, die im Rahmen der Neuen Internationalen Arbeitsteilung aus Kostengründen an Billiglohnstandorte ausgelagert worden waren. Als besonders heikel erwiesen sich die Versorgungsengpässe bei Halbleitern, deren Erzeugung sich in Ost- und Südostasien konzentriert und die nun in zahlreichen Branchen fehlen. Die im Zuge der Lockdowns explodierende Nachfrage nach Kommunikations- und Unterhaltungselektronik verschärfte diese Engpässe.

Im ersten Schock verkündeten zahlreiche europäische Politiker, ebenso wie der amerikanische Präsident Donald Trump, dass mit der Abhängigkeit von Zulieferern nun Schluss gemacht werde und die Produktion im Inland, oder zumindest im benachbarten EU-Ausland konzentriert werde. Demgegenüber verstanden sich die neuen Industrieländer, allen voran China, als Advokaten des freien Welthandels.

EU-Kommissions-Vize Margaritis Schinas verkündete im *Ö1*-Mittagsjournal am 28. November 2020: »Wir wollen in der Lage sein, uns selbst zu versorgen und nicht von anderen abhängig sein. (…) Der Weg zur ›offenen strategischen Autonomie‹ bedeutet nicht, alles selbst zu produzieren, sondern Lieferquellen zu diversifizieren und Lager anzulegen.«[320]

2020 betrafen diese Ankündigungen vor allem den medizinischen Bereich. 2021/22 wurden Halbleiter als weitere Schwachstelle identifiziert und in der

320 Margaritis Schinas in: Ö1-Mittagsjournal, 28.11.2020

EU ein europäisches Chip-Gesetz auf den Weg gebracht, das mit öffentlichen Förderungen das Entstehen neuer privater Produktionsstätten anstoßen soll.[321] Von Anbeginn warnten nicht nur China, sondern auch liberale Stimmen aus der EU, dass protektionistische Eingriffe in die Güterketten den freien Welthandel gefährdeten. Die Rückverlagerung der Produktion ins Inland, hieß es, solle sich auf strategische Bereiche beschränken. Darüber hinaus wurde die Diversifizierung der Lieferwege und Bezugsmärkte sowie deren Verschiebung in politisch zuverlässige Regionen befürwortet. Die Debatte um mögliche Rückverlagerungen wurde auch durch den geopolitischen Konflikt mit China angeheizt, in dem die Europäische Union und die USA nicht immer am gleichen Strang ziehen. Während unter den Präsidenten Trump und Biden mal ein schärferer, mal ein abgemilderter Handels- und Zollkrieg mit China ausgetragen wurde und wird, bemühen sich EU-Politiker darum, ihren Unternehmen den Zugang zum chinesischen Markt offen zu halten. Seit 2013 wird ein Abkommen mit China verhandelt, die Ratifizierung der 2021 getroffenen Vereinbarung steht indes zu Redaktionsschluss 2022 noch aus.[322]

Die Verschärfung der geopolitischen Konfliktlinien nach Beginn des Kriegs zwischen Russland und der Ukraine im Februar 2022, in dem China Sanktionen gegen Russland nach westlichem Vorbild ausschloss, könnte die Bruchlinie zwischen EU und USA im Westen und einer eurasischen Allianz von China und Russland, unter Umständen mit weiteren Partnern in Süd-, Zentral- und Westasien verstärken. Dies würde die Rückverlagerung von Industrieproduktionen aus China begünstigen. In diesem Fall würde sich die Frage der Technologie in den in die EU rückverlagerten Industriestandorte stärker stellen als dies heute, im Sommer 2022, der Fall ist. Klar ist, dass eine Rückverlagerung der Fertigung an EU-europäische Standorte mit der fortschreitenden Digitalisierung, dem Einsatz von Robotern in der Produktion sowie Künstlicher Intelligenz bei den Steuerungssystemen verbunden wäre, um die vergleichsweise höheren Lohnkosten auszugleichen, zumal China über Güterketten auch mit Zulieferern in asiatischen und afrikanischen Entwicklungsländern

321 Europäische Kommission, Europäisches Chip-Gesetz: https://ec.europa.eu/info/strategy/priorities-2019-2024/europe-fit-digital-age/european-chips-act_de (18.7.2022); vgl. auch: Zusammenrücken und zurückfahren: Müssen wir die Idee des weltweiten Marktes neu überdenken, Die Presse, 27.4.2022

322 Umfassendes Investitionsabkommen EU-China: https://de.wikipedia.org/wiki/Umfassendes_Investitionsabkommen (18.7.2022)

verbunden ist. Osteuropäische EU-Mitglieder und zukünftige Beitrittskandidaten könnten sich aufgrund der Lohndifferenz als politisch zuverlässige Partner verstärkt als Standorte für industrielle Fertigung in Stellung bringen, soferne das dafür in Frage kommende Arbeitskräftepotenzial nicht schon längst in westliche Staaten abgewandert ist. Die Verfügbarkeit motivierter, kostengünstiger migrantischer Arbeitskraft, die mit der Fluchtbewegung aus der Ukraine im Frühjahr 2022 einen massiven Anstieg erlebte, könnte den Trend zu Digitalisierung und Roboterisierung allerdings verlangsamen.

Digitale Nomaden

Die Ausweitung des *Home Office* in Büro- und Beratungsberufen, die in Lockdown-Zeiten zwangsläufig zugenommen hat, ist nicht nur bei Unternehmensleitungen, sondern auch bei vielen Beschäftigten auf Zustimmung gestoßen. Auf der positiven Seite der Betriebswirtschaft bilanzieren die sinkenden Ausgaben für Räume, Raum- und Büroausstattung, die Vereinfachung von abteilungs- und standortübergreifenden Besprechungen sowie die Verschiebung der Arbeitskontrolle von Anwesenheit auf erbrachte Leistung, sodass Pausen und persönliche Kommunikation unter MitarbeiterInnen nicht in die bezahlten Arbeitszeiten fallen. Kostspieligere Überstunden fallen aufgrund der zeitlichen Flexibilisierung kaum an. Nicht alles, was für das Unternehmen lohnt, bedeutet für die im *Home Office* beschäftigten Personen einen Nachteil. Für sie fallen Wegzeiten zum Arbeitsplatz weg, sie können Berufstätigkeit, familiäre und andere Verpflichtungen und Interessen, die sie von zu Hause erledigen, zeitlich besser koordinieren. In manchen Fällen entspannen sich zeitliche Interessenskonflikte, weil mehreres gleichzeitig bzw. ineinander verzahnt erledigt werden kann.

Dieser Vorteil kann allerdings durch die damit verbundene zeitliche und räumliche Mehrfachbelastung ins Gegenteil umschlagen. Die häusliche Effizienz geht auf Kosten der Konzentration auf eine Aufgabe sowie von Ruhezeiten und des persönlichen Austausches während der Arbeitszeit. Die Ungleichheit in der Verhandlungsposition von ArbeitgeberIn und ArbeitnehmerIn wird durch *Home Office* tendenziell verstärkt. Dies nicht nur in finanzieller Hinsicht, weil erstere Raumkosten einsparen und mehr Leistung erhalten, während zweitere höhere Raum- und Bürokosten tragen, ohne mehr zu verdienen. Ihre Verhandlungsposition wird grundsätzlich durch die Isolierung im Heim geschwächt. Die neuen HeimarbeiterInnen nähern sich dem Typus des selbstständigen Werkvertragsnehmers an, sind dabei als Angestellte den Bedingungen und Anforderungen des Arbeitgebers jedoch voll ausgeliefert. Gewerkschaftliche Organisation und Vertretung wird unter diesen Bedingungen zunehmend anachronistisch. Mit den fehlenden Kontakten am Arbeitsplatz verschwindet die Solidarität und die Möglichkeit zur kollektiven Aktion. Einmal verloren, ist eine Reorganisation der versprengten ArbeiterInnenschaft schwer wieder herstellbar. Was in der Debatte der Vor- und Nachteile der Heimarbeit aus der Perspektive der Erwerbstätigen meist ausgeklammert bleibt, ist der schleichende Übergang von der gesicherten Beschäftigung einer ins *Home Office* entlassenen Stammbelegschaft zu einer flexiblen ArbeiterInnenschaft aus Zeit- und LeiharbeiterInnen, dezentralen Einzelpersonen oder KleinunternehmerInnen, die sich als neue Selbstständige um bestimmte Aufträge bewerben. Die neue Art des flexiblen Arbeitens, als *New Work* positiv verbrämt, bricht mit dem Anstellungsverhältnis. Was zählt, ist die Leistung, die sich im Ergebnis widerspiegelt. Damit verwandelt sich der Arbeitsvertrag in einen Werkvertrag.

Flexibilisierung und Leistungsorientierung erlauben den Unternehmen auch, aus einem größeren Kreis an BewerberInnen auszuwählen. Sie sind in vielen Belangen nicht auf Ortsanwesende angewiesen, sondern können Talente für herausfordernde Aufgaben, Willige für monotone schlecht bezahlte Tätigkeiten, aber durchaus auch talentierte Willige und willige Talentierte aus Weltregionen anheuern, wo die Nachfrage und Bereitschaft zur Übernahme von Aufträgen unter dem Lohnniveau der globalen Zentren hoch ist. Die Personalpolitik kann dabei von einer Unternehmenszentrale gesteuert werden, diese kann bestimmte Aufträge aber auch über *Crowdwork*-Plattformen vergeben. HeimarbeiterInnen vor Ort könnten sich also als eine Übergangsform auf dem Weg zur globalisierten Arbeitsvermittlung des *Outsourcing* von Bildschirmarbeit herausstellen. Eine Wahlfreiheit zwischen betrieblichem und häuslichem Arbeitsplatz gibt es dann genauso wenig wie die Möglichkeit, das *Home Office* wieder rückgängig zu machen.

Der Landeschef von »Salesforce Austria«, eines kalifornischen IT-Dienstleistungsunternehmens, das Programme und *Cloud*-Dienste für Datenmanagement, Kunden- und Mitarbeiter-Kommunikation anbietet, gibt uns auf der

IT-Business-Seite von *Die Presse* einen Ausblick auf das Unternehmen der Zukunft.[323] Eine Voraussetzung wäre die Erhöhung des *Home-Office*-Anteils, der in Österreich grundsätzlich für die Hälfte der Unternehmen möglich, dessen Potenzial allerdings noch nicht voll ausgeschöpft sei. Unter dem Slogan »*Work from anywhere*« heißt es hier wörtlich, und die Ausdrucksweise muss man sich auf der Zunge zergehen lassen: »Unternehmen können ihre Talenteakquise erweitern und begehrte High Potentials ortsunabhängig in ihr Unternehmen holen.« Wer nicht bereits zu diesen Talenten gehört, kann sich »über frei zugängliche Lernplattformen wie Trailhead neue Fertigkeiten für das Arbeiten im 21. Jahrhundert aneignen«. Worauf die Quasi-Werbeeinschaltung allerdings hinausläuft, ist die Inanspruchnahme der Dienste, die Salesforce im Programm hat, damit »erfolgreiches Arbeiten für jede/n von überall aus möglich ist«.

Für die mobilen Talente läuft das globale *Head Hunting* auf eine Form des Arbeitens hinaus, die auch als »digitales Nomadentum« gepriesen wird und nicht nur ein Arbeitsverhältnis darstellt, sondern Mobilität zur Identität erhebt.[324] Bis vor kurzem betraf das Phänomen der mobilen Arbeit eine relativ kleine Gruppe von privilegierten IT-Spezialisten aus dem Globalen Norden, insbesondere aus den USA. An der sozialen Herkunft hat sich nichts geändert; mit der Ausweitung von *Home Office* im Zuge der Pandemie entwickelte sich auch das romantisierende Bild des digitalen Nomaden, der reisend arbeitet und arbeitend reist.[325] Der Anstieg des *Home-Office*-Anteils im Lockdown 2020 auf 42 Prozent der US-ArbeiterInnenschaft trug zur Verbreiterung der Vorstellung bei, gänzlich ortsunabhängig arbeiten zu wollen.[326] Finanzarme Staaten bemühen sich um die Ansiedlung der Nomaden sowie um Investoren. Ob der Traum von der grenzenlosen Freiheit der Realität standhält oder an Überarbeitung, fehlender Sicherheit und sozialer Absicherung zerplatzt, wird die Zukunft weisen. Als Kehrseite des »digitalen Nomadentums« ist schon heute der digitale Immobile zu erkennen, der von

323 Das ungenützte Potenzial, Die Presse, 26. 4. 2022.

324 Begriff geprägt von Makimoto Tsugio (2013): The age of digital nomad – impacts of CMOS innovation, in: IEEE Solid State Circuits Magazine 5, 1, S. 40–47; vgl. auch Makimoto Tsugio/Manners David (1997): Digital Nomad. Chichester.

325 Müller Annika (2016): The digital nomad: buzzword or research category?, in: *Transnational Social Revue* 6, 3, S. 344–348.

326 Bloom Nicholas (2020): How Working from Home Works Out. Stanford Institute for Economic Policy Research: http://resource.nlm.nih.gov/101772302 (26. 7. 2022)

Crowdwork-Aufträgen kaum überleben und sich vom Honorar schon gar keine Reisen leisten, geschweige denn aufgrund seiner Herkunft auf Einreise und Aufenthalt im Land seiner Wahl hoffen kann.[327] Die Arbeitsmigration bleibt als Ausweg, wenn die Plattform-Arbeit nichts mehr einbringt. Ob in privilegierter oder in miserabler Form, setzt die globale Flexibilisierung von Arbeitsverhältnissen die Arbeitsbedingungen von *Home-Office*-Arbeitenden in europäischen Hochlohnländern einem Anpassungsdruck aus: Wer sich nicht in einen digitalen Nomaden verwandeln kann oder will, wird unter Umständen gezwungen sein, auf den digitalen Arbeitsbörsen mit Anbietern aus Billiglohnländern um Aufträge zu konkurrieren. Unternehmen, die Zentrale, Standorte, Zulieferbetriebe, *Home-Office*-Leistende, entfernte AuftragnehmerInnen sowie Kunden über *Cloud*-basierte Datenbanken vernetzen, wollen damit die Wertschöpfung steigern. IT-System-Anbieter, die entsprechende technische Lösungen verkaufen, werden eine solche Entwicklung zweifellos als Erfolg verbuchen.

Verdatung

Kybernetik trat als historisches Produktionsprinzip in dem Moment auf den Plan, in dem der Computer mit der Verarbeitung und Verknüpfung von Daten neue Möglichkeiten eröffnete, komplizierte Rechenvorgänge durchzuführen, mit denen Informationen ausgewertet und übermittelt und Prozesse gesteuert werden können. War dies in den 1940er- und 1950er Jahren noch ein aufwendiges Unterfangen, das große Rechner und viel Zeit erforderte, wurde die Datenverarbeitung durch die Erfindung des Transistors und danach der integrierten Schaltungstechnik mit Halbleitern in den folgenden 50 bis 70 Jahren verfeinert, vereinfacht und beschleunigt. Die Maschinen benötigten dadurch immer weniger Platz, bis sie in den 1980er Jahren aus den Rechenanlagen in die Einzelunternehmen und schließlich in die individuellen Büros und Privatwohnungen wanderten. Die weitere Verkleinerung erlaubte es, die Maschinen in Form von kompakten Laptops und den mit Kameras und Sensoren ausgestatteten Mobiltelefonen mit sich zu tragen bzw. die miniaturisierten

327 Crouch Colin (2019): Gig Economy. Prekäre Arbeit im Zeitalter von Uber, Minijobs & Co. Frankfurt/Main; Kurswechsel 2/2016: Digitale Arbeit und Plattformkapitalismus. Wien.

Computer (Mikroprozessoren) in jene Geräte einzubauen, deren Anwendung sie steuern. Der nächste Schritt besteht in der Vernetzung der einzelnen Prozessoren zu einem System, in dem die beteiligten Nutzer sowie die beteiligten Maschinen untereinander über Standardprotokolle kommunizieren können. Die Präsenz von Mikrocomputern in den Geräten des Alltags wird auch als ubiquitäres Computing bezeichnet. KonsumentInnen sind sich der Existenz der allgegenwärtigen *Smart Chips* of gar nicht bewusst. Das von Gordon Moore, einem Mitgründer des kalifornischen Halbleiterunternehmens Intel, 1965 aufgestellte Moore'sche Gesetz, das eine Verdoppelung der Rechenoperationen ca. alle 18 Monate prognostizierte, ist zu einem kommerziellen Zwang geworden, dem sich kein Halbleiterhersteller entziehen kann, will er nicht das Interesse der Investoren verlieren. Paradoxerweise war es gerade die Explosion der Datenmenge, die die Ergebnisse der Rechenoperationen immer genauer machte und die Dezentralisierung und Miniaturisierung der Maschinen erlaubte.

Gehen wir mit Hilfe eines Apologeten der Künstlichen Intelligenz, dem US-Computer-Wissenschaftler und Unternehmer Ray Kurzweil, die Stationen der Computer-Entwicklung durch.[328] Die Idee des digitalen Prinzips tauchte bereits in der griechischen Mathematik auf und wurde und von späteren Universalgelehrten immer wieder erwogen. Im 18. Jahrhundert entwickelte Charles Babbage auf rein mechanischer Basis das Prinzip der Lochkartensteuerung, das von Joseph Marie Jacquard um 1805 in der textilen Musterweberei in die Praxis umgesetzt wurde. Ein Computer im engeren Sinn wurde erst möglich, als die elektromechanischen und elektronischen Voraussetzungen verfügbar waren. Während des Zweiten Weltkriegs lag die Erfindung quasi in der Luft und löste parallele Entwicklungen in Deutschland, Großbritannien und den USA aus. Sie bauten auf den elektromechanischen Relais auf, die für Fernsprechverbindungen genutzt wurden, sowie den elektronischen Vakuum-Röhren aus dem Radioempfänger.

Im Wesentlichen gab es bis in die 1990er Jahre fünf Computergenerationen, die ihre Kapazitäten sukzessive erweitern konnten. Auf die erste Generation der Vakuum-Röhren-Computer folgte die zweite Generation, die Transistoren

328 Kurzweil 1993, S. 159–188, 339–341. Ich danke Ernst Hammel für seine Hilfe bei der Darstellung der Computer-Entwicklung.

für die elektronische Steuerung von Rechenoperationen einsetzte. Seit 1965 wurde die Programmsteuerung mithilfe von integrierten Schaltkreisen (Dritte Generation), seit 1971 von Mikroprozessoren vulgo *Chips* (Vierte Generation) betrieben. Neben der Hardware ging es auch um Software-Technologie, die Entwicklung von Programmiersprachen und um Systeme zur Spracherkennung. Den ersten kommerziell erfolgreichen Röhren-Computer brachte IBM mit dem Modell 701 bereits 1952 auf den Markt. Der Einsatz von Computern zur Lösung praktischer Probleme erfolgte jedoch erst in den 1980er Jahren im Zusammenhang mit dem Einsatz von Parallelrechnen und von intelligenten Schnittstellen in der Wissensverarbeitung. Die Branche zog, immer noch ein Liebkind des US-Verteidigungsministeriums, als Informations- und Kommunikationsindustrie Investitionen in Milliarden-Dollar-Höhe an und wurde zur Triebkraft des 5. Kondratieff-Zyklus. In dieser Phase investierten US-amerikanische IT-Unternehmen in Südkorea, Taiwan, den Philippinen und Malaysia, wo die Löhne weit unter jenen im Hochlohnland Kalifornien lagen, genauere Qualitätskontrolle möglich und die Umweltauflagen geringer waren. Japan ging schon sehr bald seinen eigenen Weg und spezialisierte sich auf Bauteile für Computer, z. B. Festplatten und optische Elemente. Wesentlichen Anteil an der Entwicklung der Computer der fünften Generation hatte seit 1982 auch das japanische Ministerium für Internationalen Handel und Industrie (MITI). Die fünfte Generation ist in der Lage, auf der Basis von Datenbanken und Simulationsprogrammen neue computergestützte Lösungen für Produktion, Dienstleistung, Unterricht, Medizin, Verwaltung, Unternehmensführung, Übersetzung, Sprachverarbeitung u. v. a. m. bereitzustellen und diese mit Hochgeschwindigkeits-Schaltelementen zu verknüpfen und fast in Echtzeit mit Glasfasern zu übertragen. Dies leitete den Übergang vom Großrechner zum *Personal Computer* ein. Der entscheidende nächste Schritt, von dem die Mathematiker seit Anbeginn träumten, ist die Nachbildung des menschlichen Gehirns und in der Konsequenz die Überschreitung der Linie, die den Menschen von der Maschine trennt. Hier erhofft man sich durch Quantencomputer Durchbrüche im Bereich der extrem schnellen Mustererkennung.

Als Schachweltmeister Garri Kasparow am 11. Mai 1997 gegen den IBM-Computer *Deep Blue*, der bis zu 200 Millionen Positionen innerhalb einer Sekunde berechnen konnte, antrat, wollte er nach eigener Aussage die »Ehre der Menschheit« verteidigen.[329] Er verlor. Ray Kurzweil kommt in seinen neueren Werken zum Schluss, dass das Zeitalter der Singularität des Menschen beendet sei und in Zukunft Maschinen in Form von Robotern oder als denkende Computer die Herrschaft über die Menschheit gewinnen würden.[330] Kurzweil begreift diesen Quantensprung, der auf den exponentiellen Erträgen von Rechenleistung, Speicherkapazität, Wissen und Automatisierung beruht, als Zeitenwende in der Geschichte der Evolution, die sich nicht nur auf die materiellen Grundlagen beziehe; denn im Sinne des radikalen Behaviorismus à la Skinner[331] ist auch Spiritualität lediglich eine Auswirkung synaptischer Gehirnbereiche, die im Computer nachgebaut werden können.[332]

Rohstoff Daten

Der Exkurs zur Geschichte des Computers soll uns daran erinnern, dass Computer ohne Daten nicht funktionieren können. Daten sind der Rohstoff, mit dem Computer bestückt werden. Und um die Rechenleistungen und Einsatzgebiete zu vergrößern, sind immer mehr Daten notwendig. Es ist schwierig, ihre Funktion präzise zu fassen. Sind Daten ein Produktionsmittel, das für die Computeranwendung notwendig ist? Sind sie ein Produkt, dem im Datenhandel die Bedeutung einer Ware zukommt? Oder fungieren sie als ein Kontroll- und Überwachungsinstrument, mit dem Staaten und Konzerne Wissen und Macht über BürgerInnen und KundInnen erlangen? Daten können aber auch als Religionsersatz dienen, wenn es darum geht, die Welt vor dem Verderben zu retten.

Paradoxerweise wird die Datenreligion ausgerechnet von Wissenschaftlern propagiert, die methodisch und ethisch zur nüchternen Analyse berufen wären. Stefan Thurner etwa plädiert in seinem populärwissenschaftlichen Buch »Die Zerbrechlichkeit der Welt«, das den alarmistischen Untertitel »Kollaps oder Wende. Wir haben es in der Hand« trägt, für die Vollverdatung

329 Schulz André, 20 Jahre Kasparov gegen Deep Blue, 11.5.2017: https://de.chessbase.com/post/20-jahre-kasparov-gegen-deep-blue, 13.7.2022.

330 Kurzweil Raymond (2014): Menschheit 2.0: Die Singularität naht. Berlin; Kurzweil (2016): Die Intelligenz der Evolution. Wenn Mensch und Computer verschmelzen. Köln.

331 Skinner 1982.

332 Vgl. die kritische Besprechung von Detlev Baer, 13.4.2018: https://resilienz-aachen.de/buchbesprechung-ray-kurzweil-die-intelligenz-der-evolution (13.7.2022)

der Welt. Sein Plädoyer orientiert sich am Pardus-Spiel des österreichischen Spieleherstellers Bayer & Szell (2004),[333] dessen TeilnehmerInnen in einem futuristischen Universum interagieren und im Raum konkurrieren. Alles was sich im Spiel ereignet, wird in einen Datensatz verwandelt, auf dessen Basis auftauchende Probleme mit höchster Rationalität gelöst werden können. Für uns hier von Interesse ist das Plädoyer, die 1:1-Abbildung des Spielverlaufs in Daten auf die (Welt-)Gesellschaft anzuwenden. Hätten wir nur eine digitale Kopie des Planeten, würden wir auch über die Möglichkeit verfügen, aus diesen Informationen Wissen zu destillieren und sämtliche anstehenden Probleme zu lösen.[334]

Die heutige Gesellschaft verfüge grundsätzlich über die Technik und das Wissen, so Thurner, die Verdatung umzusetzen. Dies unterscheide sie von untergegangenen Kulturen, die aus Informationsmangel nicht in der Lage waren, Gefahren und Kipppunkte zu erkennen. Heute könne ein digitaler Humanismus als eine Art Flugsimulator für die Welt dienen, die auf einer soliden Datengrundlage von Ressourcen, Netzwerken und Herausforderungen eine neue Dimension der Politik ermögliche: *Evidence-based governance*, also eine globale Expertenklasse, die die individuellen oder kollektiven Entscheidungen von Politikern ersetzt durch den »Zugriff auf die digitale Kopie eines Landes als Werkzeug, um Auswirkungen von Entscheidungen, Regulierungen und Gesetzen durchzuspielen«. Thurner versteht sich als Verfechter einer Wissenschaft komplexer Systeme. Bei genauerem Hinsehen verbirgt sich dahinter jedoch der Glaube an die weltverbessernde Kraft des Computers, von *Big Data* und unbegrenztem Speicherplatz zur kompletten Vermessung der Welt. Interessen, Identitäten, Konflikte, ja Gesellschaft schlechthin, haben in diesem Computerspiel von Welt nichts zu suchen. Thurner bezieht sich positiv auf Yuval Harari, übersieht dabei allerdings, dass Harari mit dem Dataismus jene Grenze überschritten sieht, der den *Homo sapiens* vom *Homo deus* trennt. Harari spielt gedanklich mit dem Ende des Menschen, wie wir ihn kennen, denkt jedoch viel zu komplex, um dies als Lösung der globalen Probleme der Menschheit anzusehen.

Was sind überhaupt Daten und wie kommen sie zustande? Daten sind mehr als Information, denn sie existieren nur, wenn diese Informationen in

333 https://de.wikipedia.org/wiki/Pardus_(Computerspiel) (13.5.2022)
334 Thurner 2021, S. 8–28.

digitale Bestandteile zerlegt und gespeichert wurden. Insofern sind Daten eigentlich weniger als Information, denn die Zerlegung in ihre Bestandteile löst die Information aus ihrem Zusammenhang. Es geht bei der Generierung von Daten also um die Zurichtung von Information, um diese überhaupt speicherbar und verarbeitbar zu machen. Durch ihre Zusammenführung kann zwar Komplexität erlangt werden, allerdings nicht der Kontext. Die enthaltene Information ist im Zuge der Datenverarbeitung eine Ware geworden. Wer über sie verfügt, kann sie definieren, also ihre Bedeutung festlegen, und sie in seinem Interesse nutzen.

Computer und elektronische Datenverarbeitung sind dafür nicht unbedingt erforderlich. Moderne Staaten, Organisationen und Unternehmen haben die für sie relevanten Daten auch schon vor der Digitalisierung gesammelt und für ihre Zwecke benutzt. Erhebungsbögen, Statistiken, Personalakten, Geschäftsbücher dienten als Datenspeicher und wurden rechnerisch ausgewertet. Sofern sie erhalten sind, stehen sie auch heute in Papierform in Archiven zur Verfügung.

Im Weiteren stehen die digitalen Daten im Computerzeitalter zur Debatte. Sie fallen überall an, wo Menschen in digitalen Anwendungen ihre Spuren hinterlassen. Also nicht nur dort, wo explizit und ad personam Informationen erhoben werden, ohne die die Teilnahme bzw. die Dienstleistung nicht zugänglich ist, wie bei Behörden, Versicherungen, Bestellungen, Banktransaktionen, Gesundheitseinrichtungen, Gerichts- und Notariatsangelegenheiten, Verlassenschaften u. v. a. m., sondern auch bei jenen digitalen Anwendungen, wo vordergründig niemand an persönlichen Daten interessiert zu sein scheint. Das betrifft die Spuren der Kommunikation und Bearbeitung, die Menschen bei ihren Arbeitsprozessen ebenso hinterlassen wie im privaten und im öffentlichen Bereich. Der *Click* auf die Taste des Computers symbolisiert den Akt der Datenablieferung, auch wenn sich die *User* (die menschlichen Akteure an den Tastaturen anglifizieren sich in diesem Moment zu *Usern*) dessen nicht bewusst sind: Der *Click* bei der Suche im Internet, bei der Auskunft, beim Online-Kauf, bei der digitalen Bezahlung, beim Computerspiel, beim Mailverkehr, beim *Chat*, beim Eintritt in die Welt der »Social Media« oder beim Zutritt zu Online-Veranstaltungen aller Art. Die Daten werden bereitwillig zur Verfügung gestellt, soferne man etwas als bereit- bzw. freiwillig bezeichnen kann, zu dem es in vielen Fällen keine Alternative gibt, wenn man am sozialen Leben teilnehmen will. Wer stimmt nicht der Verwendung von *Cookies* bereitwillig zu, um rasch zum Suchergebnis zu gelangen? Vielfach machen es die Menschen jedoch gerne, genießen die Möglichkeiten der einfachen Interaktion und Kommunikation oder finden es einfach selbstverständlich und denken sich nichts weiter dabei. Zum Zwang wird die Datenablieferung erst dann, wenn alternative Formen der Transaktion nicht mehr erlaubt sind, etwa wenn Bargeldzahlung durch verpflichtende bargeldlose Online-Überweisung verunmöglicht wird oder Fahrkarten sowie gebührenpflichtiges Parken nur mit dem Mobiltelefon bezahlt werden können. Der Wirtschaftsjournalist Norbert Häring hat sein im deutschen Grundgesetz verbrieftes Recht, die Rundfunkgebühren mit Bargeld zu bezahlen, in den Jahren 2015 bis 2022 bis zum Europäischen Gerichtshof verteidigt. Er wurde mit dem Spruch beschieden, dass dieses Recht nur dann gelte, wenn er beweisen könne, dass er kein Bankkonto besitze und kein Bankinstitut bereit wäre, ihm ein Konto zu eröffnen.[335] Er darf seine Gebühr also nicht bar bezahlen. Häring misst den Maßnahmen, die das bargeldlose Zahlen zuerst zur Gewohnheit und dann zur Norm zu machen, der sich nur mehr deviante Personen entziehen können, eine Schrittmacherrolle hin zur Abschaffung des Bargelds zu.[336] Damit wäre im Zahlungsverkehr der Punkt der absoluten Transparenz erreicht, mit der die Bank, und wer aller sonst auf ihre Daten zugreifen kann, totale Einsicht in Konsum-, Bewegungs- und Beziehungsprofile des Kunden bzw. Bürgers erlangen würde: eine Vollverdatung von Geld und Handel mit Auswirkungen auf alle Felder, die in einer kommerzialisierten Gesellschaft mit Bezahlung verbunden sind. Dass Kriminalität damit nicht verhinderbar wäre, zeigt die bereits heute sichtbare Zunahme von digitalem Missbrauch und Datendiebstahl. Eher ist das Gegenteil der Fall.

Rekapitulieren wir mithilfe der US-amerikanischen Ökonomin Shoshana Zuboff den Aufstieg der Datenwirtschaft und die Veränderung, die Daten im Zuge ihres Höhenflugs erleben.[337] Zunächst sind digital speicher-

335 Häring Norbert, Bundesverwaltungsgericht: Ausnahmsloses Bargeldverbot in Rundfunkbeitragssatzung ist rechtswidrig, 1. 5. 2022: https://norberthaering.de/bargeld-widerstand/bverwg2/(19. 7. 2022)

336 Häring Norbert (2018): Schönes neues Geld. PayPal, WeChat, Amazon Go – Uns droht die totale Kontrolle. Frankfurt/Main.

337 Zuboff 2018, S. 116–121.

bare Daten notwendig, um Rechenprozesse, die die Digitalisierung von Steuerungsprozessen ermöglichen, überhaupt durchführen zu können. Die massenhafte Verfügbarkeit von Nutzerdaten wird erst mit der Popularisierung des Internets in den 1990er Jahren und in weit größerem Ausmaß mit der Verbreitung des *Smartphone* relevant, einem Mobiltelefon mit umfangreichen Computer- und Internetfunktionen. Der Begriff wurde erstmals 1999 vom schwedischen Mobiltelefonhersteller Ericsson geprägt, für die Verbreitung sorgte das *iPhone* von Apple ab 2007.[338] Sammlung, Auswertung und Zusammenführung von Nutzerdaten sind also unmittelbar mit der Gründung der neuen digitalen Kommunikationsunternehmen verbunden, allen voran dem PC- und *Smartphone*-Hersteller Apple, der Suchmaschine Google, dem Online-Händler Amazon, dem Bezahldienst PayPal, den Kommunikationsdiensten Facebook, Twitter und Instagram sowie dem älteren Technologie-Unternehmen Microsoft (gegründet 1974), das verspätet ins Datenbusiness einstieg. Die Unternehmensphilosophien zum Gründungszeitpunkt lauteten vollmundig: horizontale Vernetzung, keine Hierarchien, kein Kommerz, keine Werbefinanzierung, reine Information und Kommunikation.[339]

Die von den *Usern* bereitgestellten Daten seien ausschließlich dazu bestimmt, die Ergebnisse der Suchanfragen und Aufgabenstellungen durch höhere Auswahl und bessere Verknüpfungsmöglichkeit zu verbessern und sich auf diese Weise der immer perfekteren Abbildung der Welt zu nähern und die Nutzer in ihr zu orientieren. Als ideologische Bekenntnisse dienten die *Magna Charta for the Knowledge Age* aus dem Jahr 1994[340] oder die *Declaration of the Independence of Cyberspace*, die John Perry Barlow, einer der Gründer der *Electronic Frontier Foundation*, am Rande des Weltwirtschaftsforums in Davos 1996 verkündete. In den Manifesten wurde das Internet als dezentrales, selbstreguliertes Medium jenseits staatlicher Vorgaben vorgestellt.

> »Regierungen der Industriellen Welt, ihr müden Riesen aus Fleisch und Stahl, ich komme aus dem Cyberspace, dem neuen Zuhause des Geistes. Als Vertreter der Zukunft bitte ich euch aus der Vergangenheit, uns in Ruhe zu

338 https://de.wikipedia.org/wiki/Smartphone (18.7.2022)

339 Zuboff 2018, S. 90.

340 Dyson Esther/Gilder George/Keyworth George/Toffler Alvin (1994): Cyberspace and the American Dream: A Magna Carta for the Knowledge Age: http://www.pff.org/issues-pubs/futureinsights/fi1.2magnacarta.html (20.7.2022)

lassen. Ihr seid nicht willkommen unter uns. Ihr habt keine Souveränität, wo wir uns versammeln. … Wir erschaffen eine Welt, die alle betreten können ohne Bevorzugung oder Vorurteil bezüglich Rasse, Wohlstand, militärischer Macht und Herkunft. … Wir erschaffen eine Welt, in der jeder Einzelne an jedem Ort seine oder ihre Überzeugungen ausdrücken darf, wie individuell sie auch sind, ohne Angst davor, im Schweigen der Konformität aufgehen zu müssen.«[341]

Diese Mischung aus Antiautoritarismus und libertärem Geist, Anti-Etatismus und Vertrauen in die regulierende Kraft des Marktes vermischte sich in den 1990er Jahren in den digitalen Werkstätten in und um die kalifornischen Universitäten zu einer Aufbruchstimmung, die – nicht nur dort – als *Silicon-Valley*-Ideologie firmiert.[342] Nehmen wir an, es habe sich um hehre Absichten der jungen Gründer gehandelt. Sehr rasch sind diese Ansprüche auf der Strecke geblieben. Sie haben den Erwartungen der Risikokapitalinvestoren, die die Informations- und Kommunikationsbranche als vielversprechende Anlagesphäre erkannten, nicht standgehalten. Der techno-libertären Philosophie, die die ersten Manifeste inspirierte, sind die IT-Unternehmen im Zuge ihrer beeindruckenden Börsenkapitalisierung jedoch treu geblieben. Sie sind einfach den Erfordernissen der Kapitalverwertung gefolgt.

Ein zentraler Grund für den Sinneswandel, der genau genommen gar keiner ist, ist der Wachstumszwang: im Geschäftsfeld Kommunikation und Information erfordert das immer mehr *User*, immer mehr Daten, immer mehr Transaktionen, immer größere Aufgabenstellungen. So wie ein Seidenräupchen mit jedem Tag eine größere Menge an Maulbeerbaumblättern zum Wachstum benötigt und die Landwirte zur Ausdehnung der Baumkulturen zwingt, müssen den Algorithmen des Internets täglich mehr Daten zum Fraß vorgeworfen werden. An diesem Punkt kommt es zu jenem Phänomen, das Zuboff als »Verhaltensüberschuss« bezeichnet.[343] Jeder *Click* bringt dem Betreiber der Plattform Daten, die Auskünfte über die Wünsche und Begierden, das Konsum- und Kommunikationsverhalten der Nutzer bereitstellt, kurzum:

341 Barlow John Perry, Unabhängigkeitserklärung des Cyberspace, Telepolis, 29. 2. 1996: https://www.heise.de/tp/features/Unabhaengigkeitserklaerung-des-Cyberspace-3410887.html (20. 7. 2022)

342 Barbrook Richard/Cameron Andy (1996): The Californian Ideology, in: Science as Culture 6/1, S. 44–72, Deutsch: Die kalifornische Ideologie, Telepolis, 5. 2. 1997: https://www.heise.de/tp/features/Die-kalifornische-Ideologie-3229213.html (10. 8. 2022)

343 Zuboff 2018, S. 121.

Verhaltensdaten, in Daten kondensierte Erfahrung. Diese werden weiterhin zur Verbesserung der Qualität von Suche und Information eingesetzt. Sie werden durch den Einbau von Mikroprozessoren in Alltagsgegenstände und Messgeräte auch zur effizienten Nutzung von Ressourcen verwendet.

Die Daten liefern jedoch mehr als das, was notwendig ist, um Suche oder Effizienz zu verbessern. Sie werden vom Betreiber angeeignet, verarbeitet, verknüpft, vermarktet und verwandeln sich damit von einem Betriebsmittel zu einer Ware. Durch den Verkauf der Ware Daten an Werbekunden wird die Nutzung des Verhaltensüberschusses für deren Unternehmenszwecke möglich. Als *User* erleben wir, wie bei der Suche die Angebote von Unternehmen (Werbung) am Bildschirm aufpoppen, die durch den Kauf der Ergebnisse früherer Suchanfragen von unseren Wünschen erfahren haben. Befinden wir uns im Kaufhaus auf der Suche nach einem bestimmten Produkt, kann dieser Wunsch mithilfe einer Einkaufsapp, die unter Umständen auch den Bezahlvorgang durch Abbuchung ersetzt, zu direkten Angeboten führen. Die Nutzung der Verhaltensdaten geht jedoch weiter als das Platzieren von Werbeankündigungen auf den mobilen Endgeräten. Die Daten eignen sich auch für Vorhersage und Planung. Das nach Nutzergruppen geordnete Wissen um Wünsche, Sorgen und Konsumverhalten bildet die Grundlage für die Anpassung alter und die Entwicklung neuer Produkte an die Kundenwünsche, bis hin zur Entwicklung neuer Begierden, für die Befriedigung angeboten wird. Die Grenze zwischen den Begierden (*Wants*) und den Bedürfnissen (*Needs*) ist wie schon bisher üblich durchlässig.[344] Bessere Nutzerdaten sind möglicherweise tatsächlich geeignet, zum Beispiel die Effizienz von Stromverbrauch steigern. Wenn die Daten jedoch gleichzeitig der Schaffung neuer Produktbereiche dienen, geht es nicht mehr darum, Wachstum zu verringern, sondern das Wachstum in neue Sektoren zu verlagern. In einem nächsten Schritt kann im Zusammenhang mit Bewertungs- und Kontrollverfahren, die wünschenswertes (Konsum-)Verhalten belohnen und unerwünschtes Verhalten sanktionieren, Verhalten modifiziert werden. Anstelle von Zwang, wie dies bisher in totalitären Systemen üblich ist, werden mit dem Überwachungskapitalismus Daten zu Instrumenten der Macht, die das menschliche Verhalten

344 Skidelsky Robert/ Skidelsky Edward (2013): How much is enough? Money and the Good Life. London: 25.

anleiten, wie dies zum Beispiel unter dem Banner von Sozialkreditsystemen bereits getestet wird.[345]

Der Verkauf der Ware Daten schafft sowohl beim Verkäufer, der Kommunikationsplattform, als auch beim Käufer, dem Werbekunden, Wert, vulgo Profit. Der Schöpfer der Daten, die Lieferantin, hingegen geht leer aus. Mit dem Verhaltensüberschuss wurde ihr Verhalten, ihr Wissen, ihre Vorlieben, ihre Erfahrung enteignet und im Zuge der Vermarktung der Nutzung durch Dritte überantwortet.

Der Journalist Adrian Lobe charakterisiert die bestimmende Herrschaft von *Big Data* und deren Verwaltung durch Algorithmen als »Datapozän«. Er vergleicht das mit dem Dataismus auftretende Phänomen der allgegenwärtigen Kontrolle mit dem Überwachungsdispositiv des Panoptikums, mit dem Michel Foucault die Asymmetrie der Überwachung im Gefängnis beschrieben hat. Das Panoptikum ist ein vom Begründer des klassischen Utilitarismus, Jeremy Bentham, stammendes Konzept zum Bau von Gefängnissen und Anstalten, aber auch von Fabriken, das die gleichzeitige Überwachung vieler Menschen durch einen einzelnen Überwacher ermöglicht. Im Unterschied zur Isolation in der Gefängniszelle, die für die Aufsicht einsehbar ist, besteht das »Datengefängnis« nach Lobe aus den digitalen Endgeräten, den *Tablets*, *Smartphones* und Mikrochips des *Smart Home* und der *Smart City*, die uns auf Schritt und Tritt begleiten. Er bezeichnet sie als »elektronische Fußfesseln« oder »immaterielle Gefängniswärter«.[346]

Die Medien- und Kommunikationswissenschaftler Nick Couldry und Ulises Ali Mejías betten die Dataifizierung in die kolonisierende Praxis der kapitalistischen Expansion ein und setzen den *Data Colonialism* in eine historische Kontinuitätslinie mit der Inwertsetzung und Kommodifizierung unerschlossener Regionen und Bereiche im Zuge des Kolonialismus. Die Aneignungspraktiken der Daten definieren sie als eine neue Form sozialer Beziehungen: *Data relations*.[347]

Shoshana Zuboff zeigt in ihrem Buch »Überwachungskapitalismus« nachdrücklich und detailreich auf, wie sich das Befreiungsversprechen der

345 https://de.wikipedia.org/wiki/Sozialkredit-System (18.7.2022)

346 Lobe Adrian (2019): Speichern und Strafen: Die Gesellschaft im Datengefängnis. München, S. 28.

347 Couldry Nick/Mejías Ulises A. (2019): The Costs of Connection: How Data Is Colonizing Human Life and Appropriating It for Capitalism. Stanford.

Internet-Unternehmen binnen kürzester Zeit in ein neues Geschäftsmodell verwandelt hat. Zum Beispiel die Internet-Suchmaschine Google:[348] Gegründet 1998 von zwei Studierenden der kalifornischen Stanford-Universität, Larry Page und Sergey Brin, mit dem hehren Anspruch, der von ihnen entwickelte Page-Rank-Algorithmus diene einem reflexiven Lern- und Verbesserungsprozess der Suche, einem Verhaltens-Reinvestitionszyklus zum allseitigen Nutzen. Die Phase 2 von Google setzte mit dem Platzen der Dotcom-Blase im April 2000 ein. Google ging dazu über, den Verhaltensüberschuss seiner *User* an Werbekunden zu verkaufen. Dies markierte den Beginn der *Click*-Ökonomie: der Preis der Daten richtete sich nach der Häufigkeit des Angeclicktwerdens der Werbungen neben den Suchergebnissen. Dabei entstand eine neue Terminologie:

- *AdWords*: Das Schlüsselwort des Werbekunden erscheint bei der entsprechenden Suche
- *Matching*: Übersetzung einer Suchanfrage in eine Werbeanzeige
- *User Profile Information*: Datensätze, die die Treffsicherheit der Vorhersagen erhöhen
- *AdSense*: Erweiterung der zielgerichteten Werbung über Googles Suchseiten hinaus auf das gesamte Internet

Der Nachschub an Daten wurde zum entscheidenden Antrieb. Die Nachfrage erzeugte einen »Extraktionsimperativ« und begleitete die Kehrtwende vom Dienst am Nutzer zu seiner Überwachung. Hal R. Varian, seit 2002 Chefökonom bei Google und als »Adam Smith der Googleeconomics« gepriesen, stellte in seinen Deklarationen die entsprechende Legitimation für die Aneignung des Verhaltensüberschusses bereit.[349] Mit dem Börsengang 2004 startete Google Phase 3, die den spektakulären Durchbruch brachte. Die Aktien wurden nach Stimmrecht in zwei bis drei Klassen gestaffelt, weitere Geschäftsfelder erschlossen, Konkurrenten aufgekauft und das Modell der *User*-Datenverwertung von der gesamten Branche übernommen.

348 Zuboff 2018, S. 85–116; vgl. auch Levy Steven (2012): Google Inside. Wie Google denkt, arbeitet und unser Leben verändert. Heidelberg; Schmidt Eric/Cohen Jared (2013): Die Vernetzung der Welt. Ein Blick in unsere Zukunft. Hamburg.

349 Zuboff 2018, S. 210f.

Es entbrannte ein Wettbewerb um Daten, der das Unternehmen dazu trieb, weitere Felder der Extraktion zu erschließen, wie Text, Foto, Video, Telefon, E-Mail, *Geolocation*, *Streetview*, *Playstore*, soziale Netzwerk-Plattformen (*Google Buzz*) oder das Brillenformat (*Google Glass*), das die Hände für andere Operationen freihält. Die Konkurrenten Apple, Facebook oder Microsoft agierten ebenso, und auch Telekommunikations- und Kabelunternehmen wie Verizon, AT&T, AOL oder Yahoo gingen zur Monetarisierung des Verhaltensüberschusses über.[350] Verizon und AT&T etwa ordneten 2014 jedem Nutzer eine nicht-löschbare *Tracking-ID* zu, um dessen Verhalten dauerhaft verfolgen zu können – eine Entwicklung, die in der Telekom-Branche zum Standard wurde. Die Konkurrenz hatte gegenseitige Klagen zur Folge, dazu kamen die Einsprüche von Datenschutzorganisationen, Datenwissenschaftlern und Regierungen, den ungeregelten Zugriff Regularien zu unterwerfen. Da erwies sich das enge Bündnis zwischen Google und US-Regierungsinstitutionen als nützlich. Google kooperierte nach 9/11 mit NSA und CIA. »Die CIA muss im Valley (gemeint ist: *Silicon Valley*) mitschwimmen«, postulierte ihr Direktor George Tenet bereits 1997 und eröffnete dort selbst 1999 mit »In-Q-Tel« ein von der CIA finanziertes Risikokapitalunternehmen.[351] Mit der Firma »Keyhole« erwarb Google 2004 ein Unternehmen der In-Q-Tel-Gruppe der CIA, das auf Satellitenkartographie spezialisiert war und legte damit das Fundament von *Google Earth*, *Google Maps* und *Google Streetview*. Weitere Kooperationen folgten. Umgekehrt wurde Google mit der Entwicklung von Sicherheits- und Überwachungstechnologien für den Staat beauftragt, so 2006 für das »Pentagon-Highland-Forum« oder für das »Defense Innovation Advisory Board«.

Zuboff arbeitet die enge personelle Involvierung von Google-Managern und Forschungsleitern in staatliche Institutionen und Programme heraus. Manager Eric Schmidt etwa war führend in den Wahlkampagnen für die US-Präsidentschaft von Barack Obama 2008 und 2012 involviert. Im Gegenzug lieferten die Regierungen einen gesetzlichen Rahmen, der die Konzerne, die sie selbst für ihre Agenden einspannten, vor dem Druck der Öffentlichkeit schützte. Dennoch war und ist jede Aktivität von ständigen, auch für die

350 Zuboff 2018, S. 195–200.
351 Zuboff 2018, S. 141–145.

Unternehmen kostspieligen Gerichtsprozessen begleitet, die gelegentlich einen Rückzieher bewirken, in der Folge aber in der Regel eine Umgehungsstrategie und/oder neue Aufrüstung bewirken.

Die Erschließung neuer Zugriffe ist aus betriebswirtschaftlicher Perspektive nicht immer profitabel. Kleinere *Start-up*-Unternehmen, die keinen langen Atem haben, bleiben dabei oft auf der Strecke. Die Strategie beruht auf der Querfinanzierung riskanter Bereiche durch bereits erprobte Dienste. Langfristig lohnen sich die scheinbar unrentablen Geschäftsfelder jedoch vor allem dadurch, dass jeder neue Dienst die Nutzer immer weiter in die Welt des Internets hineinzieht. Dort hinterlassen sie die *Clicks*, die – gesammelt – zur Wertschöpfung beitragen.[352]

Daten können demnach als die Rohstoffe des Überwachungskapitalismus angesehen werden. Zuboff bezieht sich mit dieser Einschätzung auf den Ökonomen Karl Polanyi, der in seinem Klassiker »Die große Transformation« (1944) drei große Bereiche herausstreicht, die im Kapitalismus der Marktdynamik unterworfen wurden: Natur verwandelt sich in Grundbesitz, Leben in Arbeitskraft und Austausch in Geld.[353] Auf der privaten Aneignung und Kommodifizierung dieser drei Bereiche beruhe die von Karl Marx so genannte »ursprüngliche Akkumulation«, die spätere ÖkonomInnen nicht als einmaligen, sondern als stets unter neuen räumlichen und sachlichen Konstellationen wiederkehrenden Akt der Aneignung von Werten durch das Kapital begriffen.[354] Zuboff fügt diesen drei Extraktions- und Aneignungsbereichen, die Polanyi als »Warenfiktionen« bezeichnet, einen vierten Bereich hinzu, der in der *Click*-Ökonomie des Plattform-Kapitalismus entstanden ist: Die menschliche Erfahrung, die über den Mechanismus des Überwachungskapitalismus als Verhalten wiedergeboren wird. »Dieses Verhalten wird zu Daten, die ihren Platz in der endlosen Schlange von Daten einnehmen, mit denen man die Maschine füttert, um daraus Vorhersagen zu fabrizieren, die schließlich auf den Verhaltenskontraktmärkten gehandelt werden.«[355]

Hal Varians sechs Deklarationen verdeutlichen den Stellenwert, den die

352 Srnicek 2018, S. 46.

353 Polanyi Karl (2019[4]): The Great Transformation. Politische und ökonomische Ursprünge von Gesellschaften und Wirtschaftssystemen. Frankfurt/Main; vgl. auch Zuboff 2018, S. 124.

354 Komlosy 2015, S. 77–84.

355 Zuboff 2018, S. 125.

Google-Manager selbst den Daten beigemessen haben, hier die beiden ersten im Wortlaut:

> »1. Wir beanspruchen menschliche Erfahrung als herrenlosen Rohstoff. Auf Basis dieses Anspruchs können wir Rechte, Interessen, Kenntnisnahmen und Verständnis der Betroffenen ignorieren.
>
> 2. Auf der Basis unseres Anspruchs bestehen wir auf das Recht, die Erfahrung des Einzelnen in Verhaltensdaten umzuwandeln.«[356]

Theoretisch hat die Konzeption von Daten als Rohstoff weitreichende Folgen. Um welche Art von Rohstoff handelt es sich bei Daten und wie unterscheiden sie sich von Rohstoffen, die aus der Natur gewonnen werden? Gemeinsam ist Daten und mineralischen, land- oder forstwirtschaftlichen Ressourcen die Verwandlung in Waren, die Aneignung durch einen Unternehmer zum Zwecke ihres Einsatzes als Produktionsmittel bzw. zum Verkauf. Natürliche Ressourcen werden kostenlos der Natur entnommen und Verhaltensdaten sind ein Nebenprodukt der Informationsindustrie. Sowohl bei Daten als auch bei Ressourcen fallen jedoch Kosten an, um diese zu erschließen: bei der Förderung von Ressourcen im Bergbau, in der Feld-, Vieh- und Waldwirtschaft, bei der Generierung von Daten durch die Finanzierung der Dienste, bei deren Nutzung Verhaltensdaten entstehen. Bei den natürlichen Ressourcen spielt das Eigentum am Berg und seinen Schätzen, am Jagdwild sowie am Boden und seinen Früchten eine Rolle, die bereits zu Beginn der Güterkette Marktwerte schafft.

In diesem Punkt unterscheiden sich Nutzerdaten von natürlichen Rohstoffen: Sie entstehen absichtslos im Zuge der Internetnutzung und werden von ihren Trägern nicht zu Markte getragen. Es gibt keinen Tausch von Nutzerdaten gegen digitale Dienstleistungen. Das mitunter vorgebrachte Argument, diese Erfahrungsdaten werden dem Menschen in ähnlicher Weise entnommen wie Rohstoffe der Natur, wird dem spezifischen Verhältnis der NutzerInnen zu den digitalen Verrichtungen nicht gerecht. Die Daten verwandeln sich erst dann in Waren, nachdem sie von den Plattformen als Verhaltensüberschuss abgeschöpft und – zu vermarktbaren Paketen aufbereitet – an Werbekunden

356 Zuboff 2018, S. 210; vgl. auch Schmidt/Cohen 2013, S. 9f.

verkauft wurden. Während ein Bodenbesitzer für den Verkauf von Mineralien und Agrargütern einen Gegenwert erhält (es handelt sich um die Bodenrente), gibt es für die abgeschöpften Daten keinen Gegenwert.

Von der Ausbeutung der Arbeitskraft zur Aneignung der Erfahrung

Dies erlaubt in einem nächsten Schritt, die als kostenlose Rohstoffe zur Verfügung gestellten Nutzerdaten mit dem Mehrwert zu vergleichen, den sich Unternehmer über die Lohnzahlung an eine Arbeitskraft hinaus kostenlos, also ohne Gegenwert aneignen. Bezieht man auch jene Arbeitskräfte mit ein, die ihre erwerbstätigen Familienmitglieder durch unbezahlte Arbeit unterstützen und versorgen, fällt neben dem Mehrwert aus bezahlter Arbeit auch ein Transferwert aus unbezahlter Arbeit an, der vom Unternehmer angeeignet wird.[357] Der Verhaltensüberschuss lässt sich in diesem Sinn als Mehrwertschöpfung aus Verhaltensdatenaneignung fassen. Die Aneignung der menschlichen Erfahrung und ihre Verwandlung in marktfähige Daten ergänzt somit die Aneignung von Mehrwert, der aus der Ausbeutung von LohnarbeiterInnen und dem Zugriff auf die unbezahlte Arbeit ihrer Haushaltsmitglieder entsteht.

Da aufgrund der Substitutionsprozesse menschlicher Arbeit durch immer raffiniertere Maschinen das Ausmaß der aneigenbaren Mehrarbeit abnimmt (ein Phänomen, dass in marxistischer Terminologie als »tendenzieller Fall der Profitrate« genannt wird), gewinnt die Aneignung von menschlicher Erfahrung im Zuge der Ausweitung des Plattformkapitalismus seit Anbruch des 21. Jahrhunderts an Bedeutung. Wir können also von einer Verschiebung im Aneignungsmodus sprechen, die die Aneignung der Erfahrung gegenüber der Ausbeutung der Arbeitskraft in den Vordergrund treten lässt. Von einem Übergang von der einen auf die anderer Aneignungsform kann jedoch keine Rede sein. Denn das Anzapfen der menschlichen Erfahrung beendet die Ausbeutung als Arbeitskraft im (bezahlten und unbezahlten) Arbeitsprozess keineswegs. Um die mithilfe von Verhaltensdaten beworbenen und entwickelten Produkte, die den Nutzern bei jeder Anwendung auf den Bildschirm und in die Gehirne projiziert werden, überhaupt kaufen zu können, müssen diese über Einkommen verfügen, und dieses erzielen

357 Komlosy 2015, S. 79.

sie durch Erwerbstätigkeit. Je niedriger die Löhne und je ungesicherter die Arbeitsverhältnisse, desto mehr Arbeitsleistung muss im Verhältnis zum Lohn erbracht werden.

Wenn die Aneignung der Erfahrung der Internet-*User* für die Konzerne Profite ermöglicht, die den Rückgang des Mehrwerts aus bezahlter und unbezahlter Arbeit kompensieren, stellt sich die Frage, in welchem Moment der Datenbeziehung dieser Wert geschaffen wird. Dass die in den Daten destillierte Erfahrung der Rohstoff des Datenkapitalismus ist, steht außer Frage. Aber wie verwandelt sich der Verhaltensüberschuss in Ware? Manche AutorInnen verorten die Wertschöpfung in der Arbeit, die die *User* im Internet verausgaben, im Sinne der Marx'schen Mehrwerttheorie als Mehrwert, der von den Konzernen nach demselben Muster ausgebeutet und angeeignet wird.[358] Dabei vernachlässigen sie, dass die KonsumentInnen, SurferInnen und »Social-Media«-FreundInnen ihre Tätigkeit nicht als Arbeit begreifen. Wendet man Ivan Illichs Konzept der »Schattenarbeit« an, lässt sich ihre Tätigkeit durchaus als jene unbezahlte Arbeit definieren, die notwendig ist, um in einer warenförmig dominierten Gesellschaft überhaupt überleben zu können, wie Putzen, Einkaufen, Schlangestehen, Preisvergleich, Amtswege und dergleichen.[359] Illichs Beschreibung lässt sich leicht auf die Schattenarbeit im Internet anwenden. Illich weigert sich allerdings, diesen Tätigkeiten wertschöpfenden Charakter zuzubilligen. Einen theoretischen Ausweg bieten Oliver Nachtwey und Simon Schaup unter Rückgriff auf anthropologische Theorien des Gabentauschs.[360] Sie zerlegen die Abgabe, Enteignung und Aneignung der Daten auf »Social Media«-, Such- und Austauschplattformen in drei Schritte. Im ersten Schritt liefern die *User* ihre Daten als »Gabe« ab, als Gabe in Erwartung von Reziprozität in Form von Suchergebnissen, Kommunikation oder Kontakten. Der Gabentausch spiegelt die »strukturelle Ungleichheit zwischen Usern und Plattformunternehmen« wider. In einem zweiten Schritt werden die »Gaben« von den Konzernen in Waren verwandelt: Dies erlaubt den Konzernen, sie in einem weiteren Durchgang, der »Kybernetisierung«, an andere Unternehmen

358 Fuchs Christian (2014): Digital Labour and Karl Marx. New York; Voß Gerd-Günter (2020): Der arbeitende Nutzer: Über den Rohstoff des Überwachungskapitalismus. Frankfurt/Main.

359 Illich Ivan (1982): Schattenarbeit, in: ders.: Vom Recht auf Gemeinheit, Reinbek bei Hamburg, S. 75–93.

360 Nachtwey Oliver/Schaupp Simon (2022): Ungleicher Gabentausch – User-Interaktionen und Wertschöpfung auf digitalen Plattformen, in: Kölner Zeitschrift für Soziologie und Sozialpsychologie 74, S. 59–80: https://doi.org/10.1007/s11577-022-00828-5 (10. 8. 2022)

zu Werbezwecken zu verkaufen. Die Daten verfeinern die Algorithmen und damit die Treffgenauigkeit und Funktionsfähigkeit des Systems nicht nur auf der kommerziellen Ebene, sondern auch auf der Ebene der assymetrischen Reziprozität des »Gabentauschs«. Arbeit beschränkt sich im Nachtwey-&-Schaupp-Modell der Daten-Extraktion auf die Erwerbsarbeit der Software-Entwickler und Datenanalysten.

Für Philipp Staab, Arbeitssoziologe an der Humboldt-Universität Berlin, ist das entscheidende Merkmal des digitalen Kapitalismus die Privatisierung der Märkte.[361] Die Metaplattformen, auf denen der Handel mit realen Gütern, Informationen und Verhaltensdaten in eins fällt, haben bei ihm die Staaten als politische Akteure abgelöst. Anders als im idealtypischen freien Markt monopolisieren sie, auch wenn sie untereinander in Konkurrenz stehen, Angebot und Nachfrage. Ihre Marktmacht resultiert nicht aus dem Monopol von Produzenten, die auf Märkten agieren, sondern aus der Tatsache, dass sie sich den Markt angeeignet haben. Es handelt sich beim digitalen Kapitalismus um ein »System proprietärer Märkte«, »Profite erwachsen als Renten aus Marktbesitz«.[362]

Die LeserIn mag einwenden, dass diese theoretischen Überlegungen zu spitzfindig sind. Sie spiegeln die Bemühungen, für die Kybernetisierung der wirtschaftlichen und sozialen Beziehungen eine angemessene Theorie und Sprache zu finden. Die für das Verständnis der Industriegesellschaft entwickelten Modelle der Ausbeutung und Aneignung erweisen sich dafür nur bedingt geeignet, teilweise wirken sie als Denkschranke.

Arbeitsschutz – Datenschutz

Die Parallelen zwischen der Ausbeutung der Arbeitskraft und der Aneignung der Erfahrung legen nahe, Arbeitsschutz, Arbeitssicherheit und Arbeitsgesetzgebung mit Datenschutz, Datensicherheit und Datengesetzgebung zu vergleichen. Die Verbesserung der Arbeitsbedingungen durch Arbeits- und Sozialgesetze, die die ArbeiterInnenbewegungen zwischen den 1870er- und den 1970er Jahren verbuchen konnten, schmälerte den

361 Staab Philipp (2019): Digitaler Kapitalismus: Markt und Herrschaft in der Ökonomie der Unknappheit. Frankfurt/Main.

362 Staab 2019, S. 43–50.

potenziellen Mehrwert der Unternehmer und stattete die LohnarbeiterInnen mit Kaufkraft aus, die den Absatz der produzierten Waren gewährleistete. Diese Kaufkraftanhebung, verbunden mit individuellen Aufstiegschancen und mit stärkerer gesellschaftlicher Teilhabe, blieb – bei großen sozialen Unterschieden im Konsum- und Lebensniveau – auf die entwickelten Industriestaaten und dort auf die wirtschaftlichen Zentralräume beschränkt, während das Gros der Menschen aus peripheren Regionen sowie aus dem Globalen Süden in viel geringerem Maße als KonsumentInnen von Marktprodukten in Frage kam und ihr Überleben durch informelle, schlecht oder gar nicht bezahlte Tätigkeit sichern musste. An der globalen Ungleichheit bei Lohn- und Kaufkraft änderte sich durch die allgemeine Zunahme des Marktsektors gegenüber der Subsistenzwirtschaft nichts Prinzipielles, auch wenn die nachholende Entwicklung in den neuen Industrieländern den globalen Reichtum neu verteilt hat. Zudem haben Deregulierung und Prekarisierung der Arbeitsverhältnisse im Zuge der Neuen Internationalen Arbeitsteilung auf die alten Industrieländer übergegriffen und nun auch dort eine stärkere soziale Zerklüftung und einen Vormarsch unbezahlter Arbeitstätigkeit nach sich gezogen. Der soziale Aufstieg und die soziale Sicherheit, die die Kernschichten der Lohnarbeitenden vor allem in der A-Phase des 4. Kondratieff-Zyklus in den westlichen sowie teilweise auch den realsozialistischen Industrieländern genossen, haben ihren Höhepunkt um 1980 überschritten und sind in der B-Phase einer stärkeren sozialen Polarisierung, einem Rationalisierungsdruck aufgrund von Automation und Digitalisierung sowie einem Regime von Austerität, Deregulierung, der Mobilisierung von ArbeitsmigrantInnen im Niedriglohnbereich bei gleichzeitiger Verlagerung arbeitsintensiver Fertigung in den Globalen Süden und Osteuropa gewichen. Die Spielräume für gewerkschaftliche Aktivität sind infolgedessen stark zurückgegangen. Sinkende Massennachfrage schmälert gleichzeitig die Gewinne. Die Kapitalakkumulation verlagert sich in spekulative Finanzprodukte, sie wird jedoch auch durch den Übergang auf neue Sektoren, Produkte und Konsummuster kompensiert, die mit dem Zugriff auf Massendaten befördert werden.

Datensicherheit bezieht sich auf den Schutz individueller Daten vor missbräuchlicher Verwendung. Dies betrifft sowohl die Daten, die bei staatlichen Behörden gespeichert werden, als auch jene, die im Geschäftsverkehr und in der zwischenmenschlichen Kommunikation anfallen. Datensicherheit spielte auch vor der Möglichkeit digitaler Speicherung und Verknüpfung von Daten eine Rolle, für die gesetzliche Rahmenbedingungen entwickelt wurden, etwa die Anonymisierung bei Veröffentlichung, Festlegung der Zugriffs- und Weitergabebedingungen oder Archivsperren. Mit dem Internet und der Ausweitung des Zugriffs auf die Geräte, die Körper und Umgebungen der Nutzer bekommt der Schutz der persönlichen Daten eine neue Qualität. Durch ihre Bündelung bei Plattformen, öffentlichen Verwaltungen und IT-Unternehmen erreichen Daten aus dem individuellen Verkehr Massencharakter, sie verwandeln sich in *Big Data*.

Individuelle NutzerInnen haben gegenüber IT-Konzernen und deren Werbekunden praktisch keine Verhandlungsmacht. Im Gegensatz zu ArbeiterInnen, die durch Präsenz und Verabredung am Arbeitsplatz kollektive Verweigerung praktizieren und durch ihre Aktionen kollektiven Forderungen zur Durchsetzung verhelfen können, sind UserInnen aussichtslos vereinzelt. Dies umso mehr, wenn sie den Informations- und Kommunikationsdiensten auf Gedeih und Verderb ausgeliefert sind, um am gesellschaftlichen Leben teilzunehmen. Sie können als Einzelne keinen politischen Druck entwickeln, und der Rechtsweg erfordert Geld, Wissen, Ausdauer und entsprechende gesetzliche Regelwerke. Datenschutz- und KonsumentInnenschutzvereine können die einzelnen Anliegen bündeln, mit ihren ExpertInnen aufbereiten, in der Öffentlichkeit vertreten und an die Verantwortung der staatlichen Institutionen appellieren, Regelwerke im Interesse der NutzerInnen aufzustellen. Auch IT-Konzerne benötigen Registrierung, Zulassung, Vereinbarungen über Nutzungsbedingungen, Preise, Gebühren und Steuern, und hier können Staaten ansetzen und Druck aufbauen. Tatsächlich hinken Staaten den Konzernen aber in vielerlei Hinsicht hinterher. Sie verfügen nicht über die Instrumente, die Einhaltung der Gesetze zu überprüfen und Verstöße zu sanktionieren, denn Unternehmen, die ihre Tätigkeit in der entgrenzten virtuellen Welt entfalten, können sich staatlichen Zugriffen und Sanktionen leicht entziehen. Darüber hinaus erschwert das symbiotische Verhältnis zwischen Staat und Konzernen eine Politik, die den Konzerne Grenzen setzt und die Datenverwendung im Interesse der UserInnen einschränkt.

Regierungen und Behörden setzen in Verwaltung, Überwachung und Polizeiarbeit auf die IT-Kompetenz der Konzerne. Umgekehrt brauchen Konzerne

Sende- und Übertragungsinfrastrukturen, die von der öffentlichen Hand bereitgestellt werden. Eine Hand wäscht also die andere. Die Symbiose geht aber über diese Tausch- und Kooperationsgeschäfte hinaus. Regierungen haben sich dem Heilsversprechen der Digitalisierung, das von den führenden Institutionen, Stiftungen und *Think-Tanks* der Weltwirtschaft bei allen sich bietenden Gelegenheiten verkündet wird, angeschlossen, sie sind Akteure dieser Agenda und als solche wissen sie, dass das Wachstum und die Verknüpfung der verfügbaren Daten eine Voraussetzung für eine Fortsetzung des kapitalistischen Wachstumspfades sind.

Da Regierungen nicht nur den Konzernen verpflichtet sind, sondern auch ihren BürgerInnen, kommt es immer wieder zu Konflikten mit den führenden, insbesondere US-amerikanischen IT-Unternehmen, zur Kooperation mit Daten- und Konsumentenschutz-Organisationen, zu punktuellen Erfolgen im Rechtsstreit und zu gesetzlichen Regulierungen. Im Rechtsstreit zwischen Regierungen und Konzernen spiegelt sich auch die internationale Konkurrenz um den Zugang zu den Datenmärkten, die mitunter zu Vorstößen gegen die übermächtigen US-Konzerne führt, um ihre globale Monopolstellung einzuschränken.

Es lassen sich zahlreiche Beispiele anführen, wie IT-Konzerne zu Strafen, Entschädigungszahlungen und Veränderungen ihrer Geschäftspraktiken verurteilt wurden. Zuboff listet eine lange Latte solcher Fälle auf, zum Beispiel das Ausnützen einer Innovation, um den Nachschub an Rohstoffen zu monopolisieren; den Zugriff auf Daten, die der Allgemeinheit gehören; den Zugriff auf Daten von Konkurrenten, die eigene Dienste in Anspruch nehmen; Diskriminierung in der Platzierung von Werbekunden u. v. a. m. Während Klagen gegen unlautere Geschäftspraktiken gegenüber Konkurrenten und Werbekunden Aussicht auf Erfolg haben, stehen *User* der Extraktion ihrer Daten in der Regel hilflos gegenüber. Dennoch mussten Kommunikationsplattformen aufgrund von Klagen von DatenschutzaktivistInnen zustimmen, dass jeder Nutzer »sozialer Netzwerke« Einblick in seine Daten bekommen und deren Löschung beantragen kann, zumindest theoretisch. Zweifellos ein Erfolg, vor allem auf der symbolischen Ebene. Praktisch ist die Löschung schwer zu überprüfen und kaum je vollständig; und viele fragen sich, ob der Antrag den Aufwand lohnt.

Obwohl Google immer wieder erhebliche Zugeständnisse machen musste, kommt Zuboff zu einer desillusionierenden Bilanz.[363] Sie fasst die Vorgangsweise des Konzerns als einen »Enteignungszyklus« zusammen, der sich aus vier Phasen zusammensetzt: Übergriff, Gewöhnung, Anpassung und Neuausrichtung. Übergriff steht für eine unerwartete, aggressive Datenaneignung, die Suche nach dem Rohstoff. An dieser Stelle formieren sich Protest, Einspruch und Gerichtsverfahren, die Jahre dauern können. Erfolge von Konkurrenten, Menschenrechts- und Datenschutzorganisationen sind nicht selten. Parallel dazu setzt allerdings bereits Gewöhnung ein: Gewöhnung an den fortgesetzten Übergriff oder aber Gewöhnung an die Tatsache, dass Google die Einsprüche einfach aussitzt. Es passt die Programme so an, dass sie den neuen rechtlichen Bedingungen entsprechen, ohne sie in der Sache zu verändern, oder es modifiziert sie zu einer neuen Aneignungsoffensive, die die Lehren aus den Protesten in das Produkt einbaut.

Konkret und kurz gefasst am Beispiel von *Google Streetview:* Google erhebt 2007 Anspruch darauf, jede Örtlichkeit auf der Welt zu filmen und in ein Raster von GPS-Koordinaten zu setzen. Dies stößt auf heftige Opposition in den USA und weltweit, u. a. in Deutschland und Japan. In England blockieren Anrainer *Street-View*-Fahrzeugen die Zufahrt. Entgegen Dementis kann Google nachgewiesen werden, dass es auf Daten aus unverschlüsselten WLAN-Netzen zugreift. Der Konzern lässt sich von Skandalen und Prozessen nicht beeindrucken. 2010 schwenkt er reumütig um, zahlt hohe Strafen, passt sich länderweisen Auflagen an und kündigt Maßnahmen zum Datenschutz an. Das Projekt *Google Streetview* wird jedoch fortgesetzt, weitet seine Praktiken auf *Virtual Reality* aus und eröffnet mit *Deep Map* und *Ground Truth* weitere *Tools*, um nicht nur die Objekte, sondern auch die Umgebungen sowie die Bewegung von Menschen zu lokalisieren und in verschiedenen Darstellungsformen zugänglich zu machen. Bis hierher werden begeisterte virtuelle Weltreisende dem Service von *Streetview* und *Maps* vielleicht sogar etwas abgewinnen können und sich fragen, was daran anstößig sei. Werden sie auch mitgehen, wenn Google seine nächste Ankündigung wahr macht, »es sollte nicht mehr darum gehen, Wege bloß aufzuzeigen, sondern darum, die Leute entlang bestimmter Wege zu steuern«?[364]

363 Zuboff 2018, S. 165f.
364 Zuboff 2018, S. 168–183.

Die Kritik an den US-amerikanischen IT-Konzernen soll nicht dazu verleiten, europäische Regierungen als Verbündete in Sachen Datenschutz zu sehen. Wenn das überbordende Regelwerk, das Rechte und Pflichten aller Beteiligten im Umgang mit Daten festschreibt, Datenschutz auf seine Fahnen schreibt, ist es notwendig, näher hinzusehen. Zugeständnisse im Schutz personenbezogener Daten gegenüber der uneingeschränkten Verwertung durch Konzerne sind vielmehr die Voraussetzung dafür, die Produktion von Daten, den freien Handel und die Verwertung der für die digitale Agenda notwendigen Rohstoffen zu fördern.

Die 2016 verabschiedete Datenschutzgrundverordnung der Europäischen Union (DSGVO) gilt als ein Meilenstein in Richtung der Sicherheit personenbezogener Daten.[365] Auch Zuboff kann diesem Rahmengesetz, das in den Einzelstaaten in nationale Gesetzgebung übertragen wurde, etwas Positives abgewinnen, legt es doch Bedingungen fest, was Konzerne dürfen und welche Rechte die Personen haben, die ihre Daten als *User* kostenlos in diesen Markt einbringen. Es spiegelt die unterschiedliche Rechtspraxis der Europäischen Union und der Vereinigten Staaten im Umgang mit Marktregulierung wider. Um das Wichtigste vorwegzunehmen: Der Verkauf von Daten an Werbekunden stellt auch aus DSGVO-Perspektive keine Übertretung dar. Es geht nicht um die Einschränkung der Datenmarktmacht, sondern um deren friktionsfreie Durchsetzung. Zu diesem Zweck werden die Einwände von KonsumentInnen-Organisationen in das Gesetz eingespeist, zum Beispiel: Es beginnt bei der Einwilligung zur Verarbeitung persönlicher Daten, sprich Unternehmen müssen deren Verwendung anzeigen; die Verarbeitung müsse zweckmäßig, richtig, transparent und rechtmäßig erfolgen; die Weitergabe ist reglementiert; jedeR könne Einsicht nehmen und sogar die Löschung beantragen, wenn die Gründe für die Datenspeicherung entfallen. Dass das europäische Datenschutzrecht auch für außereuropäische Unternehmen gilt, die Waren oder Dienstleistungen im europäischen Markt anbieten, ist bei US-Konzernen nicht gut aufgenommen worden, umgekehrt fand die DSGVO internationale Nachahmer, u. a. in Kalifornien. Das hört sich wie eine sehr weitgehende Einschränkung der Datenmacht an.

365 EU-DSGVO: https://www.datenschutz-grundverordnung.eu/ (29.5.2022); vgl. auch https://de.wikipedia.org/wiki/Datenschutz-Grundverordnung (29.5.2022)

Die DSGVO entspricht der digitalen Agenda, die die G20-Gruppe ebenso wie die OECD als Leitlinien für ihre Mitgliedsstaaten vorgestellt haben. Der G20-Fahrplan in Richtung Digitalisierung beinhaltet u. a. die digitale Verwaltung, die Nutzung digitaler Instrumente und Künstlicher Intelligenz im Gesundheits- und Bildungswesen und in der Mobilität, die Einführung von *E-Commerce* und elektronischer Zahlungsmittel, die Schaffung einer digital kompetenten Bevölkerung, die Überbrückung der digitalen Kluft zwischen den Geschlechtern sowie den Schutz der digitalen Verbraucher.[366]

Datenschutz ist damit zu einem anerkannten öffentlichen Bekenntnis geworden. Die Dateneinsicht zieht einen erheblichen Kosten- und Verwaltungsaufwand nach sich. In der Praxis kann das Recht auf Transparenz das ungleiche Verhältnis zwischen »Datengeber« und »Datennehmer« nicht verbessern, bleibt also eine Legitimationsstrategie, die zudem den Aufwand für Datenverwaltung enorm aufbläht, ohne die Rechte der KundInnen gegenüber den Unternehmen tatsächlich zu stärken. Kleinere und mittlere Unternehmen werden dadurch gegenüber großen benachteiligt, Vereine und gemeinnützige Unternehmen in ihrer Tätigkeit behindert, während die Hauptquelle der Datenaneignung, das Auslesen der digitalen Geräte, überhaupt nicht von der Verordnung betroffen ist. Eine geradezu zynische Begleiterscheinung ist die Verpflichtung, die NutzerInnen bei jeder Suche und jedem Kauf abverlangt, ihre Zustimmung zur Sammlung und Weitergabe ihrer Daten zu geben, andernfalls die Suche genau an diesem Punkt endet. Während die Suchmaschinen dieses Unterwerfungsritual einfach in den Prozess einbauen, mühen sich KMU und Vereine damit ab, die DSGVO-Paragraphen mit KundInnen oder Mitgliedern bei Beginn oder Beendigung einer Beziehung individuell abzuarbeiten.

Begehrlichkeit nach Massendaten

Datenschutz selbst setzt eine neue Überwachungsmaschinerie in Gang. Dies tritt insbesondere beim Umgang mit Massendaten zu Tage, wie sie bei statischen Erhebungen, dem Behördenkontakt, der Nutzung von Bildungs- und Gesundheitseinrichtungen oder Sozialversicherungsträgern anfallen. Diese

366 OEDC 2021.

Daten dienen eigentlich der staatlichen Planung und Verwaltung, ihre Weitergabe ist eingeschränkt, ihr Verkauf nicht zulässig. Seit die Digitalwirtschaft Fahrt aufnimmt, wachsen die Gelüste privater wie öffentlicher Forschungseinrichtungen und Unternehmen, diese anonymisierten Massendaten für ihre Zwecke auswerten zu können. Aufgrund der Privatisierung bzw. der Auslagerung öffentlicher Agenden an private Organisationen, etwa die Arbeitsmarktverwaltung, die Post, Krankenhäuser, Museen oder Universitäten, verschwimmen die Grenzen zwischen öffentlich und privat zunehmend. Warum sollen diese Daten nicht genutzt werden, um bestimmte Dienste oder Forschungen mit Erfahrungswerten zu verbessern? Während der individuelle Datenschutz mit der DSGVO zum Inbegriff von Transparenz hochstilisiert wird, ist die Sicherheit von Massendaten, die bei der digitalen Verwaltung (*digital government*) anfallen und bisher dem Markt entzogen waren, in Gefahr. Unter dem Stichwort von *Open Data* fordern Unternehmen kostenlosen Zugriff auf solche Massendaten, wie sie auch im Pandemie-Management bei Tests, Kontaktverfolgung und Impfung anfielen. OECD, G20, WEF u. a. schreiben diese Öffnung in ihren Leitlinien fest und vor.

Die Europäische Union hat im Februar 2020 ihre Datenstrategie vorgelegt.[367] Erklärtes Ziel ist, die EU an die Spitze der datengesteuerten Wirtschaft zu bringen. Mit dem Daten-Governance-Gesetz, dem *Digital Service Act* und dem Datengesetz (*Data Act*) wurde dies konkretisiert. Das Daten-Governance-Gesetz, verabschiedet am 6. April 2022, schafft Strukturen für die gemeinsame Datennutzung von Unternehmen, Einzelpersonen und der öffentlichen Hand. Der *Digital Service Act*, verabschiedet am 6. Juli 2022, will die Barrieren beim Datenfluss abbauen. Der Entwurf zum Datengesetz vom 23. Februar 2022 widmet sich vor allem den Industriedaten.[368] Während die Datenmenge kontinuierlich ansteige – von 33 Zettabyte 2018 auf voraussichtliche 175 Zettabyte 2025 –, werde ihr Potenzial nur zu 80 Prozent ausgenutzt, so die Einschätzung. Der Gesetzesentwurf enthält widersprüchliche Appelle an Unternehmen, wie einerseits die Datenerzeugung zu intensivieren und effektiver zu verwerten,

367 Die europäische Datenstrategie. Gestaltung der digitalen Zukunft Europas, Februar 2020: https://ec.europa.eu/commission/presscorner/api/files/attachment/862107/European_data_strategy_de.pdf (29.7.2022)

368 Datengesetz: Kommission schlägt Maßnahmen für eine faire und innovative Datenwirtschaft vor, 23.2.2022: https://ec.europa.eu/commission/presscorner/detail/de/ip_22_1113 (29.7.2022); vgl. Schürpf Thomas, Wirtschaft soll Daten als Rohstoff nutzen können, NZZ E-Paper, 24.2.2022.

andererseits die öffentliche Zugänglichkeit zu stärken bis hin zum Zugriffsrecht von Behörden in Notstandssituationen. Einige der bürokratischen Wucherungen der DSGVO werden in dieser Vorlage zurückgenommen. Es wird also dafür gesorgt, dass die Ware Daten die globale Wettbewerbsfähigkeit der EU stärkt und Daten die »Freiheiten« des EU-Binnenmarktes ergänzen. Auch mit dem in Vorbereitung befindlichen *Artificial Intelligence Act* will die Europäische Kommission weltweite Standards für Datensicherheit und Datenverarbeitung setzen.[369]

Diese Gesetze bündeln die Bemühungen, dem Geschäft mit den Daten einen verbindlichen Rechtsrahmen zu verpassen. Dazu gehört auch die Weitergabe personenbezogener Massendaten, wenn es um die polizeiliche Zusammenarbeit geht. So trat am 5. Juli 2022 ein neues Europol-Mandat in Kraft, das die europäische Polizeibehörde zu vertiefter Massenüberwachung befugt. Die Menschenrechtsorganisation EDRi kritisiert die damit legitimierte Erhebung und grenzüberschreitende algorithmische Auswertung von *Big Data* als ein »datengesteuertes Polizeimodell«.[370]

Ein weiteres Feld im Zusammenspiel von Staat und IT-Unternehmen bei der Datenkontrolle betrifft Herkunft und inhaltliche Ausrichtung von im Netz verfügbaren Informationen. Es geht um den Schutz der NutzerInnen vor falschen Inhalten, den so genannten *Fake News*. Die Möglichkeiten zur Manipulation der NutzerInnen digitaler Medien sind tatsächlich ein wachsendes, mit der massenhaften Überflutung sowie der technischen Verfeinerung zunehmendes Problem des Internets, das die ethischen Grenzen häufig überschreitet. Es handelt sich bei *Deep Fake* und anderen Manipulationen um Anwendungsfelder, die aus der technischen Machbarkeit der digitalen Programme, dem Spieltrieb, der Profitgier sowie oft auch der kriminellen Energie entspringen. Die Übergriffe sind schwer beweisbar, rechtlich kaum zu belangen und eröffnen ein Zeitalter der *Post-Truth*, in dem jede verkündete Wahrheit in Zweifel gezogen und folglich überprüft werden muss. Der einzig gangbare Weg in der Medienerziehung, Medienpraxis und Medienpolitik ist die Gegenüberstellung unterschiedlicher Positionen mit dem

369 https://en.wikipedia.org/wiki/Artificial_Intelligence_Act (19.7.2022)

370 European network defending rights and freedoms online (EDRi): Europol's ever-increasing mandate: European Parliament failed to stand up for fundamental rights, 5.5.2022: https://edri.org/our-work/europols-ever-increasing-mandate-european-parliament-failed-to-stand-up-for-fundamental-rights/(19.7.2022)

Ziel der offenen Abwägung ihrer Aussagekraft und der dahinter liegenden Interessen. Stattdessen wird der Anstieg von echten oder vermeintlichen Falschmeldungen zum Anlass genommen, diese durch staatlich verordnete Wahrheiten zu ersetzen oder diese Informationen sicherheitshalber gleich aus dem Verkehr zu ziehen. So lässt sich trefflich Information, die der Staatsräson, dem *Mainstream* oder einer bestimmten Blattlinie nicht entspricht, als *Fake News* diffamieren. Wer soll entscheiden, was wahr und was falsch ist? Da alteingesessene Print-, Rundfunk- und TV-Medien dafür über eigene Gremien verfügen, richtet sich die Wahrheitskontrolle in erster Linie gegen alternative Medien, die mangels Kapitalkraft vor allem im Internet zirkulieren. In Deutschland sorgt das Netzwerkdurchsetzungsgesetz (2017) dafür, dass reichweitenstarke Seiten mit regierungskritischem Anspruch aus dem Verkehr gezogen werden.[371]

Wenn Staaten als gefährlich eingeschätzte Inhalte durch die Sperre von Seiten und Betreibern selbst vornehmen, begeben sie sich auf das Parkett der Zensur und riskieren demokratiepolitischen Gegenwind. Verpflichten sie die IT- und Medien-Konzerne, Verantwortung und Haftung für der Regierung nicht genehme Inhalte selbst zu übernehmen, delegieren sie diese heikle Aufgabe ausgerechnet an jene Unternehmen, die Informationsfreiheit auf ihre Fahnen geschrieben haben. Um sich der Verantwortung zu entziehen, setzen Betreiber von »Social Media«-Plattformen Algorithmen und »Wahrheitswächter« ein und löschen alles, was diese beanstanden. Mit der Verlagerung von Entscheidungen über umstrittene Inhalte auf informationstechnisch automatisierte Verfahren werden politische Fragen durch technische Mechanismen ersetzt. Auf der Strecke bleibt die öffentliche Auseinandersetzung um Medienvielfalt und Pluralismus.[372]

Grenzen des Internets

Google, Apple, Amazon, Facebook, Twitter & Co verfügen über weltweite Einzugsbereiche. Wenn Regierungen Empfang und Nutzung eines Dienstes

371 Hofbauer Hannes (2022): Zensur. Publikationsverbote im Spiegel der Geschichte. Vom kirchlichen Index zur YouTube-Löschung. Wien, S. 134–143.

372 Katzenbach Christian (2022): Der »Algorithmic turn« in der Plattform-Governance, in: Kölner Zeitschrift für Soziologie und Sozialpsychologie 74, S. 283–305: https://link.springer.com/article/10.1007/s11577-022-00837-4 (10. 8. 2022)

unterbinden wollen, können sie dies durch Blockaden technisch bewerkstelligen. In China oder in Russland, die über alternative Dienste verfügen, gehören solche Sperren aufgrund unerwünschter Inhalte oder Reizworte zum Alltag und nur technologisch Versierte verfügen über das Wissen, temporäre oder dauerhafte Sperren zu umgehen. Gleichzeitig haben die Flaggschiffe aus dem *Silicon Valley* in den Kulturräumen der bevölkerungsstarken asiatischen Schwellenländer ihre Entsprechungen. Hier zeigt sich, dass die Welt des Internets keineswegs grenzenlos ist, sondern staatliche Politik und kulturelle Differenz weiterhin raumbildende Faktoren darstellen. In China bestimmt Baidu, das Pendant von Google, die Internetsuche, und Alibaba erweiterte sich vom Online-Händler zum Multiportal; TikTok startete mit der Synchronisation von Musikvideos und eroberte damit die Kommunikationskanäle von Jugendlichen auf »sozialen Medien« weltweit.[373] In Russland avancierte Yandex zur beliebtesten Suchmaschine. Wichtige Erfolgsfaktoren in der Konkurrenz mit Google & Co sind Sprache und Schrift. In Indien und Pakistan deckt Google aufgrund der in der Kolonialzeit etablierten Rolle von Englisch als Sprache der höheren Bildung sowie als *Lingua franca*, die die zahlreichen regionalen Sprachen verbindet, im Jahr 2019 hingegen 98 Prozent an Suchanfragen im Internet ab.[374]

Alibaba und Yandex folgten den US-Gründungen auf dem Fuße, ihre Gründer weisen ähnliche Muster des persönlichen Aufstiegs und der Unternehmensentwicklung auf, einschließlich der engen Verzahnung privater Initiativen mit staatlichen Interessen. Sie notierten bald nach der Gründung an den internationalen Börsen und erweiterten ihre Geschäftsfelder vom ursprünglichen Kern (Online-Handel; Suchmaschine) auf ein breites Spektrum von IT- und Online-Diensten.

Zum Beispiel Alibaba (阿里巴巴集团)[375], 1999 vom Englischlehrer Jack Ma und Freunden als Internet-Handelsportal gegründet, weitete in der Folge die Geschäftsfelder auf Alipay (Bezahldienst), Alisoft, und Alimama aus, 2012 folgte der Einstieg in Medien, *Smartcar*, Distributionszentren, Warenhäuser, Finanz- und Mikrokreditgeschäfte. Ein erster Börsengang 2007 in New York

373 https://de.wikipedia.org/wiki/TikTok (29.5.2022)

374 Jaroschewski Viola, Suchmaschinen-Marktanteile in Asien, 12.10.202: https://www.luna-park.de/blog/9636-suchmaschinen-marktanteile-asien-2014/ (29.7.2022)

375 https://de.wikipedia.org/wiki/Alibaba_Group (29.5.2022)

(Holdingsitz Cayman Islands) wurde 2012 abgebrochen, der zweite Anlauf in Hongkong wurde 2020 auf Druck der Regierung abgesagt. Jack Mas Höhenflug geriet politisch unter Druck.

Zum Beispiel Yandex (Яндекс), gegründet 1997 von den Mathematikern Arkadi Wolosch und Ilja Segalowitsch als Suchmaschine, wurde zum »russischen Google«.[376] Ging es anfänglich vor allem um die Verbesserung der Suche in russischer Sprache und kyrillischer Schrift, trat ab 2000 das Werbekunden-Geschäft in den Vordergrund. Analog zu Google wurden E-Mail, Foto, Spiele, Musik, Karten, Übersetzung, Wörterbuch, Mobiltelefonie, *Cloud*-Dienste, Zustellservice und *Web Analytics* ausgebaut. 2011 folgte der Börsengang in New York und Moskau nach dem Muster der unterschiedlichen Stimmgewichte von A- und B-Aktien, als Firmensitz wurde Amsterdam gewählt. Im Unterschied zu Google hatten die Russen einen akademisch-institutionellen Hintergrund und waren mit ihrer »Schule für Datenanalyse« an ein Masterprogramm angebunden. Yandex errichtete 2008 die Yandex Labs im *Silicon Valley*, es folgten Erweiterungen in andere Sprachmärkte (Zentralasien, Türkei). Die im Gefolge des russischen Angriffs auf die Ukraine 2022 verschärfte Sanktionspolitik gegen alles, was russisch ist, machte die internationalen Avancen von Yandex in der westlichen Welt vorerst zunichte.

Während westliche Medienkonzerne in China und Russland bekannt und präsent sind, auch wenn ihr Empfang oft von der Regierung unterbunden wird, trifft dies umgekehrt nur in Ausnahmefällen zu: Alibaba kooperierte bei verschiedenen Produkten mit der US-Webservice-Plattform Yahoo; und TikTok schwang sich mit seinen Videoclips zu einem weltweiten Selbstdarstellungsinstrument für Jugendliche auf. Westliche Nachrichten weisen auf die Nähe dieser Unternehmen zur Staatsmacht hin, ohne die vergleichbare Nähe westlicher Dienste auch nur zu erwähnen. Nicht zu vergessen, dass die westliche IT-Welt schon seit langem ohne chinesische Bauteile, insbesondere Halbleiter und Prozessoren, nicht reüssieren kann. Wo China an die technologische Spitze aufschließt, wie bei der 5G-Datenübertragungstechnik, reagieren zahlreiche westliche Staaten mit ökonomischem Nationalismus.

376 https://yandex.com/company/history/2020 (29. 5. 2022); https://en.wikipedia.org/wiki/Yandex 829.5.2022)

Corona-Ausnahmezustand als Datentreiber

Die Corona-Lockdowns dienten als wesentliche Treiber der Verdatung. Dies betraf sowohl die individuellen Nutzerdaten, die aufgrund der Distanzierungsverordnungen bei Information, Kommunikations-, Beratungs- und Behandlungsdienstleistungen sowie im Online-Handel hochschnellten. Hier war – außer dem Zwang der Verhältnisse – kein direkter Zwang im Spiel. Anders bei der Ablieferung persönlicher Gesundheitsdaten bei Tests, Kontaktnachverfolgung und Impfung. In der Frage der Preisgabe persönlicher Daten an Behörden und medinische Institutionen lässt sich ab Beginn der Maßnahmen ein rasanter Einstellungswandel beobachten. Was anfänglich kaum jemand für möglich hielt, wurde binnen Wochen zum Normalzustand. Eine Vorreiterfunktion für die Einführung des verpflichtenden individuellen Tracking erfüllte in Österreich das Rote Kreuz, das im Vorfeld der Behörden tätig war.[377] Die von dieser gemeinnützigen Rettungsorganisation in Windeseile entwickelte Stopp-Corona-*App* ermöglichte durch Auswertung digitaler Tagebücher sowie Standort- und Bewegungsdaten den Austausch der Kontaktdaten von positiv Getesteten (die – fälschlicherweise – mit Infizierten gleichgesetzt wurden), Warnhinweise für Personen, die solchen nahe gekommen waren, sowie die – befristete – Speicherung und Weitergabe dieser Daten an die Gesundheitsbehörden. Die Finanzierung besorgte die Privatstiftung des Versicherungsunternehmens UNIQA. Zu einem effektiven Instrument der Pandemie-Beobachtung entwickelte sich dieses Programm niemals. Es operierte auf freiwilliger Basis. Es diente jedoch der Gewöhnung an die angeblich nutzbringenden, die Mitmenschen schützenden Effekte der elektronischen Offenbarung von Gesundheitsdaten.

In Deutschland wurde die Stopp-Corona-*App* vom Robert Koch-Institut (RKI) ausgegeben, entwickelt und mehrfach angepasst wurde sie von den Unternehmen SAP und Deutsche Telekom u. a.[378] Die Entwicklungs- und Betriebskosten der RKI-*App* beliefen sich bis Anfang 2022 auf 130 Mio. Euro, fast die Hälfte entfielen auf Werbung durch Bundespresseamt und Gesundheitsministerium.[379]

377 Wimmer Barbara: Big Data – das Gefahrenpotenzial nach der Krise, in: Kurier, 29.3.2020; »Digitalisierung sichert Business Continuity«. Interview mit Peter Lenz, T-Systems Alpine, in: Kurier 9.4.2020.

378 RKI-Institut, Infektionsketten digital unterbrechen mit der Corona-Warn-App: https://www.rki.de/DE/Content/InfAZ/N/Neuartiges_Coronavirus/WarnApp/Warn_App.html (22.7.2022)

379 https://de.wikipedia.org/wiki/Corona-Warn-App#Beziehung_zum_Datenschutz (22.7.2022)

Tatsächlich eröffnen die Corona-*Apps*, die in den meisten europäischen Staaten angeboten wurden, durch ihre Schnittstelle mit den Betriebssystemen von Google und Apple auch den IT-Konzernen die Möglichkeit, die Daten abzuschöpfen. Dies hat eine Evaluierung der irischen *Covid Tracker App* zutage gebracht, die in ihrer Verbindung mit Bluetooth und Google-Play-Diensten so wie die *App* des deutschen Robert Koch-Instituts funktioniert.[380] Die Studienautoren Douglas Leith und Stephen Farrell in der *School of Computer Science & Statistics* am *Trinity College Dublin* stellten fest, dass Google alle 20 Minuten Daten auf die eigenen Server weiterleitet, sowohl Daten zur Identifizierung des Anwenders als auch etwaig installierter Gesundheits-*Apps*. Sie weisen darauf hin, dass die Warn-*Apps* aus zwei Komponenten bestehen: Während die von den Behörden angebotene *App* der DSGVO entspricht, überschreitet der *Google/Apple Exposure Notification*-Dienst (GAEN), der zur Betriebsfähigkeit der App erforderlich ist, diese Erfordernisse. Diese offene Grenze liefert Google die digitale Privatsphäre der AnwenderInnen jenseits datenschutzrechtlicher Beschränkungen aus. Deaktiviert man GAEN, was prinzipiell möglich ist, dann funktioniert die *App* schlicht und einfach nicht. In Deutschland wurde die Corona-*App* bis Anfang 2022 über 40 Millionen Mal bei Google und Apple heruntergeladen. Das RKI-Institut hat den Kundensupport an SAP und T-Systems ausgelagert; es versteht sich von selbst, dass diese IT-Dienstleistung zusätzliche Kosten verursacht. Die beiden Unternehmen übernahmen für das RKI auch die Datenschutz-Folgen-Abschätzung. Sie wiesen zwar auf die unvermeidlichen Risiken hin, die durch die Konnektivität mit Google und Apple entsteht, meinten jedoch, die Nutzer hätten durch die Verwendung eines Android- bzw. iOS-*Smartphones* zum Ausdruck gebracht, sie hätten grundsätzlich Vertrauen zu diesen Herstellern oder sich jedenfalls mit den Datenschutzrisiken »abgefunden«.[381]

Das RKI bot zeitgleich im April 2020 eine Datenspende-App an. Durch die Sammlung von Körperdaten wie Blutdruck und Temperatur über *Fitness-Tracker* erhoffte man sich Erkenntnisse über die Infektionswege. Diese App verbindet sich automatisch mit *Apple Health* und liefert, so die Kritik, die Daten der AnwenderInnen der Pharmabranche aus.[382]

380 Ebd.

381 Zit. in: Ebd.

382 Kritik an neuer Datenspende-App des RKI, 11. 4. 2020: https://www.deutschlandfunk.de/covid-19-kritik-an-neuer-datenspende-app-des-rki-100.html (22. 7. 2022)

Problematisch war die Datentransparenz auch im Verhältnis von Arbeitgeber und Arbeitnehmer sowie der KollegInnenschaft. Plötzlich durfte in Corona-Zeiten ein Chef den Gesundheitszustand seiner MitarbeiterInnen erheben. Die Weitergabe an das Personal schloss das zwar nicht ein, war im betrieblichen Kontext der Ansteckungsverhinderung aber kaum zu vermeiden. Zur Weitergabe an die Behörden war der Chef sogar verpflichtet, weil man die Pandemie als Katastrophenfall im Sinn des Datenschutzgesetzes einschätzte.

Es war nur ein nächster Schritt, bis verpflichtende Tests, Positiv- und Krankmeldungen für alle die Freiwilligkeit der Datenablieferung hinter sich ließen. Die individuellen Daten verwandelten sich damit in Massendaten. Auf die Frage des damit verbundenen Datenmissbrauchs angesprochen, zeigte die offizielle Datenschutzbeauftragte der Republik Österreich, Andrea Jelinek, keinerlei Problembewusstsein. Die Rotkreuz-*App* sei freiwillig und entspreche der Datenschutzgrundverordnung (DSGVO), die Auswertung von Bewegungsdaten der Mobilfunkbetreiber durch Behörden bleibe vollkommen anonym, und die Sammlung von Test- und Krankheitsdaten durch Behörden sei in Ausnahmesituation durch die DSGVO gedeckt, wenn entsprechende gesetzliche Grundlagen die Maßnahmen für notwendig, geeignet und verhältnismäßig erklärten, sogar das EU-weite Monitoring der Länderdaten sei zulässig, meinte sie.[383] Damit wurde zwei Wochen nach dem ersten Lockdown im Frühjahr 2020 das *Wording* vorgegeben, das die kommenden zwei Jahre dazu diente, dem Abliefern von Gesundheitsdaten an Behörden eine gesetzliche Legitimierung zuzubilligen, ohne die Schnittstelle mit der Datenabschöpfung nur zu erwähnen.

In Deutschland und Österreich brachten »Anwälte für Aufklärung«[384] unmittelbar nach Verhängung des ersten Lockdown am 16. März 2020 Klagen gegen die Verordnungen ein, u. a. gegen die Ausgangssperren, die Maskenpflicht, das *Contact-Tracing*, das Betretungsverbot von Gaststätten und Sport- und Freizeiteinrichtungen, später auch gegen die Impfpflicht. Dem österreichischen Rechtsanwalt Michael Brunner wurde in über 30 Klagen vom Österreichischen Verfassungsgerichtshof Recht gegeben und die

383 »Es gibt ein Grundrecht auf Datenschutz«. Interview mit Andrea Jelinek, Kurier, 29. 3. 2020.
384 Anwälte für Aufklärung, Deutschland: https://afaev.de/; Österreich: https://www.afa-zone.at/ (15. 7. 2022)

entsprechenden Verordnungen aufgehoben.[385] Im Juli 2022 wurde auch der Lockdown für Ungeimpfte vom Winter 2021/22, der das Betreten von Geschäften, Kultur- und Dienstleistungsbetrieben an Impfung oder Genesung (2-G-Regel) band, für gesetzwidrig erklärt.[386] Dass die erlassenen Gesetze sowie die zahlreichen ministeriellen Verordnungen, die die Gesetzgebung umgingen, in vielen Punkten den gerichtlich vorgebrachten Klagen nicht standhielten, konnte den Gang der Dinge allerdings nicht beeinflussen, da die entsprechenden Entscheide erst viele Monate später erfolgten und zwischenzeitlich oft schon neue Verordnungen gültig waren. Klagen gegen die Schäden, die durch die vom Verfassungsgerichtshof als rechtswidrig erklärten Lockdownmaßnahmen entstanden sind, ließ der österreichische Oberste Gerichtshof allerdings nicht zu, was den juristischen Sieg gegen den Staat nutzlos machte.[387]

Im Gegensatz zum Verfassungsgerichtshof hat das Verwaltungsgericht Wien nicht bloß Formalfehler eingestanden, sondern in der Sache selbst entschieden. Das Verbot einer Demonstration der FPÖ im Jänner 2021 wurde als rechtswidrig beschieden, da die von der Wiener Gesundheitsbehörde vorgelegten Zahlen als nicht stichhaltig angesehen wurden. Im Speziellen wurde hier auf die Unzulässigkeit von PCR-Tests als alleiniges Diagnose-Tool zur Feststellung einer Infektion hingewiesen.[388] Diese und andere Urteile nahmen die Medien kaum zu Kenntnis und kommunizierten sie nur unter »ferner liefen«.

Auch in deutschen Bundesländern wiesen Gerichte die Rechtmäßigkeit von Verordnungen zur Bekämpfung der Pandemie zurück, beispielsweise in Bayern, wo das Wegsperren in Teilen für rechtswidrig erklärt wurde.[389] Allerdings wies das deutsche Bundesverfassungsgericht am 19. November 2021

385 Brunner Michael: Rechtsstaat im Koma – die überfällige Entpolitisierung der Justiz, Vortrag auf der Zukunftskonferenz am 10. 9. 2021: https://www.youtube.com/watch?v=Mtg8pa8sBXg (15. 7. 2022)

386 Aichinger Philipp: Richter gewähren Recht auf schöne Haare, Die Presse, 3. 8. 2022.

387 Pflügl Jakob: Republik muss für rechtswidrigen Lockdown keinen Schadenersatz zahlen, Der Standard, 16. 6. 2022: https://www.derstandard.at/story/2000136609863/republik-muss-fuer-rechtswidrigen-lockdown-keinen-schadenersatz-zahlen (15. 7. 2022)

388 Verwaltungsgericht Wien, 24. 3. 2021: http://www.verwaltungsgericht.wien.gv.at/Content.Node/rechtsprechung/103-048-3227-2021.pdf

389 Jungholt Thorsten: Söders Wegsperren der Bayern war rechtswidrig, Die Welt, 6. 10. 2021: https://www.welt.de/politik/deutschland/plus234231086/Corona-Soeders-Wegsperren-der-Bayern-war-rechtswidrig.html (20. 5. 2022); Corona-Verordnungen des Landes waren laut Gericht zu Teilen rechtswidrig, Baden FM, 4. 7. 2022: https://www.baden.fm/nachrichten/corona-verordnungen-des-landes-waren-laut-gericht-zu-teilen-rechtswidrig-1007476/ (22. 7. 2022)

eine lange Liste von Einsprüchen gegen Corona-Maßnahmen zurück, die im Rahmen der sogenannten »Bundesnotbremse« beschlossen worden waren.[390]

Massendaten, *Big Data*, die zunächst für die Behörden gedacht waren, hielten den Begierden der wissenschaftlichen Forschung und der Pharmaindustrie nicht lange stand. Aus Forschungsperspektive, sei es für Erkenntnisse über den Virus, seine Ausbreitung und Eindämmung, ist ein anonymisierter Zugriff auf die Patientendaten verständlich. Wer garantiert jedoch, dass es bei der wissenschaftlichen Auswertung bleibt, wenn man bedenkt, dass im Medizinbereich Forschung und Business eng verzahnt sind? Wem gehören die Daten und wer gibt sie in Auftrag? Medizinische Studien schaffen sich üblicherweise ihre eigene Datengrundlage, indem sie Testpersonen heranziehen. Dass es dabei mit der Freiwilligkeit oft nicht so weit her ist und Menschen sich bereit erklären mitzumachen, weil sie dafür bezahlt werden oder als Insassen verschiedener Einrichtungen keine andere Wahl haben, ist allgemein bekannt. Für *Public Health*, die öffentliche Gesundheitsvorsorge, enthalten Massendaten eine wichtige Grundlage zur Entwicklung und zur Beurteilung von Maßnahmen. Kann die Forschung gewünschte Daten bei den Behörden bestellen? Und diese die BürgerInnen in der Folge verpflichten, diese abzuliefern?

Die Gesundheits-*App*, die zahlreiche chinesische Städte 2020 zur Umsetzung der *Zero-Covid*-Strategie eingeführt hatten, schrieb für das Betreten öffentlicher Orte einen Gesundheitscode auf dem Mobiltelefon vor. Die Farben Grün-Gelb-Rot entschieden über die Bewegungsfreiheit – eine Idee, die in zahlreichen europäischen Staaten mit dem Corona-Ampelsystem aufgegriffen wurde. Die Regierung der ostchinesischen Wirtschaftsmetropole Hangzhou, dem Firmensitz der Internetplattform Alibaba, wollte das Ampelsystem auch für die Zeit nach Corona verfügbar halten und löste damit auf der Internet-Plattform Weibo einen Sturm der Entrüstung aus.[391] Die App sammelt Informationen zu allen möglichen gesundheitsbezogenen Gewohnheiten der BewohnerInnen (Bewegungs-, Sport-, Schlaf-, Rauch-, Trink-, Wohlverhalten) und reiht diese im Sinne des Sozialkreditsystems, das Bewegungsradius und

390 Bundesverfassungsgericht Karlsruhe, Beschluss vom 19. November 2021 https://www.bundesverfassungsgericht.de/e/rs20211119_1bvr078121.html (10.8.2022)

391 Gesundheits-App sorgt für Aufregung in China, DW, 26.5.2020: https://www.dw.com/de/gesundheits-app-sorgt-f%C3%BCr-aufregung-in-china/a-53576057 (26.7.2020)

sozialen Aufstieg bestimmt. Wohnungs- sowie Versicherungsgesellschaften und Arbeitgeber der Personen zeigen sich an diesen Informationen äußerst interessiert.

Bei der Weitergabe öffentlicher Massendaten an Private wird die Grenze des Datenschutzes in einem noch klareren Maß überschritten. Es geht hier nicht (nur) um den Schutz der individuellen Daten, sondern um behördliche Massendaten als gesellschaftliches Gut. Das Beispiel Israel wurde während der Corona-Zeit stets als Beispiel herangezogen, von manchen als Vorbild, von anderen als Abschreckung. Die Regierung stellte den Pharmafirmen die Gesundheitsdaten der Bevölkerung zur Verfügung. Der Deal »Daten gegen Impfstoff«, wie ihn Israel mit dem Pharmaunternehmen Pfizer abgeschlossen hat, gilt unterdessen als Weltmodell in der Pharmabranche, weiß Erich Lehner von der *Life-Science*-Abteilung der Beratungsgesellschaft Ernst & Young im Gespräch mit dem *Kurier* zu berichten.[392] Gibt es Lieferengpässe, entscheidet die Großzügigkeit beim Datenhandel über die Reihung und das Ausmaß der Bestellungen.

30 Prozent der weltweit verfügbaren Daten sind Gesundheitsdaten. Daten werden damit zu einem Handelsgut, das nicht nur von IT-Unternehmen an Werbekunden, sondern auch von Staaten an die Pharma- und Medizinbranche verkauft wird. Wie wichtig solche Daten sind, zeigt ein Podium des vom Pharmaunternehmen Roche veranstalteten #LifeTalk am 5. April 2022 zum Thema »Gesundheitsdaten und die Zukunft der Medizin«.[393] Die versammelte ProfessorInnenschaft einschließlich des Sprechers der österreichischen Patientenanwälte waren sich einig, dass diese Daten geöffnet und verknüpft werden müssten. »Gesundheitsdaten sind der Schlüssel zur Medizin der Zukunft«, so Herwig Ostermann, Geschäftsführer der Gesundheit Österreich GmbH. Patientenanwaltssprecher Gerald Bachinger führt Meinungsumfragen an, die den »Einstellungswandel zu digitalen Tools und der Vernetzung von Gesundheitsdaten« belegen. Nun gehe es darum, den »Willen der Bevölkerung umzusetzen«. Med-Uni-Professorin Tanja Stamm will »nicht nur klinische Daten, sondern auch Behandlungserfolge messen, PatientInnen sollten mitbestimmen dürfen, wer zu welchem Zweck ihre Daten nutzen

392 Staudacher Anna: Der menschliche Körper als Datenschatz, Kurier, 28.2.2021.
393 Gesundheitsdaten und die Zukunft der Medizin, Die Presse, 11.3.2022.

darf«. Der Komplexitätsforscher Peter Klimek, als Regierungsberater den österreichischen FernseherInnen bekannt, macht Nägel mit Köpfen: »Durch Verknüpfung von Daten zu Medikamentenverschreibungen mit Spitalsaufenthalten, wie sie etwas in den Sozialversicherungen und den Spitalsträgern bereits vorliegen, lassen sich Therapien auf personalisierte Risikoprofile maßschneidern«. Hier schließt sich der Bogen zum *Data-Act*-Entwurf der EU-Kommission vom 23. Februar 2022. Was nützt es, wenn »80 Prozent der Daten zwar gesammelt, aber nicht ökonomisch sinnvoll genutzt werden – weil sie beispielsweise von smarten Haushaltsgeräten oder Industriemaschinen im Hintergrund aggregiert werden«?[394] Diesen ungenützten Rohstoff gelte es zu heben, der *Data Act* will dies vorantreiben und zugleich sicherstellen, dass Nicht-EU-Mitglieder darauf nicht zugreifen können. Mit dem Datengesetz erhofft sich die Kommission bis 2028 ein zusätzliches Wirtschaftspotenzial von bis zu 270 Milliarden Euro.

Der Zugriff auf den Körper

Der menschliche Körper steht immer im Visier der Macht: in politischer Hinsicht, um ihn zu beherrschen, in militärischer Hinsicht, um damit das Herrschaftsgebiet zu sichern oder auszuweiten, in ökonomischer Hinsicht, um ihn als Arbeitskraft oder als Konsument einzusetzen, und in kultureller Hinsicht, um an und durch ihn die herrschende Ideologie zu demonstrieren. Für den Menschen bietet der Körper die Möglichkeit, verschiedene Fähigkeiten und Empfindungen zum Ausdruck zu bringen, den Lebensunterhalt durch den Einsatz von Muskeln, Zuwendung oder Intellekt zu bestreiten, sich zu inszenieren und mit anderen in Beziehung zu treten. Der Mensch kann seinen Körper auch gegen die Macht wenden, indem er diese bekämpft, sie überlistet, sich verweigert oder die Flucht in andere Machträume ergreift. Michel Foucault hat in seinen Studien eine dritte Variante herausarbeitet, bei der der Mensch die Herrschaftsdispositive inkorporiert und die herrschende Ordnung gegenüber sich selbst und anderen mitträgt. Die Perspektiven der Macht und die der Gegenmacht finden auch im Plural der Körper statt: durch

394 Laczynski Michael: Big Data soll in Europa bleiben, Die Presse 24.2.2022; Schürpf Thomas: Wirtschaft soll Daten als Rohstoff nutzen können, Neue Zürcher Zeitung 24.2.2022.

freiwilliges oder unfreiwilliges Zusammenwirken der Körper kann die jeweilige Funktion gesteigert werden: die Untertänigkeit, die Kriegsführung, die Arbeitsfähigkeit, die symbolische Repräsentation der Macht durch Huldigung, Parade oder öffentliche Spiele auf der Seite der Herrschenden, durch kollektiven Widerstand, bewaffneten Aufstand, Streik, Arbeitskampf oder kulturelle Ausdrucksformen auf der Seite der Beherrschten. Und die Verinnerlichung der Macht zeigt sich im Gehorsam, in der soldatischen Pflichterfüllung, im Arbeitsfleiß, der Übernahme von Disziplinierung und Kontrolle in der Gesellschaft und der Mitwirkung an kulturellen Zurschaustellungen der Macht.

Michel Foucault hat die auf den Körper zielenden Machtstrategien als Biopolitik bezeichnet. Dass er die Interessen und Akteure der Macht nicht klar benennt, unterstützt seine Theorie der multiplen, diffusen Macht, macht seine Theorie aber auch angreifbar. Für das Verhältnis von Staatsmacht zum Körper bleibt sie unübertroffen.[395] Wie Foucault in seinem Standardwerk »Überwachen und Strafen« (1975) ausführte, trat in vormodernen Gesellschaften die Macht dem Körper offen entgegen und zwang ihn, die von ihm verlangte Rolle zu spielen; Widerstand wurde niedergeschlagen und die Aufrührer in aller Öffentlichkeit bloßgestellt, gemartert oder hingerichtet.[396] Moderne Machttechniken gingen seit dem 18. Jahrhundert dazu über, Herrschaft nicht nur gegen den Menschen durchzusetzen, sondern den Menschen zunehmend in ihre Strategie des Machterhalts einzuspannen. Er – und auch sie, obzwar das patriarchale Verhältnis hier keine Gleichsetzung erlaubt – verinnerlichte die Macht in dem Maße, wie er selbst von den Strukturen der Ungleichheit profitierte. Zu dieser Ungleichheit gehörte und gehört auch der sozioökonomische Unterschied zwischen den Zentren der Weltwirtschaft und den inneren und äußeren Peripherien. Während im Zentrum seit den letzten Jahrzehnten des 19. Jahrhunderts die politische Teilhabe als StaatsbürgerIn und die soziale Teilhabe als ArbeiterIn am Wohlstand ausgeweitet wurde, blieb in der Peripherie der Körper weiterhin der offenen politischen Gewalt und dem ökonomischen Zwang ausgesetzt.

In den Zentren der Moderne verschwand die öffentliche Zurschaustellung des Machtungleichgewichts. Bürgerlicher Parlamentarismus, Vereinswesen

395 Foucault Michel (2004): Die Geburt der Biopolitik. Geschichte der Gouvernementalität II. Vorlesungen am Collège de France 1978–1979, Frankfurt/Main.

396 Foucault Michel (2016): Überwachen und Strafen. Die Geburt des Gefängnisses. Frankfurt/Main.

und Selbstorganisation der ArbeiterInnenbewegung eröffneten Räume der Partizipation. Arbeitskämpfe wurden zunehmend in institutionalisierte Verhandlungsräume der Interessensvertretungen kanalisiert, die die herrschenden Macht- und Eigentumsverhältnisse nicht in Frage stellten. Radikaler Widerstand wurde marginalisiert, entlud sich jedoch – auch abhängig von den kulturellen Traditionen der ArbeiterInnenbewegung – oft eruptiv; Momente der proletarischen Gegenmacht blieben auf bestimmte Gelegenheiten beschränkt, in denen die herrschende politische Macht durch Krisen oder militärische Niederlagen geschwächt war, wie die Pariser *Commune*, die dem deutsch-französischen Krieg 1870/71 entsprang, oder die Russische Revolution, die aus der Kriegsmüdigkeit des Ersten Weltkriegs resultierte. Faschismus und Nationalsozialismus verkehrten die Unzufriedenheit der Massen in eine neue autoritäre Ordnung der Gesellschaft, die sie im Gefolge der Weltwirtschaftskrise 1929 im Bündnis mit dem Kapital gegen einen möglichen revolutionären Moment durchsetzen konnten.

Öffentliche Brandmarkung von Unbotmäßigen und Außenseitern verschwand im Zeitalter der zivilisierten Macht, wurde im Faschismus jedoch gegen Juden, Roma, Kommunisten und Andersdenkende reaktiviert. Insgesamt verlor der Körper in der Moderne jedoch die Aufgabe, öffentliche Züchtigung und Strafe über sich ergehen lassen zu müssen. Er sollte funktionieren, was in erster Linie bedeutete, dem Arbeitsmarkt – sowie der Hervorbringung und Versorgung der Arbeitskräfte in der Familie – zur Verfügung zu stehen. Das Funktionieren übertrug sich aber auch auf das politische Verhalten, die Ausbildung, den Konsum sowie Spiel und Sport, an die dieselben Ansprüche des staatsbürgerlichen Fleißes angelegt wurden wie auf das Erwerbsleben. Diese Bereiche bieten gute Möglichkeiten, das Mitmachen und Mittragen der Macht auszuleben und unter Beweis zu stellen.

Wer die Regeln brach, wurde nicht mehr an den Pranger gestellt, sondern nach der Aburteilung im Gefängnis den Augen der Öffentlichkeit entzogen und in der Gemeinschaft der Inhaftierten besonderen Prozeduren von hierarchischer Disziplinierung, Strafe und Resozialisation unterzogen. Nur besonders harte Fälle wurden in Einzelhaft isoliert. Wer nicht mitspielte, wurde auch ohne ein Verbrechen begangen zu haben in Besserungsanstalten und in der Psychiatrie ähnlichen Techniken unterzogen.

Als zentrales Merkmal der modernen Staatsmacht und ihrer Institutionen arbeitete Foucault die Verbindung von gesellschaftlicher Modernisierung, Gesundheits- und Hygiene-Dispositiven als spezifische Form der westlichen Gouvernmentalität heraus. Darauf aufbauend, zeigt der Medizinphilosoph Willibald Stronegger, dass die Medikalisierung der biopolitisch-hygienischen Steuerungsmechanismen in der Geschichte zwei Ausprägungen annahm, die beide auf dem Gesundheitsimperativ beruhen: Einerseits als biopolitischer Vorsorgestaat, der den BürgerInnen über Regulierung, Bevormundung und Risikovermeidung ein sorgenfreies, glückliches Dasein verpassen will, andererseits als biopolitischer Staatsrassismus, der mithilfe von Rassenhygiene (Eugenik) auf Förderung der Gesunden und Ausmerzung der zu Minderwertigen Erklärten abzielt.[397] Beide Formen zielen auf die »ständige Erhöhung der Nützlichkeit (…) der Körper der Individuen und der Körper der Bevölkerungen«, um »das Lebende in einem Bereich von Wert und Nutzen zu organisieren«.[398]

Nach der Diskreditierung von Eugenik und Rassenwahn durch den Nationalsozialismus konzentrierte sich Biopolitik auf die Maßnahmen zur Besserung und Integration der Menschen in eine – immer noch – Klassengesellschaft, die in Phasen der Hochkonjunktur jedoch insbesondere in den Zentren auch für untere Schichten Bildung, sozialen Aufstieg und Teilhabe am Konsum bereithielt. Auch zwischen dem Globalen Norden und dem Globalen Süden verringerte sich im Zuge des 4. Kondratieff-Zyklus die soziale Kluft und erlaubte in Schwellenländern zahlreichen ArbeiterInnen den Aufstieg in eine mit Kaufkraft ausgestattete Mittelklasse, deren Konsum- und Hygieneverhalten sich jenem des Nordens anglich.

In dem Maße, wie das Ende der industriellen Massenproduktion seit den 1980er Jahren in den Zentren einem neuen Typ von Arbeitsverhältnissen Platz machte, wich die Angleichung der Flexibilisierung. Dies erforderte eine Ausdifferenzierung der Arbeitscharaktere – je nachdem, ob Schlüsselkräfte oder prekäre ArbeiterInnen, Hoch- oder Niedrigqualifizierte, dauerhaft oder befristet Beschäftigte benötigt wurden. Die Spaltung der Arbeitsmärkte schlug sich auch in der Anpassung der Produkte an individuelle Bedürfnisse nieder.

397 Stronegger Willibald J. (2020): Zwischen übersteigerter und fehlender Solidarität. Die Covid-19-Pandemie aus biopolitischer Perspektive nach Foucault, in: Kröll Wolfgang u. a. Hg.: Die Corona-Pandemie. Ethische, gesellschaftliche und theologische Reflexionen einer Krise. Baden-Baden, S. 213–235.

398 Foucault, zit. in: Stronegger 2020, S. 223.

Maßschneiderung ergab sich in der Produktion aus den Möglichkeiten der Digitalisierung, die Losgröße zu senken. Unter Losgröße versteht man in der Betriebswirtschaftslehre die Menge der Produkte, die die Stufen eines Fertigungsprozesses in einer Serie durchlaufen.

Anders als mit der großen Maschinerie lassen sich auf Basis kybernetischer Steuerung und Vernetzung kleine Serien kostengünstig herstellen. So kann die Vielfalt der Produkte gesteigert bzw. die Produkte an sozial und kulturell differenzierte Nachfrage angepasst werden. Umsetzbar wurde diese Anpassung erst, sobald die Produktwerbung sich gezielten Charakteren zuwenden und aus ihrem Such- und Kaufverhalten Rückschlüsse für die Produkt- und Designentwicklung ziehen konnte. Werbung verwandelte sich von Produktinformation, die sich an ein allgemeines Publikum wandte, zur Platzierung von Information entsprechend der Signale, die die UserInnen der Kommunikationsdienste senden, und die ihnen als potenzielle KäuferInnen gezielt auf ihre mobilen Endgeräte übermittelt wird.

Dementsprechend haben Körper im kybernetischen Zeitalter zwei neue Aufgaben. Sie sind erstens der Ursprung der Verhaltensdaten, die in digitalen Anwendungen übermittelt werden. Aus den hinterlassenen Spuren lassen sich – zugeschnitten auf die jeweilige Kaufkraft – Wünsche, Begierden, Erwartungen, Konsumverhalten und Qualitätsansprüche ablesen. Gleichzeitig geht es darum, die Körper entlang der Erfordernisse des Marktes zu gestalten. Körper werden dabei zweitens in einem bisher nie da gewesenen Maße zum Objekt der Bearbeitung. Die Techniken knüpfen an vorhandene Formen der Körper-, Hygiene- und Gesundheitspflege an. Dabei verwandeln sie die alten Standards der Medikalisierung und Körperpflege, die sich an die genormte Nachfrage der Industriegesellschaft wandten, in neue Standards für den maßgeschneiderten Menschen. Der Schlüssel zum Erfolg von *Biohealth*-Konzepten ist die Verfügbarkeit von Daten, die über die individuelle sowie die ubiquitäre Nutzung des Internets in immer größerer Menge geschaffen werden.

Die Verknüpfung der Nutzer-Signale mit Produktempfehlungen nahm Adrian Lobe zum Anlass für seine These des »Datengefängnisses«.[399] Dieses verbindet jeden User und jede Userin über die »elektronische Fußfessel«

399 Lobe 2019, S. 27.

mit IT-Konzern und Werbekunden: Ähnlich wie in dem bereits weiter oben beschriebenen Panoptikum Benthams können ihre Begierden von diesen eingesehen werden, während sie selbst nur auf die Oberfläche ihrer digitalen Endgeräte starren und die dahinter verborgenen Geschäftsprozesse nicht erkennen können.

Die Branchen sowie die Schlüsseltechnologien, die die Modellierung der Körper zum Ziel haben, wurden bereits bei der Einführung in den kybernetischen Kapitalismus (2. 1.) vorgestellt; die Beschaffung der Daten wurde im Kapitel über die Verdatung erörtert. Hier sollen die Bereiche behandelt werden, über die der Zugriff auf die Gestaltung der Körper erfolgt. Angebote körperlicher Pflege, Heilung, Erhaltung und Optimierung stoßen selbstverständlich auf Nachfrage, weil der Körper ja die Grundlage für das Leben bildet. Im Konkreten muss diese Nachfrage aber erst geweckt und in Hinblick auf das Angebot zurechtgeschneidert werden. Was alles der Optimierung und Inwertsetzung unterzogen werden soll, und zu welchem Preis, unterliegt individuellen Vorstellungen, die gleichwohl gesellschaftlich in Bezug auf Nutzen, Schaden und Interessen diskutiert werden müssen. Die Einführung bestimmter Produkte über die Hintertür der technologischen Machbarkeit behindert diese Bedürfnis- und Entscheidungsfindung.

Wir setzen in der folgenden Übersicht bei der Erhaltung und Wiederherstellung der Gesundheit an, betrachten das Bedürfnis nach Hygiene, Wunschbilder von Schönheit, Fitness und langem Leben sowie Wunschbilder in Bezug auf den eigenen bzw. den gesellschaftlichen Nachwuchs. Der fließende Übergang zum körperlichen Vollkommenheitsideal sowie zur trans- bzw. posthumanen Neuerfindung des Menschen wird nur am Rande gestreift. Hingegen wird das Verhalten in doppelter Hinsicht erörtert, einerseits als die Bereitschaft zur Annahme neuer Werte und Produkte, andererseits als ein Feld des *Bioengineering*, mit dem das Verhalten selbst zu einem Gegenstand der Optimierung wird. Im Anschluss wird nach dem Corona-Moment im Prozess der Transformation gefragt. Der Reihe nach.

Gesundheit ist gemäß WHO-Definition (1948) »der Zustand des vollständigen körperlichen, geistigen und sozialen Wohlergehens und nicht nur das Freisein von Krankheit. Sich des bestmöglichen Gesundheitszustandes zu erfreuen ist ein Grundrecht jedes Menschen, ohne Unterschied der Rasse, der Religion, der politischen Überzeugung, der wirtschaftlichen oder sozialen

Stellung.«[400] Da das körperliche, geistige und soziale Wohlergehen zusammenspielt und im positiven wie negativen aufeinander einwirkt, ergibt sich Gesundheit aus einem Bündel von Haltungen und Praxen. Heilung, Wiederherstellung, Prävention, gutes Leben zielen auf unterschiedliche Aspekte des körperlichen und geistigen Gesundheitszustandes. Dabei können traditionelles Wissen, medizinische Expertise und Lebensberatung helfen, ein erfülltes Leben zu führen. Dazu kommt letztendlich alles andere, was zum guten Leben erforderlich ist, von den persönlichen Beziehungen bis zu gesellschaftlichen und wirtschaftlichen Fragen.

Das Verständnis von Gesundheit hat mit der Herausbildung moderner Staatlichkeit und Kapitalverwertung einen grundlegenden Wandel erlebt. Die Kunst des Heilens hat sich auf eine Medizin verschoben, die Therapien und Maßnahmen mit naturwissenschaftlich-technischen Methoden verordnet. Ivan Illich hat dies als »Enteignung der Gesundheit« kritisiert.[401] Körper und Leben in seinen bio-psycho-sozialen Dimensionen werden immer stärker zum Gegenstand staatlicher Gestaltung unter Einsatz medizinisch-biotechnologischer und verhaltenswissenschaftlicher Ein- und Zugriffe.[402] Diese fundamentale Kritik ist im ersten Moment mit den gesundheitlichen Herausforderungen, denen die Weltgesundheitsorganisation angesichts von Hunger, Krankheit, Kindersterblichkeit und Mangel an elementarer Versorgung gegenüber steht, nicht kompatibel. Eine Rückkehr zu vormodernen Verhältnissen ist weder möglich noch wünschenswert. Und dennoch enthält die Definition im Gründungsdokument der WHO einen utopischen Anspruch.

Es kann sich bei der WHO-Definition nur um eine Richtlinie handeln, die in Augenblicken des größten Glücks erreichbar ist. Tatsächlich leben wir mit allerlei Unzulänglichkeiten und bemühen uns, mit diesen so glücklich wie möglich zu sein. Ein Anspruch auf Vollkommenheit birgt das Problem, dass jede Abweichung vom Ideal als Defizit gesehen wird und daraus ein Reparatur- bzw. Korrekturbedarf abgeleitet werden kann. Das ist ein Einfallstor für verschiedene Besserungsstrategien und -produkte, die den Menschen zu

400 Gesundheit: Definition der WHO 1948: https://flexikon.doccheck.com/de/Gesundheit (22.7.2022)

401 Illich Ivan (1995): Die Nemesis der Medizin. Die Kritik der Medikalisierung des Lebens. München.

402 Stronegger Willibald J. (2022): Medizin und säkulare Gesellschaft. Totale Gesundheit durch akzelerierte Technologiekonvergenz, in: Stronegger, W. J./Platzer, J. Hg.: Technisierung der Pflege. 4. Goldegger Dialogforum Mensch und Endlichkeit, S. 9.

einem Idealbild modellieren wollen. Solche Strategien können emanzipatorischen Ansprüchen folgen, was sie jedoch nicht unbedingt davor schützt, den Optimierungsanspruch in Richtung Höherzüchtung vorantreiben, wie sie im darwinistischen Ausleseprinzip angelegt ist und in eugenischen Programmen verschiedener politischer *Couleurs* umgesetzt wurde, von der Besserungsanstalt bis zum Rassenwahn. Es ist also bei der Ausschöpfung von Heilmethoden immer abzuwägen, ob diese mit Menschenwürde und sozialer Gerechtigkeit vereinbar sind.

Das Problem bei der Digitalisierung der Medizin ist der Verlust der Beziehung zum Menschen. Dies gilt für die Konsultation per Video, die zwar den Zugang zu ärztlichen Leistungen verbessern kann, das diskrete Arzt-Patienten-Verhältnis jedoch zu einem Datensatz macht, auf dessen weitere Verwendung der Patient keinen Einfluss hat, ja vielleicht nicht einmal der Arzt bzw. die Ärztin. Noch geringer ist die informationelle Selbstbestimmung bei der Verwaltung der Gesundheitsdaten in elektronischen Speichersystemen, wie sie seit 2015 in Deutschland in Form der Elektronischen Gesundheitskarte (eGK) und in Österreich in Form der Elektronischen Gesundheitsakte (ELGA) bestehen. Was als Verbesserung des Informationsflusses angepriesen wird, dient der Effizienzsteigerung, die Sozialversicherungen Kosten ersparen soll, die PatientInnen jedoch auf die Daten reduziert, die sie bereitstellen. Anstelle einer Behandlung, die auf sie als Individuum eingeht, erhalten sie Rezepte, die aus der algorithmischen Auswertung von Massendaten resultieren. Im Verein mit der starken Stellung von Krankenhaus-Privatisierung, Gerätemedizin und Pharmalobby wirft diese Tendenz erhebliche ethische Bedenken auf. Die durch die Bereitstellung persönlicher Daten und Verhaltensmuster vermeintlich »personalisierte« Medizin und Gesundheitsversorgung führt de facto zu Entpersonalisierung und Entindividualisierung.[403]

Eng mit der Gesundheitsvorsorge verbunden ist die Vorstellung von ***Hygiene***. Verstanden als Vermeidung der Übertragung von Krankheitserregern durch sauberes Wasser und saubere Luft, gute sanitäre Ausstattung von Wohnungen und öffentlichen Einrichtungen oder funktionierende Abwasser- und Müllentsorgung gehört Hygiene zu den Voraussetzungen gesunden

403 Kirchschläger Peter G. (2021): Digital Transformation and Ethics. Ethical Considerations on the Robotization and Automation of Society and the Economy and the Use of Artificial Intelligence. Baden-Baden.

Lebens. Sie wurde durch das Zusammenleben der Menschen in Ballungszentren zu einem entscheidenden Beitrag zur Lebensqualität. Hygiene steht jedoch nicht nur für diesen heute allgemein akzeptierten *Public-Health*-Anspruch.

Die Ursprünge des Hygiene-Diskurses gehen auf die historische Seuchenerfahrung mit Lepra, Pest, Cholera und Pocken zurück, deren ersten Wellen im 14. Jahrhundert ein Viertel der europäischen Bevölkerung zum Opfer gefallen ist. Ohne genauere Kenntnis der Ursachen wurde damals die Isolation in Form von Quarantäne (von italienisch *quaranta* = 40 für 40 Tage Isolation), Lazarettlagern (von altitalienisch *lazzaro* = aussätzig) sowie der Absperrung von Stadtvierteln und Häusern eingeführt. Inseln (italienisch *isola*) eigneten sich besonders gut für eine Absonderung. So verständlich die Seuchenangst sein mag, sprengte die Isolation auch damals das soziale Leben und verschärfte das Leid, das die Pest mit sich brachte. Und der Seuchenverdacht wurde auf gesellschaftlich geächtete Randgruppen wie Juden, Roma, Arme, Fremde und Umherziehende gelenkt.[404] Im Zuge der Errichtung moderner Staatsmacht wurde Hygiene zum Inbegriff biopolitischer Gouvernmentalität: Gesundheits-, Sozialpolitik und Polizeiwesen dienten gleichermaßen der Durchsetzung des Vorsorgestaates wie der Kontrolle und Disziplinierung der Untertanen als Bürger und Arbeitskräfte.[405] Der Hygienediskurs hat sich dabei im Zuge der Medikalisierung im 19. Jahrhundert zu einem Reinheits- und Sterilitätsverständnis entwickelt, das Erreger ein für allemal ausrotten will. Tatsächlich gelang es der Hygiene – im Zusammenhang mit der Entwicklung von Impfstoffen –, diese tödlichen Krankheiten einigermaßen erfolgreich einzudämmen. Hygiene hat jedoch auch ihre Schattenseiten. Zygmunt Bauman zufolge führte der Desinfektions- und Hygienediskurs, der das Verhältnis zum Körper und zum Tod bestimmte, in den Rassen- und Hygienewahn des 19. Jahrhunderts, der zur Grundlage der modernen Gesellschaft wurde.[406]

Hygiene als Selbstzweck reduziert das Zusammenleben auf seine sanitären Aspekte. Die Vorstellung vom *Homo hygienicus* abstrahiert von den sozialen Beziehungen, den Sinnzuschreibungen und Deutungen, die mit den Ritualen

404 Bergmann Anna (2022): Genealogien des Desinfektions- und Hygienediskurses, in: LIMINA. Grazer theologische Perspektiven 5, 1, S. 17–52. https://limina-graz.eu/index.php/limina/article/view/148/149 (10. 8. 2022)

405 Stronneger 2020, S. 219; vgl. auch Neurath Wolfgang (2012): Policey, Biopolitik und Liberalismus. Vom Zugriff der Macht auf das Leben (Bios), in: Medienimpulse 50, 2, S. 3.

406 Bauman Zygmunt (1994): Tod, Unsterblichkeit und andere Lebensstrategien. Frankfurt/Main; vgl. auch Bergmann Anna (2015): Der entseelte Patient. Die moderne Medizin und der Tod. Stuttgart.

von Geburt, Krankheit, Heilung, Tod und Begräbnis verbunden sind und mit der Medikalisierung und dem Desinfektionsdenken außer Kraft gesetzt werden.[407] Das Augenmerk auf Hygiene übersieht zudem, dass nur der Kontakt mit Erregern Immunität bewirkt. Entzieht man bereits die Kinder durch besondere Hygienevorschriften der natürlichen Immunisierung, bewirkt dies nicht nur die Zunahme von Allergien und psychischen Störungen, sondern macht sie auch besonders anfällig für die Tausenden und Abertausenden Viren und Bakterien, die unsere Umgebung bevölkern. Die natürliche Immunisierung muss dann durch künstliche Immunisierung oder durch Behandlung ersetzt werden. So entsteht Nachfrage nach Pharmaprodukten.

Der französische Philosoph Jean Baudrillard hat die fatalen Auswirkungen einer falsch verstandenen Hygiene in seinem Essay »Transparenz des Bösen« (1992) im Zusammenhang mit dem AIDS-Virus aufgezeigt. Seine Einschätzung hat in Hinblick auf die Corona-Maßnahmen nicht an Brisanz verloren: »Da die Körper sich weniger und weniger auf ihre Antikörper verlassen können, muß man sich von außen schützen. Die künstliche Reinigung der Umgebung wird die innerlich schwachen Immunsysteme ersetzen. Die Immunsysteme versagen, weil eine umgekehrte Tendenz, häufig Fortschritt genannt, den menschlichen Körper und Geist dazu drängt, seine Initiativ- und Verteidigungssysteme aufzugeben, um sie technischen Artefakten zu überlassen. (…). Die Annahme ist nicht absurd, daß die Vernichtung des Menschen mit der Vernichtung der Keime beginnt. Denn so, wie er ist, ist der Mensch mit seinen Launen, seinen Leidenschaften, seinem Lachen, seinem Sex, seinen Ausscheidungen nur ein dreckiger kleiner Keim, ein irrationaler Virus, der das Universum der Transparenz stört. Wenn der Virus ausgemerzt wird, wenn alles gereinigt sein wird und man jeder sozialen und bazillenhaften Ansteckung ein Ende gesetzt haben wird, bleibt nur mehr der Virus der Traurigkeit in einem Universum tödlicher Sauberkeit und tödlicher technischer Vervollkommnung übrig.«[408]

Ästhetik leitet sich vom Griechischen ab und bedeutet Wahrnehmung und Empfindung, insbesondere etwas, das als schön empfunden wird. Dies ist selbstverständlich ein subjektiver Akt, der von gesellschaftlichen Wertehaltungen und Moden geprägt ist. Mit unserem Thema hat Ästhetik insofern

407 Burchardt 2020, S. 117–128.
408 Baudrillard Jean (2002): Transparenz des Bösen. Ein Essay über extreme Phänomene. Berlin, S. 71.

zu tun, als die moderne ***Schönheitsmedizin*** über Methoden verfügt, Körper nach den jeweiligen Vorstellungen von Schönheit bzw. Funktionalität zu modellieren. Eingriffe in den Körper eröffnen der Medizin ungeahnte Geschäftsfelder. Mit ihren eigentlichen Funktionen von Heilung und Prophylaxe haben derartige Eingriffe nur insofern zu tun, als dafür das Wissen um die Körperfunktionen gegeben sein muss, weshalb diese Ärzten und Ärztinnen vorbehalten sind. Die Eingriffe bestehen nicht nur aus Schönheitsoperationen, sondern auch aus Behandlungen, die durch Therapie, Ernährung und Bewegung das Aussehen von Körperteilen verändern: größere oder kleinere Brüste, flachere oder geschwungenere Nasen, schmale oder wulstige Lippen, auch Schamlippen, alle möglichen Formen von Bauch, Po, Schenkeln, Behaarung und Haut. Die Schönheitsmedizin steht in gewisser Weise in der Tradition der Reinheitsvorstellungen, die im Hygienediskurs entwickelt wurden. Sie können einerseits als eine Variation des Rassenwahns angesehen werden, der bestimmte körperliche Merkmale als höherwertig einschätzt. Schönheitsmedizin kann diese Defizite jedoch beseitigen und die unbeliebten und unerwünschten Merkmale ausmerzen. Anders als die Idee der Rasse eröffnet sie die Möglichkeit, seine körperliche Erscheinung selbst zu bestimmen.

Die – freilich mit Kosten und dem Risiko von unerwünschten Folgen belastete – Wahlfreiheit findet ihre Fortsetzung in der operativen Veränderung des Geschlechts und in der Fortpflanzungsmedizin in der genetischen Modellierung von Wunschkindern nach den Vorstellungen der leiblichen Eltern oder der elterlichen Auftraggeber von Leihmüttern.

Der Wunsch, das ***Leben*** zu ***verlängern*** und in die Ewigkeit einzugehen, begleitet die Menschheit von Anbeginn. Mit der Aufklärung verlagerte er sich ins Diesseits und eröffnete mit der Entwicklung der medizinischen Wissenschaften seit dem 19. Jahrhundert konkrete Eingriffsmöglichkeiten. Schönheitsmedizin will die ewige Jugend erhalten, den Alterungsprozess verzögern. Der alte Mensch mit seinen Unzulänglichkeiten entspricht nicht dem Ideal der ewigen Schönheit. In letzter Konsequenz läuft die Optimierung des menschlichen Körpers auf die Überwindung des Todes hinaus, auf eine Transformation des Menschen in ein unsterbliches Wesen, auf eine kulturelle Strategie zur Überwindung der Sterblichkeit. Diese Vorstellungen treffen sich mit der transhumanen Idee, der Mensch könne nach Absterben seines physischen

Körpers als digitale Kopie weiterexistieren.[409] Günter Anders deutet die säkulare Illusion des Ewigen als Fortschrittsglauben der Moderne, als eine »ganz spezielle Idee von ›Ewigkeit‹, nämlich der Vorstellung des niemals abbrechenden Besser-werdens der Welt«.[410]

Das Ideal der körperlichen Proportion und Harmonie war in früheren Jahrhunderten eher in der Kunst als im Alltag verbreitet, und die Plastiken und Gemälde zeigen die Vielfalt und den Wandel der Geschmacksvorstellungen. Kostüm und Maske dienten der Zurschaustellung sozialer oder beruflicher Zugehörigkeit. Das Ideal der körperlichen Tüchtigkeit entwickelte sich mit der allgemeinen Wehrpflicht für Männer sowie der Produktivmachung des menschlichen Körpers in der Fabrik. Es übertrug sich mit den Turnvereinen des 19. Jahrhunderts auf breitere Kreise und wurde mit der Sport- und Fitnessbewegung im 20. Jahrhundert zu einer allgemeinen gesellschaftlichen Vorgabe. Die Industrialisierung der Bekleidungsproduktion leitete den Übergang von der (Haus)-Schneiderei auf die Mode ein, die massenhaft auch von einkommensschwachen Schichten gekauft wurde. Die Modeindustrie brachte die Devise vom guten, richtigen – sozial angepasstem – Aussehen auf, bei dem Kleidung und Körpereigenschaften zusammenspielten. Für Frauen ersetzte das Korsett eine Weile den Turnsaal oder das Fitness-Studio.

Die Vorgaben der Mode kannten immer auch gegenkulturelle Spielarten, von der Bohème über die Schlurfs, Rocker, *Hippies* bis zum schwarzen *Gothic Look*. Die Bedeutungszunahme des Sports, aber auch die Flexibilisierung der Arbeitsverhältnisse trugen zur Entformalisierung der Büro- und der Festtagskleidung bei, die seit den 1990er Jahren auch legere Kleidung erlaubt und damit die Sichtbarkeit der Klassen- und Statusunterschiede unterläuft.

Das Ideal körperlicher Schönheit und richtiger Kleidungswahl benötigt Menschen, die die entsprechenden Praktiken mittragen und vorantreiben. Angebot und Nachfrage wirken aufeinander ein, doch letztendlich ist es die Angebotsseite der Schönheits- und Modeindustrie, die über Vorbilder, öffentliche Meinungsbildung und Werbung die Standards setzt, die ein bestimmtes Aussehen und Benehmen für erstrebenswert definieren. Ohne Einflussnahme auf das Verhalten kann sich kein Look und kein Stil durchsetzen. Das ist nichts

409 Z. B. Kurzweil 2014, S. 199–203. Vgl. »Utopische und dystopische Visionen« in: Kapitel 1.3.
410 Anders 1956, S. 279.

Neues. Eine Zäsur in Sachen Verhalten brachte die digitale Kommunikation, die mit subtilen, allgegenwärtigen Maßnahmen der Datenauswertung und ihrer Übersetzung in Werbebotschaften neue Formen der Verhaltensmodifikation ermöglicht. Dies ist nicht auf modische Kleidung und Schönheitseingriffe beschränkt, sondern umfasst jegliche Bedürfnisse. Die *Click*-Ökonomie verbindet die Verwertung von Verhaltensdaten mit neuen Formen der Verhaltensprägung, der Bedürfnissteuerung, der Bereitschaft zum Mitspielen. Die Möglichkeit datenbasierter Verhaltensvorhersage lenkt die Wahlfreiheit des Menschen in enge, unsichtbare Bahnen. Unter den Bedingungen der Corona-Pandemie trugen das gezielte Schüren von Angst (statt sachlicher Information und Handlungsanleitung) sowie die totale Isolation und Vereinzelung (statt der Einrichtung von Informations- und Diskussionsveranstaltungen bzw. deren Selbstorganisation), die einzig und allein durch das Ausweichen auf die Welt des Internets bewältigt werden konnte, zu einem Einfallstor für eine ganz besondere Verhaltensmodifikation bei. Die Körper wurden zum Spielball der miteinander verwobenen Informations- und Gesundheitsindustrie.

Corona und der Körper

Anna Bergmann wies in ihrem Aufsatz »Genealogien des Desinfektions- und Hygienediskurses« auf eine weitgehend in Vergessenheit geratene Änderung im Sprachgebrauch hin: »Das deutsche Wort Körper stammt vom lateinischen Corpus im Sinne von ›Leichnam‹. Es tauchte erst im 13. Jahrhundert im Mittelhochdeutschen auf und verdrängte schließlich den damals gebräuchlichen althochdeutschen Begriff ›Leib‹, der wiederum abgeleitet ist von lib (›Leben‹).«[411] Aus dieser Perspektive verweist der Fokus der Corona-Maßnahmen auf das Vermeiden einer Ansteckung mit Sars-Cov-2 auf die Vernachlässigung der Folgen für Leib und Leben im umfassenden Sinn. Unter Ausklammerung eines Gesundheitsbegriffs, der psychisches, soziales und materielles Wohlergehen mit einschließt, verengte sich der Blick auf die mathematische Modellierung des Infektionsgeschehens. So genannte Inzidenzzahlen, Reproduktionswerte und Spitalsbettenauslastung bildeten die Grundlage für Ausgangs- und Kontaktsperren. Ohne Bezug zur allgemeinen demographischen Entwicklung

411 Bergmann 2022, S. 45.

sowie zum Schutzbedarf vulnerabler Bevölkerungsgruppen entstand die Drohkulisse einer tödlichen Seuche. Damit wurde auch die körperliche Gesundheit auf die Vermeidung einer Sars-Cov-2-Infektion bzw. Erkrankung reduziert und dabei sowohl das über Corona hinausgehende körperliche als auch das psychische Wohlergehen hintangestellt.

Der österreichische Gesundheitswissenschaftler Martin Sprenger kritisiert das medizinisch-virologische Narrativ, das die Wirkungsketten der ergriffenen Maßnahmen beiseitelässt. Er schlägt für die Beurteilung von deren Verhältnismäßigkeit einen multifaktoriellen Ansatz vor, der psychologische, soziale, ökonomische und ethische Fragen mit einbezieht: psychische Schäden durch Isolation, Verängstigung und Ausgrenzung, Verlust von Arbeitsplatz, Einkommen und Vermögen, Vernachlässigung anderer Behandlungen, Impfschäden u. a. m.[412] Messbar seien die Folgen in der damit erhöhten bzw. verkürzten Anzahl der gesunden Lebensjahre eines Menschen bzw. der Bevölkerung eines Landes. Nur wenn die Maßnahmen wirksamer seien als die negativen Folgen der Erkrankung können sie als gerechtfertigt, nützlich und verhältnismäßig angesehen werden. In dieser Gesundheitsfolgenabschätzung wiegen die Schäden, die jungen Menschen durch die Isolation erwuchsen, besonders schwer.

Der Psychoneuroimmunologe und klinische Gesundheitspsychologe Christian Schubert legt aus der Perspektive einer integrierten Medizin noch engere Erfolgskriterien an die Maßnahmen. Er kritisiert die herkömmlichen Forschungsdesigns der Medizin wegen der Herauslösung der Probleme aus dem gesamten Wirkungszusammenhang sowie der fehlenden Berücksichtigung von Prozessdynamiken. Bezieht man die psychischen Folgeschäden von Isolierung, insbesondere bei Kindern und Jugendlichen, ein, so ergibt sich für die Immunität gegen einen auftretenden Virus eine herabgesetzte Resilienz.[413] Zurückzuführen sei diese Engführung auf das mechanistische Verständnis von Medizin als »Maschinenmedizin«. Diese bewährt sich bei der Reparatur von Schäden in der Akut- und Unfallmedizin, erzielt durch die Ausklammerung der psychoneuroimmunologischen Kontexte auf das biologische Wohlergehen jedoch unbefriedigende Ergebnisse bei der Behandlung komplexer Erkrankungen. Schubert übte gemeinsam mit anderen Medizinern, wie Andreas

412 Sprenger Martin (2020): Tagebuch einer Pandemie. Wien.
413 Schubert Christian (2021): Stresstest Corona. Warum wir eine neue Medizin brauchen. Norderstedt.

Sönnichsen, Wolfgang Wodarg, Sucharit Bhakdi und Martin Haditsch, bereits im April 2020 Kritik an den Kontaktsperren und setzte sich im Rahmen der »Initiative für eine evidenzbasierte Corona-Information« für eine Rücknahme der Anti-Covid-Maßnahmen ein. Wer solche Positionen vertrat, wurde von den WortführerInnen der regierungsnahen Medizinwissenschaft umgehend der Wissenschaftsleugnung bezichtigt. In einigen Fällen führte dies bis zur Kündigung. Der von den Medien zum Papst der Pandemie-Mediziner gekürte Berliner Virologe Christian Drosten, dessen *Statements* und *Podcasts* im gesamten deutschen Sprachraum verfolgt wurden, entwickelte zur Identifizierung der »schwarzen Schafe« ein Klassifizierungsschema zur Taxonomie der Techniken der Wissenschaftsleugnung. Mit Hilfe von »PLURV« könne man die Leugner erkennen: »Pseudo-Experten – Logische Trugschlüsse – Unerfüllbare Erwartungen – Rosinenpickerei – Verschwörungsmythen«.[414] Diese durchsichtige, schlichte Abqualifizierung alternativer Ansätze wäre keiner Erwähnung wert, hätten sich die Totschlagbezeichnungen durch die mediale Verstärkung nicht so stark im allgemeinen Sprachgebrauch verankert.

Die Politologin Ulrike Guérot identifiziert als zentrales ethisches Problem bei der Fassung des deutschen Infektionsschutzgesetzes die unbedingte und unverhältnismäßige, aus einer willkürlich zur Messlatte erkorenen Indikatorenkonstellation abgeleiteten Priorisierung des Lebens gegenüber der Würde des Menschen.[415] Dies erlaubte zum Beispiel die Isolierung von alten Menschen in Pensionisten- und Pflegeheimen und verhängte Kontaktverbote mit ihren Angehörigen bis hin zur Verurteilung, diese im Angesicht eines herannahenden Todes nicht mehr sehen zu dürfen. Dies stehe im Widerspruch zur Unantastbarkeit der Würde im deutschen Grundgesetz, das in § 217 »einen gegen die Autonomie gerichteten Lebensschutz« für gesetzeswidrig erklärt. Zur Würde gehört in allen Kulturen ein Begräbnis im Kreis der Freunde und Verwandten – ein Grundrecht, das die Corona-Maßnahmen in unverhältnismäßiger Weise unterbanden.

Der Wiener Philosoph Robert Pfaller führt den stoischen Philosophen und Satiriker Juvenal aus dem ersten Jahrhundert u. Z. zur Verteidigung der

414 Mühlhauser Ingrid (2021): Wissenschaftsleugnung – ein Kommentar aus Sicht der Evidenzbasierten Medizin, *Ärzteblatt Sachsen* 9: 27–31.

415 Guérot Ulrike (2022): Wer schweigt, stimmt zu: Über den Zustand unserer Zeit. Und darüber, wie wir leben wollen. Frankfurt/Main.

Würde mit den Worten ins Treffen: »Betrachte es als den größten Frevel, das nackte Leben höher zustellen als die Scham; und um des Lebens willen die Gründe, für die es sich zu leben lohnt, zu verlieren.«[416] Diese stoische Weisheit wendet sich gegen die Verdrängung des Todes, die im Fortschrittsdenken der Moderne in der wissenschaftlich-technischen Überwindung des Todes kulminiert, während Qualität und Würde des Lebens hintangestellt werden.

Die bedingungslosen Ausgangs- und Kontaktsperren in den Lockdown-Phasen der Corona-Pandemie können als Ausdruck des modernen westlichen Umgangs mit Krankheit und Tod gesehen werden. Über die WHO-Vorgaben wurde die Kontaktsperre sämtlichen Staaten der Welt als Inbegriff der Gesundheitsvorsorge übergestülpt, unabhängig davon, ob die Gefährdung der Gesundheit vor Ort stärker vom Virusgeschehen oder aus anderen Problemlagen, wie Zugang zu Nahrung, Wohnen, Erwerbseinkommen, sozialer und Gesundheitsversorgung u. v. a. m. resultierte. Lockdowns bewirkten unter den Bedingungen prekärer und informeller Lebens- und Arbeitsverhältnisse in Schwellen- und Entwicklungsländern existenzielle Krisen, die die Infektion mit Sars-Cov-2 bei weitem überstiegen. Wenn die ansteigenden Todeszahlen in der Folge dennoch als Corona-Tote verbucht wurden, die weitere Isolierung rechtfertigten, setzte diese einen Teufelskreis mit selbstverstärkendem Effekt in Gang, wie dies etwa im April und Mai 2021 durch die Ausweisung von über sechs Millionen WanderarbeiterInnen aus den Armenbezirken der indischen Großstädte erfolgte.[417] Mildernd wirkte in vielen Fällen die Tatsache, dass die Umsetzung der Kontaktbeschränkungen in Staaten des Globalen Südens nicht mit derselben Konsequenz exekutiert wurde wie im Globalen Norden.

Die Corona-Impfung

Die Corona-Maßnahmen der Jahre 2020 bis 2022 knüpften an die Praktiken der Isolierung (Quarantäne) und Bewegungskontrolle (Gesundheitspass) an,

416 Pfaller Robert (2012): Wofür es sich zu leben lohnt. Elemente materialistischer Philosophie. Frankfurt/Main, S. 18.

417 Trotz der Ausgangssperre der indischen Regierung: Zehntausende der rund 140 Millionen WanderarbeiterInnen wollen nach der Entlassung nach Hause, 30. 3. 2020: https://www.labournet.de/internationales/indien/gewerkschaften-indien/trotz-der-ausgangssperre-der-indischen-regierung-zehntausende-der-rund-140-millionen-wanderarbeiterinnen-wollen-nach-der-entlassung-nach-hause/(22. 7. 2022)

die angesichts der großen, mit Massensterben verbundenen historischen Seuchenwellen von Pest und Cholera vom 14. bis ins 19. Jahrhundert entwickelt wurden. Dies schloss auch die Unterscheidung der »guten« von den »schlechten« BürgerInnen ein, je nachdem inwiefern sie für die Verbreitung des Virus als gefährlich erklärt wurden. Als sogenannte GefährderInnen, unabhängig davon, ob dies überhaupt zutraf, wurden Maskenverweigernde und – als dies allgemeiner Usus wurde – Ungeimpfte flugs zu Sündenböcken und (wenn es die eigens erlassenen Gesetze erlaubten) zu RechtsbrecherInnen. Die medizinischen, technischen und infrastrukturellen Bedingungen erlaubten 2020 jedoch einen ungleich intensiveren Zugriff auf die Körper als in früheren Jahrhunderten.

Als Vorstufe zur Absonderung, wie die Quarantäne im Lockdown 2020 bezeichnet wurde, dienten öffentliche Hygieneanleitungen, Maskenpflicht und Tests. Als Konsequenz einer – mittels umstrittenen Testverfahren festgestellten – Infizierung setzten Kontaktverfolgung und Absonderung der Betroffenen sowie ihres familiären und beruflichen Umfelds ein. Im Zuge der – mit der Häufigkeit der Tests – anwachsenden Zahl von sogenannten Test-Positiven schloss dies immer mehr Menschen als Privatpersonen und Arbeitskräfte aus dem öffentlichen Leben aus. Die Folge waren Ausfälle weiterer Grundversorgungsdienste über die bereits geschlossenen Schulen, Universitäten, Geschäfte und Betriebe hinaus. Die Impfung trat erst zu Anfang 2021 auf den Plan und wurde binnen Jahresfrist von einem Angebot an vulnerable Gruppen zur staatsbürgerlichen Tugend hochgelobt, bis zur Jahreswende 2021/22 die Corona-Schutzimpfung für bestimmte Berufsgruppen de facto oder de jure verpflichtend wurde.

Anfang Februar 2022 beschloss das österreichische Parlament mit großer Mehrheit – einzig die rechte FPÖ stimmte geschlossen dagegen – eine Impfpflicht für alle Personen ab 18 Jahren. Österreich war damit das einzige Land in Europa, das eine generelle Impfpflicht einführte. Auch außerhalb Europas waren Länder, die ihre BürgerInnen zur Corona-Impfung zwangen, äußerst selten, als erster Staat überhaupt tat sich Turkmenistan hervor.

Nur wenige Wochen nach der Einführung der für alle Menschen verpflichtenden Impfung setzte die österreichische Bundesregierung diese am 9. März 2022 aus und verlängerte den Schwebezustand, bis das Gesetz am 23. Juni 2022 aufgehoben wurde. Dass es niemals zum Einsatz kam und keine Strafen für

Impfverweigerer ausgesprochen wurden, war dem anhaltenden Widerstand der Bevölkerung geschuldet. Aus einer breiten Protestbewegung, die fallweise bis zu 100.000 Menschen auf die Straße brachte, entstand zudem eine impfkritische politische Partei »Menschen-Freiheit-Grundrechte« (MFG), die bereits kurz nach ihrer Gründung bemerkenswerte parlamentarische Erfolge im Bundesland Oberösterreich und in der Statutarstadt Waidhofen an der Ybbs feierte. Auch das dürfte mit ein Grund dafür gewesen sein, die etablierten impf-gläubigen Parteien zum Umdenken zu bringen.

Die Gründe für oder gegen eine Corona-Impfung stehen in diesem Buch nicht im Mittelpunkt. Die Autorin hält sich an die Devise, dass die Entscheidung für oder gegen eine bestimmte Impfung vor dem Hintergrund des Risikos der Erkrankung und deren gesundheitsgefährdenden Folgen vom Einzelnen getragen werden muss. Diese Position entspricht der Direktive des Europarates vom 27. Januar 2021, die sich gegen Covid-Impfpflicht und jede Diskriminierung von Personen, die sich nicht impfen lassen, aussprach: »Es ist sicherzustellen, dass die Bürger darüber informiert werden, dass die Impfung NICHT verpflichtend ist, und dass niemand politisch, gesellschaftlich oder anderweitig unter Druck gesetzt wird, sich impfen zu lassen, wenn er dies nicht selbst möchte (… und) niemand diskriminiert wird, weil er nicht geimpft wurde.«[418] Sie folgt dem Leitgedanken der feministischen Bewegung, die in der Auseinandersetzung um die Legalisierung des Schwangerschaftsabbruchs unter dem Motto »Mein Körper gehört mir« Selbstbestimmung über den eigenen Körper fordert. Diesem Recht entspricht die Übernahme der Verantwortung für den eigenen Körper. Gesundheit lässt sich nicht vertraglich absichern und einklagen.

Zur Privatsache möchte ich die eigene Gesundheit damit nicht erklärten, denn die persönliche Entscheidung ist maßgeblich davon geprägt, ob und wie das Gesundheitssystem eines Landes für die Bewältigung einer Epidemie gerüstet ist. Privatisierung, Zweiklassenmedizin und die Ausweitung von Angeboten, um dem Ideal von Schönheit und Tüchtigkeit zu entsprechen, haben zu einer Ausdünnung der allgemeinen Versorgungsqualität geführt. Das Argument von der Überlastung der Spitalsbetten und Intensivstationen

418 Europarat: Covid-19 vaccines: ethical, legal and practical considerations, 27.1.2021: https://pace.coe.int/en/files/29004/html (22.7.2022)

hat sich als Panikmache herausgestellt, die nicht zuletzt bestehende Defizite der Gesundheitssysteme überdeckt hat. Es wurde zudem mit Zahlen operiert, die nicht die tatsächliche Auslastung zum Ausdruck brachten, sondern den gesetzlichen Vorgaben folgten, unter welchen Umständen eine Refinanzierung der Behandlung gegeben war.

Da es sich bei Sars-Cov-2 um keinen Virus mit unausweichlichen massenhaften Todesfällen handelt, ist aus der Sicht zahlreicher VirologInnen, EpidemiologInnen sowie AllgemeinmedizinerInnen ein Impfzwang ein unverantwortlicher Eingriff. Er misst der Impfung eine Schutzwirkung bei, die sie nicht erfüllen konnte. Die Flucht in Zweit-, Dritt- und permanente Wiederholungsimpfungen hat die mangelnde Wirkkraft nicht behoben. Impfzwang vernachlässigt die Immun-Prophylaxe sowie die Heilungsmethoden, die eine Bewältigung der Erkrankung im Normalfall auch ohne Impfung ermöglichen. Er negiert die besondere Betroffenheit vulnerabler Gruppen, die durch die allgemeine Durchimpfung der Bevölkerung nicht geschützt werden. Wie aus der Perspektive der Pflegewissenschaft und der *Public Health* seit Jahren gefordert, kann der Schutz alter, gebrechlicher oder behinderter Personen nur durch den Ausbau häuslicher und stationärer Pflege gewährleistet werden; der Entzug von Kontakten und die Verhüllung der Kontaktpersonen in Plastikanzügen hat gegenteilige Effekte.

Die kritischen Einwände gegen die neuen Verfahren, die das Gros der Corona-Impfstoffe westlicher Hersteller, aber auch etwa des russischen Impfstoffs Sputnik ausmachen, hatten unter der Diskurshoheit der die Öffentlichkeit dominierenden Impf-Propaganda keine Chance auf Gehör. Um sie vollends zu diskreditieren, wurden sie als »Fake News« und »Verschwörungstheorien« gebrandmarkt, um nur ja nicht auf die Argumente eingehen zu müssen. Ein wesentliches Argument der KritikerInnen des neuen Impfprinzips besteht in der Tatsache, dass weder bei mRNA-Spritzen noch bei der Verwendung von Vektor-Impfungen ein inaktivierter Virus gespritzt wird, gegen den der Körper eigene Abwehrstoffe entwickelt, wie es das bewährte klassische Impfprinzip vorsieht. Beim mRNA-Prinzip wird mithilfe von Nanopartikeln Information über den genetischen Bauplan eines Bauteils von Sars-Cov-2, das aufgrund seiner Form sogenannte Spike-Protein, in den menschlichen Zellstoffwechsel eingeschleust, der die Körperzellen selbst zu Produktionsstätten des Spike-Proteins von Sars-Cov-2 macht. Gegen dieses Spike-Protein entwickelt das

Immunsystem der Geimpften in Folge Abwehrstoffe. Die Nanopartikel werden gentechnisch hergestellt.[419]

Es wird also ein Eingriff in den Zellstoffwechsel hervorgerufen, dessen weitere Dynamik nicht vollständig abschätzbar ist. Dieses Prinzip befindet sich seit einigen Jahren in Entwicklung und ist nicht auf Sars-Cov-2 beschränkt. Es gehört in den Bereich der Gentechnik und ist ein Eingriff in menschliche Zellen, um dort selbsttätige Reaktionen in Gang zu setzen. Man kann die genbasierte Medizin aus ethischen Gründen prinzipiell ablehnen. Man kann den Eingriff in die Zellen auch aus medizinischen Gründen ablehnen, setzt er doch Reaktionen in Gang, die unabsehbare Folgen für den Patienten haben können.

Als Laie muss man aber auch die Frage stellen, ob es sich nicht doch um eine Methode handelt, die positive Folgen für die Bekämpfung gefährlicher Krankheiten haben kann und der man sich nicht prinzipiell verschließen soll. Es könnte ja sein, dass sie gegen zukünftig auftretende virale Bedrohungen nützen könnte. Das Problem heute liegt darin, dass die Forschung hier noch keine Gewissheit erreicht hat. Es ist auch fraglich, ob es wünschenswert ist, dass sie Gewissheit erreicht, denn einmal bis zur anerkannten Anwendung entwickelt, gibt es keinen Weg zurück.

Doch so weit waren die Impfhersteller noch nicht, als sich mit Corona eine Möglichkeit bot, ein Produkt, dessen Wirkungen, Neben- und Folgewirkungen nicht ausreichend erforscht sind, an einer großen Zahl von Menschen zu erproben. Sie hatten durch öffentlich-private Kooperationen mit Staaten, Stiftungen, UNO-Organisationen und NGOs bereits seit den 2000er Jahren für die Beschleunigung medizinisch-pharmazeutischer Durchbrüche gesorgt. Eine führende Rolle nahm die mit Mitteln der Gates-Stiftung 2000 ins Leben gerufene »Global Alliance for Vaccines and Immunization« (GAVI) ein. Technisch ging es darum, die biotechnischen Entwicklungen von Molekular-Biologie und Genom-Sequenzierung mit dem Potenzial von *Big Data* zusammenzuführen.[420] Die Übersetzung zu Politik- und Medien-Netzwerken besorgten die in den Planspielen von *Dark Winter* (2001) bis *Event 201* (2019)

419 Piribauer Franz (2021): Geschäftsmodelle von Big Pharma im globalen Wirtschaftskrieg, in: International 6, 2021: https://international.or.at/geschaeftsmodelle-von-big-pharma-im-globalen-wirtschaftskrieg/ (30.7.2022); vgl. auch Bergmann 2022, S. 47.

420 Tooze 2021, S. 265.

simulierten Katastrophen, in denen neben terroristischen Gefahren immer mehr das Management der Virus-Bekämpfung in den Vordergrund trat. Die 2017 am *World Economic Forum* in Davos gebildete »Coalition for Epidemic Preparedness Innovations« (CEPI) aus staatlichen, zivilgesellschaftlichen Organisationen und Konzernen konzentrierte sich auf den Aufbau einer *Rapid Response Platform*, die schnelle Reaktionen auf mögliche neue Erreger entwickeln sollte. Die Entwicklung neuartiger Impfstoffe zielte auf bekannte Erreger wie Mers-CoV, Malaria oder HIV. Auch der unbekannte Erreger der »Krankheit X« war bereits im Visier des *Global-Vaccine-Action*-Planes von Gates-Stiftung, Wellcome Trust und CEPI, bevor »X« in Form von Sars-Cov-2 im Jänner 2020 tatsächlich Form annahm. Diese Vorwegnahme nährt die Vermutung einer bewussten Herbeiführung der aktuellen Covid-Pandemie. Wie bereits am Beginn von Abschnitt 2 ausgeführt, operiert das Szenario-Denken der Notfallplanung immer mit unbekannten Optionen und Variablen. Trifft eine der Vorhersagen ein, fällt es nicht schwer, sie als Erfindungen aus einem Planspiel anzusehen. Tatsächlich müssen in der realen Welt eine Reihe von Faktoren eine Konstellation bilden, damit eine angestrebte Vision wirkmächtig wird.

In der – durch die Pandemiespiele sensibilisierten und die WHO-Klassifizierung von Covid-19 als Pandemie legitimierten – allgemeinen Angst der Regierungsverantwortlichen vor der Seuche »X« setzte eine hektische Aktivität zur Entwicklung von Impfstoffen ein, die vom breiten Bündnis aus privaten NGO- und regierungsoffiziellen Akteuren konzertiert wurde. Eine zentrale Rolle spielte dabei die im Mai 2020 vom Pentagon und dem *US-Department of Health and Human Services* begründete Operation »Wharp Speed«, die die führenden westlichen Impfhersteller aus öffentlichen Mitteln finanziell und logistisch unterstützte. Der britische Wirtschaftshistoriker Adam Tooze vergleicht diese Aktion, die gleichsam als militärische Übung im Kampfrhythmus organisiert war, mit dem Projekt »Freedom Forge«, das die US-amerikanische Wirtschaft im Zweiten Weltkrieg für den Sieg mobilisierte.[421] Die Hersteller erhielten nicht nur öffentliche Mittel für die Entwicklung, sondern überhastete Notfallzulassungen für ihre Präparate. Zugleich wurden sie mit vertraglich zugesicherten Bestellungen durch Regierungen und EU-Kommission bedacht,

421 Tooze 2021, S. 268.

deren astronomische Höhen garantieren sollen, dass jedem Bürger und jeder Bürgerin auf Jahre hinaus unzählige Sars-Cov-2-Impfungen verpasst werden können. Die Europäische Union vereinbarte 2021 allein mit Pfizer/BioNTech die Lieferung von 900 Millionen Impfdosen sowie eine Option auf weitere 900 Millionen Dosen für 2022 und 2023.[422] Die konkreten Verträge über diese Mega-Käufe sind nicht öffentlich zugänglich; aber Brüssel scheut sich nicht, z. B. das *Purchase Agreement* vom 30. März 2021 geschwärzt online zu stellen.[423]

Anders Deutschland. Dort kam durch eine parlamentarische Anfrage der rechten Oppositionspartei Alternative für Deutschland (AfD) ans Licht, dass Berlin Mitte Dezember 2021 von Pfizer/BioNTech 287 Millionen Impfdosen, von Moderna 120 Millionen sowie von AstraZeneca und Johnson & Johnson je 55 Millionen Dosen eingekauft hat.[424] Nimmt man die Kosten für eine Impfdose, die laut Unternehmensleitung Ende 2021 bei 19,50 Euro (Pfizer/BioNTech) bzw. 21,50 Euro (Moderna) liegen, dann wird die Dimension des Milliarden-Deals deutlich.[425]

Die anfänglichen Lieferengpässe wurden bald überwunden. Nach den Wünschen von Bill Gates,[426] seiner Stiftung und ihren Allianzpartnern, die von der WHO sowie den meisten Regierungen kritiklos übernommen wurden, sollte die gesamte Weltbevölkerung am *Reality check* des Pandemie-Szenarios teilnehmen.

Die westlichen Firmen Johnson & Johnson, Moderna, Novavax, Sanofi, AstraZeneca und BioNTech/Pfizer konkurrierten um Aufträge und Marktanteile. Ein robusterer, leichter transportfähiger Impfstoff, den die Universität Oxford als offene Lizenz zur Verfügung stellen wollte, wurde unter Druck der Gates-Stiftung wieder zurückgezogen, wie Adam Tooze minutiös aus Zeitungsberichten rekonstruiert.[427] Offene Lizenzen, wie sie vor allem von Südafrika

422 EU bestellt 200 Mio. Impfdosen von Biontech und Pfizer, ORF, 20.12.2021: https://orf.at/stories/3240897/ (10.8.2022)

423 EU Commission, Directorate General for Health and Food Safety: Purchase Agreement on vaccines against Covid-19 and Sars-Cov-2 variants, 20.5.2021: https://ec.europa.eu/info/sites/default/files/pfizer_pa_for_publication_03_06_21.pdf (10.8.2022)

424 https://www.bundestag.de/presse/hib/kurzmeldungen-878074

425 https://www.deutsche-apotheker-zeitung.de/news/artikel/2021/08/04/preise-fuer-mrna-impfstoffe-steigen; vgl hierzu auch: Hofbauer Hannes, Der Kampf ums Impfen, Lunapark21, 29.10.2021: https://www.lunapark21.net/der-kampf-ums-impfen/(10.8.2022)

426 Gates Bill: »Es braucht eine globale Anstrengung«, ARD-Tagesschau, 12. April 2020: https://www.tagesschau.de/ausland/gates-corona-101.html (10.8.2022)

427 Tooze 2021, S. 271–275.

und Indien eingefordert wurden, scheiterten an der Weigerung der Pharmakonzerne sowie der westlichen Regierungen. Auch das Projekt COVAX, mit dem auf Initiative der G20, der WHO und der westlichen Stiftungen armen Ländern Impfstoffe zur Verfügung gestellt werden sollten, erwies sich als propagandistischer Akt ohne nennenswerte Ergebnisse.

Die Universität Oxford übergab das Patent für die Sars-Cov-2 Impfung an die Firma AstraZeneca, die in zahlreichen Staaten Partnerschaften mit Produktionsbetrieben einrichtete, u. a. mit einem der größten Impfstoffhersteller und -exporteure der Welt, dem Serum Institute in Indien. AstraZeneca konnte seine Lieferzusagen an die Europäische Union nicht einhalten, es wurde aber auch wegen seiner niedrigeren Kosten und einfacheren Handhabbarkeit im Transport als Konkurrent von US-Konzernen in Misskredit gebracht. Indien stoppte die Exporte, als die Pandemie im Land selbst die Nachfrage in die Höhe schnellen ließ. Insbesondere Pfizer/BioNTech und Moderna stellten sämtliche anderen Hersteller und Verfahren, die nicht auf dem mRNA-Prinzip beruhen, als unsicher bzw. unwirksam dar.

Der *Public-Health*-Experte Franz Piribauer gibt zu bedenken, dass das gentechnische mRNA-Prinzip einen großen Nachteil gegenüber einer natürlichen Immunisierung oder einer Immunisierung durch herkömmliche Impfstoffe hat.[428] Während der menschliche Körper in diesen Fällen Immunität gegen alle Bauteile des Virus aufbaut, bleibt diese beim Spike-Protein auf die Virushülle von Sars-Cov-2 beschränkt. Mutiert der Virus, erlischt die Wirkung rasch. Für die Impfhersteller hätte das einen immensen Vorteil: es muss eine neue Variante entwickelt werden, und anstelle einer lang anhaltenden, einmaligen Schutzimpfung entwickelt sich die Impfung zum »Dauermedikament«. Es lässt sich also langfristig verkaufen.

Insgesamt befanden sich zu Jahresbeginn 2021 90 weitere Impfstoffe in Entwicklung.[429] Konkurrenten aus China und Russland, die über eigene Forschungs- und Produktionskapazitäten verfügten, wurden auf westlichen Märkten nicht zugelassen. Ungarn bildete zwar eine – von Brüssel viel gescholtene – Ausnahme, jedoch reichte die mit dem russischen oder chinesischen Impfstoff erworbene Immunität nicht aus, um damit Geimpften ein

428 Piribauer 2021.
429 Tooze 2021, S. 267, 276–279.

Reisezertifikat in andere EU-Staaten auszustellen. In der nicht-westlichen Welt waren Gamaleja mit dem Impfstoff Sputnik sowie die chinesischen Impfhersteller Sinovac und Sinopharm jedoch willkommen und stießen auf rege Nachfrage. Deren Produkte waren – bis zu zehn Mal – billiger und basierten ähnlich wie bei AstraZeneca auf einer Technologie, die einfachere Transportlogistik – u. a. geringe Kühlung – erforderte. Während Russland im Land selbst über ausreichende Probanden für die Testphasen verfügte, befand sich China auf der Suche nach Staaten mit geeigneten Testpersonen. Sinopharm ging eine Partnerschaft mit den Vereinigten Arabischen Emiraten (VAE) ein. Die multikulturelle Zusammensetzung der ArbeitsmigrantInnen sorgte für eine repräsentative Mischung, im Gegenzug errichtete das chinesische Unternehmen in den VAE eine Produktionsstätte. Ähnlich verfuhr Sinovac mit Brasilien, der Türkei und Indonesien. Chinesische Unternehmen besorgten auch das weltweite Vertriebssystem für ihre Impfstoffe. Das zum Alibaba-Konzern gehörige Logistikunternehmen Cainiao baute ausgehend vom Flughafen Shenzhen eine medizinische Lieferkette auf; als Transporteur agiert Ethiopian Airlines zu einem Zwischenlager in Addis Abeba; auch hier war die Errichtung einer Produktionsstätte für den afrikanischen Markt geplant.

Über die Testverfahren, die für die Notfallzulassung erforderlich waren, ist die Massenimpfung ein *Big-Data*-Ereignis der besonderen Art. Zusammen mit den PCR-Tests und der Auswertung der Krankenhausbehandlungen kann die Gewinnung der Daten als der eigentliche Erfolg der Impfung angesehen werden. Er hilft einer neuen Entwicklung in der Pharma- und Medizinbranche auf die Sprünge. Ob die Spritze die Covid-19-Erkrankung verhindert, ist dabei zweitrangig, solange man unwidersprochen behaupten kann, es wäre ohne die Impfung noch schlimmer gekommen.

Hier kommen nun die Neben- und Folgewirkungen ins Spiel. Es gibt zahlreiche Berichte, die Impfschäden dokumentieren. Abgesehen von den persönlichen Irrfahrten, die mit der Anerkennung eines nicht vorgesehenen Schadens verbunden sind, liegt eine Reihe von Aufzeichnungen vor, die von unvoreingenommenen Stellen stammen. Eine Studie von Christof Kuhbandner, Inhaber des Lehrstuhls für Pädagogische Psychologie an der Universität Regensburg, zeigt die Korrelation der Wellen der Corona-Erkrankung mit den vorausgehenden Wellen der Impfung, stellt also einen positiven Zusammenhang zwischen Impfung und Erkrankung fest, ohne dies im Einzelfall nachweisen zu können.[430] Das ist genau das Gegenteil der Erfolgserzählung, die Impfung beuge einer Erkrankung vor bzw. mildere ihren Verlauf.

Zweifel an den offiziellen Zahlen des deutschen Paul Ehrlich-Instituts (PEI) hat im Februar 2022 der Vorstand der Betriebskrankenkasse BBK ProVita, Andreas Schöfbeck, geäußert. Das PEI geht für den Berichtszeitraum von 14 Monaten ab Beginn der Impfkampagne von 244.576 Verdachtsmomenten aus (bezogen auf die Gesamtpopulation von 82 Millionen ergibt das eine Inzidenz von 0,29). Die BBK kommt allein in den ersten zweieinhalb Quartalen 2021 auf 224.360 abgerechnete Impfkomplikationen: Bezogen auf die knapp 11 Millionen Mitglieder ergibt das einen Inzidenzwert von 2,05 Prozent. Rechnet man diese Häufigkeit auf den Berichtszeitraum des PEI hoch, ergibt das eine Zahl von 3,1 Millionen, also mehr als 13 Mal so viele wie in der PEI-Meldung.[431] Nun mag man zurecht einwenden, dass hier Äpfel mit Birnen verglichen werden. Kritiker unterstellen der von Schöfbeck beauftragten Studie zudem impfkritische Vorurteile, indem man ihm eine Nähe zur Anthroposophie vorhielt.[432]

Dagegen lässt sich wiederum einwenden, dass bei Impfkomplikationen Untererfassung weit wahrscheinlicher sei als Übererfassung. Eine Impfkomplikation abzuhandeln, ist für einen Arzt aus finanziellen und aus Zeitmanagementgründen weit weniger lukrativ als die Verabreichung von Impfungen. Denn während ein Arzt für die Verabreichung einer Corona-Impfung mit 30 Euro entschädigt wird und er dafür vielleicht 10 Minuten veranschlagen muss, dauert die Aufnahme einer Verdachtsmeldung für eine Impfkomplikation gute 20 bis 30 Minuten und muss ohne Honorar erfolgen, weil diese Arbeit unter die gesetzliche Meldepflicht fällt.[433] Zudem widerspricht jede Komplikation der verordneten Botschaft von der nebenwirkungsfreien Impfung. Um Komplikationen überhaupt auf die Spur zu kommen, hat BBK-Vorstand Schöfbeck für die Berechnung die standardisierten Diagnosen herangezogen, die auf Impfschäden schließen lassen. In der Sache steht Berechnungsmethode

430 Kuhbandner Christof (2022): Der Anstieg der Übersterblichkeit im zeitlichen Zusammenhang mit den COVID Impfungen: https://osf.io/5gu8a (30.7.2022)

431 Andreas Schöfbeck an PEI, 21.2.2022: https://img.welt.de/bin/brief%20PEI_bin-237107021.pdf (30.7.2022)

432 Vgl. zur Kritik an Schöfbeck: Schleim Stephan: Wie man Falschmeldungen über das Corona-Virus erkennt, 10.5.2022: https://www.heise.de/tp/features/Wie-man-Falschmeldungen-ueber-das-Corona-Virus-erkennt-7080473.html?seite=all (30.7.2022)

433 Vgl. Schilling Florian: Abrechnungsdaten der Krankenkassen belegen Sicherheitsdesaster der Gen-Impfstoffe, 22.2.2022: https://tkp.at/2022/02/22/abrechnungsdaten-der-krankenkassen-belegen-sicherheitsdesaster-der-gen-impfstoffe/ (30.7.2022)

gegen Berechnungsmethode. Ein letztes Wort ist noch nicht gesprochen. Andreas Schöfbeck hat dabei allerdings kein Mitspracherecht mehr, wurde er nach seiner Meldung an das PEI doch von seinem Krankenkassen-Verband fristlos gekündigt.[434]

Dies kann aus der Sicht der Bevölkerung nicht befriedigen. Solche Studien sind es wert, genau überprüft zu werden. Stattdessen verweisen die regierungsnahen ExpertInnen sie in den Bereich der Spekulation. Noch schwieriger ist es, den Folgewirkungen der Implantierung selbststeuernder Zellaktivität auf die Spur zu kommen, die aus der Impfung resultieren, zumal nicht bekannt ist, welche zukünftigen Ereignisse unter Umständen den Anstoß für ungeplante Reaktionen darstellen können.

Big Data für Big Pharma

Jeder Akt der Dokumentation und Verknüpfung der Corona-Maßnahmen schafft Daten. Die Daten sind Ausdruck der Signale, die der Körper übermittelt. Gleichzeitig ist der Körper der Empfänger der Werbe- oder politischen Botschaften, die über den Bildschirm huschen. Hören und Sehen ist dabei nicht immer ein bewusster Akt, sondern das Ergebnis subtiler Beeinflussung, die im Hintergrund, in Sekundenschnelle, am Rande des Bildschirms aufpoppt. Wir messen dem keine Bedeutung zu, glauben an unser eigenes Entscheidungsvermögen und agieren dennoch häufig genauso, wie es suggeriert wird. Die Internet-Kommunikation, die uns in Gesinnungskreise hineinzieht, wirkt als Verstärker.

Im Zuge der Personalisierung der Medizin wird der Körper zum Gegenstand der Bearbeitung. Sozialdisziplinierung durch Bildung, Gesundheits- und Sozialpolitik sowie die Erfordernisse des Arbeitsmarktes stehen seit dem 18. Jahrhundert an der Wiege des modernen Menschen. Dabei ging es um die allgemeine Verinnerlichung des Menschenbildes, das der Industriegesellschaft zugrunde liegt: Massenmärkte, Massenprodukte, Massenpsychologie. JedeR sollte dem Ideal entsprechen, Abweichungen sanktioniert, marginalisiert bzw. kriminalisiert werden. Die kybernetische Gesellschaft tritt demgegenüber mit

434 Von Bodderas Elke/Röhn Tim: Nach Aussagen zu Impfnebenwirkungen: Vorstand der BKK-ProVita ist fristlos gekündigt, Die Welt, 1.3.2022: https://www.welt.de/politik/deutschland/article237236519/Nach-Aussagen-zu-Impfnebenwirkungen-Vorstand-der-BKK-ProVita-ist-fristlos-gekuendigt.html (30.7.2022)

einem flexiblen Ideal an das Individuum heran: Es wird nicht mehr als Rädchen angesprochen, das das System am Laufen hält, sondern als eine Figur, die flexibel gestaltbar ist. Jede für sich. Du hast die Wahl, Du kannst entscheiden, wie Du aussiehst, wie Du Dich inszenierst, wie Du lebst, was für ein Geschlecht Du beanspruchst. Der Avatar als der neue Mensch.

Wenn der soziale Kontakt mit Ansteckungsgefahr in Verbindung gebracht wird, erhöht sich die Bereitschaft, die Angebote der Gesundheits-, Schönheits- und Ertüchtigungsindustrie anzunehmen. Es ändert sich die Einstellung zum eigenen Körper, der den Gegenstand der Optimierung darstellt – vermittelt über marktfähige Angebote, die menschliche Bedürfnisse zur Ware machen. Als Lockvogel dienen der Schutz der Gesundheit und die Verlängerung des Lebens. Sie eröffnen ein Einfallstor für eine ganze Latte von Maßnahmen, die diesem Ziel dienen. Das eigene Begehren sowie das Urteilsvermögen werden von einem Markt ersetzt, der gleichzeitig Bedürfnisse schafft und befriedigt. Bei Unfällen oder Missbildungen ist die Reparatur oder der Austausch von Organen individuell durchaus sinnvoll, auch wenn aus gesundheitspolitischer Sicht der zahlungskräftige Einzelfall nicht im Vordergrund stehen kann. Der Reichtum einer Gesellschaft bemisst sich schließlich auch danach, inwieweit operative Eingriffe oder psychologische Behandlungen der Allgemeinheit zugänglich sind. Je größer die Einkommensunterschiede, desto mehr wird die Vervollkommnung der Körpers zu einer Klassenfrage. Auch die Miss- und Verachtung des unvollkommenen Körpers hat dann eine soziale Dimension.

Die IT-Konzerne haben erkannt, dass das maßgeschneiderte Angebot von Heilung, Gesundung und Vervollkommnung einen Zukunftsmarkt darstellt. Der Zugang zu diesem Markt verläuft über die Verfügbarkeit von Daten: der menschliche Körper als Datenschatz. IT-Konzerne weiten ihre Geschäftsbereiche über den Informations- und Kommunikationssektor hinaus aus. Sie übernehmen die Verwaltung von Krankenakten und Versicherungsmanagement und setzen die Test- und *Contact-Tracing*-Anwendungen von Regierungen und privaten Anbietern operativ um.[435] Seit neuestem steigen sie selbst ins

435 Sharon Tamar (2020): Blind-sided by privacy? Digital Contact Tracing, the Apple/Google API and Big Tech's Newfound Role as Global Health Policy Makers, in: (2021) *Ethics and Information Technology* 23, S. 45–57.

Pharma-, Gesundheits- und Fitnessgeschäft ein.[436] Zum Beispiel Google-Alphabet, das mit »Verily Life Science« über ein eigenes Biotech-Unternehmen verfügt, das mit US-amerikanischen Universitäten *Human Health Maps* entwickelt. Mit Novartis und Pfizer arbeitet Verily an Künstlicher Intelligenz für medizinische Anwendungen. Über das Joint Venture Onduo kooperiert Google mit Sanofi, um mit *Big Data* die Behandlung von Diabetes-Patienten zu organisieren. Google ist auch am Fitness-Tracker-Hersteller Fitbit beteiligt und hat so Zugriff auf die Daten der Nutzer. Apple wiederum hat Zugang zu *Apple-Watch*-Nutzern. Diagnose-*Apps* zeichnen die Vitalfunktionen der Nutzer auf. Mit Apple's ResearchKit führen namhafte medizinische Forschungsinstitute in den USA und Israel klinische Studien über das iPhone durch. Samsung ist über die Töchterunternehmen »Samsung Biologics« und »Samsung Bioepics« in Kooperation mit Merck auf den Pharmamarkt vorgedrungen. Amazon wiederum ist mit »Amazon Pharmacy« in den globalen Online-Handel mit Medikamenten eingestiegen. Der Konzern hat sich in ein Unternehmen für Symptomkontrolle und Triage eingekauft. Für den britischen Gesundheitsdienst National Health Service (NHS) adaptiert Amazon den Alexa-Sprachassistenten für *Online*-Beratungsdienste und arbeitet an Sprachverarbeitungsprogrammen für medizinische Konversationen. Last but not least sei der Wortführer der globalen Impfkampagne, Microsoft-Gründer Bill Gates, erwähnt. Die Bill-&-Melinda-Gates-Stiftung investierte 2015 in das Tübinger Pharma-Unternehmen Curevac, das Impfstoffe gegen Malaria und Grippe herstellt, und 2019 in die Mainzer Firma BioNTech 50 Mio. Euro zwecks HIV- und Tuberkulose-Forschung.[437] Damals war BioNTech noch ein unbedeutendes Unternehmen, das im zweiten Quartal 2019 25,8 Mio. Euro Umsatz schrieb und mit 50 Mio. Euro im Gewinnminus lag. Im ersten Quartal 2022 war der Umsatz auf 6,37 Mrd. US-Dollar angewachsen, der Gewinn auf 4,75 Mrd.[438]

436 Sharon Tamar (2021): From hostile worlds to multiple spheres: towards a normative pragmatics of justice for the Googlization of health, in: Medicine, Health care, and Philosophy 24, 3, S. 315–327; vgl. auch Stepanek Martin, Wie smarte Uhren für freie Spitalsbetten sorgen, Kurier, 28.2.2021.

437 Hofmann Siegfried: Bill und Melinda Gates investieren in deutsche Biotechfirma Biontech, Handelsblatt, 4.9.2019: https://www.handelsblatt.com/technik/medizin/hiv-und-tuberkulose-impfstoffe-bill-und-melinda-gates-investieren-in-deutsche-biotechfirma-biontech/24978960.html (22.7.2022)

438 https://www.handelsblatt.com/finanzen/maerkte/aktien/biontech-quartalszahlen-biontech-steigert-umsatz-und-gewinn-in-q1-/27175816.html (22.7.2022)

Diese Kooperationen und Verschmelzungen zwischen *Big Data* und *Big Pharma*[439] zeigen den Bedeutungsgewinn der MANBRIC-Sektoren auf, die mit dem Corona-Moment einen ungeahnten Auftrieb erfahren haben.

Einen ähnlichen Strategiewechsel können wir auch bei Erzeugern klassischer Haushaltselektronik beobachten, die in *Big Pharma* einsteigen. Dabei dienen die Mikroprozessoren, die im smarten Haushaltsgerät stecken, als Sammelstelle und Transmissionsriemen für den Datentransfer. Das Beispiel des niederländischen Philips-Konzerns zeigt allerdings, dass der Wechsel auf die Gesundheitsbranche noch lukrativer zu sein verspricht. Philips trennt sich von den Produkten, die den Konzern bekannt gemacht haben, wie Rasierapparate, elektrische Zahnbürsten, Kaffee- oder Bügelmaschinen. »Wir dürfen nicht an der Vergangenheit kleben bleiben und setzen einen weiteren Schritt in der Transformation von Philips zu einem Medizin-Konzern«, so Vorstandschef Frans van Houten zum geplanten Verkauf der elektronischen Konsumgüter-Sparte.[440] Die neue Konzernstrategie setzt auf MRI- und CT-*Scanner* für Krankenhäuser, *Home-Monitoring*-Computer-Verbindungen für *Online*-Konsultationen zwischen Patient und Arzt oder auf medizinische Beatmungsgeräte, die in der Corona-Zeit stark nachgefragt waren.

Im April 2021 hat die Frankfurter Siemens-Tochter »Siemens-Healthineers« mit einer Produktionsstätte in Shenzhen den US-Medizintechnik-Konzern Varian übernommen. Die Liquidität resultierte nicht zuletzt aus dem Verkauf von Covid-19-Schnelltests in Deutschland, die 2020/21 die Kassen mit 750 Mio. Euro gefüllt haben. Mit der Übernahme des auf personalisierte KI-datenbasierte Diagnose und Krebsbehandlung spezialisierten Unternehmens soll ein *Upgrading* in eine höhere Wertschöpfungsklasse erzielt werden; das nicht so lukrative Ultraschallgeschäft wird dann abgestoßen werden oder in anderen Worten: »Wir optimieren das Set-up der Sparte«, so Siemens-Healthineers-Vorstandschef Bernd Montag.[441]

Eine durch und durch kriegerische Rhetorik verwendet Novartis, um die Umgestaltung des Pharmariesen auf medizinische Spitzentechnologie

439 Sharon Tamar (2018) When digital health meets digital capitalism, how many common goods are at stake?, in: *Big Data & Society* 5.2.

440 Hetzel Helmut, Philips sagt sich von Staubsauger und Bügeleisen los, Die Presse, 9.1.2021.

441 Boom bei Siemens-Tochter, Die Presse, 4.5.2021; https://www.varian.com/de/about-varian/newsroom/press-releases/siemens-healthineers-completes-acquisition-varian (10.6.2022)

zu beschreiben. Diese soll durch den Verkauf der Generika-Sparte und die Übernahme weiterer Anteile von »Alnylam Pharmaceuticals«, bekannt für sein Nobelpreis-ausgezeichnetes Programm zur gentechnischen Behandlung seltener genetischer Erkrankungen, erzielt werden – mit dem erklärten Ziel, die »Kriegskasse« anschwellen zu lassen. »Das ist es, was die Investoren wollen. Nicht diese ganzen Nebenkriegsschauplätze.«[442] Es gelte, so der Novartis-Chef Vas Narasimhan, »Medizin neu zu denken.« Diese Ausdrucksweise spiegelt die Verachtung (der Investoren) für die Breitenmedizin wider. Das Augenmerk liegt auf körperlichen Eingriffen, die als Anwendungs- und Experimentierfeld für Gentechnik und Künstliche Intelligenz dienen, weil damit am meisten verdient werden kann.

Beenden wir dieses Kapitel mit den Gewinn- und Umsatzzahlen der beiden führenden westlichen Impfstoffkonzerne. Am spektakulärsten ist wohl der Höhenflug der deutsch-amerikanischen Kooperation von BioNTech und Pfizer. BioNTech steigerte dank des Riesengeschäfts mit dem gemeinsam mit Pfizer entwickelten Corona-Impfstoff den Umsatz von 108,6 Mio. Euro (2019) und 482,3 Mio. (2020) auf 18,9 Mrd. Euro (2021), das bedeutet ein Umsatzplus von 3800 % von 2020 auf 2021, bzw. von 17.470 % von 2019 auf 2021. Der Gewinn lag 2019 mit 179,2 Mio. Euro noch im Minus und stieg von 15,2 Mio. Euro (2020) auf 10,3 Mrd. (2021), das bedeutet ein Gewinnplus von 67.614 % von 2020 auf 2021. Der *Kick off* trat im dritten Quartal 2020 ein. Während das Unternehmen vor Corona auf Krebsmedikamente spezialisiert war, die hohe Forschungs- und Entwicklungsausgaben erforderten, war die Massenproduktion des Corona-Impfstoffes Comirnaty im wahrsten Sinn des Wortes eine Trägerrakete für den Profit.[443]

Der US-Partner Pfizer meldete sich mit einem Jahresumsatz von 81,3 Mrd. US-Dollar und einem Nettogewinn von 22 Mrd. US-Dollar (2021) als führender Arzneimittelhersteller der Welt zurück, das entspricht einem Umsatzplus von 95 % und einem Gewinnplus von 140 % gegenüber 2020.[444] Für 2022 erwartet CEO Albert Bourla eine Umsatzsteigerung auf 98 bis 102 Mrd. US-Dollar und

442 Wohin steuert Novartis, Die Presse, 20. 11. 2021.

443 https://de.statista.com/infografik/25502/kennzahlen-von-biontech/(22. 7. 2022)

444 Hofmann Siegfried: Beispielloser Ergebnissprung: Pfizer ist dank Corona-Impfstoff wieder die Nummer eins der Pharmabranche, Handelsblatt, 8. 2. 2022: https://www.handelsblatt.com/technik/forschung-innovation/arzneimittel-beispielloser-ergebnissprung-pfizer-ist-dank-corona-impfstoff-wieder-die-nummer-eins-der-pharmabranche/28048614.html (22. 7. 2022)

mit 37 bis 38 Mrd. US-Dollar den höchsten Nettogewinn, den ein Pharmaunternehmen bisher erzielt hat.

Das Impfgeschäft ließ Umsatz- und Gewinnzahlen auch beim zweiten großen Produzenten von mRNA-Impfstoffen gegen Covid-19, der US-Biotechfirma Moderna, in die Höhe schießen. 2019 lag der Umsatz bei 60,2 Mio. US-Dollar, um 2020 auf 803,4 Mio. und 2021 auf 18,5 Mrd. US-Dollar anzusteigen. 2020 noch mit 747,1 Mio. US-Dollar im Minus, katapultierte das Geschäft mit der Corona-Impfung den Nettogewinn 2021 auf 3,7 Mrd. US-Dollar. Für das Geschäftsjahr 2022 lassen bereits getroffene Verkaufsvereinbarungen Impfstoff-Erlöse von rund 21 Mrd. US-Dollar erwarten.[445]

Kontrolle der Bewegung

Während des ersten Lockdowns im März 2020 haben wir uns daran gewöhnt, dass unsere Bewegungsfreiheit durch Gesetze und Verordnungen beschränkt wurde. Die Regelungen variierten von Land zu Land. Das Grundmuster sah vor, dass ein Verlassen der eigenen vier Wände nur für Lebensmitteleinkauf, Arbeitsweg, Versorgung Nahestehender und kurze Spaziergänge gestattet war. Im Verlauf des Jahres 2020/21 änderten sich die Bedingungen ständig. Neben die für alle geltenden Bewegungsverbote trat die Absonderung (Quarantäne) und die Festlegung von Orten und Räumen, die nur unter bestimmten Bedingungen betreten bzw. verlassen werden durften. Staatsgrenzen überschreitende Reisen waren nur in Ausnahmefällen möglich. Im Zuge des Aufbaus von Kontaktverfolgung, Test- und Impfinfrastruktur machte die rigorose Bewegungseinschränkung einem flexibleren Regime der Bewegungskontrolle mit Hilfe von Dokumenten Platz, die Testergebnisse, Genesung oder Impfung nachwiesen. Verfügte man über ein solches biopolitisches – sprich auf bestimmten körperlichen Messdaten beruhendes – Zugangsdokument, wurden Handel, Kultur- und Sporteinrichtungen sowie Arbeitsstätten wieder zugänglich; man konnte wieder an einem durch die Zugangsselektion eingeschränkten sozialen Leben teilnehmen und – je nach Einstufung des Infektionsrisikos – reisen. Vorübergehend wurde die Ausweispflicht dann im Sommer 2022 in vielen Staaten außer Kraft gesetzt.

445 https://de.statista.com/statistik/daten/studie/1196970/umfrage/umsatz-von-moderna/ (22.7.2022)

Als Lockerung kann man die Einführung des »Grünen Passes« nur dann betrachten, wenn man seine Einschlussfunktion im Auge hat. Wer die Voraussetzungen dafür nicht erfüllte, war ausgeschlossen, und das betraf 2021, bevor die Impfkampagne ihren Höhepunkt erreicht hatte, mehr als die Hälfte der Bevölkerung. Lockdowns für Ungeimpfte im Winter 2021/22 – in Österreich zwischen dem 15. November 2021 und dem 31. Januar 2022 – führten für diese Gruppe sogar die totalen Ausgehverbote wieder ein, allerdings mit geringer Bereitschaft zur Befolgung sowie zur Umsetzung der Kontrolle, wie eine Befragung des *Austrian Corona Panel Projects* (ACPP) zu Tage brachte.[446] Die Unterteilung der Bevölkerung nach ihrem Test- und Impfstatus stellt einen Kipppunkt in der Entwicklung von Demokratie und Rechtsstaatlichkeit dar.

Im Folgenden wird nach den historischen Blaupausen für den »Grünen Pass« gesucht.[447] Wir finden sie einerseits im Pass bzw. Personalausweis, der Menschen zur Reise legitimierte, andererseits im Gesundheitspass, der dem Träger (und den mitgeführten Gegenständen) attestierte, dass er aus einem seuchenfreien Gebiet kommt.

Kurze Geschichte des Reisepasses

Der Begriff »Pass« (von französisch passer: durchgehen, von einer Seite auf die andere gehen) leitet sich von der ursprünglichen Funktion des Dokuments ab, dass dem Inhaber den Eintritt in ein bestimmtes Gebiet, das Überschreiten einer Grenze erlaubte. Im Deutschen drückte »Geleit« oder »Passgeleit« im Mittelalter und in der Frühen Neuzeit die königliche bzw. fürstliche Schutzfunktion für einen Reisenden aus. Ein Pass ermöglicht Zutritt, Mobilität, Sicherheit und Schutz. In einer ständischen, vormodernen Gesellschaft wird er nur an Berechtigte vergeben, es handelt sich um ein Privileg. Nur Adelige sind in der Regel von der Passpflicht ausgenommen. Je nach Personengruppe wird ein Pass von unterschiedlichen Instanzen und in unterschiedlichen Bezeichnungen an Boten, an Diplomaten, an Händler, an wandernde Handwerker

446 ACPP: Hat der »Lockdown für Ungeimpfte« gewirkt?, 28. 2. 2022: https://viecer.univie.ac.at/corona-blog/corona-blog-beitraege/blog-143-hat-der-lockdown-fuer-ungeimpfte-gewirkt/ (24. 7. 2022)

447 Die Ausführungen zum Passwesen folgen meinem Beitrag »Kipppunkt ›Grüner Pass‹ – Bewegungsfreiheit am historischen Scheideweg«, Nachdenkseiten, 21. 8. 2021: https://www.nachdenkseiten.de/?p=74934 (22. 7. 2022); vgl. auch Komlosy Andrea (2018): Grenzen. Räumliche und soziale Trennlinien im Zeitenlauf. Wien, S. 170–190.

und an Reisende vergeben. Er gilt in der Regel für eine bestimmte Reise und schließt mitreisende Angehörige oder Gesinde mit ein. Sonderformen sind Pässe, die z. B. an Bettler, fahrende Musikanten, Versehrte und Behinderte vergeben werden, damit sie ihren Lebensunterhalt bestreiten können. Erst im 18. Jahrhundert zogen staatliche Behörden die Passerteilung an sich und drängten konkurrierende Herrschaftsträger sukzessive zurück. Bis in die Mitte des 19. Jahrhunderts koexistierten verschiedenste Pass ausstellende Behörden nebeneinander. Die behördliche Kompetenz unterschied sich nach Person, Zweck und Ziel der Reise und oft waren gleich mehrere Instanzen in eine Passerteilung involviert; wehrpflichtige Männer benötigten das Einverständnis der Militärbehörden, Ehefrauen das des Ehemannes. Reisehandbücher spiegeln dieses Wirrwarr wider, Reiseberichte die Umstände der Pass-Kontrolle unterwegs – bei Polizeibehörden, Ämtern, Reiseunternehmern, Herbergen sowie an den Grenzen (Linien) großer Städte, wo die Pässe bis zur Weiterreise in örtliche Aufenthaltsscheine getauscht wurden.

Die Konsolidierung der modernen Staaten, die Herausbildung des Konzepts der Staatsbürgerschaft und allgemeiner, nicht mehr an den Stand gebundener staatsbürgerlicher Rechte im 19. Jahrhundert markierten den Übergang vom Privileg zum Recht auf Bewegungs- und Niederlassungsfreiheit. Es kam zu einer einheitlichen Festlegung der behördlichen Kompetenzen, zur Egalisierung der Bedingungen, um einen Pass zu erlangen, und zur Angleichung der dafür notwendigen Schritte und Dokumente. Dazu gehörte zum Beispiel ein einheitliches Passformular für die Personenbeschreibung: neben Namen und Wohnort wurden Alter, Statur, Gesicht, Haare, Augen und Nase beschrieben, um die Identität des Inhabers eindeutig feststellen zu können; mit zunehmenden Schreibkenntnissen folgte die eigenhändige Unterschrift als Ausdruck der personalen Identität. Die befristete Gültigkeit und die auf eine bestimmte Reise oder Region eingeschränkte Reichweite wichen einer allgemeineren Festlegung der zeitlichen und räumlichen Geltungsbereiche. Eine zentrale Zäsur stellte um die Mitte des 19. Jahrhunderts die Aufhebung der Passpflicht für Inlandsreisen dar – ein Schritt, der eng mit der im Zeitalter von Eisenbahn, Urbanisierung und Industrialisierung erhöhten Mobilität verknüpft war. Im internationalen Reiseverkehr folgte die gegenseitige Anerkennung von Pässen bis hin zur Aufhebung der Passkontrolle in akkordierten Reiseräumen, z. B. zwischen den deutschen Staaten (vor der Reichsgründung 1871) und bald darauf zwischen vielen west- und zentraleuropäischen Staaten (und ihren Kolonien) bis zum Ausbruch des Ersten Weltkriegs. Wie unter dem seit 1985 schrittweise ausgedehnten Schengen-Regime bedeutete dies freilich auch die Akzentuierung der Außengrenzen, etwa zu Russland, dem Osmanischen Reich und den Balkanstaaten, die den westeuropäischen Reiseräumen nicht angehörten. Im Binnenverkehr schob – neben der Frage, wer sich Reisen leisten konnte bzw. wer, um seinen Lebensunterhalt zu verdienen, keine Alternative zur Arbeitsmigration hatte – die Frage der heimatrechtlichen Zuständigkeit einen Riegel vor die freie Wahl des Aufenthaltsortes, die in Staatsgrundgesetzen verankert war. Anders als in Preußen bzw. im Deutschen Reich, wo das Heimatprinzip 1870 dem Unterstützungswohnsitzprinzip Platz machte, waren zum Beispiel in der Habsburgermonarchie oder im Russischen Reich soziale Dienste und Armenhilfe an das Heimatrecht in der Aufenthaltsgemeinde gebunden, sodass Zugewanderte im Fall der Verarmung mit der Abschiebung in ihre Heimatgemeinde rechnen mussten.

Der Reisepass ist im Zeitalter des staatsbürgerlichen Grundrechts auf Freizügigkeit nicht nur ein Schlüssel zur Bewegungsfreiheit, sondern immer auch ein Instrument, mit dem Behörden Kontrolle über die Bewegung von BürgerInnen und AusländerInnen erhalten. Sie haben die Möglichkeit, diese Bewegungsfreiheit einzuschränken, an Bedingungen zu knüpfen und diese überall auf dem Staatsgebiet zu kontrollieren. Für diese Aufgabe wurde im Zuge der Territorialisierung der staatlichen Zentralmacht im 17. und 18. Jahrhundert die »Polizey« eingeführt, deren Aufgabenbereich in den Anfängen von der Pass- und Aufenthaltskontrolle über die Armen- und Gesundheitspolitik bis zur Einweisung von Bettlern, Umherziehenden und Menschen, die des »Müßiggangs« verdächtigt wurden, in Arbeitshäuser und Manufakturen reichte.

Rechtlich gesehen war der Reiseverkehr zunehmend von Gleichförmigkeit im Verfahren und Egalität im Zugang und der Gültigkeit des Passdokuments gekennzeichnet; AusländerInnen wurde diese Freiheit im Zuge der zwischenstaatlichen Reziprozität ebenfalls gewährt. Nach dem Ersten Weltkrieg blieben die nationalstaatlichen Grenzen (die dann in der NS-Zeit massive Verschiebungen erlebten) der Bezugspunkt für die Passpflicht, bis ab den 1950er Jahren wieder verschiedene Passunionen geschlossen wurden, innerhalb derer die Passkontrolle ausgesetzt wurde. Die Feststellung der personalen Identität wurde mit den digitalen Speicher- und Überprüfungsmöglichkeiten perfektioniert; zur Unterschrift und dem obligatorischen Foto traten der Fingerprint, die maschinelle Lesbarkeit und (demnächst) die Iriserkennung; die Datenverknüpfung erlaubt die Nachverfolgung von Personen, die die Grenzkontrollpunkte passieren. Seit dem Zusammenbruch des Schengen-Systems im Gefolge der Flüchtlingskrise 2015, und noch stärker mit den Corona-Lockdowns, sind dies wieder, so wie überall sonst, die nationalstaatlichen Grenzen. Die Freizügigkeit an die Bedingung pharmakologischer Verabreichung und Tests zu knüpfen, wie dies unter dem Corona-Management üblich wurde, ist ein grundrechtlicher Tabubruch, der mit den emanzipatorischen Traditionen des Passes bricht.

Die Reaktivierung des Gesundheitspasses

Der Gesundheitspass geht auf die Pestepidemien zurück, die im 14. Jahrhundert – über Produkte, die von Ostasien über die Seidenstraßen und das Mittelmeer gehandelt wurden – in Europa ein Massensterben verursachten. Im 19. Jahrhundert trat die Cholera an die Stelle der Pest. An den Grenzen zu den vermuteten Herkunftsgebieten, also im Mittelmeer, gegenüber dem Osmanischen Reich und Russland, wurden Quarantäne-Stationen eingerichtet. Die Quarantäne-Einrichtungen wurde auch als Kontumaz-Stationen (lateinisch *contumacia* = Trotz) bezeichnet – im Sinne »der Ausbreitung von Seuchen Trotz bieten«.[448]

Für die Weiterreise wurden Gesundheitspässe ausgestellt, die Herrschaften und Magistrate entlang der Transportrouten kontrollierten. Ein Gesundheitspass setzte voraus, dass der Inhaber zur Reise ermächtigt war. Mit dem Dokument konnte er nachweisen, dass er, seine Begleitpersonen sowie die mitgeführten Waren mit keinen infizierten Orten oder Personen in Berührung gekommen und mithin zur Weiterreise ermächtigt waren. Während Reisepässe zwischen dem 14. und 18. Jahrhundert nicht zwingend vorgeschrieben waren und keine besondere Form besaßen, enthielt ein Gesundheitspass genaue Personenbeschreibungen zur Identifizierung des Reisenden, wie sie im Zuge der Verstaatlichung des Passwesens im 18. und 19. Jahrhundert auch für allgemeine Reisepässe eintraten. Mit der Ausweitung des Landhandels mit dem

448 Bergmann 2022, S. 34.

Osmanischen Reich wurden an den Grenzen Kontumazen eingerichtet, um die Ausbreitungswege der Pest, später der Cholera zu unterbinden. In akuten Seuchenjahren wurden Kontrollen und Straßensperren auch im Landesinneren und um Städte herum errichtet.

Der Cholera-Ausbruch in Hamburg im Jahr 1892 war der Anlass zur Einführung eines modernen Emigrationsmanagements für Auswandernde, das von der deutsch-russischen Staatsgrenze über die europäischen Auswanderungshäfen bis zu den Zielhäfen in den USA, insbesondere auf Ellis Island in New York, strikte Desinfektion, Gesundheits- und politische Sicherheitschecks vorsah. In Europa besorgten die Schifffahrtsgesellschaften die Migrationskontrolle, im Gegenzug besaß etwa die Hamburg-Amerikanische-Packetfahrt-AG (HAPAG) ein Transportmonopol für die Auswanderung über deutsche Häfen.

Mit der Bewältigung der großen Seuchen nach dem Zweiten Weltkrieg verloren Gesundheitspässe im Reiseverkehr ihre Bedeutung. Zu einer Ergänzung des Reisedokuments werden Impfpässe nur dann, wenn bestimmte Staaten die Einreise an die Absolvierung bestimmter Impfungen binden. Dies betrifft vor allem Tropenkrankheiten sowie in Entwicklungsländern grassierende Infektionen, die für nicht immunisierte Reisende aus dem Globalen Norden ein Risiko darstellen; in der Regel handelt es sich jedoch meist um Empfehlungen, denen die Reisenden gerne folgen.

Mit Corona wurde der Gesundheitspass reaktiviert. Die Bezeichnung »Pass« für den »Grünen Pass« spiegelt vor, das Dokument öffne Türen. Stattdessen zieht es klare Schranken ein, wer zur Bewegung ermächtigt wird und wer nicht. Die Bewegungsfreiheit ist an den Vorweis eines mit mehr oder weniger Gesundheitsrisiko (Impfung) und mit mehr oder weniger Aufwand (Test) verbundenen Dokuments gekoppelt ist. Lediglich das dritte G, die Genesung, ist ohne weitere körperliche Eingriffe, oft jedoch nur mit einigem bürokratischen Aufwand zu erlangen, und auch dies nur für einen beschränkten Zeitraum.

Allerdings macht der »Grüne Pass« in anderer Form Anleihen beim Reisepass. Er vermisst die Körper und fügt der Liste der zu identifizierenden Körpermerkmale auch das Impf- oder Testergebnis hinzu. Während die herkömmliche Personenbeschreibung jedoch vor allem der Identifizierung des Inhabers diente, ist die 3G-Pflicht keine Beschreibung, sondern eine Klassifizierung: Wer sie nicht aufweist, gehört – wie vor 200 Jahren – zur gefährlichsten Kategorie, die das »Handbuch der österreichischen administrativen Polizey« aus dem Jahr 1829 aufzuweisen hatte, nämlich zu den »bedenklichen Menschen überhaupt«, das heißt zu jenen, die dem rational-aufgeklärten, staatsgläubigen, arbeitsfleißigen Menschbild des Josephinismus und des Vormärz nicht entsprachen.[449]

Der »Grüne Pass« ist ein Rückfall in das Passwesen vor seiner Übernahme in staatliche Verantwortung und vor der Verallgemeinerung der Bewegungsfreiheit als staatsbürgerliches Recht. Nun sind es wieder bestimmte Institutionen, die – manche gegen Gebühr, andere für den Einzelnen zwar unentgeltlich aber auf Kosten der SteuerzahlerInnen oder der Sozialversicherung – den Nachweis für das »Grün« verschaffen: Ärzte, Apotheken, Labore, Test- und Impfstraßen, gegliedert nach dem Status im Infektionsgeschehen, nach Wirkungsdauer und Anwendungsbereich. Es ist eine unübersichtliche, stetigen Änderungen aber auch Umgehungsmöglichkeiten unterliegende Flut an Institutionen, wie wir sie aus der älteren Passgeschichte des ständischen Zeitalters kennen. Der/die Einzelne ist auf sie und ihr Wohlwollen angewiesen, damit er oder sie zum Beispiel ins Kino, auf den Sportplatz oder zum Friseur gehen kann. Wie vor der Übernahme der Kontrollfunktion durch die Polizei bzw. Grenzbehörden im 19. Jahrhundert sind es heute wieder Wirte, Kellnerinnen, Hoteliers, KulturveranstalterInnen, *Security*-Mitarbeiter oder HändlerInnen und körpernahe Dienstleistende, die mehr oder weniger freudig und freiwillig dazu verpflichtet sind, den Gesundheits-Status ihrer KundInnen zu prüfen, ansonsten sie diese wegweisen sollen.

Der »Grüne Pass« bringt uns in die Zeit des Reise- und Bewegungsprivilegs zurück. Nicht das allgemein gültige (BürgerInnen)-Recht verschafft Zugang, sondern ein bestimmter Körperstatus. Damit entwertet das verpflichtende Gesundheitszertifikat den Reisepass und setzt die Reise- und Bewegungsfreiheit außer Kraft. Denn wenn der Grenzübertritt an einen Gesundheitsnachweis geknüpft ist, dann hat mein Reisepass seine Funktion verloren. Das wichtigste Dokument in diesen Zeiten ist der *QR-Code*, die auf dem *Smartphone* gespeicherte *Quick Response*, die die Daten speichert und verknüpft und den menschlichen TürsteherInnen oder GrenzwächterInnen bzw. den Apparaten, die diese ersetzen, in Echtzeit signalisiert, ob sie mich passieren lassen dürfen.

449 Vgl. Komlosy 2018, S. 172f.

Wir müssen uns darauf gefasst machen, dass Sars-Cov-2 den Einstieg in ein pharmakologisches Zeitalter darstellt, wo der Mensch gegen alle möglichen ständigen oder neu auftauchenden Erreger getestet wird, um seinen Status der Bewegungsfreiheit zu erhalten.

Auch wenn die traumatischen Erfahrungen mit Pest und Cholera Absonderung, Differenzierung und Schuldzuweisung an erklärte Außenseiter zu einem Instrument der Seuchenbewältigung gemacht haben, das bis heute fortwirkt, kann Covid-19 mit Pest und Cholera in Bezug auf Ansteckungs- und Todesgefahr nicht in den gleichen Topf geworfen werden. Die mit mathematischen Modellen unterlegte, alarmistische Angstmache will diese Erkenntnis aber nicht aufkommen lassen. Die Vermutung liegt nahe, dass es beim »Grünen Pass« gar nicht um Gesundheit geht. Vielmehr könnte er auf die Erzeugung und Aneignung von Daten zielen – *Big Data*, die der Kontrolle des Einzelnen, aber auch als Leitprinzip für den Umbau der Gesellschaft in Richtung Überwachungskapitalismus dienen.

Corona*-Apps *und »grüner Pass«

Im Folgenden lassen wir die Propagierung des »Grünen Passes« und seine schrittweise Einführung zur Grundlegung eines neuen Bewegungsmusters Revue passieren. Die Darstellung folgt der deutschen und der österreichischen Chronologie, die sich gleichwohl im Takt der Europäischen Union bewegte. Erste Überlegungen, Gesundheitszertifikate zur Voraussetzung für Reisen und Unternehmungen einzuführen, kam mit den Corona-*Apps* auf, die ab April 2020 zur Kontaktverfolgung angeboten wurden. Gregor Kucera ahnt mitten im ersten Lockdown in seinem Beitrag in der *Wiener Zeitung*, dass die Lockerung der Ausgangsbeschränkungen nicht nur die Maskenpflicht, sondern auch die Überwachung des Corona-Status mit sich bringen werde.[450] Die Vorstellung ist noch so weit von der Umsetzung entfernt, dass er frei von der Leber über die Modalitäten der Anwendung sowie die roten Linien spricht, die aus demokratiepolitischer und datenschutzrechtlicher Perspektive keinesfalls überschritten werden dürfen. Es sei »vor allem darauf zu achten, dass kein Zugriff auf Daten durch Handy-Hersteller, *App*-Entwickler und

450 Kucera Gregor: »Corona-App« als Reisepass, Wiener Zeitung, 7.4.2020.

Marketing-Unternehmen besteht. Nicht auszudenken wären etwa jene Konsequenzen, wenn Gesundheitsdaten an Versicherungen oder Banken gehen würden.«

Der Dreh- und Angelpunkt einer Corona-*App* als Reisepass ist das *Smartphone*, das die wesentlichen Technologien zur Überwachung der Nutzer bereits enthält: Standortdaten, Mobilfunkdaten, Kamera, Fingerabdruckscanner bis zu Anwendungen, die Schlaf- oder Gesundheitsdaten erfassen können. Als steter Begleiter des Inhabers dient es bereits als Geldbörse, als Ausweis, es speichert verschiedene Zugangsdaten und könnte, angereichert mit abgespeicherten Corona-bezogenen oder anderen Gesundheitsdaten, in Zukunft für Reisen obligatorisch werden. Reisen also nur mit Pass und *Handy-App*; entfällt der Pass, bleibt die *Handy-App*. Kucera bekennt sich klar zum Schutz der Persönlichkeits- und Datenschutzrechte, verwehrt sich also gegen Speicherung, Zugriff durch Handy-Hersteller, *App*-Entwickler und Marketing-Unternehmen, gegen die Weitergabe von Gesundheitsdaten und betrachtet die Überwachung als vorübergehende Maßnahme, die nach Beendigung der Ausnahmesituation mit der Datenlöschung endet. Die Aufzählung der Bedingungen ist interessant, weil sie auflistet, was die Einführung des »Grünen Passes« am 1. Juli 2021 alles mit sich brachte, ohne diese Bedingungen einzuhalten. Der Autor begrüßt das Instrument, er sieht voraus, dass die damals in mehr als 30 Staaten in Entwicklung begriffenen Corona-*Apps* zu einem internationalen Standard zusammengeführt werden müssen, um nicht eine Vielzahl von Anwendungen auf seinem *Smartphone* zu installieren. In den Folgewochen wurde im Zusammenhang mit den angebotenen Corona-*Apps* in den Medien die Frage erörtert, wie denn Personen ohne *Smartphone* ermöglicht werden könne, sich außerhalb der eigenen vier Wände zu bewegen. Für den Zugang zum öffentlichen Raum sowie zu Einrichtungen und Veranstaltungen wurde ein obligatorisch zu tragendes *Tracking*-Gerät erwogen, das – ähnlich wie ein *Fitnesstracker* – in Uhrenform als digitales Ausweisgerät dienen könnte. Man erwog bereits die Verteilung unter der Bevölkerung.

Was hier angedacht wurde, spielte sich in den kommenden Monaten im Zeitraffer vor den Augen der verdutzten Öffentlichkeit ab. Die Corona-*Apps*, die aus öffentlichen Kassen unterstützt wurden, erwiesen sich nicht als tragfähig, sie blieben als freiwillige Maßnahme hinter den Erwartungen ihrer Betreiber zurück. Im Wildwuchs der Corona-Panik griffen einzelne Institutionen dem »Grünen Pass« vor. Eine Schule in Mecklenburg-Vorpommern etwa richtete im Mai 2021, bevor das tägliche Testen obligatorisch wurde, mit dem Rostocker Biotech-Unternehmen Centogene eine schuleigene Teststraße ein und kennzeichnete die positiv getesteten SchülerInnen mit einem grünen Punkt.[451] Die Schulleitung verteidigte die Maßnahmen gegenüber Psychologen, die sie als Keil zwischen den SchülerInnen und Schritt der Ausgrenzung und Diffamierung Nichtgetesteter kritisierten. Nichtsdestotrotz griffen zahlreiche Einrichtungen, insbesondere als die absoluten Ausgeh- und Öffnungsverbote gelockert wurden, aus praktischen Gründen zur Unterscheidung von Getesteten und Nichtgetesteten, Geimpften und Nichtgeimpften zu verschiedenfärbigen Bändchen, Punkten und Stickern, die einem Freund-Feind-Schema Vorschub leisteten.

Als Anfang 2021 der Reiseverkehr – zunächst mit zusätzlicher Quarantäne-Pflicht – wieder möglich wurde, führten die europäischen Staaten eine *Online*-Registrierung jedes Grenzübertritts ein. Wer einreisen wollte, lud sich das *Pre-Travel-Clearance*-Formular des jeweiligen Staates herunter, legte Reiseroute und Reiseziele offen und lud seine Testergebnisse hoch. Im Gegenzug erhielt man eine Bestätigung, die bei der Einreise vorgewiesen werden musste.[452] Ganz einfach. Was anfangs noch abschreckend wirkte, wurde für Reisende bis zur vorläufigen Abschaffung der Einreisetests im innereuropäischen Reiseverkehr im Frühjahr 2022 zum selbstverständlichen Begleiter. Die Dunkelziffer derer, die sich diesem Verfahren nicht unterzogen, über unbesetzte Grenzübergänge einreisten oder ganz einfach nicht kontrolliert wurden, entzieht sich der Kenntnis. Dazu gab es eine Reihe von Ausnahmen für PendlerInnen, Berufsverkehr, kleinen Grenzverkehr, die die Lage unübersichtlich machten. Entscheidend für den einzelnen Reisenden war jedoch die Tatsache, dass im Fall der Kontrolle eine Strafe zu gewärtigen war. Quasi zur Abschreckung wussten Medien von Fällen zu berichten, in denen Reisende ohne oder mit gefälschten Dokumenten aufgegriffen wurden.

Wie vorauszusehen war, folgte dieser Maßnahme der Ruf nach einem EU-weiten Zertifikat für Geimpfte. Den Vorstoß machte Griechenland als

451 Schule kennzeichnet Nicht-Infizierte mit grünem Punkt – Psychologe schlägt Alarm, 19. 5. 2021: https://www.focus.de/familie/eltern/familie-heute/schule-kennzeichnet-nicht-infizierte-mit-gruenem-punkt-psychologe-schlaegt-alarm_id_12004568.html (11. 6. 2022)

452 Komlosy Andrea: »Nicht ohne meine PTC«. Über neue und alte Grenzregime, Die Presse, 23. 1. 2021.

Tourismus-Land vor der EU-Rats(video)konferenz Anfang Jänner 2021, ohne damit eine Impfung zur Bedingung für das Reisen zu machen.[453] Die Reaktionen der anderen Regierungschefs zeigten, dass zu diesem Zeitpunkt ein gemeinsamer EU-Impfpass, der den Covid-19-Impfstatus dokumentiert, noch keineswegs ausgemachte Sache war. Die Einwände erfolgten aus Erwägungen der rechtlichen Diskriminierung sowie Zweifeln an der logistischen Umsetzung. Unterdessen sorgten regionale Sonderbestimmungen für einzelne Länder bzw. Bundesländer – etwa für Tirol oder für Bayern – für Chaos und Unsicherheit an den Grenzen.[454] Welche Blüten die Suche nach einer einheitlichen Regelung der Bewegungsfreiheit trieb, zeigt der Vorschlag, anstelle von fixen Regeln einen Markt für Corona-Punkte einzuführen. Er erwog die Ausgabe einer bestimmten Anzahl von Corona-Punkten, die per Post oder per Handy an jeden Bürger verschickt werden und entsprechend von Angebot und Nachfrage nach bestimmten »Freiheiten« wie Restaurant- oder Friseurbesuch ausgegeben werden können.[455] Der Vorschlag stammt vom Finanzmarktökonom Martin Janssen und spiegelt die Unmöglichkeit wider, den Verordnungsdschungel mit Marktkriterien knacken zu können.

Vor diesem Hintergrund nahm der EU-weite »Grüne Pass« Konturen an. In Österreich wurde die Vorbereitung im Auftrag des Gesundheitsministeriums vom Bundesrechenzentrum (BRZ) koordiniert. Für das Einspielen der Testergebnisse auf das Mobiltelefon wurde mithilfe einer A1-Tochter eine Schnittstelle zwischen den Testergebnissen der Plattform »Österreich testet« und dem Bürger/der Bürgerin geschaffen, die das Ergebnis per E-Mail oder SMS erhielt. Ausgelesen wird der QR-Code vom Handy oder vom Papierausdruck am jeweiligen Ort mit einer so genannten *Check-App*: ein grünes Signal zeigt dem Betreiber an, dass der Betroffene auf dem Friseursessel oder dem Gasthaustisch Platz nehmen darf. Ein ähnliches Verfahren sollte für die Daten der Genesenen entwickelt werden, die nach durchgemachter Infektion sechs Monate lang freigeschaltet wurden. Ihre Daten sind im Epidemiologischen Meldesystem gespeichert. Impfdaten können Ministerium und BRZ aus der bei den Sozialversicherungen angesiedelten elektronischen Gesundheitsakte

453 Grimm Oliver: Griechenland will EU-weiters Zertifikat für Geimpfte, Die Presse, 13.1.2021.
454 Weiser Ulrike: Der rot-weiß-rote Weg zum Grünen Pass, Die Presse, 27.2.2021.
455 Janssen Martin: Es braucht dringend einen Markt für Corona-Punkte, Neue Zürcher Zeitung, 30.11.2020.

(ELGA)[456] zugespielt werden, die gesundheitsbezogene Informationen der BürgerInnen zusammenführt. Im Jänner 2021 herrschten aufgrund der geringen Impfrate sowie von Unsicherheiten über die Wirkung der Impfung jedoch noch Bedenken, Impfdaten in den »Grünen Pass« aufzunehmen. Der »Grüne Pass« war also noch ein Torso, der *QR-Code* mit den Test- und Genesungsdaten musste gemeinsam mit einem Ausweis vorgewiesen werden. Die Personalisierung für das *Smartphone* existierte noch nicht.

Nach einigen Pannen bei der Einführung eines EU-weiten »Grünen Passes« hinsichtlich der technischen Koordinierung der Länder-*Apps* sowie der Gestalt des gemeinsamen Pass-Formulars sollte es Anfang Juni 2021 so weit sein. In Deutschland ist der digitale Impfnachweis seit Mitte Juni 2021 erhältlich. Zweifach Geimpfte können den Nachweis in der offiziellen Corona Warn-*App* oder in der Covpass-*App* speichern. Dazu muss der *QR-Code* eingescannt werden, den man auf dem ausgestellten Impfzertifikat finden kann.[457] In Österreich geriet dieser Termin ins Wanken, wie *Die Presse* am 22. Mai 2021 besorgt titelte.[458] Es ging darum, welche Daten im *QR-Code* enthalten sein sollten. Die im österreichischen Nationalrat vorliegende Novelle zum Epidemie- und Covid-Maßnahmen-Gesetz sah eine umfangreiche Datensammlung aller BürgerInnen vor. Konkret sollten die Daten der Geimpften und Genesenen mit Daten aus dem Erwerbsleben, Einkommen, Bildungsweg, etwaiger Erwerbsarbeitslosigkeit, Krankenständen und Reha-Aufenthalten verknüpft werden. Eine so umfassende Durchleuchtung war in der EU-Definition nicht vorgesehen; sie rief Datenschützer, Sozialversicherungen und Opposition auf den Plan, sodass der Entwurf Ende Mai zurückgezogen werden musste. Beschlossen wurde kurz darauf eine abgespeckte Variante – sehr zum Leidwesen von WissenschaftlerInnen wie dem Komplexitätsforscher Peter Klimek oder der Vorsitzenden der Datenplattform Covid-19 und Mitglied der Bioethik-Kommission Maria Kletečka-Pulker, die sich von *Big Data* im Gesundheitssystem und deren Verknüpfung Fortschritte für die medizinische Forschung erhofft hatten. Sie wiesen darauf hin, dass solche Registerverknüpfungen in den skandinavischen Ländern

456 Eine Abmeldung von der Elektronischen Gesundheitsakte ist auf Antrag möglich.

457 Die Bundesregierung: So funktioniert der Impfnachweis auf dem Handy: www.bundesregierung.de/breg-de/themen/corona-warn-app/digitaler-impfnachweis-1924940 (22.7.2022)

458 Reinartz Manuel: Der Termin für den »Grünen Pass« wackelt, Die Presse, 27.5.2021.

längst gesetzeskonform etabliert und in Zukunft auch für Österreich anzustreben seien.

Als mit 1. Juli 2021 der *QR-Code* mit Personen- und Covid-19-Gesundheitsdaten als EU-weiter »Grüner Pass« eingeführt wurde,[459] blieb der Umgang damit nach wie vor in der Kompetenz der Mitgliedsstaaten. Dies betrifft sowohl die Kriterien zur Gültigkeit von Tests, Impfung und Genesenen-Status als auch die Anerkennung als Zutrittsdokument. Was EU-weit gegen den Widerstand einiger Staaten durchgesetzt wurde, war die Kostenlosigkeit der Tests für die Reisenden. Um die Reisefreiheit zu unterstützen, organisierte die EU-Kommission die gemeinsame Beschaffung von über 500 Millionen PCR-Tests im Umfang von 2,6 Mrd. Euro – bezahlbar durch die Mitgliedsstaaten.[460] Auch die Handhabung der Einreise aus Drittstaaten wurde den Mitgliedsstaaten überlassen.

Globale Pläne für biometrische Ausweise und Health Cards

Nachdem wir die Fortschritte, Bedenken und Rückschläge bei der Einführung des »Grünen Passes« am österreichischen und deutschen Beispiel Revue passieren haben lassen, stehen nun die Planungen zur Debatte, die von internationalen *Think-Tanks* und Stiftungen in dieser Sache getätigt wurden. Österreich spielte dort praktisch gar keine Rolle. Auch deutsche und EU-europäische RepräsentantInnen waren an Initiativen, die vor allem von US-Organisationen und -Stiftungen getragen wurden, nicht federführend beteiligt. Aber sie waren durch ihre Mitwirkung an den Konferenzen und Arbeitskreisen des *World Economic Forum* in Davos, an WHO und Weltbank, an Pandemie-Planspielen sowie bei Zusammenarbeit und personeller Verflechtung mit Banken, Unternehmensberatungen und IT-Konzernen doch Teil der *Global Governance*, in der private Unternehmungen, RegierungsvertreterInnen, NGOs und Medien zusammenwirkten. Sie taten das an den Parlamenten vorbei bzw. im Vorfeld von Parlamentsbeschlüssen, die den Maßnahmen schließlich den Weg

459 Europäische Kommission, Das digitale COVID-Zertifikat der EU, Impfungen und Reisebeschränkungen: https://ec.europa.eu/info/policies/justice-and-fundamental-rights/eu-citizenship/movement-and-residence/eu-digital-covid-certificate-vaccinations-and-travel-restrictions_de (11.7.2022)

460 Grimm Oliver: »Dieses Zertifikat ist nur ein Werkzeug«, Die Presse, 22.5.2021.

ebneten. Norbert Häring listet in seinem Blog[461] sowie im Buch »Endspiel des Kapitalismus« die Momente der Konzeption und Umsetzung biometrischer Ausweise, Datenbanken und Kontrollen minutiös auf.[462] Auffällig ist, dass die Vorgeschichte lange vor dem Auftauchen von Sars-Cov-2 beginnt.

Einen Auftakt zur Verstärkung biometrischer Kontrollen bildeten bereits die Anschläge von 9/11 im Jahr 2001. Was damals aus sicherheitspolitischen Erwägungen zur Terrorismus-Bekämpfung in Angriff genommen wurde, erlebte in den folgenden 20 Jahren eine Verschiebung der Argumentation in Richtung einer entwicklungspolitischen Zielsetzung. Der biometrische Ausweis für alle WeltbürgerInnen, der unter dem Kürzel »ID-2020« von der Rockefeller-Stiftung zusammen mit Microsoft, der Impfallianz GAVI und IT-Unternehmen im Jahr 2017 vorgeschlagen wurde, gab sich als Instrument der Inklusion.[463] De facto hatte bereits das von der Rockefeller-Stiftung initiierte, die Folgen eines weltweiten Einbruchs von Handel und Mobilität aufgrund eines Schweinegrippe-Ausbruchs simulierende Szenario *Lockstep* im Jahr 2010 biometrische Ausweise als Voraussetzung für das Wiederhochfahren der Aktivität angedacht.[464] Eine wegweisende Rolle bei der Umsetzung derartiger Ideen spielte das *World Economic Forum*, in Kooperation mit Unternehmen, deren Geschäfte digitale Datenbanken benötigten und deren Stiftungen dafür den Anschub bereitstellen. Maßgebliche Akteure waren die Rockefeller-Stiftung, die Bill-&-Melinda-Gates-Stiftung oder das Omidyar-Netzwerk des gleichnamigen PayPal-Gründers. Während US-Konzerne und auch die US-Regierung die digitale biometrische Erfassung voll befürworteten, gab es vor allem in europäischen Staaten demokratiepolitische und datenschutzrechtliche Bedenken. WEF und Partner legten 2018 ein Arbeitsprogramm vor, das dem Aufbau von Infrastrukturen für den digitalen Identitätsnachweis diente.[465] Auch die *Known-Traveller-Initiative*, die die Zurverfügungstellung persönlicher Daten zur Voraussetzung raschen Passierens von Reisekontrollen

461 Häring Norbert: Blog »Geld und mehr«: https://norberthaering.de/

462 Häring 2021, S. 234–251.

463 Häring 2021; S. 241f.

464 Rockefeller Foundation, Global Business Network (2010): Scenarios for the Future of Technology and International Development: https://www.nommeraadio.ee/meedia/pdf/RRS/Rockefeller%20Foundation.pdf (16. 6. 2022); vgl. auch Häring 2021, S. 234f.

465 World Economic Forum (2018): Identity in A Digital World: A New Chapter in the Social Contract: https://www3.weforum.org/docs/WEF_INSIGHT_REPORT_Digital%20Identity.pdf (16. 6. 2022); vgl. auch Häring 2021, S. 243f.

propagierte, entsprang dem WEF-Forum 2018.[466] Sie wurde von Fluglinien und Transportunternehmen aufgegriffen, z. B. vom Eurostar-Zug, der den Ärmelkanal im Tunnel durchquert, oder von Star Alliance, einem Verbund europäischer Fluglinien, dem u. a. Lufthansa und Austrian Airlines angehören. Aus dem Jahr 2018 datiert auch die »EU-Roadmap zur Einführung eines digitalen Impfausweises«.

Es verwundert also, dass die ab 2020 getroffenen Überlegungen für Corona-*Apps*, Gesundheitsdaten-Verknüpfung und »Grünen Pass« keinen offen vorgetragenen Bezug zu diesen Initiativen herstellten. Es kann daran gelegen sein, dass die in elitären Kreisen, unter Ausschluss der Öffentlichkeit geschmiedeten Konzepte kaum rezipiert wurden, nicht zuletzt deshalb, weil sie nicht mit den bürgerlichen Grundrechten vereinbar waren, die sich EU-Mitgliedsstaaten auf die Fahnen geschrieben hatten. Es kann aber auch damit zu tun haben, dass ihre Durchsetzung für aussichtslos gehalten wurde, während die Corona-Pandemie nun den Anlass bot, Vorhaben, die auch im europäischen Rahmen bekannt waren, nun endlich in Angriff nehmen zu können.

Seit der – im Planspiel »Event 201« simulierte – Erreger »X« in Form von Sars-Cov-2 das Licht der Welt erblickt hatte, erhöhte sich der Takt zur Schaffung der biometrischen Identität. Auch jenseits des Atlantiks ging es um den Gesundheitspass. Ab April 2020 lief die Arbeit am nationalen Covid-Test-Plan für die USA an.[467] Neben der Vervollkommnung der Kontaktverfolgung ging es darum, mithilfe des Infektionsstatus-Nachweises die Teilnahme am gesellschaftlichen Leben zu konditionieren. Darüber hinaus geisterte die Vorstellung einer global einheitlichen, eindeutigen Patienten-Identifikationsnummer durch die Köpfe der Autoren. Im Herbst 2020 wurde mit dem von Rockefeller-Stiftung und WEF aufgebrachten *Common Pass Project* die Idee eines digitalen Impfpasses als Schlüssel für Reisen und gesellschaftliche Unternehmungen in eine international vernetzte Organisationsform überführt.[468] Diese machte sich gemeinsam mit Beratungs- und IT-Unternehmen mit der

466 World Economic Forum (2018): The Known Traveller. Unlocking the potential of digital identity for secure and seamless travel: https://www3.weforum.org/docs/WEF_The_Known_Traveller_Digital_Identity_Concept.pdf (16. 6. 2022); vgl. auch Häring 2021, S. 245.

467 Rockefeller Foundation (2020): National Covid-19 Testing Action Plan, 21. 4. 2020: https://www.rockefellerfoundation.org/national-covid-19-testing-action-plan/ (16. 6. 2022); vgl. auch Häring 2021, S. 239.

468 The Commons Project Foundation: https://www.thecommonsproject.org/(16. 6. 2022)

Vaccination Credential Initiative Gedanken zur Operationalisierung der dafür erforderlichen digitalen Formate.[469]

Soweit zu den Aktivitäten der globalen *Think-Tanks*. In Deutschland und Österreich bekam die Öffentlichkeit davon kaum etwas zu hören. Breite Kreise waren der digitalen Erfassung der Gesundheitsdaten gegenüber skeptisch eingestellt. Mit dem Ausbruch der Pandemie durften die durch ihr Vermögen geadelten Galionsfiguren ihre Ansichten zu Impfung, kontaktloser Kommunikation und digitaler Identität auch in deutschen privaten wie öffentlich-rechtlichen Medien zum Besten geben. Bill Gates sah die Pandemie als jene Triebkraft, die ID-2020 zur Durchsetzung verhelfen würde. In einem Video-Interview am 24. März 2020 sagte er: »Deshalb wird es schließlich eine Art digitalen Immunitätsbeleg geben, der die globale Öffnung der Grenzen ermöglichen wird.« Norbert Häring hat diese Aussage, die nach kurzer Zeit aus dem Video herausgeschnitten wurde, auf seinem Blog dokumentiert.[470] Aus heutiger Perspektive erscheint sie uns trivial, damals wollte man sie der deutschen Öffentlichkeit offenbar noch nicht zumuten. Der deutsche Gesundheitsminister Jens Spahn musste im April 2020 geäußerte Pläne für einen digitalen Ausweis zurückziehen. EU-Kommissionspräsidentin Ursula van der Leyen signalisierte jedoch bereits im September 2020 erneut die Bereitschaft, eine allgemeine digitale Identität, die dem ID-2020 und dem *Common Pass Project* zugrunde lag, auch in der Europäischen Union umzusetzen.[471] Ab März 2021 gab es dann kein Halten mehr. Epidemie- und Infektionsschutzgesetze wurden angepasst, um dem EU-weiten »Grünen Pass« bis Sommerbeginn den Weg zu ebnen. In Österreich wurde die überschießende Begeisterung einer Gesetzesvorlage, Gesundheitsdaten gleich mit einem kompletten Personenprofil zu verbinden, korrigiert, und pünktlich mit Sommerferienbeginn 2021 war der »Grüne Pass« auf Schiene. Die österreichische Ministerin für Wirtschaft und Digitalisierung, Margarete Schramböck, war bei der Umsetzung der elektronischen Identität noch in ein anderes Fettnäpfchen getreten. Sie hatte mit dem Vorgang den französischen Rüstungskonzern Thales beauftragt, musste dies

469 VCI, Empowering individuals to gain access to their verifiable clinical information: https://vci.org/(16. 6. 2022)

470 Häring 2021, S. 249; vgl. auch den Beitrag im Blog »Geld und mehr«: Bill Gates beschreibt Covid-19 als ersten Anwendungsfall der Known-Traveller-Horrorvision des Weltwirtschaftsforums, 11. 4. 2020: https://norberthaering.de/macht-kontrolle/gates-covid-19-ktdi/(16. 6. 2022)

471 Van der Leyen Ursula, Rede zur Lage der Union 2020, 16. 9. 2020: https://ec.europa.eu/info/sites/default/files/soteu_2020_de.pdf (10. 8. 2022)

aber nach Ruchbarwerden diverser Schmiergeld- und Korruptionsaffären, ohne die nicht nur große Waffenverkäufe offenbar nicht stattfinden können, wieder rückgängig machen.[472]

Die elektronische Signatur, die die Identifizierung eines registrierten Unterzeichnenden ermöglicht, wird vor dem Hintergrund der mit Covid-19 virulent gewordenen Identifizierungsbestrebungen erweitert und konkretisiert. Die E-Signatur beruht auf der EU-Verordnung über Elektronische Identifizierung und Vertrauensdienste für elektronische Transaktionen (IVT), englisch *Electronic IDentification, Authentication and Trust Services* (eIDAS), die seit 2014 in Kraft ist. Im Juni 2021 schlug die EU-Kommission die Ausweitung der Signatur zu einer Europäischen Digitalen Identität (EUid) vor, die allen Bürgern, Einwohnern und Unternehmen in der EU zur Verfügung stehen soll.[473] Österreich spielt wieder einmal den Vorreiter. Die ID Austria, die ab Sommer 2022 die bisherige digitale Handy-Signatur ablösen soll, verspricht eine »digitale Identität«. Sie verknüpft – auf Wunsch – auf biometrischer Basis die Daten von Reisepass, Personalausweis, Führerschein, Impfnachweis und anderen Ausweisen auf dem *Smartphone*. Damit erübrigt sich das Vorzeigen von Impf- und Personalausweis.[474]

Der Deutsche Bundestag hat mit der Verwandlung der Steuernummer in eine multifunktionelle Bürgernummer bereits logistische Vorarbeit geleistet. Das mit den Stimmen von CDU und SPD beschlossene Registermodernisierungsgesetz vom 28. Januar 2021 ermöglicht, mit der Steueridentifikationsnummer auf andere personenbezogene Daten aus dem Verwaltungsregister zuzugreifen – wenn auch vorläufig, zumindest de jure, nur mit Zustimmung der Betroffenen.[475] Mit dem geplanten »Ökosystem Digitale Identitäten«, das die deutsche Bundesregierung aus Mitteln des Corona-Aufbaufonds der EU 2021 in Angriff nahm, geht sie sogar einen Schritt über die Digitalisierung der persönlichen Identität hinaus: sie verbindet konzeptionell und logistisch die

472 Thalhammer Anna, Identitätsnachweis: Vergabe geplatzt, Die Presse, 9.3.2021.

473 EU-Kommission: Digitale Identität für alle Europäer/innen: https://ec.europa.eu/info/strategy/priorities-2019-2024/europe-fit-digital-age/european-digital-identity_de (24.7.2022)

474 Häring Norbert: Wien treibt mit ID Austria die ID2020-Überwachungsagenda voran, 2.4.2022: https://norberthaering.de/macht-kontrolle/id-austria/ (5.4.2022)

475 https://www.bundestag.de/dokumente/textarchiv/2021/kw04-de-registermodernisierung-818730 (16.6.2022); Groth Annette: Die »gesundheitliche« Krone des Überwachungskapitalismus, 28.3.2022: https://keinzustand.at/annette-groth/die-gesundheitliche-krone-des-ueberwachungskapitalismus/ (16.6.2022)

Personenkontrolle mit jenen Geräten, dem *Internet of Things*, denen wir im Alltag unsere Daten anvertrauen.[476] Die »schöne neue Welt« nimmt Gestalt an.

Auf der Ebene der Weltgesundheitsorganisation WHO wurde im Dezember 2021 vereinbart, ein internationales Übereinkommen zur Stärkung der Pandemieprävention auszuarbeiten, kurz Pandemie-Vertrag, das 2023 der WHO-Generalversammlung vorgelegt werden soll.[477] Dieser Vertrag zielt darauf ab, die Kompetenz für Pandemie-Maßnahmen der WHO zu übertragen und die Mitgliedsstaaten zu verpflichten, Impfregister, Gesundheitsdatenbanken und digitale Impfzertifikate – sogenannte *Smart Health Cards* – zu erstellen. Es handelt sich um den bisher weitestgehenden Vorstoß zur Umsetzung einer globalen elektronischen Gesundheitskarte. Auf der Jahresversammlung der WHO am 25. Mai 2022 erhielt ein US-Vorschlag zur Verschärfung der *International Health Regulations* jedoch keine Mehrheit.[478] Botswana legte im Namen der 47 Staaten, die zum Regionalbüro der WHO für das subsaharische Afrika gehören, ein Veto gegen diesen Entwurf ein, auch die BRICS-Staaten (Brasilien, Russland, Indien, China, Südafrika), der Iran und Malaysia erhoben Einwände gegen die Aushebelung der nationalen Parlamente. Der Zeitplan zur Realisierung des Pandemie-Vertrages kann somit nicht eingehalten werden.

Die Sorge um die Bedrohung der bürgerlichen Freiheiten in westlichen Staaten soll nicht vergessen lassen, dass die Probeläufe zur Einführung biometrischer Kontrollen im sogenannten Globalen Süden schon länger im Gange sind, einerseits weil sich die dortigen Regierungen davon Verbesserungen der Bevölkerungsevidenz und Personenidentifizierung erwarten, andererseits weil Weltbank, Stiftungen und Entwicklungshilfe-Ministerien dringend anraten – und ihre Hilfen an die Befolgung des Rats binden –, moderne Identifizierungspraktiken zu erproben. Ein Vorreiter bei der Einführung einer landesweiten

476 Deutsche Bundesregierung (2021): Ökosystem Digitale Identitäten. Von der Testphase zur Markteinführung, 16. 9. 2021: https://www.bundesregierung.de/resource/blob/992814/1947194/c5fc7d3b063d9d68ab7c0475e3b52813/2021-07-29-europaeisches-oekosystem-digitaler-identitaeten-data.pdf?download=1 (16. 6. 2022)

477 Groth: https://keinzustand.at/annette-groth/die-gesundheitliche-krone-des-ueberwachungskapitalismus/ (16. 6. 2022); Häring Norbert: Wird der globale Pandemie-Vertrag der WHO uns den Dauer-Ausnahmezustand bringen?, 28. 3. 2022: https://norberthaering.de/macht-kontrolle/who-pandemievertrag/ (16. 6. 2022)

478 Oysmüller Thomas: Veto aus Afrika: Diese Länder blockieren die WHO-Pläne, 1. 6. 2022, https://tkp.at/2022/06/01/veto-aus-afrika-dieese-laender-blockierten-die-who-plaene/ (16. 6. 2022); vgl. auch: Symposion »Demokratie und Grundrechte«: Der Pandemievertrag der WHO, 24. 6. 2022: https://www.idealismprevails.at/der-pandemieplan-der-who/ (22. 7. 2022)

biometrischen Datenbank war Indien mit dem Projekt *Aadhaar*, das 2008 anlief.[479] In der Folge wurde das *International Institute of Information Technology* in Bangalore von der Weltbank beauftragt, dieses Modell als *Modular Open Source Identity Platform* weltweit umzusetzen, finanziert von IT-Konzernen und den schon bekannten Stiftungen von Gates und Omidyar.[480]

Je abhängiger ein Staat von internationalen Hilfsgeldern, umso größer die Bereitschaft zur Kooperation. Den Menschen wird die digitale Erfassung ihrer Identität als Schritt zur gesellschaftlichen Teilhabe, zur Verbesserung ihrer sozialen Lage, ihrer Gesundheitssituation und Kommunikation verkauft. Einen Kontrast zu diesen Versprechen bieten Flüchtlingslager, ein idealer Experimentierboden für digitale Ausweislösungen.[481] Auf der Initialkonferenz für das Projekt ID 2020 im Jahr 2017 wurde die biometrische Erfassung von Flüchtlingsdaten als wesentlicher Schritt zur Realisierung der globalen, digital lesbaren Identität propagiert.[482] Zum gleichen Zeitpunkt veröffentlichte *Le Monde Diplomatique* ein kritisches Dossier.[483] Die Zahl der Flüchtlinge, die sich allein in offiziellen Lagern des UN-Hochkommissariats für Flüchtlinge (UNHCR) aufhielten, war von sechs Millionen (2014) auf 17 bis 20 Millionen (2017) angestiegen. Schon seit 2002 praktizierte das UNHCR die biometrische Registrierung in zehn afrikanischen und asiatischen Ländern. Das damals unter US-Kontrolle stehende Afghanistan bot 2002 den Start für die Technologie der Iris-Erkennung, 2017 stand die biometrische Erfassung der Gesamtbevölkerung auf der Tagesordnung.

Am Beispiel des Flüchtlingslagers Zaatari in Jordanien zeigt Nicolas Autheman auf, wie Augenscan, Karten und Chips beim Einkauf im Lager-Supermarkt kontaktlos zur Abbuchung der Einkäufe verwendet werden, bis das digitale monatliche Taschengeld aufgebraucht ist.[484]

Wer moderne Laufställe kennt, in denen Rinder bis zum eingechipten Bedarf an dafür bestimmten Zugangsstellen Futter aufnehmen können, wird von diesem Bericht peinlich berührt sein. Die Firma IrisGuard,[485] die den

479 Häring 2021, S. 253.
480 Modular Open Source Identity Platform (MOSIP): https://mosip.io/(28.7.2022)
481 Agier Michel (2014): Un monde des camps. Paris.
482 Häring 2021, S. 242f.
483 Le Monde Diplomatique Dossier, Un Monde de camps, LMD, Mai 2017, 13–15.
484 Autheman Nicolas: Les refugiés, une bonne affaire, LMD, Mai 2017.
485 Irisguard: https://www.irisguard.com/(16.6.2022)

Einkauf in jordanischen Lagern technologisch ermöglicht, streift ein Prozent vom Umsatz ein, Safeway (USA) und Tazweed (Kuweit) haben mit der neuen Technologie die kleinen Läden verdrängt, in denen sich die Flüchtlinge früher mit Lebensnotwendigem versorgt hatten. Die humanitären UN-Gipfel werden von Messen flankiert, auf denen die Hilfsindustrie ihre Produkte ausstellt: Drohnen, Zelt-, Baracken- und Beleuchtungssysteme, Gesundheits- und Nahrungspakete sowie Geldtransfer- und Identifizierungssysteme. Auch im UNHCR ersetzen Spenden und *Private-Public-Partnerships* zunehmend die Mitgliedsbeiträge.

2.3 Geopolitischer Umbruch – Kampf um Hegemonie

Hegemonialen Wandel und Konflikte um hegemoniale Nachfolge aus der zeitgenössischen Perspektive einzuschätzen, ist immer mit großer Unsicherheit verbunden, Skepsis ist also angebracht. Doch so viel kann hier unterbreitet werden: Die US-amerikanische Hegemonie mit ihrer Reife nach dem Zweiten Weltkrieg ist mit der Weltwirtschaftskrise 1973/74 in ihre Niedergangsphase eingetreten. Es gibt klare Anzeichen, dass der Führungsanspruch der USA wirtschaftlich und kulturpolitisch betrachtet auf keinem sicheren Fundament mehr steht. Wer die Nachfolge antreten wird und wann sich ein Nachfolger Anerkennung verschaffen kann, ist ungewiss. In Kapitel 1.3. wurde aufgezeigt, dass Phasen hegemonialen Abschwungs immer mit Spannungen – oft kriegerischen Konflikten, politischen Umbrüchen – und der Herausbildung neuer Bündniskonstellationen verbunden sind, wie wir dies seit den 1990er Jahren beobachten können. Ob sich China – eventuell im Verein mit Russland oder Staaten des Globalen Südens – als Führungsmacht, also als Hegemon, durchsetzen wird, hängt maßgeblich davon ab, ob das Land den Übergang von einer verlängerten Werkbank zu einem führenden ökonomischen Zentralraum der Welt erfolgreich bewältigt. Die beeindruckenden Wachstumsraten des Sozialprodukts und des Prokopfeinkommens, die rasante Urbanisierung und Industrialisierung, der soziale Aufstieg und die Entstehung einer Mittelschicht, die infrastrukturelle Erschließung, Forschungs- und Entwicklungsleistung deuten in Richtung erfolgreicher nachholender Entwicklung – mit allen Begleiterscheinungen wie exorbitantem Ressourcenverbrauch, Umweltzerstörung, sozialer und regionaler Polarisierung sowie den Risken konservativer Modernisierung. Es kann auch sein, dass die – trotz steigender Löhne – weiterhin billige Arbeitskraft und der Export von Massenkonsumgütern Motor der Entwicklung bleiben, die Innovationskraft hinter den westlichen Zentren zurückbleibt und China die Schwelle nicht überschreitet.

Chinas nachholende Entwicklung

Seit der Jahrtausendwende mehren sich jedoch die Anzeichen einer chinesischen expansiven Dynamik: Die Branchenstruktur verschiebt sich in Richtung höherer Wertschöpfung in neuen Wachstumssektoren; Löhne, Qualifikation und Sozialleistungen der Arbeitskräfte steigen an, staatliche oder staatsnahe chinesische Unternehmen investieren verstärkt im Ausland. Motive dafür sind der Anschlusswunsch an moderne Technologie und Unternehmensorganisation, die Absicherung von Bezugsmärkten für Rohstoffe und Nahrungsmittel, aber auch der Aufbau von Zulieferkapazitäten im Rahmen von globalen Güterketten chinesischer Unternehmen. Das Gros der Auslandsinvestitionen findet in Entwicklungsländern in Afrika und Asien statt, nicht zuletzt deshalb, weil die Übernahmen westlicher Konzerne von deren Regierungen oft nicht erwünscht sind. Zwar gab es mit der Übernahme von IBM-Personal Computer durch Lenovo (2005), Volvo durch Geely (2010) oder Container-Terminal Piräus durch Cosco (2009) einige namhafte chinesische Akquisitionen im transatlantischen Raum; gleichzeitig wurde jedoch der Kauf des US-Ölkonzerns Unilocal durch CNOOC (2005), die Beteiligung am australischen Bergbaukonzern Rio Tinto (2009) oder des Club Méditerranée durch Fosun (2014) mit spektakulären Appellen zur Verteidigung nationaler Bastionen erfolgreich verhindert.[486]

Die Volksrepublik China konnte ihr globales Gewicht in der Weltwirtschaftskrise 2008 durch massive staatliche Stützungsmaßnahmen und Kreditkapazitäten stärken. Mit der Ankündigung der *Belt and Road-Initiative*,

486 Komlosy Andrea (2017): China's Move Towards a Global Economic Core in the 21st Century? Prospects, Constraints, Consequences, in: Centers and Peripheries revisited. Review Fernand Braudel Center Special Issue XXXVI, 3–4 (2013), S. 357f.

auch Neue Seidenstraße genannt, als einem globalen Verbindungsnetz von Transport, Waren- und Kapitalverkehr sowie digitaler Kooperation im Jahr 2013 wurde der Anspruch auf eine führende Rolle in der Weltwirtschaft zum Ausdruck gebracht.[487] Er stellte mit der *New Development Bank*, die 2014 mit den BRICS-Partnern als Alternative zu Weltbank und Internationalem Währungsfonds gegründet wurde, sowie der Asiatischen Infrastruktur Investitionsbank AIIB (2015) auch Kredit- und Bankfazilitäten bei. Der AIIB wollten sich selbst führende westliche Staaten nicht entziehen. Unter den rund 60 Staaten, die sich an der AIIB beteiligen, befinden sich u. a. Frankreich, Deutschland, Italien, die Niederlande und das Vereinigte Königreich. Die militärische Komponente blieb gegenüber der ökonomischen Initiative vorerst zurück.

China stellte sich damit ins Zentrum der Bemühungen, den US-Dollar als globale Leitwährung durch Yuan-Renminbi, andere Währungen bzw. Währungskörbe zu ersetzen.

Eine wichtige Infragestellung der Vorherrschaft des US-Dollar stellte zum Beispiel die Einführung eines auf Yuan laufenden Terminkontraktmarktes für Erdöl in Schanghai im März 2018 dar. Last but not least sei auch der Kulturtransfer erwähnt, der die chinesische Sprache und Kultur über Konfuzius-Institute, Studierendenaustausch und Arbeitsmigration in der Welt verbreitet. Der Radius umfasst Eurasien, Afrika und Lateinamerika.

Bot der Corona-Moment China erneut die Chance, aus der globalen Krise gestärkt hervorzugehen?

Zero Covid: Trumpf oder Handicap?

Die Frage nach der Herkunft des Sars-Cov-2 Virus soll hier nicht im Mittelpunkt stehen und wurde schon an anderer Stelle in diesem Abschnitt erörtert. Die chinesische Führung rühmt sich und wird international von vielen Seiten wegen ihrer *Zero-Covid*-Eindämmungsstrategie gerühmt.[488] Schon am 23. Januar 2020 wurden die zwölf Millionen EinwohnerInnen der Industriemetropole Wuhan und weiterer Städte – nach einem kurzen Vertuschungsversuch – in

487 Frankopan Peter (2019): Die neuen Seidenstraßen: Gegenwart und Zukunft unserer Welt. Berlin; Analyzing China's Belt and Road Initiative from a World Systems Perspective: https://issuu.com/queensio/docs/observer_17.2_final-2/s/11336116 (20.6.2022)

488 Vgl. Tooze 2021, S. 217–240.

einer vom Militär und den Parteimitgliedern der Nachbarschaftskomitees getragenen Aktion in ihren Wohnungen eingesperrt, zentral versorgt, getestet und gegebenenfalls in Quarantänelager verfrachtet. Später auftauchende Infektionen wurden nach dem gleichen Muster im Keim erstickt, im Frühjahr 2022 etwa in der Metropole Schanghai. Einreisende aus dem Ausland müssen seither mehrwöchige Test- und Quarantänemaßnahmen über sich ergehen lassen. Während sich viele westliche BeobachterInnen überschlugen, die chinesische Konsequenz hoch zu loben, vermittelte der bekannte Exil-Künstler und Regimegegner Ai Weiwei in seinem Film *Coronation* das düstere Bild autoritärer Einschüchterung der WuhanerInnen durch Exekutive und Blockwarte.[489] Weiweis Dokumentation beruht auf Aufnahmen, die ein Team von Amateuren vor Ort für ihn gemacht hat. Was sollen wir glauben? Sich als AußenstehendeR ein Bild von China zu machen, ist nicht nur in dieser Frage schwierig und lässt wenig Spielraum bei der Gratwanderung zwischen Bewunderung und Dämonisierung. Die Debatten und Interessenskonflikte, die sich innerhalb Chinas abspielen, bleiben den westlichen Augen in der Regel verborgen.

Jedenfalls konnte, während die Lockdowns in den USA und Europa ihren Höhepunkt erreichten, die Abriegelung von Wuhan bereits im April 2020 wieder gelockert werden. Peking demonstrierte gegenüber den sprunghaften, oft widersprüchlichen Maßnahmen der westlichen Staaten die Vorzüge der eisernen Hand des Staates. Es konnte aufgrund seines Vorsprungs den Rest der Welt mit Schutzkleidung und Schnelltests versorgen, um die ein regelrechter Maskenkrieg ausbrach. Berlins Innensenator Andreas Geisel sprach von »Wildwest-Methoden«, nachdem angeblich für Berlin bestimmte Atemschutzmasken am Flughafen Bangkok in die USA umgeleitet wurden, der FDP-Vorsitzende Christian Lindner schlug die Einrichtung einer »nationalen Luftbrücke« vor, um Schutzausrüstung von China nach Deutschland zu bringen, Bayerns Ministerpräsident Markus Söder plädierte hingegen für eine »nationale Notfallproduktion«. Ähnliche Vorwürfe an die Adresse der USA erhoben Frankreich und Kanada. US-Präsident Trump aktivierte den *Defense Production Act*, um den Export von »wichtigen medizinischen Produkten zu unterbinden«.[490] Der im Februar 2021 in China zugelassene Totimpfstoff

489 Ai Weiwei, Coronation (2020): https://en.wikipedia.org/wiki/Coronation_(2020_film) (20.6.2022)
490 Streit mit Amerika um Schutzausrüstung, FAZ, 6.4.2020; vgl. auch Tooze 2021, S. 220.

Corona Vax fand dann allerdings vor allem in China selbst sowie im Globalen Süden Verbreitung, während EU und USA die Notfallzulassung verweigerten.

US-Präsident Trump führte unter der Devise »*America first*« seit seinem Amtsantritt 2017 einen Handels- und Zollkrieg gegen China, das er für den Verlust von Arbeitsplätzen in US-Industrieregionen verantwortlich machte. Er warf China unfaire Handelspraktiken, die Missachtung von geistigem Eigentum und den Diebstahl von technologischem Know-how vor.[491] Nun nahm er den »chinesischen Virus« zum Anlass für eine schärfere Gangart. Die Pandemiepolitik wurde in der Folge zum Austragungsfeld des Systemwettkampfes zwischen den USA und China.[492]

Unter dem Eindruck der Transportkettenunterbrechung und der Lieferengpässe geriet in den westlichen Staaten die Abhängigkeit von Importen aus Entwicklungsländern, die durch die Globalisierung der Güterketten in den 1990er Jahren zu neuen Industrieländern geworden waren, in den Fokus der Öffentlichkeit. Als besonders problematisch wurde die Abhängigkeit im Bereich von Pharmaprodukten und medizinischer Ausrüstung empfunden. Schließlich stammen 80 Prozent der Medikamentenwirkstoffe für europäische Kunden aus China, wo die Grundstoffe in Labors hergestellt werden, oder aus Indien, wo sie zu Generikawirkstoffen verarbeitet werden.[493] Der Ruf nach Heimholung, auch *Re-shoring* genannt, und dem Aufbau europäischer oder US-amerikanischer Kapazitäten tönte aus zahlreichen Politikerkehlen, und liberale Ökonomen hatten große Mühe, die ungleiche internationale Arbeitsteilung als Nonplusultra des freien Welthandels zu verteidigen.

Stellvertretend für den Ruf nach Rückholung sei hier der französische Präsident Emmanuel Macron zitiert: »Es ist Wahnsinn, wenn wir unsere Ernährung, unseren Schutz, die Fähigkeit, unser Leben zu gestalten, in fremde Hände legen. Wir müssen wieder die Kontrolle übernehmen«.[494] Gabriel Felbermayr, damals Präsident des Kieler Instituts für Weltwirtschaft, seit 2021 Chef des Österreichischen Instituts für Wirtschaftsforschung, konterte: »Wenn wir nach ökonomischer Souveränität streben, also danach, dass Konsum und Produktion am selben Ort stattfinden, verlieren zuallererst exportstarke Länder wie

491 Bulard Martine, USA gegen China – Wer siegt im Handelskrieg?, Le Monde Diplomatique, Oktober 2018.

492 Wemheuer 2022, Nachwort; vgl. auch Kronauer 2019.

493 Komlosy 2020, S. 106.

494 Zit. in Golub Philip S., Die neue Weltordnung, Le Monde Diplomatique 6, Juni 2020, S. 6.

Österreich und Deutschland (...). Das wäre glatter Masochismus«. Zudem warnte Felbermayr davor, sich vom Wachstumsmotor China abzukoppeln.[495]

Ungeachtet der mahnenden Stimmen, die die vorteilhaften, Kosten senkenden Effekte der Industrieverlagerungen nicht mit dem Bade ausschütten wollten, setzten USA, EU und nationale Regierungen in den folgenden beiden Jahren klare Signale zur Zurückdrängung von Drittstaaten-Unternehmen aus den einheimischen Märkten. Abgesehen von der Verhinderung einzelner Übernahmen, Beteiligungen und Aufträge, vor allem wenn es sich um strategische Sektoren der nationalen Infrastruktur oder Versorgung handelte, wurden im Frühjahr 2020 in der EU gesetzliche Initiativen ergriffen, um Schlüsselindustrien vor ausländischen Übernahmen schützen zu können. Besonders im Visier standen die Biotech- und Gesundheitsbranche sowie digitale und kritische Energieinfrastruktur. Auf EU-Ebene traten Vorbereitungsmaßnahmen für ein europäisches Gesetz zur Überprüfung ausländischer Investitionen in Kraft. »Hier geht es um die Notwendigkeit, unsere kritische Infrastruktur zu schützen – nicht zu naiv zu sein, was mit einigen gefährdeten Sektoren und ungeschützten Technologien durch Interventionen von Drittländern passieren könnte«, so EU-Handelskommissar Phil Hogan gegenüber EU-Parlamentariern am 21. April 2020 in Brüssel.[496] Gleichzeitig verschärften die Einzelstaaten die Regeln und Bedingungen für ausländische Übernahmen.

In Österreich ist seit Dezember 2020 ein neues Investitionskontrollgesetz in Kraft, das die Definition von sensiblen Branchen ausweitet und für diese bereits ab einer Beteiligung von zehn Prozent eine staatliche Genehmigungspflicht vorsieht.[497] Die Ratifizierung des seit 2013 verhandelten »Umfassenden Investitionsabkommen China-EU«, dessen Abschluss für 2020 geplant war, verzögert sich vor diesem Hintergrund.[498]

Für China unter Präsident Xi Jinping stellte diese Situation ein Gelegen-

495 »China ist ganz klar Sieger der Krise«. Interview mit Gabriel Felbermayr, Die Presse, 13. 6. 2020.

496 Europa zittert vor Firmenkäufen aus China und errichtet eine Wagenburg, Cash, 5. 5. 2020: https://www.cash.ch/news/politik/direktinvestitionen-europa-zittert-vor-firmenkaeufen-aus-china-und-errichtet-eine-wagenburg-1537780 (20. 6. 2022)

497 Denk Stefan/Bauer Lukas/Hammerschmid Iris, Schärferer Blick auf ausländische Investitionen, Die Presse, 8. 6. 2020; Scheuwimmer Alexander T., Die Angst vor ausländischem Geld, Wiener Zeitung, 4. 12. 2020.

498 Siebenhaas Hans-Peter/Heide Dana, Warum das Investitionsabkommen mit China auf sich warten lässt, Handelsblatt, 28. 7. 2020; Riegert Bernd, EU legt China-Abkommen auf Eis, DW 5. 5. 2021, https://www.dw.com/de/eu-legt-china-abkommen-auf-eis/a-57435512 (20. 6. 2022)

heitsfenster dar. Die Grundlage bot der 14. Fünfjahresplan (2021–2025).[499] Die Regierung ergriff darin die drohenden Umlenkungen der globalen Güterproduktion beim Schopf, die einseitige Orientierung auf Export und Komponentenzulieferung hintanzustellen, die die ersten Jahrzehnte des 1978 eingeleiteten Reform-Prozesses gekennzeichnet hatten. Schon seit 2008 waren die Entwicklungsziele in Richtung höhere Wertschöpfung im Export, bessere Qualifikation der Arbeitskräfte und Stärkung der Konsumkraft modifiziert worden, etwa 2011 unter der Devise »Giving Priority to Enriching People«.[500] Seither überschlagen sich die Modernisierungsansagen. Sowohl der Zehnjahres-Plan »Made in China 2025« (2015) als auch der 15-Jahres-Plan »China 2035« (2020) legen den Schwerpunkt auf Zukunftstechnologien.[501]

In Zukunft soll nun ein Modell der »dualen Kreisläufe« verfolgt werden, bei dem die Produktion für den Binnenmarkt Priorität vor der Exportwirtschaft hat. Der Export soll wertschöpfungsintensive Güter anstelle von Komponenten in den Vordergrund stellen, während die Ausfuhr von Rohstoffen eingeschränkt wird. Mit der Binnenmarktproduktion würde die steigende Nachfrage jener Mittelschicht-ChinesInnen bedient werden, die aufgrund der höheren Löhne nicht mehr nur billige Arbeitskräfte, sondern nun auch kaufkräftige KonsumentInnen darstellen. Über die Kooperationen der neuen Seidenstraße bindet das chinesische Entwicklungsmodell andere Länder in die chinesische Welt ein: Investitionen und Kooperationen werden als Vorteil für alle Seiten dargestellt. Für so manches Empfängerland vergrößert die Zusammenarbeit mit China vermutlich tatsächlich den entwicklungspolitischen Handlungsspielraum, weil sie eine Alternative zu westlichen Partnern darstellt. Soweit die Punkte, die China einen Etappensieg in der Auseinandersetzung um globale Hegemonie bescheren.

In der Zwischenzeit mehren sich die Stimmen, dass sich hinter der Fassade der – im Vergleich mit den OECD-Staaten jedoch weiterhin beeindruckenden – hohen Wachstumsraten strukturelle Probleme des chinesischen Entwicklungsmodells verbergen, allen voran explodierende Kosten für Löhne und Sozialleistungen, steigende Transportkosten, Störungen der Lieferketten, Verschuldung der Unternehmen bzw. der öffentlichen Gebietskörperschaften,

499 Seyringer Bernhard, Offen für mehr Abschottung, Wiener Zeitung, 5.3.2021.

500 China Institute for Reform and Development (2011).

501 Bulard Martine, USA gegen China – Wer siegt im Handelskrieg?, Le Monde Diplomatique, Oktober 2018.

die für Investitionen, aber auch zur Gewährleistung der Liquidität Kreditvolumen zur Verfügung stellen. Die wiederkehrenden Lockdowns an einzelnen Knoten der *Just-in-Time*-Produktion sind an der Kostenspirale nicht unbeteiligt. Darüber hinaus leidet die chinesische Immobilienbranche an Überhitzung. Im Dezember 2021 stand der zweitgrößte Immobilienentwickler Evergrande vor der Insolvenz, weitere Zusammenbrüche sind zu erwarten.[502] Die wirtschaftliche Eintrübung ist BeobachterInnen zufolge im fragilen Machtringen zwischen Unternehmer- und Parteiinteressen im Politbüro und im Staatsrat allerdings ein Trumpf für Letztere. Im Kontext einer staatsgelenkten Marktwirtschaft böte dies die Möglichkeit, die Auswüchse einer sich verselbständigen kapitalistischen Dynamik zu korrigieren, um es von der politischen Ordnungsperspektive aus zu formulieren.[503] Die Absage an den Börsengang der *Ant Group* des Alibaba-Gründers Jack Ma im November 2020 und die strengeren Anti-Monopol-Gesetze gegen die chinesischen IT-Giganten deuten in diese Richtung. Ohnehin inszenierte die Politik die rigorosen Abriegelungs- und Kontrollmaßnahmen von Städten, in denen Corona-Infizierte identifiziert wurden, als militärische Aufgabe, die das Primat der Politik über die Wirtschaft stellt.[504] Als die *Zero-Covid*-Strategie 2022 angesichts neuer Corona-Virus-Varianten das Herunterfahren des öffentlichen Lebens in vielen Großstädten nach sich zog, stockten Lieferketten, schwächten sich die Wachstumsraten ab und geriet Chinas ökonomischer Höhenflug ins Trudeln.

Gleichzeitig ist die digitale Überwachung ein Instrument, um das Wohlverhalten der BürgerInnen nicht nur in der Befolgung der Corona-Maßnahmen zu erreichen. Die Verwendung digitaler Dienste und *Apps* für Einkauf, Bezahlung, Unterhaltung und Kommunikation in den sozialen Medien, mit FreundInnen, Behörden, im Berufsleben und in der Wohnanlage gehört für ChinesInnen schon seit längerer Zeit zum Alltag. Es soll die technischen Möglichkeiten der Informationskontrolle mit der politischen Kontrolle der

502 Krise der chinesischen Immobilienriesen: Was die Insolvenz von Evergrande für uns bedeutet, McMakler, 1. 2. 2022, https://www.mcmakler.de/magazin/china-immobilienkrise (20. 6. 2022)

503 Vgl. den Vortrag von Weigelin-Schwiedrzik Susanne am Wiener Renner-Institut am 25. 5. 2022, https://renner-institut.at/blog/china-ukraine-krieg (20. 6. 2022)

504 Tooze 2021, S. 218.

Bürger und der Steuerung der wirtschaftlichen Entwicklung verbinden.[505] Die Experimente mit einem Sozialkreditsystem, das auf der Basis von Plus- und Minus-Punkten die Teilhabe am gesellschaftlichen Leben strukturiert, geistern als Horrorszenario durch die westlichen Medien. In China gehört die Preisgabe von Daten, mit denen das Alltagsleben gesteuert werden kann, zur weithin akzeptierten Normalität.[506] Bis zur Einführung eines digitalen Gesundheitsausweises für das *Smartphone* zur Überwachung des Corona-Status war es nur ein kleiner Schritt. Die *App* wurde von der *Ant Financial Service Group* entwickelt. Auf der Basis persönlicher und Umgebungsdaten produziert der Algorithmus einen *QR*-Code in den Ampelfarben Grün = freie Bewegung, Gelb und Rot = Quarantäne.[507] Dieses Ampelsystem erfuhr – mit regionalen Modifikationen – weltweite Anwendung.

Konkurrierende Blockbildungen und Handelspolitik

Die jüngsten Erfolge des chinesischen Machtgewinns liegen wohl in der Unterzeichnung der *Regional Comprehensive Economic Partnership* (RCEP) im November 2020.[508] Der Pekinger Initiative angeschlossen haben sich die zehn Mitglieder der *Association for South-East Asian Nations* (ASEAN) sowie Australien, Japan, Neuseeland und Südkorea, die miteinander eine Freihandelszone vereinbart haben. Sie repräsentieren 2,2 Milliarden Menschen in einer Weltregion mit überdurchschnittlicher Wachstumsdynamik. Ob das Abkommen in der Praxis hält, ist umstritten, nehmen daran doch Staaten mit sehr unterschiedlicher politischer Ausrichtung und Bündnispolitik teil, zudem ist Indien nicht mit im Boot. Nachdem das unter Präsident Obama und Außenministerin Hillary Clinton geplante *Transpacific Partnership Agreement* (TPP) aufgrund des Trump'schen Rückziehers ohne die USA seine Zugkraft verloren hat, konnte Peking mit RCEP und der *Belt und Road Initiative* einen Gegenentwurf zu den Bemühungen der USA anbieten, den chinesischen Einfluss in der

505 Jiang Min/King-Wa Fu (2018): Chinese Social Media and Big Data: Big Data, Big Brother, Big Profit, in: Policy & Internet 10,4, S. 372–392.

506 Meissner Mirjam (2017): Chinas gesellschaftliches Bonitätssystem. Marktregulierung mit Hilfe von Big Data hat weitreichende Folgen für Unternehmen in China. Berlin.

507 Wemheuer 2022, Nachwort.

508 Müller Matthias, Ein Freihandelsabkommen soll den Zusammenhalt im asiatisch-pazifischen Raum stärken – das läuft den Zielen der USA entgegen, NZZ e-paper, 16.11.2020.

Region einzudämmen. Wie Matthias Müller in der *NZZ* jedoch voraussagte, blieben die USA nach dem Machtwechsel von Trump zu Biden nicht untätig und setzten Obamas »Pivot to Asia«-Strategie fort. Am 23. Mai 2022 stellte US-Präsident Joe Biden in Tokio sein *Indo-Pacific Economic Framework for Prosperity* (IPEF) vor, mit dem er eine US-zentrierte Wirtschaftsordnung im Zeitalter des Großmachtkonflikts mit China schaffen will.[509] Sein Sicherheitsberater Jake Sullivan meint dazu offen: »Ich denke, dass dies das neue Modell der wirtschaftlichen Vereinbarung sein wird, das die Bedingungen und Regeln für Handel, Technologie und Lieferketten für das 21. Jahrhundert festlegen wird (…). Wir pflanzen damit unseren Anspruch in den Boden, dass wir im Mittelpunkt dieses Rahmenwerks stehen wollen.« Außer China, Myanmar, Kambodscha und Laos sind alle RCEP-Mitglieder mit dabei, dazu kommen die USA, Indien und Fidschi. RCEP (China) und IPEF (USA) sind Ausdruck des Kampfs um die Hegemonie im indo-pazifischen Raum.

Im »Quadrilateralen Sicherheitsdialog« (QUAD) mit Australien, Japan und Indien steht den USA ein weiteres, stärker sicherheitspolitisch ausgerichtetes Format zur Einhegung Chinas zur Verfügung. Es konterkariert die Pekinger Avancen seit 2007. Mit der Teilnahme Joe Bidens am QUAD-Gipfel 2021 gewann es an Bedeutung.[510] Es ergänzt die zwischen dem Vereinigten Königreich (UK) und den Vereinigten Staaten (USA) 1946 geschlossenen Verträge zur geheimdienstlichen Zusammenarbeit der beiden Länder (UKUSA), der sich Australien, Kanada und Neuseeland anschlossen. Es ist unter dem Namen *Five Eyes (Only)* bekannt; zu den Kooperationspartnern gehört auch der deutsche Bundesnachrichtendienst (BND).[511]

Die Konkurrenz zu China ist nicht auf die USA beschränkt. Japan, Indien und Australien sind Kontrahenten um die Führung im Indo-Pazifik und sowohl in chinesische als auch in anti-chinesische Partnerschaften eingebunden. Auch die Europäische Kommission hat im Dezember 2021 mit dem *Global Gateway* ein Kredit- und Investitionsprogramm für den Zeitraum 2021–2027 für Schwellen- und Entwicklungsländer eröffnet, das sich explizit als »eine

509 Kölling Martin, Indo-Pacific Economic Framework. Bidens neue Asien-Strategie birgt Risiken für Europa, NZZ-e-paper, 24. 5. 2022.

510 Peer Mathias, Quad-Gipfel mit Joe Biden, Handelsblatt, 12. 3. 2021.

511 https://de.wikipedia.org/wiki/UKUSA-Vereinbarung (20. 6. 2022)

attraktive Alternative zur chinesischen Seidenstraße« versteht, wie der deutsche Botschafter bei der EU, Michael Clauss, darlegte.[512]

Umgekehrt ist auch China in weitere internationale Kooperations- bzw. Bündniskonstellationen eingebunden. Dazu gehören die 2001 von China, Russland, Kirgistan, Kasachstan, Tadschikistan und Usbekistan gebildete Schanghaier Organisation für Zusammenarbeit (SOZ), der 2015 Indien und Pakistan beitraten. Obwohl sie keine Militärorganisation ist, sondern wirtschaftliche Zusammenarbeit, Vertrauensbildung und Konfliktvermeidung zum Ziel hat, halten die Mitgliedsstaaten auch gemeinsame Manöver ab.[513] Eine über Asien hinausreichende Kooperation wachstums- und bevölkerungsstarker Schwellenländer stellt das von Brasilien, Russland, Indien, China und Südafrika gebildete Staatenbündnis BRICS dar.[514]

Aus diesem Macht- und Bündnispoker lässt sich eine Durchsetzung einer chinesischen Hegemonie nicht ableiten. Vielmehr zeichnet sich eine Rekonfiguration des Welthandels und der globalen Güterketten entlang von Wirtschaftsblöcken ab, deren Zugehörigkeiten heftig umworben und umstritten sind. Das wirtschaftliche *Upgrading* der Volksrepublik China erlebt unter den Turbulenzen des Handelskrieges mit den USA sowie der unter den weltweiten Corona-Maßnahmen aus den Fugen geratenen globalisierten Weltwirtschaft sogar Rückschläge. Umgekehrt hat China diese Turbulenzen genutzt, um das Entwicklungskonzept zu modifizieren und der staatlichen Direktive und Kontrolle von BürgerInnen und UnternehmerInnen wieder mehr Raum zu geben. Dies kann auch als Zeichen für die Handlungsfähigkeit der chinesischen Politik gewertet werden.

512 Koch Moritz, Der 300-Milliarden-Euro-Plan: Die EU stemmt sich gegen Chinas Seidenstraße, Handelsblatt, 29. 11. 2021: https://www.handelsblatt.com/politik/international/global-gateway-der-300-milliarden-euro-plan-die-eu-stemmt-sich-gegen-chinas-seidenstrasse/27843896.html (20. 6. 2022)

513 https://de.wikipedia.org/wiki/Shanghaier_Organisation_f%C3%BCr_Zusammenarbeit (20. 6. 2022)

514 https://de.wikipedia.org/wiki/BRICS-Staaten (20. 6. 2022)

SCHLUSS

Die Ablöse des industriellen durch das kybernetische Prinzip scheint unausweichlich. Wir befinden uns mitten im Umbruch. Die Älteren können sich an die Funktionsweise des industriellen Kapitalismus in der zweiten Hälfte des 20. Jahrhunderts noch gut erinnern: Ausweitung der Massenproduktion mit enormem Wachstum des Konsums, aufbauend auf dem Raubbau an der Natur, der Ausbeutung der bezahlten und unbezahlten Arbeit und der globalen Ungleichheit. In Erinnerung ist aber auch die demokratische Verfasstheit des politischen Lebens, solange das Privateigentum, das ökonomische Primat und der Konsens der herrschenden Parteien nicht angetastet wird. Der Teilhabe-Kapitalismus blieb allerdings auf die Zentren der Weltwirtschaft beschränkt, deren Wohlstand durch die ungleiche internationale Arbeitsteilung abgesichert war. Die Zeit dieser Absicherung neigt sich dem Ende zu. Die Natur schlägt zurück, die Finanzmärkte verselbstständigen sich, die Hegemonie der USA erodiert, der Westen gerät unter Druck aufstrebender Weltregionen. Die Auseinandersetzung um globale Führung und Teilhabe in einer von multiplen Krisen geprägten Welt bestimmt die internationalen Beziehungen.

Bei aller Unsicherheit und Zukunftsangst kann dies als Moment ungeahnter Gestaltungsmöglichkeit begriffen werden. Unterschiedliche Akteure bringen sich in Stellung, um ihren konkurrierenden Visionen und Interessen zum Durchbruch zu verhelfen. Die treibenden Kräfte sind die Advokaten eines erneuerten digitalen postindustriellen Kapitalismus. Gleichzeitig wehren sich die Nutznießer des industriellen Kapitalismus gegen den Verlust ihrer Pfründe und Privilegien. Dabei handelt es sich in erster Linie um die Vertreter jener Branchen, die den 4. Kondratieff-Zyklus insbesondere in seiner Aufschwungphase nach dem Zweiten Weltkrieg getragen haben, auf die mit der Weltwirtschaftskrise 1973/74 die Globalisierung der Güterketten und die Aufblähung der Finanzprodukte folgte. Mit vom Abstieg betroffen sind die – wenn auch als LohnarbeiterInnen und Hausfrauen ausgebeuteten – Arbeitskräfte in den westlichen Industriestaaten, die um ihre Kaufkraft, ihre soziale Sicherheit und ihren Lebensstandard bangen.

Wer sind die Kontrahenten, die Träger und Promotoren des neuen digitalen Kapitalismus, die sich gegenüber der absteigenden, auf fossiler Energie beruhenden Industrie als »grüne Alternative« positionieren? Die Vertreter des Erneuerungskapitalismus versprechen eine »schöne neue Welt«. Dabei wollen sie nicht nur mit dem Industrialismus Schluss machen, sondern auch mit der bürgerlichen Demokratie, der politischen Mitbestimmung, der staatlichen Umverteilung und der internationalen Ordnung der Staaten. Angesagt ist ein Neustart unter der Führung der globalen *Think-Tanks*, NGOs und innovative Unternehmensgruppen, die die Märkte beherrschen und mit diesen den Regierungen den Weg weisen. Im Vertrauen auf das kybernetische Prinzip, die Optimierung sämtlicher Prozesse durch *Big Data* und Künstliche Intelligenz, setzen sie der Ausbeutung der lebendigen Arbeit mit der Aneignung der Erfahrung und der Körper der UserInnen ein weiteres Element der Entfremdung drauf.

Wer die Welt des digitalen Kapitalismus nicht verinnerlicht hat, mag sich abgestoßen fühlen. Wer das analoge Leben mit seinen unkontrollierbaren Freiräumen, Selbstverantwortung, Vertrauen und Verbindlichkeit zu schätzen weiß, traut den Versprechungen von Individualisierung, Flexibilisierung, Optimierung und Freiheitsgewinn durch digitale Allgegenwart der Datenspuren nicht. Menschen, die als *Digital Natives* und *Digital Nomads* überall und gleichzeitig nirgends auf der Welt zu Hause sind, nehmen die Digitalisierung für gegeben hin wie die Generationen vor ihnen beispielsweise den Takt der Maschine, den wir uns über die Uhr vergegenwärtigen können. Wir haben vergessen, dass dieser Takt der Maschine uns in Zeit- und Bewegungskoordination, in die Unterscheidung zwischen Arbeitszeit und Freizeit, in Pünktlichkeit und Ordnung des Tagesablaufs eingewiesen hat. Diese Kultur- und Arbeitstechniken der industriellen Zivilisation, die uns heute so selbstverständlich erscheinen, mussten erst mühsam gegen Widerstände angelernt und eingebläut werden wie uns Heutigen die permanente Fesselung an und durch *Smartphones*, *Apps* und digitale Programme. Vor allem aufstrebende Generationen in den Schwellenländern und *Emerging Markets* im Globalen Süden finden daran nichts Anstößiges.

Wie die neue, in Formierung befindliche Welt aussehen wird, steht noch nicht fest. Viele Menschen stehen dem digital durchgetakteten Lebensstil skeptisch gegenüber, andere sind der Verdatung und der damit verbundenen Verfolgung und Kontrolle der Kontakte und der Bewegung überdrüssig. Neue Aussteiger- und Parallelgesellschaften bilden sich heraus. Man könnte versuchen, der Allmacht des Digitalen entgegenzuwirken, sich dieser persönlich und kollektiv zu entziehen. Man könnte aber auch beginnen, die Möglichkeiten der kybernetischen Zukunft nicht den Konzernen, Welt- und Staatenlenkern zu überlassen, sondern sich das Internet als basisdemokratisches Instrument anzueignen.

Ein Ausblick in die Zukunft muss die vielen Aspekte im Auge behalten, die von der »Zeitenwende« erfasst sind. Hier seien mit der ökologischen Krise und der Militarisierung der Gesellschaften und der internationalen Beziehungen zwei wichtige Bereiche herausgegriffen. Beide weisen Parallelen und Verbindungen mit der Corona-Krise auf. Panikmache, Endzeitstimmung und Katastrophenszenarios machen die Menschen sensibel für die damit verbundenen Problembestimmungen und Lösungsmodelle.

Klimawandel

Fasst man die ökologische Bedrohung als »Klimawandel«, wird die drängende Überlebensfrage des Menschen auf dem Planeten so gerahmt, dass sie im Sinne des kapitalistischen Systems der Kommodifizierung und Profitmaximierung genutzt werden kann. Neue Produkte erscheinen als Lösungen, die Fragen nach Verursachung, Lebensstil und Wirtschaftssystem treten in den Hintergrund. Wachstum wird nicht in Frage gestellt, sondern in neue Sektoren verlagert: Energiegewinnung und -verteilung, Verkehrstechnologie, neue Mobilitäts-, Stadt- und Gebäude-Systeme und Infrastrukturen sowie handelbare Ökopunkte oder Emissionswertpapiere. Die Verwandlung von ökologischem Stress in vermarktbare Lösungen basiert auf dem Prinzip der technologischen Machbarkeit. Es lenkt die Aktivität in Wachstum statt in Vermeidung und gerechte Verteilung des vorhandenen Reichtums. Das Problem des permanenten Wachstumszwangs wird dadurch verdeckt, wenn nicht sogar gerechtfertigt und vorangetrieben. Das Framing des Problems als »Klimawandel« und seine Reduktion auf den CO2-Ausstoß verschärft die ökologische Krise also statt sie an der Wurzel zu packen.

Die Parallelen zur Pandemie springen ins Auge. Pandemie dient als Analyserahmen, der Sars-Cov-2 zu einem Überlebensproblem globaler Tragweite erklärt und vor diesem Hintergrund die Weichen für eine Problemlösung durch Kontaktreduktion stellt. Dahinter verbirgt sich eine Reihe drängender

Probleme, zum Beispiel die Vernachlässigung der öffentlichen Gesundheitsversorgung und des Pflegesystems durch Kostenbremsen und Effizienzvorgaben. Dazu kommt die Auslagerung von Aufgaben an private Organisationen und die Ausschreibung öffentlicher Vorsorgeeinrichtungen an privates Kapital via *Public Private Partnerships*. Statt gemeinwohlorientierte Antworten auf diese Probleme zu finden, wird ein Mangelszenario aufgebaut.

Krieg

So wie die Gefährdung der ökologischen Grundlagen des Lebens auf der Erde neue Investitionsfelder öffnet, bietet auch Krieg für Innovationen und Geschäfte ein weites Feld. Die sozialen und ethnischen Konflikte um die Grenzen der Nachfolgestaaten der Sowjetunion haben seit 2014 mit dem Bürgerkrieg in der Ukraine eine bis dahin nicht gekannte Militarisierung erlebt. Der Überfall der Russländischen Föderation auf die Ukraine im Februar 2022 sowie die militärische Unterstützung des Westens für die ukrainische Seite internationalisierten den Brandherd. Statt nach einer Verhandlungslösung zu suchen, wird seitdem mit dem transatlantischen Sanktionsregime ein neuer Eiserner Vorhang errichtet, der Russland zum gemeinsamen Feind und Paria der westlichen Welt erklärt. Krieg gilt wieder als legitimes Mittel, um diesen Feind in die Knie zu zwingen. Die damit verbundene Aufrüstung, Waffenhilfe und Militarisierung der internationalen Beziehung geht soweit, die Lieferung von Energie und Rohstoffen aus der Russländischen Föderation, die seit den 1970er Jahre die Basis der west- und osteuropäischen Energieversorgung bildeten, zu blockieren und die BürgerInnen mangels Alternativen auf steigende Preise und Energieknappheit einzuschwören. Die Verantwortung dafür wird der russischen Seite in die Schuhe geschoben.

Ich beschränke mich hier auf die Frage, ob dieser – oder ein daraus hervorgehender größerer – Krieg der kybernetischen Zukunft im Wege steht. Behindert er den kybernetischen Wandel oder ist er ihm vielleicht sogar dienlich?

Es gibt gute Gründe, die Militarisierung regionaler Konflikte, Kriege und ihre Internationalisierung als Verzögerung der wirtschaftlichen Erneuerung anzusehen. Wenn Zerstörung Mangel und Versorgungskrisen hervorruft, befördert dies Konkurrenz um knappe Ressourcen. Es entsteht Chaos, jeder tritt gegen jeden an und es ist keine Zeit für den »großen Umbau« in

Richtung »schöne neue Welt«. Auch Sanktionen und Embargos gefährden die industrielle Produktion, die Versorgung mit landwirtschaftlichen Gütern, den Transport, die Lieferketten und den ökologischen Umbau. Der militärisch-industrielle Komplex bindet die Mittel, die für den Aufbau der neuen Wachstumssektoren benötigt werden. Er stärkt also »Kohle und Stahl« gegenüber der Welt der digitalen Optimierung.

Dem stehen die Bereiche gegenüber, in denen Krieg und Zerstörung die kybernetische Wende unterstützen können. Erstens beruht die moderne Militärtechnik auf den neuen digitalen Technologien: dies betrifft nicht nur die Steuerung und die Logistik beim Einsatz leichter und schwerer Waffen, sondern auch die biotechnologische Kriegsführung, die chemische und biologische Kampfstoffe gegen den Feind einsetzt. Eine möglicherweise in Vorbereitung befindliche Anpassungsfähigkeit solcher Kampfstoffe an Feindgruppen und Feindtypen bietet der gentechnischen Forschung neue Anwendungsbereiche. Auch die Einstellung der Menschen zu Krieg und Dienst am Vaterland ist steuerbar. Militär gilt seit jeher als Triebkraft für technische Innovation im zivilen Bereich und Kriege dienen als ein Experimentierfeld für neue Anwendungen. Für viele Branchen ist Krieg geradezu ein Segen, weil die Zerstörung von Städten, Anlagen und Infrastruktur Nachfrage im Wiederaufbau schafft.

Auch die Bekämpfung von Corona wurde wie ein Krieg inszeniert. Dieser Moment, ob kriegsbedingte Zerstörung oder Lockdown-bedingter Stillstand, bietet neuen Branchen und Systemen die Chance, alte Produkte, Technologien und Prozesse durch neue zu ersetzen, sprich aktuell das industrielle durch das kybernetische Prinzip abzulösen. Ob und wie dies gelingt, hängt vom Zusammenspiel von Zerstörung und Disruption, von finanziellem Spielraum, Investitionskapital, Risikobereitschaft der Investoren und politischem System ab, in dem ein Wiederaufbau stattfindet. Dazu kommt die Frage der Akzeptanz der neuen Muster und Spielregeln in der Bevölkerung, deren Zurückweisung auch zu breitem Widerstand führen kann.

Es müssen daher auch politische Kriegsfolgen miteinbezogen werden. Kriege unterbrechen alte politische und wirtschaftliche Beziehungen und schaffen Raum für neue Allianzen. Im Fall der Ukraine rückt die EU noch enger an die USA heran, verzichtet auf eigene geopolitische und wirtschaftliche Optionen und verstärkt die Einheit der westlichen Allianz gegenüber

Russland, wenn auch mit Ausnahmen. Wenn Russland vom Westen aktiv abgekoppelt wird, stärkt das nicht nur die endogenen Potenziale, sondern auch die russischen Beziehungen zur nicht-westlichen Welt – von West- über Süd- nach Ostasien und Lateinamerika und Afrika, die sich in verschiedenen Bündnissen und Kooperationen in den vergangenen Jahren – unter chinesischer Führung – formierten. Die Diplomatie im Ukraine-Krieg fügt sich in die – umstrittenen und umworbenen – Allianzbildungen ein, die zwischen dem als globaler Hegemon absteigenden (mit den NATO- und EU-Osterweiterungen nach Osten vorrückenden) Westen und den Ambitionen großer Schwellenländer auf globale Neuordnung stattfinden. Neben einer hegemonialen Stellung Chinas steht dabei auch eine multipolare Weltordnung als Nachfolge des westlichen Hegemonie-Projekts im Raum.

Ist ein hegemonialer Übergang im globalen Maßstab, eine Änderung der globalen Machtverhältnisse überhaupt ohne größere kriegerische Auseinandersetzung möglich? Muss in ökonomischer Hinsicht Zerstörung stattfinden, damit der Umbau vom industriellen auf das kybernetische Prinzip ermöglicht wird? Ein Rückblick auf den hegemonialen Wandel in der Geschichte legt eine Bejahung der Frage nahe. Jeder hegemoniale Wandel war mit kriegerischen Auseinandersetzungen zwischen der absteigenden Macht mit den – untereinander um Nachfolge konkurrierenden – Aufstiegskandidaten verbunden. Vor diesem Hintergrund erscheint Krieg nicht als Ausnahme, sondern als Regel.

Hier soll keine Hoffnung auf die Lösungskraft des Krieges erweckt werden. Auch wenn Krieg Konflikte um globale bzw. staatliche Führung entscheidet und Niederlagen Systemwechsel nach sich ziehen, dürfen das Leid und die millionenfache Vernichtung von Leben im und durch Krieg nicht aus dem Blickfeld geraten. Die Rüstungslobby will uns zwar weismachen, dass zielgenaue Waffen und steuerbare Geschoße Kriege wieder führbar machen, weil sie keine Schlachten erfordern und die Zivilbevölkerung schonen. Das Kriegsgeschehen in der Ukraine im Sommer 2022 straft diese propagandistische Sicht Lügen. Die politische Konsequenz aus dieser Einsicht kann also nur lauten: Entmilitarisierung der Beziehungen, Verhandlung statt Kriegsführung, Abrüstung, keine Unterstützung kriegführender Parteien – egal um welchen Konflikt es sich handelt, hier und jetzt aber vordergründig im nicht-erklärten Krieg zwischen der Ukraine, dem Westen und Russland.

Die Frage um das ökonomische Prinzip der zukünftigen Weltgesellschaft wird weder durch ein Bekenntnis zum Frieden noch durch eine internationale Friedensordnung entschieden. Die Auseinandersetzung um die kybernetische Zukunft findet überall auf der Welt unabhängig von politischen Grenzen statt. Aus friedenspolitischer Sicht ist es wichtig, dass einzelne Staaten nicht durch ökonomische Kriegsführung aus der Weltwirtschaft ausgeschlossen werden. Umgekehrt erfordert das aber auch, dass ihnen die Spielregeln der Weltwirtschaft nicht über Druckausübung und Entzug von Kooperation und Mitteln aufgezwungen werden.

Möglicherweise machen die Erfahrung des Corona-Managements, der Eskalation des geopolitischen Stellvertreterkriegs in der Ukraine sowie die Corona- und kriegsbedingten Störungen der Güterketten und Lieferwege die Menschen sensibler für die Sorge um die Zukunft. Vielleicht machen es diese existenziellen Erfahrungen den Geschäftsträgern von *Big Data* schwerer, sich als Glücksbringer und Problemlöser darstellen zu können.

Die Zurückweisung einer *Big-Data*-Erfassung aller Regungen der menschlichen Existenz ist jedoch keineswegs gleichbedeutend mit der Ablehnung digitaler technischer Errungenschaften als solche. Eine Komplexitätsreduktion im Sinne von »Mehr analog – weniger digital« muss komplexe digitale Lösungen nicht ausschließen. Der Rückbau globaler Abhängigkeiten, die Regionalisierung von Wirtschaftskreisläufen, die Entkommodifizierung des menschlichen Lebens, des Körpers und der Beziehungen können analoge Freiräume eröffnen, während gleichzeitig eine von der Überwachungsmacht der Konzerne befreite Digitalisierung die Lösungen der Menschheitsfragen unterstützt.

Diese Überlegungen überschreiten den Horizont dieses Buches. Es möge jedoch dazu anregen, in diese Richtung weiterzudenken.

Quellen

Literatur: Bücher, Buch- und Zeitschriftenbeiträge[515]

A

Agier Michel (2014): Un monde des camps. Paris.

Ai Weiwei, Coronation (2020): https://en.wikipedia.org/wiki/Coronation_(2020_film) (20.6.2022)

Alexander Michael (2002): The Kondratieff Cycle. A Generational Interpretation. San Jose u.a.

Amin Samir (1992): Das Reich des Chaos. Hamburg (franz. 1991).

Amin Samir/Arrighi Giovanni/Frank Andre Gunder/Wallerstein Immanuel (1982): Dynamics of the Global Crisis. New York – London.

Anders Günther (1956): Die Antiquiertheit des Menschen. Band I: Über die Seele im Zeitalter der zweiten industriellen Revolution. München (hier: 5. Auflage 1979).

Anders Günther (1980): Die Antiquiertheit des Menschen. Band II: Über die Zerstörung des Lebens im Zeitalter der dritten industriellen Revolution. München (hier: 4. Auflage 1986).

Anders Günther (2012²): Die molussische Katakombe. Roman. Mit Apokryphen und Dokumenten aus dem Nachlass. Hg. Oberschlick Gerhard. München (original 1992). Verfilmt von Nicolas Rey: Anders, Molussien 2011.

Arrighi (Giovanni (1994): The Long 20th Century. Money, Power, and the Origins of Our Time. London - New York.

Arrighi Giovanni/Silver Beverley (2001): Capitalism and World (Dis)Orders, in: Review of International Studies 27, 5, S. 257 - 279.

Arrighi Giovanni (2007): Adam Smith in Bejing. Lineages of the 21st Century. London.

Ashby Mick (2020): Ethical Regulators and Super-Ethical Systems, in: Systems 8, 4, American Society for Cybernetics, Washington: https://www.mdpi.com/2079-8954/8/4/53/htm (22.7.2022)

Asimov Isaac (1952): Ich, der Robot. Düsseldorf.

Asimov Isaac (1986): Robots and Empire (Deutsch: Das galaktische Imperium). New York City.

B

Babones Salvatore (2016): From World-Market to World-Empire: The Political Economy of the Third Millennium, in: Nolte Hans-Heinrich/Boatcă Manuela/Komlosy Andrea (Hg.): Worldregions, Migrations and Identities. Gleichen- Zürich, S. 145-157.

Barbrook Richard/Cameron Andy (1996): The Californian Ideology, in: Science as Culture 6/1, S. 44-72. Deutsch: Die kalifornische Ideologie, Telepolis, 5.2.1997: https://www.heise.de/tp/features/Die-kalifornische-Ideologie-3229213.html (10.8.2022)

Baudrillard Jean (1992): Transparenz des Bösen: Ein Essay über extreme Phänomene. Berlin.

Bauman Zygmunt (1994): Tod, Unsterblichkeit und andere Lebensstrategien. Frankfurt/Main (englisch 1992).

Becker Matthias Martin (2017): Automatisierung und Ausbeutung. Was wird aus der Arbeit im digitalen Kapitalismus. Wien.

Bennholdt-Thomsen Veronika/Müller Christa (1999): Das Subsistenzhandbuch: Widerstandskulturen in Europa, Asien und Lateinamerika. Wien.

Bergmann Anna (2015): Der entseelte Patient. Die moderne Medizin und der Tod. Stuttgart.

Bergmann Anna (2022): Genealogien des Desinfektions- und Hygienediskurses, in: LIMINA. Grazer

515 Verweise auf Webseiten und Zeitungsartikel in den Fußnoten.

theologische Perspektiven 5, 1, S. 17–52. https://limina-graz.eu/index.php/limina/article/view/148/149 (10.8.2022)

Bhokisham, Naren et al. (2020) Internet of Bodies (IoB)-Using CRISPR to electrically connect with and control the genome. Nature Portfolio Bioengineering Community: https://go.nature.com/2BAl9x2

Bloch Ernst (1985): Erbschaft dieser Zeit. Frankfurt/Main (Original 1953).

Bloom Nicholas (2020): How Working from Home Works Out. Stanford Institute for Economic Policy Research: https://collections.nlm.nih.gov/catalog/nlm:nlmuid-101772302-pdf (30.7.2022)

BMBF (Bundesministerium für Bildung und Forschung) Hg. (2020): Vorausschau. Orientierung für die Welt von morgen. Foresight-Prozess III: Die ersten 50 Themen: https://www.vorausschau.de/SharedDocs/Downloads/vorausschau/de/Foresight2020_50_Themenblaetter.pdf?__blob=publicationFile&v=3 (22.10.2021)

Boatcă Manuela/Komlosy Andrea/Nolte Hans-Heinrich Hg. (2018): Global Inequalities in World-Systems Perspective. Theoretical Debates and Methodological Innovations. London – New York.

Bollinger Stefan Hg. (2004): Imperialismustheorien. Historische Grundlagen für eine aktuelle Kritik. Wien.

Bondarenko Valentina (2014): The Feat of Life and Creativity, in: Grinin/Devezas/Korotayev Hg.: Kondratieff Waves. Juglar – Kuznets – Kondratieff, Kondratieff-Yearbook. Volgograd, S. 378-395.

Braudel Fernand (1963): Grammaire des Civilisations. Paris.

Braudel Fernand (1986): Sozialgeschichte des 15.-18. Jahrhunderts., Bd. 3: Aufbruch zur Weltwirtschaft. München.

Bruns Karin/Reichert Ramón Hg. (2015): Reader Neue Medien 18. Bielefeld.

Brynjolfsson Erik/McAfee, Andrew (2016): The second machine age. Work, progress, and prosperity in a time of brilliant technologies. New York-London.

Burchardt Matthias (2020): Versuch über den Homo hygienicus, in: Hofbauer Hannes/Kraft Stefan Hg.: Lockdown 2020: Wie ein Virus dazu benutzt wird, die Gesellschaft zu verändern. Wien, S. 117-128.

Busch Ulrich/Land Rainer (2013): Teilhabekapitalismus. Norderstedt BoD.

C

Chakrabarty Dipesh (2019): The Planet: An Emergent Humanist Category, in: Critical Inquiry 46, S. 1-31.

Chan Anita (2013): Die internationale Gewerkschaftsbewegung, Arbeitskonflikte und Aussichten auf Tarifverhandlungen in China, in: Egger Georg u.a. Hg.: Arbeitskämpfe in China. Berichte von der Werkbank der Welt. Wien, S. 144-162.

China Institute for Reform and Development Hg. (2011): Giving Priority to Enriching People. Orientation of the Second Round of Transition and Reform. China Reform Research Report, Hainan.

Chuang-Blog (2020): Soziale Ansteckung, in: Hofbauer Hannes/Kraft Stefan Hg.: Lockdown 2020. Wie ein Virus dazu benutzt wird, die Gesellschaft zu verändern. Wien S., S. 11-42.

Couldry Nick/Mejías Ulises A. (2019): The Costs of Connection: How Data Is Colonizing Human Life and Appropriating It for Capitalism. Stanford.

Crouch Colin (2019): Gig Economy. Prekäre Arbeit im Zeitalter von Uber, Minijobs & Co. Frankfurt/Main.

D

Daum Timo/Nuss Sabine Hg. (2021): Die unsichtbare Hand des Plans. Koordination und Kalkül im digitalen Kapitalismus. Berlin.

Duden Barbara/Samerski Silja/Vogeler Kirsten (2014): Die gesichtslose Patientin. Wie Menschen hinter Daten verschwinden. Frankfurt/Main.

Dyson Esther/Gilder George/Keyworth George/Toffler Alvin (1994): Cyberspace and the American Dream: A Magna Carta for the Knowledge Age: http://www.pff.org/issues-pubs/futureinsights/fi1.2magnacarta.html (20.7.2022)

E

Erie Matthew S./ Streinz Thomas (2021): The Beijing Effect: China's Digital Silk Road as Transnational Data Governance, in: New York University Journal of International Law and Politics 54, 1, S. 3-92.

F

Das feministische Blatt 4/2021: Schwerpunkt Künstliche Intelligenz.

Firestone Shulamith (1975): Frauenbefreiung und sexuelle Revolution: The dialectic of sex. Frankfurt/Main.

Foucault Michel (2016): Überwachen und Strafen. Die Geburt des Gefängnisses, Frankfurt/Main [original 1975].

Foucault Michel (2004): Die Geburt der Biopolitik. Geschichte der Gouvernementalität II. Vorlesungen am Collège de France 1978–1979. Frankfurt/Main.

Frank Andre Gunder (1983): Die europäische Herausforderung. Friede und Arbeit durch europäische Entspannung. Politökonomische Alternativen. Stuttgart.

Frank Andre Gunder (2016): Re-Orient. Globalgeschichte im Asiatischen Zeitalter. Wien (engl. 1998).

Frankopan Peter (2019): Die neuen Seidenstraßen: Gegenwart und Zukunft unserer Welt. Berlin.

Franz Manuela (2021). The Great Reset. Die Weltökonomie im Umbruch, 5.2.2021: https://www.rubikon.news/artikel/das-vergiftete-geschenk-2, https://www.rubikon.news/artikel/das-vergiftete-geschenk-3 (8.2.2022)

Frey Carl Benedikt/Osborne Michael A. (2016): The future of employment. How susceptible are jobs to computerisation? In: Technological Forecasting and Social Change: DOI: 10.1016/j.techfore.2016.08.019.

Fröbel Volker/Heinrichs Jürgen/ Kreye Otto (1977): Die neue internationale Arbeitsteilung. Reinbek bei Hamburg.

Fuchs Christian (2014): Digital Labour and Karl Marx. New York.

Füllsack Manfred (2011): Gleichzeitige Ungleichzeitigkeiten. Eine Einführung in die Komplexitätsforschung. Wiesbaden.

G

Galbraith John Kenneth (2009): Der große Crash 1929. Ursachen, Verlauf, Folgen. München (engl. 1954)

Gereffi Gary G. (1994): The organization of buyer driven commodity chains: How US retailers shape overseas production networks, in: Gereffi Gary G./Korzeniewicz Miguel M. (Hg.): Commodity chains and global capitalism. Westport CT, S. 95-122.

Greffrath Mathias (2021): Ausbeutung 4.0. Die Digitalisierung des Menschen, in: Blätter für deutsche und internationale Politik 1, S. 105-113.

Grinin Leonid E./Grinin Anton (2014). The Sixth Kondratieff Wave and the Cybernetic Revolution, in: Grinin Leonid E./Devezas Tessaleno C./Korotayev Andrey V. (Hg): Kondratieff Waves: Dimensions and Perspectives at the Dawn of the 21st Century. Wolgograd, S. 354-377.

Grinin Leonid E./Grinin Anton (2016): The Cybernetic Revolution and the Forthcoming Epoch of Self-Regulating Systems. Moskau.

Grinin Leonid E./Grinin Anton/Korotayev Andrey (2017): The MANBRIC-Technologies in the Forthcoming Technological Revolution. In Devezas T./Leitão J./Sarygulov A. Hg.: Industry 4.0: Entrepreneurship and Structural Change in the New Digital Landscape. Berlin, S. 243–261.

Grinin Leonid E./Grinin Anton/Korotayev Andrey (2022): Covid-19 Pandemic As A Trigger For The Acceleration Of The Cybernetic Revolution, in: Technological Forecasting and Social Change 175: https://www.sciencedirect.com/science/article/pii/S0040162521007794?via%3Dihub (26.7.2022)

Grinin Leonid/Korotayev Andrey (2014): Interaction between Kondratieff Waves and Juglar Cycles, in: Grinin/Devezas/Korotayev Hg.: Kondratieff Waves. Juglar – Kuznets – Kondratieff. Kondratieff-Yearbook. Volgograd, S. 25-95.

Grinin Leonid/ Korotayev Andrey (2015): Great Divergence and Great Convergence. Heidelberg-New York-London.

Guérot Ulrike (2022): Wer schweigt, stimmt zu: Über den Zustand unserer Zeit. Und darüber, wie wir leben wollen. Frankfurt/Main.

Guha Ranajit (1998): Dominance without Hegemony. History and Power in Colonial India. Cambridge, MA.

H

Hagemeister Michael (1989): Nikolaj Fedorow. Studien zu Leben, Werk und Wirkung. München.

Hagemeister Michael/Groys Boris (2005): Die neue Menschheit: biopolitische Utopien in Russland zu Beginn des 20. Jahrhunderts. Frankfurt/Main.

Hagner Michael mit Hörl Erich Hg. (2008). Die Transformation des Humanen. Beiträge zur Kulturgeschichte der Kybernetik. Frankfurt/Main.

Hagner Michael (2008): Vom Aufstieg und Fall der Kybernetik als Universalwissenschaft, in: Hagner Michael mit Hörl Erich Hg.: Die Transformation des Humanen. Frankfurt am Main, 2008, S. 38-71.

Hamashita Takeshi (2013): China, East Asia and the Global Economy: Regional and Historical Perspectives. London-New York.

Harari Yuval (2013): Kurze Geschichte der Menschheit. München (hebräisch 2011).

Harari Yuval (2017): Homo deus. Eine Geschichte von morgen. München (hebräisch 2015).

Haraway Donna (1985): Ein Manifest für Cyborgs. Feminismus im Streit mit den Technowissenschaften (1985), in: Karin Bruns/Ramón Reichert Hg.: Reader Neue Medien 18. Bielefeld, S. 238-277.

Haraway Donna (1995): Die Neuerfindung der Natur: Primaten, Cyborgs und Frauen. Frankfurt/Main.

Häring Norbert (2018): Schönes neues Geld: PayPal, WeChat, Amazon Go – uns droht eine totalitäre Weltwährung. Frankfurt/Main.

Häring Norbert (2021): Endspiel des Kapitalismus. Wie die Konzerne die Macht übernahmen und wie wir sie zurückholen. Hannover.

Hausteiner Eva Marlene (2015). Greater than Rome. Neubestimmung britischer Imperialität 1870-1914. Frankfurt/Main-New York.

Hedtke Ulrich (1990): Stalin oder Kondratieff. Endspiel oder Innovation. Berlin.

Hedtke Ulrich (2008): Schumpeter und das Jahr 2008, in: Berliner Debatte Initial 19, 4, S. 66-78.

Helleiner Eric (2021): The Neomercantilists. A Global Intellectual History. Ithaca.

Heylighen Francis/Cliff Joslyn (2001[3]): Cybernetics and Second-Order Cybernetics, in: Meyers R.A. Hg.: Encyclopedia of Physical Science and Technology, New York: http://pespmc1.vub.ac.be/Papers/Cybernetics-EPST.pdf (3.7.2022)

Hilferding Rudolf (1974): Das Finanzkapital, 2 Bde. Frankfurt/Main-Köln (Original: 1910).

Hobsbawm Eric (2004[2]): Europäische Revolutionen. Köln. (engl. 1962).

Hofbauer Hannes (2007): EU-Osterweiterung. Historische Basis – ökonomische Triebkräfte – soziale Folgen, Wien.

Hofbauer Hannes (2016): Feindbild Russland. Geschichte einer Dämonisierung. Wien.

Hofbauer Hannes (2020): Europa. Ein Nachruf. Wien.

Hofbauer Hannes (2022): Zensur. Publikationsverbote im Spiegel der Geschichte. Vom kirchlichen Index zur YouTube-Löschung. Wien

Huhnholz Sebastian (2014): Krisenimperialität. Rom-Referenz im US-amerikanischen Empire-Diskurs. Frankfurt/Main-New York.

I

Illich Ivan (1982): Schattenarbeit, in: ders.: Vom Recht auf Gemeinheit, Reinbek bei Hamburg, S. 75-93.

Illich Ivan (1995): Die Nemesis der Medizin. Die Kritik der Medikalisierung des Lebens. München (original 1975).

J

Jiang Min/King-Wa Fu (2018): Chinese Social Media and Big Data: Big Data, Big Brother, Big Profit, in: Policy & Internet 10,4, S. 372-392.

Johnson Chalmers (2007): Nemesis: The Last Days of the American Republic. New York.

Johnson Chalmers (2010): Dismantling the Empire: America's Last Best Hope. New York.

Jungk Robert (2016): Die Zukunft hat schon begonnen. Amerikas Allmacht und Ohnmacht. Stuttgart.

Jurawski D./Martin J.H. (2013): Speech and Language Processing. Stanford: https://web.stanford.edu/~jurafsky/slp3/ (11.4.2022)

Justi Johann Heinrich Gottlob (1758): Vollständige Abhandlung von denen Manufakturen und Fabriken. Kopenhagen.

K

Kappel Robert (2010): On the Economics of Regional Powers: Comparing China, India, Brazil and South Africa, GIGA-Working Papers 145: https://ciaotest.cc.columbia.edu/wps/giga/0019579/f_0019579_16715.pdf (22.7.2022)

Katzenbach Christian (2022): Der »Algorithmic turn« in der Plattform-Governance, in: Kölner Zeitschrift für Soziologie und Sozialpsychologie 74, S. 283–305: https://link.springer.com/article/10.1007/s11577-022-00837-4 (10.8.2022)

Kirchschläger Peter G. (2021): Digital Transformation and Ethics. Ethical Considerations on the Robotization and Automation of Society and the Economy and the Use of Artificial Intelligence. Baden-Baden.

Klartext zur Krise (2020): Lockdown– Nicht nochmal! Essen.

Klein Naomi (2007): Die Schock-Strategie: Der Aufstieg des Katastrophen-Kapitalismus. Frankfurt/ Main.

Klingler Nina (2003): Das Paradies auf Erden. Magisch-utopische Entwürfe der frühen Sowjetzeit. Nikolai Fjodorowitsch Fjodorow (1829/29-1903), in: Rüthers Monica/ Scheide Carmen Hg.: Moskau. Menschen Mythen Orte. Köln-Weimar-Wien, S. 115-120.

Komlosy Andrea (2011): Globalgeschichte. Methoden und Theorien. Wien-Köln-Weimar.

Komlosy Andrea (2011): Vom Nachzügler zum Trendsetter. Chinesische Arbeitswelten im Textil- und Bekleidungssektor, in: Blätter für Technikgeschichte 73, S. 73-104

Komlosy Andrea (2012): Nachholende wirtschaftliche Entwicklung. Konzepte, Beispiele und Kriterien für Erfolg oder Scheitern, in: Zeitschrift für Weltgeschichte 13, 2, S. 11-42.

Komlosy Andrea (2015[4]): Arbeit. Eine globalhistorische Perspektive. 13. bis 21. Jahrhundert. Wien.

Komlosy Andrea (2015): Systemtransformation als Krisenmanagement. Der RGW-Umbruch im globalen Kontext, 40 Jahre danach (1973-2013), in: Adamczyk Dariusz/Lehnstaedt Stephan Hg.: Wirtschaftskrisen als Wendepunkte. Ursachen, Folgen und historische Einordnungen vom Mittelalter bis zur Gegenwart. Osnabrück, S. 337-376.

Komlosy Andrea (2017): China's Move Towards a Global Economic Core in the 21st Century? Prospects, Constraints, Consequences, in: Centers and Peripheries revisited. Review Fernand Braudel Center Special Issue XXXVI, 3-4 (2013, erschienen 2017), S. 351-386.

Komlosy Andrea (2018): Grenzen. Räumliche und soziale Trennlinien im Zeitenlauf. Wien

Komlosy Andrea (2018): Krisen, lange Wellen und die Weltsystemtheorie, in: Zeitschrift für Weltgeschichte 19, 2, S. 207-242.

Komlosy Andrea (2020): Entflechtung oder Neuordnung. Globale Güterketten nach dem Lockdown, in: Hofbauer Hannes/Kraft Stefan Hg.: Lockdown 2020. Wie ein Virus dazu benutzt wird, die Gesellschaft zu verändern. Wien, S. 101-116.

Komlosy Andrea (2021), Entanglements of Catching-Up: Rethinking 'Industrial Revolution' from a Global Perspective, in: Grinin Leonid E./Korotayev Andrey V. Hg.: Kondratieff Waves. Historical and Theoretical Aspects. Volgograd, S. 10-58: https://www.sociostudies.org/upload/socionauki.ru/book/files/k_waves_5_en/003_Komlosy.pdf (2.2.2022)

Komlosy Andrea/Musić Goran (2021): Global Commodity Chains and Labor Relations. Leiden-Boston.

Kondratieff Nikolai (1922): Die Weltwirtschaft und ihre Konjunkturen in der Kriegs- und Nachkriegszeit. Vologda (in russischer Sprache).

Kondratieff Nikolai (1925): Die langen Wellen der Konjunktur und die Theorie der Vorhersage, in: Voprosy konjunktury, Bd. 1. Moskau 1925 (russisch), Reprint 2002 in russischer und englischer Sprache: The Long Cycles of Conjuncture and Theory of Forecast. Moskau.

Kondratieff Nikolai (1926): Die langen Wellen der Konjunktur, in: Archiv für Sozialwissenschaft und Sozialpolitik 56, 3, Tübingen, S. 573-609 (englisch: 1935).

Kronauer Jörg (2019): Der Rivale: Chinas Aufstieg zur Weltmacht und die Gegenwehr des Westens. Hamburg.

Kuczynski Thomas (2012): Ausweglose Lagen gibt es nicht. Steht das Kapital vor einem neuen Mehrwertschub?, in: Gremliza Hermann L. Hg.: No way out? Hamburg, S. 156-161.
Kuczynski Thomas (2012): Krisenverschiebungen. Wieso das Krisenbündel 2007ff. bloß die Krise von 1973ff. fortsetzt, in: Lunapark21. Zeitschrift zur Kritik der politischen Ökonomie 19, S. 68-69
Kurswechsel (2016): Heft 2: Digitale Arbeit und Plattformkapitalismus. Wien.
Kurz Robert (1991): Der Kollaps der Modernisierung. Vom Zusammenbruch des Kasernensozialismus zur Krise der Weltökonomie. Frankfurt/Main.
Kurzweil Raymond Hg. (1993): KI. Das Zeitalter der künstlichen Intelligenz. München (engl. 1990).
Kurzweil Raymond (2014): Menschheit 2.0: Die Singularität naht. Berlin (engl. 2005)
Kurzweil Raymond (2016): Die Intelligenz der Evolution. Wenn Mensch und Computer verschmelzen. Köln 2016.

L

Land Nick/Srnicek Nick/Williams Alex (2013): #Akzeleration. Berlin.
Last John M. Hg. (2001[4]): A dictionary of epidemiology. New York: Oxford.
Lévy Pierre (1997): Die kollektive Intelligenz – Eine Anthropologe des Cyberspace. Mannheim (französisch 1995).
Levy Steven (2012): Google Inside. Wie Google denkt, arbeitet und unser Leben verändert. Heidelberg.
Liddy Elisabeth D. (2001): Natural Language Processing, in: Encyclopedia of Library and Information Science. New York: https://surface.syr.edu/istpub/63/ (22.7.2022)
Lobe Adrian (2019): Speichern und Strafen: Die Gesellschaft im Datengefängnis. München.
Lucassen Jan (2021): The Story of Work. A New History of Humankind. New Haven-London.

M

Makimoto Tsugio (2013): The age of digital nomad—impacts of CMOS (complementary metal-oxide-semiconductor) innovation, in: IEEE Solid State Circuits Magazine 5, 1, S. 40–47.
Makimoto Tsugio/Manners David (1997): Digital Nomad. Chichester.
Marx Karl (1845–47): Deutsche Ideologie. MEW Bd. 3. Berlin/DDR 1958.
Marx Karl (1859): Zur Kritik der politischen Ökonomie, in: MEW Bd. 13. Berlin/DDR 1961, S. 3-160.
Meissner Mirjam (2017): Chinas gesellschaftliches Bonitätssystem. Marktregulierung mit Hilfe von Big Data hat weitreichende Folgen für Unternehmen in China. Berlin.
Metz Rainer (2005): Säkulare Trends der deutschen Wirtschaft, in: North Michael Hg.: Deutsche Wirtschaftsgeschichte. München.
Mies Ulrich Hg. (2017): Fassadendemokratie und tiefer Staat. Auf dem Weg in ein autoritäres Zeitalter. Wien.
Milanović Branko (2016): Die Ungleichheit der Welt. Migration, das eine Prozent und die Zukunft der Mittelschicht. Frankfurt/Main.
Mitchell Stacy/LaVecchia Olivia (2022): Amazon's Stranglehold: How the Company's Tightening Grip on the Economy Is Stifling Competition, Eroding Jobs, and Threatening Communities. https://ilsr.org/amazon-stranglehold/ (29.5.2022)
Möbius Thomas (2015): Russische Sozialutopien von Peter I bis Stalin. Historische Konstellationen und Bezüge. Berlin.
Mooney Pat (1981): Saat-Multis und Welthunger. Wie die Konzerne die Nahrungsschätze der Welt plündern. Hamburg.
Morozov Evgeny (2013): Smarte neue Welt. Digitale Technik und die Freiheit des Menschen. München.
Mühlhauser Ingrid (2021): Wissenschaftsleugnung – ein Kommentar aus Sicht der Evidenzbasierten Medizin, in: Ärzteblatt Sachsen 9: S. 27-31.
Müller Annika (2016): The digital nomad: buzzword or research category?, in: Transnational Social Revue 6, 3, S. 344–348.
Müller Vincent C. (2021): History of Digital Ethics, in: Véliz Carissa Hg.: Oxford Handbook of Digital Ethics. Oxford, S. 1-18: https://philpapers.org/archive/MLLHOD.pdf (22.7.2022)

N

Nachtwey Oliver/Schaupp Simon (2022): Ungleicher Gabentausch – User-Interaktionen und Wertschöpfung auf digitalen Plattformen, in: Kölner Zeitschrift für Soziologie und Sozialpsychologie 74, S. 59–80: https://doi.org/10.1007/s11577-022-00828-5 (10.8.2022)

NDRC = National Development and Reform Commission, PRCh. (2015): Vision and Actions on Jointly Building Silk Road Economic Belt and 21st-Century Maritime Silk Road. Peking: http://2017.beltandroadforum.org/english/n100/2017/0410/c22-45.html (30.6.2022).

Neofidow Leo A. (1991): Der fünfte Kondratieff. Strategien zum Strukturwandel in Wirtschaft und Gesellschaft. Frankfurt/Main – Wiesbaden.

Neofidow Leo A. (1996): Der sechste Kondratieff. Wege zur Produktivität und Vollbeschäftigung im Zeitalter der Information. Sankt Augustin.

Neofidow Leo A./ Neofidow Simone (2014): The Sixth Kondratieff: The Growth Engine of the 21st Centruy, in: Grinin/Devezas/Korotayev Hg.: Kondratieff Waves. Juglar – Kuznets – Kondratieff. Kondratieff-Yearbook. Volgograd. S. 326-353.

Neurath Wolfgang (2012): Policey, Biopolitik und Liberalismus. Vom Zugriff der Macht auf das Leben (Bios), in: Medienimpulse 50, 2.

Nolte Hans-Heinrich (2017): Kurze Geschichte der Imperien. Wien-Köln-Weimar.

Nyholm Sven (2021): Ethics of Artificial Intelligence. Utrecht.

O

Obenaus Andreas Hg. (2021): Europas maritime Expansion. Ideen und Innovationen, Entdeckungen und Eroberungen vom 9. bis zum 18. Jahrhundert. Wien.

OECD (2021): Digitalisation and Innovation: https://www.oecd.org/g20/topics/digitalisation-and-innovation/ (30.7.2022)

O'Halloran Brendan (2019): The Ethical Concerns of Drone and Automated Warfare, in: Journal for International Relations: http://www.sirjournal.org/op-ed/2019/1/28/the-ethical-concerns-of-drone-and-automated-warfare (13.5.2022)

O'Neil Cathy (2017): Angriff der Algorithmen. Wie sie Wahlen manipulieren, Berufschancen zerstören und unsere Gesundheit gefährden. München.

P

Pfaller Robert (2012): Wofür es sich zu leben lohnt. Elemente materialistischer Philosophie. Frankfurt/Main.

Piribauer Franz (2021): Geschäftsmodelle von Big Pharma im globalen Wirtschaftskrieg, in: International 6: https://international.or.at/geschaeftsmodelle-von-big-pharma-im-globalen-wirtschaftskrieg/ (22.7.2022)

Polanyi Karl (2019[4]): The Great Transformation. Politische und ökonomische Ursprünge von Gesellschaften und Wirtschaftssystemen. Frankfurt/Main (engl. 1944).

R

Rifkin Jeremy (2000): Das Biotechnische Zeitalter. Die Geschäfte mit der Genetik. Frankfurt/Main-New York (englisch 1998).

Rifkin Jeremy (2019): Der globale Green New Deal. Warum die fossil befeuerte Zivilisation um 2028 kollabiert – und ein kühner ökonomischer Plan das Leben auf der Erde retten kann. Frankfurt/Main-New York.

Roos Teresa (2003): »Außerhalb der Erde«. Die Raumfahrt als Zukunftsvision, in: Rüthers Monica/Scheide Carmen Hg.: Moskau. Menschen Mythen Orte. Köln-Weimar-Wien, S. 121-126.

Roth Karl Heinz (2009): Die globale Krise. Hamburg.

Roth Karl Heinz (2022): Blinde Passagiere. Die Corona-Krise und die Folgen. München.

Ruben Peter (2008): Vom Kondratieff-Zyklus und seinem Erklärungspotenzial, in: Berliner Debatte Initial 19, 4, S. 50-65.

Rüdiger Axel (1999): Der Staat als Maschine. Zur politischen Systemtheorie Johann Heinrich Gottlob von Justis, in: Bayerl Günter/Beckmann Jürgen Hg.: Johann Beckmann (1739-1811). Beiträge zu Leben, Werk und Wirkung des Begründers der Allgemeinen Technologie. Münster u.a., S. 137-168.
Rufin Jean-Christophe (2005): Globalia. Köln (französisch 2004).

S

Schivelbusch Wolfgang (2000): Geschichte der Eisenbahnreise. Zur Industrialisierung von Raum und Zeit im 19. Jahrhundert. Frankfurt/Main.
Schlögl Lukas (2021): Covid-19 Als »Grosser Ungleichmacher«: Die Krise der Arbeit und ihre globalen sozialen Folgen, in: Filipič Ursula/Schönauer Annika (Hg.): Ein Jahr Corona: Ausblick Zukunft der Arbeit, S. 21-27: https://emedien.arbeiterkammer.at/viewer/image/AC16184333/21/LOG_0020/ (5.7.2022)
Schmidt Eric/Cohen Jared (2013): Die Vernetzung der Welt. Ein Blick in unsere Zukunft. Hamburg.
Schmidt Jörg (2019): Zwischen Notwendigkeit und Selbstverwirklichung. Arbeit und Umwelt in der Geschichte des Menschen. München.
Schreyer Paul (2020): Chronik einer angekündigten Krise. Wie ein Virus die Welt verändern konnte. Frankfurt/Main.
Schubert Christian (2021): Stresstest Corona. Warum wir eine neue Medizin brauchen. Norderstedt.
Schultz Helga (2007): Das sozialistische Projekt und die Arbeiter, in: Schultz Helga/Wagener Hans-Jürgen Hg.: Die DDR im Rückblick. Politik, Wirtschaft, Gesellschaft, Kultur. Berlin, S. 224-243.
Schumpeter Joseph A (1961): Konjunkturzyklen. Eine theoretische, historische und statistische Analyse des kapitalistischen Prozesses. Göttingen (englisch: 1939).
Schumpeter Joseph A. (1993): Kapitalismus, Sozialismus und Demokratie. Basel 1993 (engl. 1942 ff.)
Schwab Klaus (2016): Die vierte industrielle Revolution. München.
Schwab Klaus mit Malleret Thierry (2020): Covid-19: Der Große Umbruch. Genf.
Schwarz Peter (2012): Planning for the Future in an Uncertain World. Hoboken.
Sharon Tamar (2018): When digital health meets digital capitalism, how many common goods are at stake? in: Big Data & Society 5, 2.
Sharon Tamar (2021): Blind-sided by privacy? Digital Contact Tracing, the Apple/Google API and Big Tech's Newfound Role as Global Health Policy Makers, In: Ethics and Information Technology 23, 1, S. 45–57 https://www.ncbi.nlm.nih.gov/pmc/articles/PMC7368642/ (30.7.2022)
Sharon Tamar (2021): From hostile worlds to multiple spheres: towards a normative pragmatics of justice for the Googlization of health, in: Medicine, Health Care, and Philosophy 24, 3, S. 315-327.
Shiva Vandana/Mies Maria (1995): Ökofeminismus. Beiträge zur Praxis und Theorie. Zürich.
Skidelsky Robert/ Skidelsky Edward (2013): How much is enough? Money and the Good Life. London
Skinner Burrhus Frederic (1982): Jenseits von Freiheit und Würde. Rowohlt, Reinbek bei Hamburg (englisch 1971).
Sprenger Martin (2020): Tagebuch einer Pandemie. Wien.
Srnicek Nick (2018): Plattformkapitalismus. Hamburg (engl. 2017).
Srnicek Nick/Williams Alex (2015): #Beschleunigungsmanifest für eine akzelerationistische Politik: https://web.archive.org/web/20161022162029/http://akzelerationismus.de/beschleunigungsmanifest.pdf (30.7.2022)
Staab Philipp (2019): Digitaler Kapitalismus: Markt und Herrschaft in der Ökonomie der Unknappheit. Frankfurt/Main.
Streissler Erich/Tichy Gunther Hg. (2012): How to Forecast Economic Developments During and After Crises. Wien.
Stronegger Willibald J. (2020): Zwischen übersteigerter und fehlender Solidarität. Die Covid-19-Pandemie aus biopolitischer Perspektive nach Foucault, in: Kröll Wolfgang u.a. Hg.: Die Corona-Pandemie. Ethische, gesellschaftliche und theologische Reflexionen einer Krise. Baden-Baden, S. 213-235.
Stronegger Willibald J. (2022): Medizin und säkulare Gesellschaft. Totale Gesundheit durch akzelerierte

Technologiekonvergenz, in: Stronegger, W.J./Platzer, J. Hg.: Technisierung der Pflege. 4. Goldegger Dialogforum Mensch und Endlichkeit.
Strutynski Peter Hg. (2013): Töten per Fernbedienung. Kampfdrohnen im weltweiten Schattenkrieg. Wien.

T

Tetzner Thomas (2013): Der kollektive Gott. Zur Ideengeschichte des Neuen Menschen in Russland. Göttingen.
Thurner Stefan (2021): Die Zerbrechlichkeit der Welt: Kollaps oder Wende. Wir haben es in der Hand. Wien.
Toffler Alvin (1970): Der Zukunftsschock. Strategien für die Welt von morgen. München.
Toffler Alvin (1983): Die dritte Welle. Zukunftschance. Perspektiven für die Gesellschaft des 21. Jahrhunderts. München (englisch 1980).
Toffler (1990): Machtbeben. Wissen, Wohlstand und. Macht im 21. Jahrhundert. Düsseldorf.
Tooze Adam (2021): Die Welt im Lockdown. Die globale Krise und ihre Folgen. München.

U

Umpleby Stuart A. (2008): A Brief History of Cybernetics in the United States, in: Österreichische Zeitschrift für Geschichtswissenschaften 19, 4, S. 28-40

V

Van Dijk Jan A. (2017): Digital Divide: Impact of Access, in: The International Encyclopedia of Media Effects, S. 1-11.
Vanhaute Eric (2013): World History, An Introduction. New York.
Vester Frederic (1988[5]): Neuland des Denkens. Vom technokratischen zum kybernetischen Zeitalter. München.
Vighi Fabio (2021): A self-fulfilling prophecy: systemic collapse and pandemic simulation. Los Angeles Review of Books Channel: https://thephilosophicalsalon.com/a-self-fulfilling-prophecy-systemic-collapse-and-pandemic-simulation/ (22.6.2022)
Volk Katharina (2021): Was die Kybernetik vom Feminismus lernen kann. Oder: Warum wir der Technik nicht das Feld überlassen dürfen, in: Daum Timo/Nuss Sabine Hg.: Die unsichtbare Hand des Plans. Berlin, S. 200-214.
Voß Gerd-Günter (2020): Der arbeitende Nutzer: Über den Rohstoff des Überwachungskapitalismus. Frankfurt/Main.

W

Wallerstein Immanuel (1984): Der historische Kapitalismus. Berlin (englisch 1983).
Wallerstein Immanuel (1995): Die Sozialwissenschaften »kaputtdenken«: Die Grenzen der Paradigmen des 19. Jahrhunderts. Weinheim (englisch 1991).
Wallerstein Immanuel (2002): Utopistik: Historische Alternativen des 21. Jahrhunderts. Wien (englisch 1998).
Wallerstein Immanuel (2004): Das moderne Weltsystem, Band 1: Die Anfänge kapitalistischer Landwirtschaft und die europäische Weltökonomie im 16. Jahrhundert. Wien (englisch 1974).
Wallerstein Immanuel (1998): Das moderne Weltsystem Bd. 2 - Der Merkantilismus. Europa zwischen 1600 und 1750. Wien (englisch 1980)
Wallerstein Immanuel (2004): Das moderne Weltsystem Bd. 3 - Die große Expansion. Die Konsolidierung der Weltwirtschaft im langen 18. Jahrhundert 1789-1914. Wien (englisch 1989).
Wallerstein Immanuel (2012): Das moderne Weltsystem Bd. 4 - Der Siegeszug des Liberalismus 1789-1914. Wien (englisch 2011)
Wallerstein Immanuel (2014): Die strukturelle Krise oder warum der Kapitalismus sich nicht mehr rentieren könnte, in: Wallerstein Immanuel/Collins Randall/Mann Michael/Laugstien Thomas, Stirbt der Kapitalismus? Fünf Szenarien für das 21. Jahrhundert. Frankfurt/Main, S. 17-48.

Die langen Wellen der Konjunktur. Beiträge zur marxistischen Konjunktur- und Krisentheorie von Alexander Parvus, Karl Kautsky, Leo Trotzki, N.D. Kondratieff und Ernest Mandel. Berlin 1972.
Wemheuer Felix (2022[2]): Chinas große Umwälzung. Soziale Konflikte und Aufstieg im Weltsystem. Köln.
Werlhof Claudia von (2022): Väter des Nichts. Zum Wahn einer Neuschöpfung der Welt, 2 Bde. Salzburg (im Druck).
Wiener Norbert (1952): Mensch und Menschmaschine – Kybernetik und Gesellschaft. Frankfurt/Main.
Wiener Norbert (1963): Kybernetik. Regelung und Nachrichtenübertragung in Lebewesen und Maschine. Düsseldorf (englisch 1948).
Wiener Norbert (1965): God & Golem Inc. Düsseldorf (englisch 1964).
Wolf Winfried (2009): Sieben Krisen – ein Crash. Wien.
Wolff Ernst (2020): Wolff of Wall Street: Ernst Wolff erklärt das globale Finanzsystem. Wien.
Wolff Marie-Louise (2020): Die Anbetung. Über eine Superideologie namens Digitalisierung. Frankfurt/Main.

Z

Zhao Tingyang (2020): Alles unter dem Himmel. Vergangenheit und Zukunft der Weltordnung. Frankfurt/Main.
Zuboff Shoshana (2018): Das Zeitalter des Überwachungskapitalismus. Frankfurt/New York.